Eine Arbeitsgemeinschaft der Verlage

Böhlau Verlag · Wien · Köln · Weimar
Verlag Barbara Budrich · Opladen · Toronto
facultas.wuv · Wien
Wilhelm Fink · München
A. Francke Verlag · Tübingen und Basel
Haupt Verlag · Bern
Verlag Julius Klinkhardt · Bad Heilbrunn
Mohr Siebeck · Tübingen
Nomos Verlagsgesellschaft · Baden-Baden
Ernst Reinhardt Verlag · München · Basel
Ferdinand Schöningh · Paderborn · München · Wien · Zürich
Eugen Ulmer Verlag · Stuttgart
UVK Verlagsgesellschaft · Konstanz, mit UVK / Lucius · München
Vandenhoeck & Ruprecht · Göttingen · Bristol
vdf Hochschulverlag AG an der ETH Zürich

THOMAS BERG

Anglistische Sprachwissen-schaft

UTB basics

Wilhelm Fink

Online-Angebote oder elektronische Ausgaben sind erhältlich unter **www.utb-shop.de**

Bibliografische Information der Deutschen Nationalbibliothek

Die Deutsche Nationalbibliothek verzeichnet diese Publikation in der Deutschen Nationalbibliografie; detaillierte bibliografische Daten sind im Internet über http://dnb.d-nb.de abrufbar.

© 2013 Wilhelm Fink, München
(Wilhelm Fink GmbH & Co. Verlags-KG, Jühenplatz 1, D-33098 Paderborn)

Internet: www.fink.de

Printed in Germany.
Herstellung: Ferdinand Schöningh, Paderborn
Einbandgestaltung: Atelier Reichert, Stuttgart

UTB-Band-Nr: 3870
ISBN 978-3-8252-3870-4

Vorwort

An Einführungen in die anglistische Sprachwissenschaft herrscht kein Mangel. Dass diesen nun eine weitere zur Seite gestellt wird, bedarf daher wenn nicht einer Rechtfertigung, so zumindest einer Erläuterung. Dieses Buch wurde in der Absicht geschrieben, die grundlegenden Fragen der Sprachwissenschaft aufzugreifen und möglichst wenig als gegeben anzusehen. Insbesondere habe ich mich bemüht, pseudofaktische Aussagen im Stil von „Das ist so, weil ich sage, dass es so ist" so gut es ging zu vermeiden. Vielmehr geht es zunächst darum, Fragen zu stellen (am besten noch die richtigen) und dann Positionen zu beziehen, die alternativen Sichtweisen vorzuziehen sind. Positionen sind immer Hypothesen, nie Fakten. Unverzichtbar für diese Herangehensweise ist die Argumentation und damit verbunden die Aufstellung und Bewertung von Kriterien, die zu einer motivierten Entscheidung führen. Erst so wird eine Aussage nachvollziehbar und (im besten wissenschaftlichen Sinn) angreifbar. Die Wissenschaft liefert uns folglich kein Faktenwissen, wie manche Nicht-Wissenschaftler und sogar Wissenschaftler uns glauben machen wollen, sondern mehr oder weniger gut begründete Behauptungen. Das vorliegende Buch ist daher eine (notwendigerweise selektive) Bestandsaufnahme dessen, was die Sprachwissenschaft an relativ robusten Positionen hervorgebracht hat, deren Verfallsdatum nicht zu direkt an den Wechsel kurzlebiger wissenschaftlicher Moden geknüpft ist. Hieraus ergibt sich für einen Einführungstext wie diesen als Konsequenz, dass man als Leser die Welt nicht in einem einfachen Merksatz erklärt bekommt, sondern auf eine beschwerliche, aber auch ungleich interessantere Reise mitgenommen wird, bei der es viele Positionen, Kriterien und Resultate zu entdecken gibt.

In einer Zeit voller Ideologien, in der es zu allem Überfluss auch noch verpönt ist, diese als solche zu benennen, bedarf es wahrscheinlich auch einer Rechtfertigung, weshalb diese Einführung auf Deutsch und nicht auf Englisch geschrieben wurde. Ich habe die Erfahrung gemacht, dass es Erstsemestern leichter fällt, eine Beziehung zu einem für sie völlig neuen Stoff in der Muttersprache als in der Fremdsprache aufzubauen. Zu dieser pädagogischen gesellt sich aber auch eine politische Dimension. Ein Land, in dem die Rechnung für einen Krankenhausaufenthalt nicht von der Abrechnungsstelle, sondern vom „Casemanagement" (sic!) erstellt wird, hat ein Problem.

Sprache ist, wie ich später ausführen werde, Identität. Der Weg der Sprachverleugnung führt also unweigerlich in die Selbstverleugnung (vgl. dazu Reinhard Meys Lied „Mein Land"). Als Anglist (und Romanist) kann ich hoffentlich solche Äußerungen tätigen, ohne Gefahr zu laufen, missverstanden zu werden.

Beim Abfassen des Texts habe ich möglichst wenig vorausgesetzt. Allerdings wollte ich auch nicht so tun, als wenn alles, was in der Schule gelernt wird, spätestens mit Eintritt in die Hochschule dem Vergessen anheimgefallen sein muss. So habe ich sowohl die Kenntnis von Wortarten (Nomen, Adjektiv usw.) als auch die passive Beherrschung der Lautschrift vorausgesetzt, wie sie in jedem Lernerlexikon zu finden ist.

Um den Lesefluss nicht unnötig zu behindern, enthält der Text fast keine Literaturangaben. Namen lenken am Anfang nur ab und sind ohnehin den Inhalten untergeordnet. Die Abwesenheit von Literaturhinweisen ist also nicht dahingehend zu verstehen, dass alles, was ich sage, auf meinem Mist gewachsen ist. Eine Literaturliste mit einer Reihe relevanter Quellen befindet sich am Ende des Texts.

Jedes Kapitel schließt mit einigen Übungsaufgaben ab. Diese dienen weniger der Wiederholung als der Vertiefung des Stoffs. Es wäre ein Irrtum zu glauben, dass es für alle Problemstellungen eine Patentlösung gibt. Modellantworten finden sich unter

www.utb-shop.de/9783825238704

Ich empfinde es als Privileg, von vielen Menschen Unterstützung erhalten zu haben. Ihnen allen voran gehen Florian Dolberg und Katerina Stathi, die jede Zeile des Manuskripts stilistisch und inhaltlich unter die Lupe genommen und erheblich zu seiner Verbesserung beigetragen haben. Als Probeleser für das erste Kapitel fungierten Melanie Berg, Björn Müller, Barbara Treß, Johannes Wiermann und Andreas Kraft. Profitiert habe ich von Christian Koops' Kommentaren zu Kap. 6 und Günter Raddens Kommentaren zu Kap. 10. Mit Gonca Bakir habe ich Ausschnitte aus Kap. 7 diskutiert. Dank Sabrina Leibrecht, Eva Berlage und Felix Sprang enthält das Manuskript einige Fehler weniger. Indre Hablick und Ana Peric waren mir eine immense Hilfe bei der Erstellung der Graphiken und Tabellen. Maike Holland-Cunz hat meine Vorstellungen von der Umschlaggestaltung in die Tat umgesetzt. Schließlich fand ich in Nadine Albert eine ermutigende und verständnisvolle Betreuerin im Verlag. Ihnen allen gilt mein tief empfundener Dank.

T.B.   Hamburg, im Januar 2013

Inhalt

Auftakt: Zur Mehrzahlbildung in den Sprachen der Welt

Der Versuch, die folgenden Wörter in die Mehrzahl zu setzen,

(1)

a.	Pferd	→	Pferde
b.	Stuhl	→	Stühle
c.	Frau	→	Frauen
d.	Information	→	Informationen
e.	du	→	ihr
f.	Schnee	→	?
g.	Vater	→	Väter
h.	ich	→	wir
i.	Glück	→	?
j.	er	→	sie

gelingt nicht in allen Fällen. Im Gegensatz zu den anderen Wörtern widersetzen sich *Glück* und *Schnee* der Pluralbildung. Weshalb sollte das so sein? Wollen wir hier von einer Laune der deutschen Sprache sprechen? Ein Vergleich mit dem Englischen zeigt, dass einerseits aus *snow* die Mehrzahl *snows* gebildet werden kann und andererseits *information* die Pluralform *informations* nicht kennt, die im Deutschen problemlos möglich ist (1d). Haben das Deutsche und das Englische also nur unterschiedliche Launen? Oder gibt es Prinzipien, die das Auftreten oder Ausbleiben von Pluralformen steuern und insofern nachvollziehbar machen?

Zur Beantwortung dieser Fragen wollen wir unseren Blick auf die Sprachen der Welt ausweiten und folgende Klassifikation der o.g. Wörter vornehmen. Wir unterscheiden zunächst zwischen Nomen und Pronomen. Letztere treten mit Sprecherbezug (*ich*), mit Hörerbezug (*du*) oder mit Abwesenheitsbezug (*er, sie, es*) auf. Grammatikalisch sprechen wir hier von der 1., 2. und 3. Person. Die Nomen lassen sich in die Kategorien „Tier" (*Pferd*), „Sache" (*Stuhl*), „Mensch" (*Frau*) und „Verwandtschaftsbezeichnung" (*Vater*) einteilen. In der nachfolgenden Tabelle werden acht miteinander nicht-verwandte Sprachen auf die entsprechenden Möglichkeiten der Mehrzahlbildung in den eben genannten Kategorien geprüft. Ein Pluszeichen besagt, dass die Pluralbildung in der jeweiligen Kategorie möglich ist, ein Minuszeichen, dass die Pluralformen nicht belegt sind. Die Angabe in Klammern informiert darüber, wo die Sprachen gesprochen werden. („Pro" steht für „Pronomen.)

▶ **Tabelle 1** │ **Möglichkeiten der Pluralbildung in verschiedenen Kategorien in acht Sprachen**

Sprache	Kategorie						
	Tier	Verwandtschaft	Sache	Mensch	Pro1.	Pro3.	Pro2.
Slave (Kanada)	–	+	–	+	+	+	+
Asmat (Neu Guinea)	–	–	–	–	+	–	+
Marind (Neu Guinea)	+	+	–	+	+	+	+
Pirahã (Amazonien)	–	–	–	–	–	–	–
Igbo (Nigeria)	–	–	–	–	+	+	+
Kobon (Neu Guinea)	–	+	–	–	+	+	+
Kwakwala (Kanada)	–	–	–	–	+	–	–
Deutsch (Deutschland)	+	+	+	+	+	+	+

Es ist zunächst darauf hinzuweisen, dass die acht Sprachen aufgrund ihrer Unterschiedlichkeit ausgewählt wurden: Sie verhalten sich in ihren Möglichkeiten der Mehrzahlbildung in den sieben Kategorien in jeweils unterschiedlicher Weise und stellen insofern verschiedene Typen dar. Ein erster Blick auf Tabelle 1 zeigt, dass das Deutsche eine Art Obergrenze bildet, da es prinzipiell alle theoretisch möglichen Mehrzahlbildungen aufweist (vgl. die Wortliste in (1)). Am anderen Ende des Spektrums befindet sich das Pirahã, in dem die Mehrzahlbildung durchgängig unbekannt ist. Weiterhin lässt sich mit bloßem Auge erkennen, dass die Pronomen stärker zur Pluralbildung neigen als die Nomen. Dieses sind erste Hinweise auf eine zugrunde liegende Systematik. Wir können dieser auf die Spur kommen, wenn es uns gelingt, die Kategorien so anzuordnen, dass in jeder Zeile alle Pluszeichen links und alle Minuszeichen rechts (oder umgekehrt) stehen. Wenn wir dann die einzelnen Sprachen nach der Anzahl der Pluszeichen (oder Minuszeichen) auf- oder absteigend sortieren können, haben wir eine Systematik gefunden. Diese gibt es tatsächlich. Sie erscheint in Tabelle 2, in der nur eine Umstellung der Zeilen- und Spalteninhalte aus Tabelle 1 vorgenommen wird.

▶ **Tabelle 2** │ **Die Systematisierung der Pluralbildung auf der Grundlage von Tabelle 1**

Sprache	Kategorie						
	Pro.1	Pro.2	Pro.3	Verwandtschaft	Mensch	Tier	Sache
Deutsch	+	+	+	+	+	+	+
Marind	+	+	+	+	+	+	−
Slave	+	+	+	+	+	−	−
Kobon	+	+	+	+	−	−	−
Igbo	+	+	+	−	−	−	−
Asmat	+	+	−	−	−	−	−
Kwakwala	+	−	−	−	−	−	−
Pirahã	−	−	−	−	−	−	−

Die Systematik, die in Tabelle 2 zum Ausdruck kommt, könnte nicht beeindruckender sein. Ganz offensichtlich entscheiden die Sprachen der Welt die Frage der Pluralbildung nicht nach Lust und Laune. Es gibt offenbar einen „Wendepunkt", vor dem die Pluralbildung möglich ist, danach jedoch nicht mehr. Diesen Wendepunkt legen die Sprachen individuell fest. Und es gibt keinen theoretisch möglichen Wendepunkt, der nicht auch tatsächlich belegt ist. Diese acht Sprachen erfassen somit das gesamte Spektrum der Möglichkeiten, Wendepunkte zu setzen.

Die Kernaussage der Tabelle 2 besteht nun darin, dass jede Sprache nur einen einzigen Wendepunkt zur Verfügung hat. Wenn sie sich einmal entschieden hat, von Plus zu Minus zu wechseln, kann sie diese Entscheidung nicht mehr revidieren. Dieses Prinzip hat einen enormen Aussagewert. Es besagt, dass eine Sprache, die beispielsweise unbelebte Gegenstände pluralisiert, von allen anderen Kategorien wie Mensch und Adressat auch die Mehrzahl bildet. Allgemeiner gesagt heißt das, dass links von einem Pluszeichen immer nur Pluszeichen und rechts von einem Minuszeichen immer nur Minuszeichen stehen können. Wir sprechen hier von einer **implikationellen Hierarchie,** nach der die belegte Pluralbildung in einer beliebigen Zelle in Tabelle 2 impliziert, dass alle Kategorien, die weiter links stehen, auch pluralisierbar sind. Implikationelle Hierarchien sind einseitig, d.h., der Umkehrschluss bezüglich weiter rechts stehender Kategorien gilt nicht. Wenn wir Tabelle 2 als Grundlage für eine Verallgemeinerung nehmen wollen, bieten sich implikationelle Hierarchien als ein Bauprinzip menschlicher Sprache an.

implikationelle Hierarchie

Bauprinzip menschlicher Sprache

Aus der Behauptung, dass jede Sprache nur einen Wendepunkt zulässt, ist eine Schlussfolgerung von erheblicher Tragweite zu ziehen: Wenn man in dem Rahmen der vorgegebenen Kategorien bleibt, müssen sich alle Sprachen der Welt einem dieser acht Typen zuordnen lassen. Wissenschaftlich gesehen ist diese Aussage in zweifacher Hinsicht von besonderer Bedeutung. Zum einen ist die Vielzahl der theoretischen Möglichkeiten in solche Typen unterteilbar, die vorkommen können und solche, die nicht vorkommen können. Genauer gesagt reduzieren wir die Anzahl der theoretischen Möglichkeiten von $2^7 = 128$ auf ganze 8 (was einer Reduktion von immerhin 93,8% entspricht!). Zum anderen treffen wir eine Vorhersage hinsichtlich der möglichen Form einer Sprache. Wenn morgen eine Beschreibung einer bislang nicht erforschten Sprache erscheint, würden wir heute schon sagen können, dass sie zu einem der acht Typen in Tabelle 2 gehört. Mit Fug und Recht können wir hier von einem Baustein einer Theorie der Sprache sprechen.

Wie erwähnt stellen die acht in Tabelle 1 und 2 untersuchten Sprachen Typen dar. Es wird jedoch keine Aussage darüber getroffen, wie häufig der jeweilige Typ in den Sprachen der Welt vertreten ist. So ist aus Tabelle 2 nicht abzuleiten, dass das Deutsche mit seinen vielen Pluralisierungsmöglichkeiten typischer wäre als das Kwakwala mit seinen sehr eingeschränkten Pluralisierungsmöglichkeiten. Ebensowenig lässt Tabelle 2 eine Aussage über die absolute Häufigkeit von Sprachen zu, die das Pronomen der 1. Person (*ich*) in *wir* überführen können. Ganz und gar unzulässig wäre es, Tabelle 2 als Argument zu verwenden, um von „besseren" und „schlechteren" Sprachen zu sprechen.

Hingegen können wir Tabelle 2 entnehmen, dass verschiedene Kategorien eine unterschiedlich starke Neigung zur Pluralbildung aufweisen. So sind beispielsweise in den Sprachen der Welt Bezeichnungen für Tiere mit höherer Wahrscheinlichkeit pluralisierbar als Bezeichnungen für Sachen. Ebenso ist der Sprecherbezug mit höherer Wahrscheinlichkeit pluralisierbar als der Hörerbezug. Wir haben es in Tabelle 2 auf der horizontalen Achse mit einer Skala der Pluralisierungswahrscheinlichkeit zu tun, die sich auch als Hierarchie verstehen lässt. Die Frage ist nun, was die innere Logik dieser Skala ausmacht. Die Antwort, die hier vorgeschlagen werden soll, lautet, dass es sich hierbei um eine Hierarchie der Beziehungsnähe handelt. Wir Menschen gehen unterschiedlich enge Beziehungen ein, und diese Unterschiedlichkeit schlägt sich sprachlich in der Wahrscheinlichkeit der Pluralisierung nieder. Betrachten wir dazu zunächst die Pronomen und Nomen getrennt und beginnen mit letzteren. Wir gehen die engste Beziehung zu unseren Verwandten ein, die uns näherstehen als Menschen, mit denen wir nicht verwandt sind. Uns sind unsere Mitmenschen generell wichtiger als Tiere, die uns wiederum mehr am Herzen liegen als Gegenstände. Im Bereich der Pronomen haben wir einen engeren Bezug zu uns selbst (1. Person) als zu unserem Gegenüber (2. Person), und unser Gegenüber steht uns im wahrsten Sinne des Worts näher als eine abwesende Person, über die wir reden (3. Person). Dass Pronomen generell eine größere Beziehungsnähe ausdrücken als Nomen, liegt daran, dass sie im Hier und Jetzt verankert sind und wir Menschen im Hier und Jetzt agieren. Wenn ich meinem Sohn gegenüberstehe, ist er vor allem die Person, mit der ich rede und die ich (mit *du*) anrede. In erster Linie geht es also um die Sprecher-Hörer-Relation und erst in zweiter Linie um die Vater-Sohn-Relation. Dazu kommt, dass ich als Sprecher immer Dreh- und Angelpunkt bin, also immer alles aus meiner Warte betrachte. In diesem Sinne kann nichts über das Ich gehen.

In einem nächsten Schritt ist zu klären, weshalb Sprachen einen Zusammenhang von Beziehungsnähe und Pluralbildung herstellen. Ein solcher Zusammenhang will einem gewiss nicht offensichtlich oder gar zwingend erscheinen. Den Weg zu einer Antwort ebnet die Sichtweise, dass die Pluralbildung für die Sprachbenutzer aufwändig ist. Ein solcher Aufwand wird also nur betrieben, wenn er sich lohnt. Ob sich etwas lohnt, ist davon abhängig, wie wichtig es uns ist. Dinge, die uns unwichtig erscheinen, rechtfertigen also den Aufwand nicht und bleiben folglich plurallos. Um es aus dem entgegengesetz-

Skala der Pluralisierungswahrscheinlichkeit

Hierarchie der Beziehungsnähe

ten Blickwinkel zu betrachten: da ich als Sprecher (mir selbst) wichtig bin, ist es mir auch wichtig, dass ich ein Wir-Gefühl erzeugen und mich damit als Teil einer Gruppe begreifen kann. Demgegenüber ist es schon weniger wichtig für mich, ob meine Worte an einen oder mehrere Adressaten gerichtet sind. Und noch unwichtiger ist die Unterscheidung, ob ich über eine oder mehrere abwesende Personen rede.

Man mag Zweifel daran hegen, ob mit diesen Überlegungen die implikationelle Hierarchie umfassend erklärt ist, und in der Tat erzwingen diese Überlegungen auch keine unumstößliche Hierarchie. Dieses lässt sich insofern als Vorteil werten, als damit auch Ausnahmen zugelassen werden. Nichtsdestotrotz lässt sich hier aber auch

geschichteter Sprachbau

die Idee eines „geschichteten" Sprachbaus entwickeln. Jede Schicht entspricht einer Etage, so dass der 1. Stock nicht errichtet werden kann, wenn das Erdgeschoss nicht vorhanden ist. Aus diesem Blickwinkel wäre die Pluralisierbarkeit einer in Tabelle 2 weiter links stehenden Kategorie also so etwas wie eine Voraussetzung für die Pluralisierbarkeit einer weiter rechts stehenden Kategorie.

Wenn wir so wollen, gewährt uns die vorausgehende Analyse einen Einblick in die „geheime Botschaft" der Sprache. Sie verrät uns

die „geheime Botschaft" der Sprache

etwas darüber, wie wir uns und die Welt und unsere Beziehung zur Welt sehen. In diesem Sinne ist oder vermittelt Sprache eine Weltsicht – eine Weltsicht, die wir nicht zwingend teilen müssen. Wir müssen nicht Verwandtschaft für wichtiger als Freunde oder Menschen für wichtiger als Tiere halten. Was uns aber Sprachen widerspiegeln, ist, dass wir im Allgemeinen genau das tun.

Kehren wir abschließend zu unserem Ausgangspunkt zurück. Inwieweit passen die Möglichkeiten der Pluralbildung im Deutschen in das skizzierte Bild? Wir haben festgestellt, dass im Deutschen Beschränkungen bei der Pluralisierung von abstrakten Dingen wie *Glück* auftreten. Da die Gegenstände ganz unten in der Hierarchie der Beziehungsnähe stehen und da auf den höheren Ebenen keine derartigen Beschränkungen anzutreffen sind, fügen sich die Beispiele unter (1) recht gut in das Gesamtbild ein. Allerdings ist darauf hinzuweisen, dass Systematiken wie die in Tabelle 2 generell grobkörniger sind als schon die obige kurze Liste der deutschen Nomen. Diese Liste zeigt nämlich, dass der Plural im Deutschen nicht von allen Bezeichnungen für Gegenstände gebildet werden kann, obwohl in Tabelle 2 pauschal (und damit vereinfachend) genau das behauptet wird. Vielmehr sollte Tabelle 2 dahingehend verstanden werden, dass die **prinzipielle** Möglichkeit der Pluralbildung in einer bestimmten Kategorie besteht (oder auch nicht). Mit dieser Einschränkung stehen dann auch die Aussagen in Tabelle 2 mit den obigen Beispielen in Einklang. In jedem Fall bleibt die Aussage bestehen, dass in einer Sprache wie dem Deutschen Tierbezeichnungen besser pluralisierbar sein sollten als Bezeichnungen für Gegenstände. Zu dieser Grobkörnigkeit gehört auch, dass das skizzierte Modell den feinkörnigen Unterschied in der Pluralbildung von *Schnee* gegenüber dem englischen Wort *snows* und *Informationen* im Vergleich zu dem nicht möglichen englischen Wort *informations* (s.o.) nicht erklären kann. Hierzu wären einzelsprachliche Bedingungen stärker in den Blick zu nehmen. Weiterhin bleibt ungeklärt, wie sich eine Sprache ihren Wendepunkt in Tabelle 2 aussucht. Zu guter Letzt lässt die vorgeschlagene Analyse offen, wie sie den Eindruck vermeiden kann, die Sprecher der Sprachen mit mehr Pluralisierungsmöglichkeiten würden eine größere Beziehungsnähe herstellen als die Sprecher der Sprachen mit weniger Pluralisierungsmöglichkeiten. Eine solche Behauptung wäre gewiss nicht zu rechtfertigen.

Testfragen

1. Neben der Unterscheidung in Singular- und Pluralformen kennen Sprachen auch die Unterscheidung in maskuline und feminine Formen. Bei den Personalpronomen wird diese Unterscheidung in den folgenden Sprachen in Abhängigkeit von der grammatischen Kategorie der Person (1., 2., 3., s.o.) im Singular wie folgt vorgenommen:

▶ Tabelle 3 │ **Genusunterscheidung im Singular im Pronominalsystem von vier Sprachen**

	Person		
Sprache	1.	2.	3.
Ngala	+	+	+
Englisch	-	-	+
Finnisch	-	-	-
Arabisch	-	+	+

Erläutern Sie die Tabelle 3, wobei Sie das Englische konkreter als die anderen Sprachen beschreiben können. Arbeiten Sie die Systematik der Unterscheidung in maskuline und feminine Formen heraus. Gibt es eine implikationelle Hierarchie? Stellen Sie auch fest, welche(n) Sprachtypus bzw. -typen es nicht geben sollte. Welche Erklärung hätten Sie für Ihre Befunde anzubieten?

2. *Prüfen Sie die Möglichkeit der Pluralbildung bei folgenden englischen Tiernamen: lamb, sheep, deer, fish, quail. Welche Unterschiede in den Pluralisierungsmöglichkeiten stellen Sie zu den jeweiligen deutschen Entsprechungen fest? Sind diese Eigenschaften des Englischen mit der in Tabelle 2 erfassten Systematik vereinbar?*

3. *Prüfen Sie die Möglichkeiten der Pluralbildung bei den englischen Personalpronomen in der 1., 2. und 3. Person. Welche – überraschende – Entdeckung machen Sie? Ist dieser Befund mit der implikationellen Hierarchie, wie sie in Tabelle 2 zum Ausdruck kommt, vereinbar, oder sollte das Englische vielmehr als Gegenbeispiel gewertet werden?*

Sprache und Sprachwissenschaft

In diesem Kapitel wollen wir uns einen ersten Überblick über die Sprache als Untersuchungsgegenstand der Linguistik verschaffen. Dabei ist zunächst zu klären, was überhaupt Wissenschaft ist und welche Anforderungen an eine wissenschaftliche Beschäftigung mit der Sprache zu stellen sind. Wir werfen also gleich zu Beginn die grundlegendsten Fragen auf, deren Klärung Voraussetzung für jede detailliertere Analyse der Sprache ist.

Will man sich dem Phänomen Sprache nähern, muss man eine Hürde überwinden, die es so nirgendwo anders gibt. Wir müssen dazu Sprache als Untersuchungsgegenstand begreifen. Es fällt uns leicht, uns Tiere oder Gestirne als Untersuchungsgegenstand vorzustellen, aber mit der Sprache ist es anders. Das Problem mit ihr ist, dass sie zu dicht an uns dran, zu sehr ein Teil von uns selbst ist, als dass wir sie wahrnehmen würden. So erklärt es sich, dass in den Zeugnissen der Vergangenheit die Sprache eines Volkes selten thematisiert wurde, und wenn doch, fast immer nur dann, wenn sie ein Problem darstellte. Dazu kommt, dass wir wie selbstverständlich Sprache als ein Instrument verwenden, mit dem wir unsere Aufmerksamkeit auf gewisse Dinge richten. Dieses macht es außerordentlich schwer, die Sprache selbst ins Zentrum unserer Aufmerksamkeit zu rücken. Dass wir diesen Schritt wiederum sprachlich vollziehen müssen, also mit Sprache über Sprache reden, macht die Angelegenheit nicht gerade einfacher. Genau darum aber geht es in der Sprachwissenschaft: die Sprache genauso losgelöst von uns selbst zu untersuchen wie Astronomen die Sonne.

Sprache als Untersuchungsgegenstand

Die Bedeutung der Sprache in unserer Welt

2.1

Welchen Stellenwert hat Sprache in unserem Leben? Stellen wir uns doch einmal eine Welt ohne Sprache vor. Wie würde sie aussehen? Würde man die Sprache aus unserer Welt verbannen, bliebe kein Stein auf dem anderen. Wir würden uns in die Zeit der Neandertaler

eine Welt ohne Sprache

zurückversetzt sehen, die wahrscheinlich über keine Sprache (in unserem heutigen Verständnis) verfügten. Das Leben wäre auf das Hier und Jetzt beschränkt, Wissen, sofern es überhaupt erworben werden kann, könnte nur sehr eingeschränkt weitergereicht werden, Kommunikation fände in sehr rudimentärer Form statt, eine Gesellschaft mit einem einheitlichen Wertesystem und Regeln, auf die sich ihre Mitglieder berufen können, könnte nicht entstehen, auch ein Bewusstsein des Individuums seiner selbst könnte nur ansatzweise ausgebildet sein, von abstrakten Denkprozessen ganz zu schweigen.

Stellen wir uns in einem zweiten Schritt vor, wir selbst als Individuen hätten die Sprache verloren, wie wir das ansatzweise kennen, wenn wir eine Stimmbandentzündung haben oder einfach nur sprachlos vor Empörung sind. Wir spüren bei diesem Gedanken sofort, wie uns der Zutritt zur Welt verwehrt ist, wie wir in eine Hilflosigkeit verfallen, wie wir einen essenziellen Teil unseres Ichs aufgeben. Es scheint, als würden wir mit der Sprache uns selbst verlieren.

Die genannten Punkte, die natürlich sehr viel weiter aufgeschlüsselt werden könnten, vermitteln im Umkehrschluss ein erstes Bild von der kaum zu überschätzenden Bedeutung der Sprache in unserem Leben. Beginnen wir mit uns selbst. Sprache verstärkt oder schafft gar ein Bewusstsein für die Dinge der Welt, uns selbst mit inbegriffen. Durch die Sprache geben wir den Dingen einen Namen und identifizieren sie damit. Die Dinge bekommen durch die Benennung Bedeutung, und insofern werden Wörter zu Bewusstseinsinhalten. Wenn diese Bewusstseinsinhalte auf uns selbst gerichtet sind, schaffen wir mithilfe der Sprache unsere eigene Identität. Ich rede, also bin ich. Mit der Sprache machen wir uns fassbar, erlebbar, handhabbar, begreifbar und deutbar. Dieses hat viel damit zu tun, dass uns die Sprache als Instrument des Denkens dient. Wir können uns mittels Sprache selbst denken, uns unserer selbst bewusst werden und uns darüber Identität verleihen.

Die Erfassung des eigenen Ichs ist die Voraussetzung für die Erfassung des anderen, und so gelangen wir von der individuellen zur sozialen Ebene. Die Entwicklung eines sozialen Verbands bzw. einer Gesellschaft ist an ein gemeinsames Wertesystem gekoppelt. Dieses muss geschaffen, festgelegt und immer neu bestätigt werden. Dass hierbei die Sprache von entscheidender Bedeutung ist, bedarf kaum der Erläuterung. Weltliche und religiöse Verhaltenskodexe werden in Form von Gesetzen und heiligen Schriften gefasst, und wo keine

Bedeutung der Sprache in unserem Leben

Sprache und Identität

Sprache und Gesellschaft

Schriftsprache zur Verfügung steht, erfüllt in mündlichen Kulturen das Gedicht- und Liedgut die Funktion eines allgemeinen Bezugspunkts. Dieser gemeinsame Rahmen schafft Sicherheit, Stabilität und vor allen Dingen Zusammenhalt. Hier wird neben der kohärenzstiftenden Funktion der Sprache auch ihre Rolle bei der Wissensentstehung und -vermittlung ersichtlich. Wissensentstehung baut nahezu ausnahmslos auf vorhandene Wissensbestände auf. Da diese Wissensbestände in der Regel sprachbasiert sind, ist der Wissenszuwachs immer auf Sprache angewiesen. Noch deutlicher wird die Rolle der Sprache bei der Wissensvermittlung, die ohne Sprache schwerlich vorstellbar ist. Sprache wird damit zu einem Kulturträger. Wenn die Sprache zur Weitergabe von Information genutzt wird, schafft sie einen Ausgleich zwischen dem Sprecher bzw. Schreiber und dem Adressaten. Hier lässt sich sogar eine Demokratisierungsfunktion der Sprache erkennen, die darüber gegeben ist, dass sie ein gemeinsames Wertesystem für die Sprachbenutzer und ein für alle zugängliches Wissen schafft und erhält. In diesem Zusammenhang ist auch das Internet als ein wirkungsvolles Demokratisierungsinstrument zu sehen.

Kohärenz
Wissen

Gleichzeitig ist Sprache aber auch ein Machtinstrument. Zwar gilt nicht das Recht des körperlich Stärkeren, aber das des rhetorisch Versierteren. Dabei fällt der Sprache eine paradox erscheinende Doppelfunktion zu. Macht kann nicht nur durch die Kunst des Redens ausgeübt werden, auch das Schweigen kann durchaus machtvoll sein. Ein Sprichwort besagt, dass Wissen Macht ist. Wenn wir durch unser Schweigen also verhindern, dass andere wissend werden, halten wir sie auch machtlos und stärken darüber unsere eigene Position.

Macht

Fassen wir als Zwischenresümee zusammen: Ohne Sprache wäre die Welt nicht ansatzweise die, in der wir leben. Die Sprache ist aus unserer Welt nicht wegzudenken. Sie führt die Individuen in die Selbsterkenntnis; sie organisiert nicht nur die Beziehung zwischen zwei Menschen zueinander, sondern auch den Bezug der Menschen zu einem größeren Ganzen, das wir Gesellschaft nennen. Unser Zugang zur Welt erfolgt in erheblichem Umfang über die Sprache. Dabei ist Sprache aber nicht nur ein neutraler, passiver Transporteur von (außersprachlichen) Inhalten, sondern stellt selbst ein Wertesystem dar.

Wir kommen nun an einen entscheidenden Punkt: Wenn Sprache eine derartig große Bedeutung zufällt, muss man sich fragen, wie es zu all den genannten Errungenschaften kommen konnte. Müssen wir uns das so vorstellen, dass sich die Menschen zu Beginn der Sprachentstehung zusammengefunden und gedacht (und irgendwie mitgeteilt) haben: „Wahrlich, lasst uns doch einfach mal anfangen zu sprechen, ihr werdet schon sehen, was wir davon haben: wir werden mit unserer Sprache ein Bewusstsein kreieren, eine Gesellschaft entwickeln und unser kulturelles Erbe schaffen."? Die Absurdität eines solchen Plans bedarf keiner Erläuterung. Also bleibt die Frage offen, wie all diese Effekte entstehen konnten.

Schauen wir uns einmal an, was wir Menschen von heute freiwillig tun. Wir treffen uns beispielsweise gerne zum Kaffeekränzchen. Wir treffen uns aber nicht primär, um schweigend nebeneinander unseren Kaffee zu schlürfen, sondern wir treffen uns vor allem um zu reden. Warum? Können wir es nicht erwarten, endlich darüber informiert zu werden, dass ein Experte seine Meinung zu einem bestimmten Ereignis kundgetan hat? Wollen wir also allgemeiner gesagt bei Kaffee und Kuchen unsere Allgemeinbildung aufpolieren? Interessanterweise scheint dieser Aspekt eine eher untergeordnete Rolle zu spielen. Vielmehr geht es weit weniger um etwas Hochgeistiges als um etwas Emotionales: Wir reden, weil es uns Spaß macht. Und es macht uns Spaß, weil wir durch das Gespräch eine Verbindung zu unserem Gesprächspartner aufbauen. Diese Verbindung, egal wie schwach oder stark sie im Einzelfall sein mag, ist uns wichtig, weil wir „von Haus aus" soziale Wesen sind. Diese Eigenschaft ist mit Sicherheit genetisch verankert, da die Gruppe eine höhere Überlebenschance als das Individuum hat. Wir halten also fest, dass Sprache ein Mittel ist, um unseren Wunsch nach sozialem Kontakt bzw. unser Kommunikationsbedürfnis zu befriedigen. Das Ausmaß, in dem wir das Kommunikationsmittel Sprache einsetzen, obwohl es daneben auch noch andere Kommunikationsformen gibt, legt den Schluss nahe, dass sich dieses unser Grundbedürfnis mit anderen Kommunikationsformen nicht so gut befriedigen lässt wie mit Sprache.

Die Verbindung, die wir mittels Sprache zu unserem Gegenüber aufbauen, ist nicht völlig symmetrisch – was aufgrund der im vorangegangenen Kapitel beschriebenen Unterschiedlichkeit im Stellenwert der Pronomina der 1. und 2. Person auch nicht anders zu erwarten ist. In der Regel nehmen wir uns als Sprecher wichtiger als den Hörer. D.h., wir reden lieber, als dass wir zuhören. Primär wollen wir uns anderen mitteilen und nur sekundär etwas von anderen erfahren. Die Sprache bietet uns hier eine ausgezeichnete Möglichkeit, das hinter dem Kommunikationsbedürfnis liegende Bedürfnis nach Anerkennung durch unser Gegenüber auszuleben. Wir reden, um zu beeindrucken, um sozial erfolgreich zu sein. Wir teilen uns mit, um uns Geltung zu verschaffen, um zu zeigen, dass wir wer sind. Wir wollen uns durch die Sprache unsere Individualität bezeugen und uns Ausdruck verleihen. So definieren wir uns gegenüber dem anderen und damit letzten Endes auch gegenüber uns selbst. Von der Geltungsverschaffung bis zur oben erwähnten Machtausübung ist es dann nur noch ein kleiner Schritt.

Sprechen, um zu gelten

Der Punkt ist, dass wir Sprechen nicht nur sinnvoll, sondern vor allem lust-ig finden; Sprechen ist knapp gesagt Lustgewinn. Lust lässt sich biologisch betrachtet als Ersatz für einen an Einfluss verlierenden Instinkt deuten. Lust ist mit anderen Worten analog zum Instinkt ein Mechanismus zur Überlebenssicherung und als Folge einer zunehmenden Autonomie gegenüber dem genetischen Programm zu sehen.

Sprache als Lustgewinn

Jetzt fällt es auch leichter zu verstehen, wie uns die Sprache die vielen o.g. Vorteile verschaffen konnte. Diese Vorteile sind nie von uns Menschen geplant worden. Sie sind ein Gratisgeschenk, das sich quasi wie von selbst aus der Verwendung von Sprache ergibt. Das Sprechen bedeutet also nicht nur Lustgewinn, sondern als Folge davon, dass wir unserer Lust frönen, entwickeln sich automatisch auch noch die individuellen und sozialen Aspekte, von denen in diesem Abschnitt die Rede war.

Was ist und was will Sprachwissenschaft? | 2.2

Bei dieser zentralen Bedeutung der Sprache liegt es auf der Hand, eine Wissenschaft zu begründen, die sich die Sprache zum Untersuchungsgegenstand macht. Wie im vorausgehenden Abschnitt erwähnt, tun wir damit etwas Ungewöhnliches, wenn nicht gar Einmaliges. Wir verwenden Sprache nicht mehr, um Aussagen über die nicht-sprachliche Welt, sondern über die Sprache selbst zu machen. Wir reden mit Sprache über Sprache. Wir müssen also zwei Funktionen unterscheiden: die Sprache, die auf die Welt Bezug nimmt und die Sprache, die auf sich selbst Bezug nimmt. Erstere nennen wir die **objektsprachliche**, letztere die **metasprachliche** Funktion (vgl. Kap. 4.2.4). Ein Dialog zwischen zwei Menschen über die letzte Oscarverleihung ist also objektsprachlich, das vorliegende Buch hingegen metasprachlich.

Was will eine Sprachwissenschaft, und was kann sie leisten? Wenn man davon ausgeht, dass Sprache, so wie wir sie landläufig verstehen, etwas spezifisch Menschliches ist, können wir von einer Sprachwissenschaft erwarten, dass sie uns etwas über uns selbst, über unsere geistigen Fähigkeiten, über unsere Möglichkeiten und Grenzen verrät (vgl. Kap. 2.2.5). Auch soll sie uns helfen, die Welt und wie wir die Welt erfassen (besser) zu verstehen. Allerdings wollen wir die Sprache nicht nur als „Brücke" zu uns selbst nehmen, sondern auch sie selbst in den Mittelpunkt rücken. Dabei geht es primär um zwei Fragen: Wie funktioniert Sprache, und wie ist sie aufgebaut? Diese beiden Aspekte der Funktion und der Struktur bilden das Herzstück der Sprachwissenschaft. Darüber hinaus ist Sprachwissenschaft nicht nur die Wissenschaft der Sprache, sondern auch der Sprache**n**. So kann man eine einzelne Sprache oder mehrere Sprachen untersuchen. Im Falle eines Sprachvergleichs sucht man nach Gemeinsamkeiten und Unterschieden, also nach Konstanz und Variation. Das höchste Ziel ist, etwas Universelles über Sprache herauszufinden, also diejenigen Eigenschaften zu entdecken, die allen Sprachen gemein sind. Solche Universalien machen nach Auffassung mancher den Kern der Sprache aus. Allerdings setzt die Suche nach sprachlichen Universalien voraus, dass alle ungefähr 6000 Sprachen der Welt erforscht sind, ein Forschungsstand, von dem wir noch weit entfernt sind. Die Frage der Variation ist aber im Prinzip theoretisch nicht weniger interessant als die Suche nach Universalien. Wie viel Variabilität möglich ist und wo die Grenzen der Variation liegen, welche sprachlichen Eigenschaften zur Variation neigen und welche nicht, welche Eigenschaften häufig und welche selten auftreten, sind einige der wesentlichen Fragen, denen man in der Sprachwissenschaft nachgeht.

Ehe wir tiefer in die Sprachwissenschaft einsteigen, wollen wir den Begriff in seine Bestandteile zerlegen und uns fragen, was eigentlich Wissenschaft und was Sprache ist. Denn erst wenn wir eine Vorstellung von diesen beiden Begriffen haben, ist es sinnvoll, sich weiter mit der Sprachwissenschaft zu beschäftigen.

Funktion und Struktur (margin note)

Universalien (margin note)

Variabilität (margin note)

2.2.1 | Was ist Wissenschaft?

Wissenschaft als Spiel (margin note)

Es mag überraschend klingen, wenn gleich zu Beginn dieses Abschnitts behauptet wird, Wissenschaft sei ein Spiel. Sobald wir uns von den Assoziationen wie „lustig", „leicht" und „zur Entspannung dienend" lösen, bekommt diese Bezeichnung jedoch ihren Sinn. Die entscheidende Eigenschaft eines Spiels sind die Spielregeln, die die Mitspieler verbindlich vereinbaren. Diese Spielregeln sind also nicht in Stein gemeißelt, sondern veränderbar. Und wer die Spielregeln nicht beachtet, kann auch nicht teilnehmen. Dazu kommt, dass unterschiedliche Gruppen (z.B. Kulturkreise) unterschiedliche Spielregeln festlegen können. Die derzeitig in der westlichen Welt gültigen Spielregeln sollen im Folgenden kurz erläutert werden.

Am Anfang der wissenschaftlichen Arbeit steht eine Frage oder Behauptung. In ihrer Funktion als Stimulus für das weitere Vorgehen sind Frage und Behauptung recht ähnlich. Ob wir die Frage stellen „Ist die Erde eine Scheibe?" oder die Behauptung aufstellen „Die Erde ist eine Scheibe.", beeinflusst die wissenschaftliche Analyse nur wenig. Wissenschaft ist prinzipiell grenzenlos, d.h., wir können alle Fragen stellen, die wir stellen wollen. Begrenzt werden wir zunächst nur durch unsere Fantasie und unser subjektives Erkenntnisinteresse. Das, was uns nicht interessiert, erfragen wir auch nicht.

Mit einer wissenschaftlichen Behauptung (These) machen wir eine Aussage über die Welt. Ob diese These richtig oder falsch ist, kann am Anfang keine Rolle spielen, da das Ergebnis ja erst am Ende der Untersuchung vorliegt. Man stellt normalerweise nur solche Thesen auf, deren Richtigkeit oder Falschheit nicht von vornherein offensichtlich ist. Eine wesentliche Beschränkung bei der Aufstellung von Hypothesen ergibt sich daraus, dass sie untersuchbar sein müssen. „Untersuchbar" ist nicht nur in einem ganz praktischen Sinn zu verstehen. Es ist zwecklos, Hypothesen aufzustellen, die (aus welchen Gründen auch immer) unmöglich zu untersuchen sind. Darüber hinaus hat sich heute die Forderung durchgesetzt, dass Hypothesen testbar sein müssen. Wir könnten beispielsweise behaupten, dass es Geister gibt. Solange wie Geister darüber definiert werden, dass sie bzw. ihre Handlungen nicht erfassbar bzw. messbar sind, ergibt die Aufstellung einer solchen Hypothese wissenschaftlich gesehen wenig Sinn (womit im Übrigen keineswegs gesagt ist, dass es Geister nicht gibt!). Darüber hinaus tritt zu einem späteren Zeitpunkt der wissenschaftlichen Untersuchung ein nicht minder grundsätzliches Problem auf: Angenommen, wir sehen uns mit zwei unterschiedlichen, aber beide nicht überprüfbaren Erklärungen konfrontiert, stecken wir in einer Sackgasse. Wir haben dann keine Möglichkeit herauszufinden, welche die falsche ist.

Frage oder Behauptung

These

Testbarkeit

Wenn wir nun eine falsifizierbare Behauptung aufgestellt haben, müssen wir sie prüfen. Damit kommen wir zur Untersuchung im engeren Sinn. Es gibt insgesamt drei Vorgehensweisen: die empirische Analyse, der logische Beweis und die Spekulation. Für eine empirische Wissenschaft wie die Linguistik kommt im Großen und Ganzen nur die Analyse eines Datensatzes in Frage. Der Weg des logischen Beweises ist den formalen Wissenschaften vorbehalten. Die geringste Überzeugungskraft besitzt die Spekulation. Sie arbeitet mit Plausibilitätsargumenten und Einzelbeispielen. Diese Vorgehensweise kommt überall dort zum Einsatz, wo eine empirische Analyse nicht möglich ist. Sie sollte nicht grundsätzlich diskreditiert werden, da sie im Idealfall zu einem späteren Zeitpunkt zur Formulierung einer empirisch testbaren Hypothese beitragen kann.

Liegen empirische Ergebnisse einmal vor, ist zu fragen, ob sie die eingangs aufgestellte Hypothese bestätigen oder nicht. Wir sind nun an dem Punkt angelangt, an dem wir verstehen wollen, warum die Ergebnisse so und nicht anders ausgefallen sind. Wir machen uns **Erklärungen** also auf die Suche nach Erklärungen, d.h., wir bewegen uns von der beobachtbaren zur nicht-beobachtbaren Welt. Damit gelangen wir in den Bereich der Theorien und Modelle, deren Ziel es ist, uns zu einem vertieften Verständnis der (sprachlichen) Welt zu verhelfen. Zusätzlich zu ihrer Erklärungskraft ist für jede wissenschaftliche Theorie ein weiteres Gütekriterium ausschlaggebend: Sie sollte so **Vorhersagen** formuliert sein, dass sie Vorhersagen über bisher noch nicht untersuchte Ereignisse und Zusammenhänge gestattet. Jede gute Theorie führt also zu neuen Fragestellungen. Und damit schließt sich dann der Kreis. Am Anfang wie am Ende der wissenschaftlichen Arbeit steht eine Fragestellung, nur dass die Fragestellung am Anfang und am Ende nicht dieselbe ist. Insofern ist das Bild einer Spirale dem des Kreises vorzuziehen. Graphisch ließe sich der Weg der wissenschaftlichen Erkenntnis folgendermaßen darstellen:

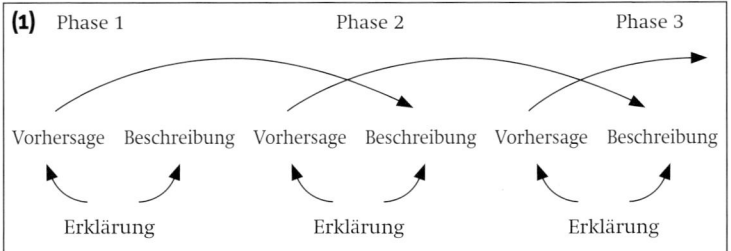

Ehe wir uns einem konkreten Beispiel zuwenden, soll die Darstellung des wissenschaftlichen Arbeitens im folgenden Viererschritt rekapituliert und vertieft werden.

(2)   a. Identifikation des Problems
        b. Formulierung des Problems
        c. Analyse des Problems
        d. Theoretische Erörterung des Problems

Der erste Schritt (2a) ist die Voraussetzung für die wissenschaftliche Arbeit schlechthin. Wenn wir kein Problem sehen, können wir auch keines lösen. Wie finden wir also ein Problem, das uns am besten auch noch interessiert? In der Regel stößt man auf ein Problem durch eine Diskrepanz zwischen einer (Vor)Erwartung und einer gemachten Erfahrung. Wenn diese Diskrepanz zu einer inneren Spannung führt, kann daraus ein Bewusstsein für ein Problem entstehen.

Im zweiten Schritt (2b) muss dieses Problem formuliert werden. Es gibt unzählige Möglichkeiten der Formulierung eines Problems. Wir können es als positive oder negative Aussage, als Behauptung oder als Bedingung („wenn ... dann") usw. formulieren. Inhaltlich sind uns dabei fast keine Grenzen gesetzt. Nehmen wir einmal an, Sie hätten Verständnisschwierigkeiten mit diesem Buch. Das wäre unzweifelhaft ein Problem für Sie (und nicht zuletzt auch für mich als Autor). Sie hätten nun ganz unterschiedliche Möglichkeiten der Problemformulierung, von denen hier nur zwei exemplarisch genannt werden sollen. Sie könnten das Problem in die Frage „Bin ich nicht klug genug?" oder in die Frage „Ist der Autor nicht in der Lage, sich klar und verständlich auszudrücken?" kleiden. Sie sehen an dieser Alternative, wie ein und dasselbe Problem zu ganz unterschiedlichen Fragestellungen führen kann. Der entscheidende Punkt ist nun, dass von dieser Fragestellung das gesamte weitere Vorgehen inklusive Resultate und theoretische Überlegungen abhängig ist. Die Formulierung des Problems ist insofern eine grundlegende Weichenstellung.

Auf die empirische Analyse (2c) folgt die theoretische Auswertung der Ergebnisse (2d). Diese greift die eingangs gestellte Frage wieder auf und versucht, sie zu beantworten. Angenommen, die Analyse hat ergeben, dass unterschiedliche Leser mit diesem Buch ihre Schwierigkeiten haben. Dann hätten wir Hinweise darauf, dass die Verständnisschwierigkeiten mehr auf Produzenten- als auf Rezipientenseite zu suchen sind. In einem weiteren Schritt könnte man dann fragen, was die Schwierigkeiten auslöst und letztendlich eine Theorie der (Un)Verständlichkeit wissenschaftlicher Texte aufstellen.

Abschließend sollen die eingeführten Arbeitsschritte an einem Beispiel aus der Sprachwissenschaft veranschaulicht werden. Es geht um die Aussprache von Eigennamen im Britischen und Amerikanischen Englisch, genauer gesagt, um die Silbe, die die Hauptbetonung trägt. Alle Eigennamen beziehen sich auf nicht-englische Produkte oder Orte und Länder, die außerhalb Englands oder Nordamerikas liegen. Gegeben sei folgender Minidatensatz. Die Unterstriche bezeichnen die Anzahl der Silben und der Akzent die Hauptbetonung.

Betonung von Eigennamen

(3)

		Britisches Englisch	Amerikanisches Englisch
a	Peking	_ _́	_ _́
b	Surinam	_ _ _́	_́ _ _
c	Peugeot	_́ _	_ _́
d	Hong Kong	_ _́	_ _́
e	Beaujolais	_́ _ _	_ _ _́
f	Senegal	_ _ _́	_ _ _́

Wir sehen zunächst, dass das Britische und das Amerikanische Englisch in einigen Betonungsmustern übereinstimmen (3f), in anderen jedoch nicht (3e). Auch wenn es bei so wenigen Beispielen nicht gerechtfertigt ist zu verallgemeinern, fällt auf, dass die Wörter aus dem Französischen (3c, 3e) im Britischen Englisch anfangsbetont und im Amerikanischen Englisch endbetont sind. Der umgekehrte Fall (Anfangsbetonung im Amerikanischen, Endbetonung im Britischen Englisch) liegt in (3b) vor. Schließlich gleichen sich die beiden Dialekte in der Aussprache der beiden fernöstlichen Orte (3a, 3d) und dem westafrikanischen Land (3f). Soweit die Beschreibung der Daten.

Wie sind nun die Gemeinsamkeiten und Unterschiede in der Aussprache zu erklären? Der erste Ausgangspunkt unserer Überlegungen ist die Beobachtung, dass englische Wörter zur Erstsilbenbetonung neigen. Dieses Betonungsmuster ist also den Anglophonen am meisten vertraut. Unser zweiter Ausgangspunkt ist die unterschiedliche geographische Lage der U.S.A. und Englands. Es ist ein Grundprinzip menschlicher Interaktion, dass wir mehr mit den Personen in unserer nächsten Umgebung zu tun haben als mit physisch entfernteren Personen. Selbiges gilt für Dinge. Aufgrund ihrer unterschiedlichen Lage sind der U.S.A. und England also unterschiedliche Dinge nah bzw. fern und dadurch mehr oder weniger vertraut. Die zentrale These lautet nun, dass sich die Häufigkeit des Kontakts als außersprachlicher Faktor innersprachlich im Betonungsmuster niederschlägt. Häufiger Kontakt führt zu vertrauten Betonungsmustern, seltener Kontakt zu weniger vertrauten. Die Unterschiedlichkeit in den Betonungsmustern ist also eine Folge der Unterschiedlichkeit in der Häufigkeit des Kontakts beider Nationen mit anderen Ländern. Ebenso erklärt diese These eine Gleichheit in der Aussprache mit einer ähnlich großen Distanz beider Nationen zu den anderen Ländern.

Wenden wir nun diese Erklärung auf die Daten in (3) an. Frankreich liegt viel näher an England als an den U.S.A. Seine Produktnamen *Peugeot* und *Beaujolais* sind den Engländern also vertrauter als den Amerikanern, und so erfolgt die vertraute Erstsilbenbetonung in England, nicht jedoch in den U.S.A. Demgegenüber sind *Hong Kong*, *Peking* und *Senegal* für beide Länder weit weg. Insofern ist zu erwarten, dass sie nicht nur gleich ausgesprochen werden, sondern auch dass alle drei Namen endsilbenbetont sind. Genauso verhält es sich auch. Schließlich ist der interessante Fall *Surinam* zu klären. Aufgrund seiner geographischen Nähe zu den U.S.A. und seiner großen Entfernung zu England ist ein Unterschied in der Aussprache zu vermuten, und zwar derart, dass im Amerikanischen Englisch Erstsilbenbetonung und im Britischen Englisch Endsilbenbetonung vorliegen sollte. Auch diese Erwartung wird bestätigt.

Im vorliegenden Zusammenhang ist an der angebotenen Erklärung wichtig, dass sie prinzipiell falsifizierbar ist. Man braucht nur genügend Gegenbeispiele zu finden, und schon wäre die Theorie widerlegt. Nur am Rande sei hier erwähnt, dass sich in der Praxis die Falsifizierung einer Hypothese als schwieriger gestaltet, als im vorangegangenen Satz etwas leichtfüßig behauptet wurde. Das Problem liegt in der Klärung der Frage, wann die Anzahl der Gegenbeispiele

Erstsilbenbetonung

geographische Distanz

ausreichend ist. Es kann nämlich durchaus sein, dass das o.g. Erklä-
rungsprinzip trotz einer gewissen Zahl an Gegenbeispielen gültig
ist. Es wäre dann nur ein (eventuell relativ schwaches) Erklärungs-
prinzip von mehreren, mit denen es im Widerstreit steht. Die Existenz anderer Prinzipien ist aber kein Beweis für die Nicht-Existenz
des vorgeschlagenen Prinzips. Solche Konkurrenzsituationen sind in
der Sprache (und damit in der Sprachwissenschaft) gang und gäbe.

Ebenso wichtig an der obigen Erklärung ist die Fülle an Vorhersagen, die sie bezüglich der Aussprache im Britischen und Amerikanischen Englisch macht. Wenn es ein allgemeingültiges Prinzip ist,
sollte die Intensität des Kontakts generell zur Erstsilbenbetonung
führen. Dieses Erklärungsmuster kann prinzipiell auf alle Eigennamen angewendet werden und führt damit zu neuen Fragestellungen
und Analysen. Insbesondere lässt sich hier an die Übernahme von
Nicht-Eigennamen (Appellativa) aus anderen Sprachen denken. Dabei ist es gut möglich (und ganz im Sinne des wissenschaftlichen
Fortschritts), dass die Erklärung im Zuge weiterer Untersuchungen
verändert oder gar verworfen werden muss. Der entscheidende
Punkt, der an diesem Beispiel verdeutlicht werden soll, ist aber, dass
jede Studie über sich selbst hinausweisen sollte, indem sie in Form
von Vorhersagen unsere Erwartungen schärft, mit denen wir dann
an die (empirische) Welt herantreten können und die es uns ermöglichen, neue Phänomene zu entdecken, die also den o.g. potenziellen
Konflikt zwischen Erwartung und Erfahrung schüren.

2.2.2 | Was ist Sprache? – Zwei Grundkonzeptionen von Sprache

Wenn man sich der Sprache (oder irgendeinem anderen Untersuchungsgegenstand) wissenschaftlich nähern will, kann man nicht
einfach so loslegen. Als Wissenschaftler muss man sich nämlich
zunächst eine (noch so vorläufige) Vorstellung von dem Objekt machen (bzw. sich unbewusste Vorstellungen von dem Objekt bewusst
machen), das man erforschen will. Die Objekte an sich mögen zwar
„unschuldig" sein, sie verlieren bloß dadurch ihre Unschuld, dass sie
durch unseren Wahrnehmungs- und Denkapparat interpretiert werden. Sprache ist also nicht einfach Sprache, sondern ein von uns
interpretiertes Phänomen. Da diese Interpretation am Anfang der
wissenschaftlichen Analyse steht, ist sie weichenstellend und verdient deshalb unsere besondere Aufmerksamkeit. Man kann sich

viele Vorstellungen von Sprache machen. Hier wollen wir uns auf die beiden grundlegenden Konzeptionen von Sprache konzentrieren: Sprache als psychologischer Prozess und Sprache als kulturelles Phänomen. Wir beginnen mit der psychologischen Konzeption.

Der Begriff der Sprache wurde bisher nicht definiert, sondern eher umgangssprachlich verwendet. In der Tat fällt eine Definition dieses Begriffes nicht leicht, wobei uns sofort einleuchten will, dass Sprache etwas Abstraktes ist. Wenn wir uns fragen, wie uns diese abstrakte Größe konkret entgegentritt, wird es schon einfacher. Was machen wir mit Sprache? Wir sprechen, hören, schreiben und lesen sie. Dieses sind die vier typischen Erscheinungsformen von Sprache (neben anderen wie Tasten auf Computertastaturen drücken und in der Gebärdensprache gestikulieren). Diese vier lassen sich wie folgt systematisieren:

Sprache als psychologischer Prozess

(4) Die vier Erscheinungsformen von Sprache

		Perspektive	
		produktiv	rezeptiv
Medium	akustisch	Sprechen	Hören
	optisch	Schreiben	Lesen

Abbildung (4) unterscheidet zwischen der Produzenten- und der Rezipientenperspektive einerseits und dem akustischen und dem optischen Medium andererseits. Aus „gebender" Sicht kann man sprechen oder schreiben, aus „empfangender" Sicht hören oder lesen. Des akustischen Mediums bedienen sich Sprechen und Hören, des optischen Mediums Schreiben und Lesen.

Wichtig ist nun, dass diese vier Erscheinungsformen von Sprache psychologische Prozesse darstellen. Das Sprechen, Hören, Schreiben und Lesen entsteht im Kopf oder wird im Kopf vollzogen, d.h., es müssen bestimmte Prozesse im Kopf ablaufen, damit es zu einer dieser vier Aktivitäten kommt. Diese psychologischen Prozesse begleiten nicht nur die vier Aktivitäten, sie machen sie sogar aus. Beispielsweise bedeutet Schreiben, dass eine Idee entwickelt und in eine sprachliche Form gegossen wird, die dann in bestimmte Hand- und

Fingerbewegungen überführt wird. Und Lesen besagt, dass Buchstaben und Interpunktionszeichen zum Aufbau einer inneren („mentalen") sprachlichen Form genutzt werden, der dann eine Bedeutung zugeordnet wird. Die Argumentationslogik ist nun, dass, da die vier Aktivitäten psychologische Prozesse sind, Sprache auch als psychologisches Phänomen verstanden werden muss. Folglich erfassen wir das abstrakte Phänomen „Sprache" über seine konkreten Erscheinungsformen. Diese bilden das Tor zur Sprache. Dabei ist immer zu prüfen, ob man eine Aussage über die einzelnen Erscheinungsformen oder aber über die Sprache „an sich" macht bzw. machen will bzw. machen kann.

Sprache als kulturelle Errungenschaft

Wir kommen als nächstes zur Konzeption der Sprache als kulturelle Errungenschaft. In einer kulturellen Sichtweise wird Sprache ein wenig wie ein Kunstwerk gesehen. Die Prämisse des kulturellen Ansatzes ist, dass Sprache unabhängig von seinen Erscheinungsformen existiert. Sprache wird damit zu einem eigenständigen Phänomen, das in Loslösung von seinen Entstehungs- und Verwendungsbedingungen untersucht werden kann. Über die Funktion der Sprache in einem konkreten Kommunikationszusammenhang kann dann auch keine Aussage getroffen werden. Sprache wird so zu einem Gegenstand gemacht, vergleichbar mit anderen kulturellen Errungenschaften wie einer Symphonie in der Musik oder einem Bild in der Malerei. So wie man die Farbkomposition eines Gemäldes untersuchen kann, würde man in der Sprachwissenschaft beispielsweise die Beziehungen der Wörter zueinander untersuchen.

Der Unterschied zwischen der kulturellen und der psychologischen Konzeption von Sprache lässt sich über die Analogie zu einem Gemälde verdeutlichen. Ein Gemälde lässt sich als fertiges Produkt oder als Prozess betrachten. Im ersteren Fall richte ich mein Augenmerk auf das Gemälde selbst, im letzteren auf den Maler, seine Absichten, seine Arbeitsbedingungen, seinen Gemütszustand usw. Aus kultureller Sicht existiert das Gemälde unabhängig vom Maler so, wie ein Brief unabhängig vom Schreiber existiert. Eine solche Unabhängigkeit ist in einer psychologischen Betrachtungsweise nicht gegeben.

Es ist unschwer zu erkennen, dass der kulturelle und der psychologische Ansatz zu recht unterschiedlichen Fragestellungen und Untersuchungsmethoden und damit auch zu unterschiedlichen Ergebnissen führen. Selbst die Kriterien dafür, was eine gute Untersuchung ausmacht, sind nicht identisch. Wenn in dem psychologischen Ansatz das Kriterium der psychologischen Plausibilität oder Realität im Vordergrund steht, greift der kulturelle Ansatz auf Gütekriterien wie Sparsamkeit und Eleganz der Beschreibung zurück. Trotz all dieser Unterschiede ist aber nicht von einer vollständigen Trennbarkeit der psychologischen und der kulturellen Konzeption von Sprache auszugehen. So wie sich ein Künstler in seinem Kunstwerk widerspiegelt, ist das Kunstwerk durch den Künstler geprägt. Hieraus lässt sich mit Vorbehalt eine gewisse Komplementarität der beiden Ansätze ableiten. Wichtig ist, dass man sich darüber im Klaren sein sollte, in welchem Film man gerade spielt. So werden in den späteren Kapiteln dieses Buches auch beide Ansätze zur Anwendung kommen.

Sprachwissenschaft als empirische Wissenschaft

2.2.3

Die Wissenschaften werden gemeinhin in empirische und formale Wissenschaften aufgeteilt. Zu den formalen Wissenschaften gehören die Mathematik und die Logik, zu den empirischen die Astronomie und die Biologie. Wie der Name schon sagt, beschäftigen sich die formalen Wissenschaften mit Formen, und zwar solchen, die der Mensch selbst geschaffen hat. Als Beispiel möge der Kreis dienen. Er kommt in der Natur nicht vor. Ein formaler Ansatz untersucht nun die (formalen) Eigenschaften eines Kreises, wie z.B. die Kreiszahl π = 3,14.

Empirische Wissenschaften gründen sich auf Daten, also gegebene Informationen (von lateinisch *datum* ‚gegeben‘). Diese Daten sind von der Natur so vorgegeben wie die Sterne am Himmel und die Fische im Wasser. Die Grundannahme, deren tiefere Problematik hier nicht erörtert werden kann, lautet, dass eine gewisse Unabhängigkeit zwischen dem Beobachter und dem Beobachteten besteht. Ansonsten wären die Daten ja auch nicht vorgegeben, sondern selbst gemacht. Auch die Wissenschaften, in denen der Mensch im Vordergrund steht, gelten allgemein als empirische Wissenschaften. Der Mensch wird quasi als Teil der Natur gesehen, und obwohl er selbst die Daten liefert, werden sie so behandelt, als hätten sie einen externen Ursprung.

Die bisherige Darstellung des Unterschieds ist insofern vereinfachend, als dass sie nicht berücksichtigt, dass in letzter Konsequenz die meisten Wissenschaften sowohl empirisch wie auch formal aus-

empirische Wissenschaft

gerichtet sein können. Man kann die Astrophysik stärker mathematisch oder z.B. stärker experimentell betrachten. Im ersteren Fall wäre man stärker formal, im letzteren stärker empirisch ausgerichtet.

Die Linguistik wird in dem vorliegenden Buch als empirische Wissenschaft verstanden. Sie steht damit vor der grundsätzlichen Frage, welche Daten zur Theoriebildung geeignet sind und welche nicht. Dass die Datenfrage ein methodisches Problem darstellt, mag zunächst nicht recht einsichtig sein, wenn man sich die Materialfülle vor Augen hält, die wir durch das normale Sprechen täglich produzieren. Es gibt jedoch verschiedenartige Daten, deren Zuverlässigkeit und Brauchbarkeit stark variieren. Wir unterscheiden in der Linguistik zwischen drei Datentypen: introspektive Daten, isolierte Daten und Gebrauchsdaten. Diese werden im Folgenden kurz vorgestellt.

Da der Mensch die Fähigkeit zur Selbstreflexion besitzt, stehen wir uns als Datenlieferanten selbst zur Verfügung. Wenn wir wissen wollen, wie wir sprechen, können wir uns einfach selbst befragen. So kann ich mich fragen, ob ich im Deutschen *die Lampe* oder *das Lampe* sage oder, wie zu Beginn dieses Buches geschehen, wie die Mehrzahl von *Stuhl* lautet. Bemerkenswerterweise kann ich auf diese Frage in der Regel eine Antwort geben, obwohl solche Fragen gewiss nicht zu dem gehören, was unseren alltäglichen Sprachgebrauch ausmacht. Wir fällen hier also metasprachliche Urteile darüber, ob ein Satz oder ein Wort grammatikalisch richtig ist. Da wir zur Beantwortung derartiger Fragen nach innen schauen, werden solche Urteile über die Sprache **introspektive Daten** genannt.

introspektive Daten

Der zweite Datentyp greift auf vorhandene Informationen zu Sprachen zurück, wie sie beispielsweise in Lexika, Grammatiken und Lautlehren (oder Aussprachewörterbüchern) zu finden sind. Hier befrage ich mich nicht mehr selbst, sondern andere. Offen bleibt dabei natürlich die Frage, wie die Autoren der Nachschlagewerke zu ihren Informationen gelangt sind. Nicht auszuschließen ist, dass diese Autoren die Introspektion zur Grundlage ihrer Datengewinnung gemacht haben. Das Gemeinsame an Wörterbüchern und Grammatiken ist, dass sie die Sprache aus ihrem natürlichen Verwendungszusammenhang herausgelöst haben. Deshalb bezeichnen wir diesen Datentypus als **isoliert** (oder auch dekontextualisiert). Nehmen wir als Beispiel für isolierte Daten die Frage danach, wie viele Wörter in einer Sprache mit einem Konsonanten und wie viele mit einem Vokal beginnen. Zur Beantwortung dieser Frage bietet

isolierte Daten

sich ein herkömmliches oder mehr noch ein elektronisches Lexikon geradezu an.

Im Gegensatz zu den isolierten Daten steht der dritte Datentypus, der Sprache in ihrem tatsächlichen Gebrauch betrachtet. Deshalb sprechen wir hier auch von **Gebrauchsdaten**. Die technischen Voraussetzungen zur wissenschaftlichen Analyse gesprochener Sprache sind heute besser denn je. Wir können mithilfe von Videoaufnahmen viele relevante Faktoren eines Gesprächs erfassen. Als Beispiel für eine Fragestellung, die nur mit Gebrauchsdaten beantwortbar ist, wäre die Variation zwischen dem „k"-Laut und dem „ch"-Laut am Ende des Worts *Weg*. Wann verwendet ein Sprecher den einen, wann den anderen? Im Britischen Englisch könnten wir an den variablen Gebrauch des „r" als Bindeglied zwischen *idea* und *of* in *the idea of it* denken.

Gebrauchsdaten

Die Unterscheidung in isolierte und Gebrauchsdaten ist nicht mit der Unterscheidung in experimentelle und naturalistische Daten identisch. Unter ersteren versteht man unter künstlichen, aber kontrollierten Bedingungen erhobene Daten, unter letzteren in der Natur, also in einem natürlichen Kontext erhobene Daten. Der Unterschied besteht mit anderen Worten darin, ob Sprache untersucht wird, die zum Zwecke der Untersuchung oder zum Zwecke der Kommunikation zwischen Gesprächspartnern produziert wurde. Experimentelle Daten müssen nicht isoliert sein, da es vorstellbar ist, dass unter Laborbedingungen Versuchspersonen ein (halbwegs natürliches) Gespräch führen. Insofern können Gebrauchsdaten auch experimentell erhoben werden. Häufiger ist aber sicherlich, dass das Labor isolierte Daten hervorbringt. Demgegenüber begegnen wir naturalistischen isolierten Daten kaum.

experimentelle und naturalistische Daten

Alle drei genannten Datentypen haben ihre Vorzüge und Nachteile. Introspektive Daten sind leicht zu gewinnen, da wir uns nur selbst befragen müssen. Andererseits verletzen sie die Forderung nach einer strikten Trennung zwischen dem Forscher und dem Datenlieferanten. Die Gefahr, dass wir uns selbst die Antwort geben, die wir unbewusst hören möchten, ist kaum auszuschalten. Dazu kommt, dass wir unsere eigene Sprache bzw. Sprachverwendung gar nicht richtig einschätzen können, von der Sprache der anderen ganz zu schweigen. Ein Muttersprachler des Deutschen kann zwar klar sagen, dass *das Lampe* verkehrt ist, aber eine Beurteilung dessen, wann *Weg* am Ende mit „k" und wann mit „ch" gesprochen wird, stellt eine Überforderung dar. So kann es auch nicht Wunder neh-

men, dass selbst Muttersprachler bei ein und derselben metasprachlichen Frage ganz unterschiedliche Antworten geben können.

Sofern eine Sprache gut beschrieben ist (was für das Deutsche und
das Englische der Fall ist), sind isolierte Daten leicht verfügbar. Jede
gute Sprachbeschreibung liefert eine Fülle von Informationen, die
sprachwissenschaftlich verwertbar sind. Der Nachteil der isolierten
Daten liegt natürlich in ihrer Isoliertheit. Sobald man etwas über
Sprache im Gebrauch wissen möchte, sind sie ungeeignet. Da sich
aber nicht alle Fragen auf den Gebrauch beziehen müssen, gibt es
genügend Bereiche, in denen isolierte Daten nützlich sind. Ein weiterer potenzieller Nachteil ist, dass Lexika schnell veralten können,
wenn die Sprache im Fluss ist.

Der Vorteil der Gebrauchsdaten liegt offensichtlich in ihrer hohen
Authentizität, d.h., sie sind näher als alle anderen Datentypen an der
sprachlichen Wirklichkeit dran. Der Zeitaufwand für die Datenerhe-
bung und -aufbereitung ist allerdings recht hoch. Aus wissenschaftlicher Sicht schwerwiegender sind jedoch zwei andere Probleme.
Zum einen sind die Daten „wildwüchsig", d.h. unter unkontrollier-
ten Bedingungen entstanden. Das bedeutet, dass eine Vielzahl von
Faktoren auf sie eingewirkt haben mögen, die eine Interpretation
erheblich erschweren. Zum anderen treten in natürlicher Sprache
die zur Untersuchung ausgewählten Phänomene oft so selten auf,
dass man eine riesige Datenmenge benötigt. Wer beispielsweise herausfinden möchte, ob das Wort *Glück* häufiger von Frauen als von
Männern verwendet wird, muss viel Geduld aufbringen (oder aber
sich elektronischer Datenquellen bedienen, die auch das Geschlecht
der Sprecher mit angeben).

Als Fazit ist festzuhalten, dass isolierte und Gebrauchsdaten generell introspektiven Daten vorzuziehen sind. Welcher Datentypus
der geeignete ist, hängt primär von der Frage ab, die man an die
Sprache heranträgt. Gebrauchsdaten sind also nicht automatisch
besser als isolierte Daten, ebenso wie naturalistische Daten nicht
automatisch besser als experimentelle sind. Oft geht es auch gar
nicht um ein Entweder/Oder. Am besten verwendet man nämlich
unterschiedliche Datentypen (z.B. naturalistisch und experimentell
gewonnene) und gelangt im Idealfall zum gleichen Ergebnis.

Die Sprachwissenschaft in ihrem Verhältnis zu anderen Wissenschaften

| 2.2.4

In diesem Abschnitt soll die kühne Behauptung aufgestellt werden, dass die Sprachwissenschaft unter allen Wissenschaften eine herausragende Position einnimmt. Zum einen ergibt sich diese These fast zwangsläufig daraus, dass alle Wissenschaften sprachbasiert, genauer gesagt einzelsprachbasiert sind. In dem Maße, wie Sprache im Allgemeinen und die Einzelsprache im Speziellen unsere Erkenntnis beeinflusst, kann die wissenschaftliche Erkenntnis nicht auf die Ergebnisse einer Linguistik verzichten, die sich dem Zusammenhang von Sprache und Erkenntnis verpflichtet fühlt. Zum anderen steht die Sprachwissenschaft zu einer stattlichen Anzahl anderer Wissenschaften in vielfältiger Beziehung – entweder in der Weise, dass sich andere Wissenschaften die Ergebnisse der Linguistik zunutze machen oder in der Weise, dass der Bezug zu anderen Wissenschaften einen Aspekt der Sprache und damit einen Teilbereich der Sprachwissenschaft definiert. Die Herstellung dieses Bezugs bietet die Möglichkeit, die äußeren Grenzen der Sprachwissenschaft abzustecken und sie damit von außen nach innen einzukreisen. Vor allen Dingen verschaffen wir uns damit einen Überblick über das, was als **Makrolinguistik** bezeichnet werden könnte. Die **Mikrolinguistik** oder auch Kernlinguistik genannt wird in den Kapiteln 6 – 10 behandelt.

Makrolinguistik
Mikrolinguistik

Wir beginnen mit einem schematischen Überblick, bei dem die Sprache mit dem (oder einem) zentralen Stichwort einer Wissenschaft verknüpft und danach die Wissenschaft selbst in Klammern genannt wird. Nach dem Pfeil erscheint der Teilbereich der Linguistik, der sich aus der jeweiligen Verknüpfung ergibt.

(5) a. Sprache und Zeit (Geschichte) → Historische Linguistik
  b. Sprache und Region (Geographie) → Dialektologie/Geolinguistik/Varietätenlinguistik
  c. Sprache und Gesellschaft (Soziologie) → Soziolinguistik
  d. Sprache und Geist (Psychologie) → Psycholinguistik, Kognitive Linguistik
  e. Sprache und Kommunikation (Kommunikationswissenschaften) → Pragmalinguistik/Pragmatik
  f. Sprache und Gehirn (Neurologie) → Neurolinguistik
  g. Sprache und Krankheit (Medizin) → Patholinguistik

h. Sprache und Schall (Physik: Akustik) → akustische Phonetik
i. Sprache und Körper (Biologie: Anatomie) → artikulatorische Phonetik
j. Sprache und Erkenntnis (Philosophie) → Sprachphilosophie
k. Sprache und Recht (Jura) → forensische Linguistik
l. Sprache und Macht (Politik) → Sprachplanung
m.Sprache und Maschine (Informatik) → Computerlinguistik, Korpuslinguistik
n. Sprache und Kunst (Ästhetik) → Rhetorik
o. Sprache und Zahl (Mathematik) → quantitative Linguistik

Die Länge dieser Liste weist bereits auf die Vielfalt der Beziehungen der Linguistik zu anderen Wissenschaften hin. Schauen wir uns die einzelnen Bereiche etwas näher an.

Wie alles andere auch unterliegt Sprache einem ständigen Wandel. Diese Veränderungen zu beschreiben und zu erklären, ist die Hauptaufgabe der historischen Linguistik (5a). Sie versucht, die innere Dynamik des Sprachsystems und die Auswirkungen von externen (z.B. sozialen oder politischen) Veränderungen auf die Sprache zu erfassen. Dazu kommt die Periodisierung, also die Bestimmung von historischen Sprachstufen wie Alt-, Mittel- und Neuhochdeutsch oder Alt-, Mittel- und Modernem Englisch.

Einzelsprachen sind nie homogen, d.h., sie weisen Variation auf. Ist die Variation regional bedingt, sprechen wir von **Dialekten**; ist sie sozial bedingt, sprechen wir von **Soziolekten**. Dialekte werden in der Dialektologie, Soziolekte in der Soziolinguistik untersucht. Die Dialektologie (5b) fragt nach der Bandbreite und den Grenzen der regionalen Variation und setzt diese in Bezug zu Faktoren wie Mobilität der Sprecher oder geographische Grenzen wie Flüsse und Berge.

Dialekt
Soziolekt

Die Soziolinguistik (5c) untersucht den Zusammenhang von sprachlicher Variation und sozialen Faktoren wie Geschlecht, Alter, Beruf usw. Dieses sind soziale Faktoren, weil sie unser soziales Verhalten mitbestimmen. So sind Geschlecht und Alter relevante Kriterien für die Auswahl der sozialen Gruppen, in denen sich Individuen zusammenfinden. Insofern stellt sich die Soziolinguistik beispielsweise die Frage, inwieweit Männer anders als Frauen sprechen.

Worum es in der Psycholinguistik (5d) geht, wurde in Kap. 2.2.2 bereits angeschnitten. Die psychologischen Prozesse, die Sprache in all ihren Erscheinungsformen erst möglich machen, sind Gegenstand dieses Teilbereichs der Sprachwissenschaft. Im Gegensatz zur Neurolinguistik werden diese mentalen Prozesse abstrakt-funktional beschrieben, d.h., man trifft Aussagen über die Schritte, in die diese Prozesse aufzuteilen sind, welche Funktionen diese Schritte haben und in welchem Verhältnis sie zueinander stehen. Auch die Erforschung des kindlichen Spracherwerbs ist ein Bestandteil der Psycholinguistik.

Der Kontakt zwischen der Linguistik und der Psychologie hat neben der Psycholinguistik auch die kognitive Linguistik (5d) hervorgebracht. Pauschal gesagt liegt der Unterschied zwischen beiden Disziplinen darin, dass die Psycholinguistik stärker psychologisch und die kognitive Linguistik stärker linguistisch ausgerichtet ist. Inhaltlich gesehen geht es in der Psycholinguistik primär um Sprachverarbeitung, also das Prozesshafte in einem psychisch realen Sinn, während die kognitive Linguistik stärker den Zusammenhang von Sprache und gedanklichen Strukturen (Kognition) betont.

Die Pragmalinguistik oder Pragmatik (5e) ist aus der Ablehnung der Vorgehensweise entstanden, Sprache aus ihrem Verwendungszusammenhang herauszulösen und dann als dekontextualisiertes Phänomen zu analysieren. Die Grundannahme der Pragmatik ist also, dass Sprache nur sinnvoll zu untersuchen und damit zu verstehen ist, wenn man sie in ihrer Einbettung in einen Kommunikationszusammenhang begreift. Zu diesem Kontext gehören nicht nur die Sprecher mit ihren spezifischen Interessen, sondern auch die Rahmenbedingungen (z.B. Fernsehinterview im Vergleich zu einem Gespräch unter vier Augen) und vieles mehr. Damit gerät der Begriff der Funktion in den Mittelpunkt der pragmatischen Analyse.

Die Neurolinguistik (5f) beschäftigt sich im Gegensatz zur Patholinguistik mit den neurologischen Grundlagen der Sprachverwendung von Gesunden. Hier wird gefragt, wo im Gehirn die Sprache lokalisiert werden kann und welche neuronalen Prozesse bei der Verwendung von Sprache ablaufen. Dieser Bereich profitiert sehr von den bildgebenden Verfahren (z.B. PET, ERP), die in letzter Zeit entwickelt worden sind.

Die Patholinguistik (5g) beschäftigt sich mit Sprachstörungen im Erwachsenenalter und Sprachentwicklungsstörungen im Kindesalter. Mit adäquaten Modellen der Syndrome sollen nicht nur die Voraussetzungen für eine erfolgreiche Therapie der Störung geschaffen werden; patholinguistische Daten haben auch einen Aussagewert für die linguistische Theoriebildung, da hierüber geprüft werden kann, ob die Störungen entlang der Subsysteme verlaufen, die Sprachwissenschaftler in ihren Modellen von kompetenten Sprachbenutzern postulieren.

Beim Sprechen entstehen Schallwellen. Wenn wir uns dem Zusammenhang zwischen Sprache und Akustik nähern, überschreiten wir die (ohnehin fragwürdige) Grenze zwischen Geistes- und Naturwissenschaften. In der akustischen Phonetik (5h) werden die Eigenschaften des sprachbasierten Schalls untersucht, wie also das Lautbild einer Sprache bzw. einer sprachlichen Äußerung in den Kategorien der Akustik erfasst werden kann (siehe dazu Kap. 6).

Der Schall setzt die Schallerzeugung voraus, und diese steht im Zentrum der artikulatorischen Phonetik (5i). Auch hier befindet sich die Sprachwissenschaft auf dem Terrain der Naturwissenschaft. Im Rahmen der durch ihren Körper vorgegebenen Bedingungen nutzen Sprecher die Möglichkeiten ihrer Artikulationsorgane, um Sprache hervorzubringen. Die Aufgabe der artikulatorischen Phonetik ist es, den Artikulationsprozess und die Bildung von Sprachlauten zu beschreiben und im Modell darzustellen. Die Phonetik ist inhaltlich und methodisch eine weitgehend eigenständige Disziplin. Wenn sie hier als Teil der Makrolinguistik verstanden wird, so ist dieses ausschließlich in der Herstellung von Bezügen begründet.

Es ist bemerkenswert, dass die Sprachphilosophie (5j) eine stärkere Tradition in der Philosophie als in der Linguistik hat. Für die Philosophen ist die Frage der Erkenntnis und des Zusammenhangs von Sprache und Erkenntnis von elementarer Bedeutung. In der Linguistik wird diese Frage u.a. aus sprachvergleichender Perspektive gestellt, also inwieweit unterschiedliche Sprachen zu unterschiedlichen Denkmustern führen. Hier gibt es Berührungspunkte mit der zuvor erwähnten kognitiven Linguistik.

Die forensische Linguistik (5k) ist ein relativ junger Zweig der Sprachwissenschaft. Ihr fällt primär die Aufgabe zu, einen Beitrag zur Täteridentifizierung in der Kriminalistik zu leisten (und Unschuldige aus dem Kreis der Verdächtigen auszuschließen). Die forensische Linguistik bedient sich der Methoden der akustischen Phonetik ebenso wie der Stilanalyse und macht sich die Erkenntnisse der Dialektologie und der Soziolinguistik zunutze.

Welche politische Bedeutung der Sprache zukommt, wird immer dann ersichtlich, wenn sich verschiedene Sprachen und damit ihre Sprecher in einer Konkurrenzsituation befinden. Im Falle eines Interessenkonflikts muss beispielsweise entschieden werden, welche

Sprache in den Schulen Unterrichtssprache sein soll. Dieses ist ein Fall von Sprachplanung (5l), wie er uns in Ländern mit mehreren Landessprachen (z.B. Kanada oder Belgien) begegnet. Die Sprachplanung wird zumeist als ein Teil der Soziolinguistik verstanden, besitzt aber aufgrund ihrer praktischen Konsequenzen eine gewisse Eigenständigkeit.

Die rasante Entwicklung der Computer hat einen relativ eigenständigen Bereich der Sprachwissenschaft, die Computerlinguistik (5m) hervorgebracht, die sich u.a. mit dem Nachbau der menschlichen Sprache und Sprachfähigkeit beschäftigt. In unseren Alltag Einzug gehalten hat bereits die automatische Spracherkennung, wenn wir beim Anruf in einem Callcenter gezwungen werden, mit einer Maschine zu kommunizieren. Die automatische Spracherkennung steht in dem größeren Zusammenhang der künstlichen Intelligenz.

Die Rhetorik (5n) wird nach allgemeinem Verständnis nicht als Teil der Sprachwissenschaft gesehen, da sie sich auch weitgehend unabhängig von der Linguistik entwickelt hat. Ihr Selbstverständnis und ihre Zielsetzung sind auch ganz andere. In der Rhetorik stehen die Ästhetik der Sprache und die Überzeugungskraft der Rede im Vordergrund. Diese beiden Aspekte spielen in der Linguistik praktisch keine Rolle.

Streng genommen ist die quantitative Linguistik (5o) mehr eine Methode als ein Teilbereich der Sprachwissenschaft. Dass sie hier dennoch mit aufgenommen wird, hat damit zu tun, dass sie sich in den letzten Jahren als relativ eigenständiger Bereich etabliert hat. Auch inhaltlich gibt es hierfür gute Gründe. Sprache hat auch eine quantitative Seite, d.h., sie hat Eigenschaften, die nur quantitativ zu erfassen sind. Als Beispiel sei hier genannt, dass häufige Wörter im Schnitt kürzer sind als seltene.

In diesem Zusammenhang ist auch die Korpuslinguistik (5m) zu nennen, die ihre Analysen immer auf Datensammlungen, sogenannten **Korpora** stützt. Dieses mag zunächst nicht sonderlich bemerkenswert erscheinen; in der Praxis sind damit jedoch fast immer elektronische Korpora gemeint, die dann auch computergestützt bearbeitet und ausgewertet werden. Insofern besteht hier eine entfernte Verwandtschaft mit der Computerlinguistik. Mehr noch als in der quantitativen Linguistik ist der Ansatz der Korpuslinguistik ein eher methodischer, da weitgehend dieselben Fragen wie in den anderen Teilbereichen der Sprachwissenschaft aufgeworfen werden.

Allerdings lassen sich mit den Hilfsmitteln der modernen Technik manche Fragen erheblich genauer als mit herkömmlichen Verfahren – oder sogar überhaupt erst – stellen.

Damit haben wir einen nahezu vollständigen Überblick über die Makrolinguistik gewonnen. Wenn man will, ließen sich aber auch weitere Bereiche erschließen. Es gibt gewisse Zusammenhänge zwischen der „Melodie" einer Sprache und der Musik. Und wer sich für die Synapsenbildung im Gehirn beim Spracherwerb interessiert, wird sich mit der Biochemie beschäftigen müssen. Diese Verbindungen, so unbestreitbar wie sie auch sein mögen, haben allerdings (bisher) nicht zu der Herausbildung eigenständiger Teilbereiche der Makrolinguistik geführt.

Das Hauptanliegen dieses Abschnitts war es, den Nachweis zu erbringen, dass Sprache eines der schillerndsten und facettenreichsten Phänomene ist, das der Mensch hervorgebracht hat. So wie die Sprache mit den unterschiedlichen Aspekten des menschlichen Lebens verknüpft ist, so steht auch die Linguistik mit einer großen Zahl anderer Wissenschaften in Verbindung. Jede dieser Wissenschaften beleuchtet also eine dieser Facetten der Sprache.

2.2.5 | Legitimation und Anwendungsbereiche der Sprachwissenschaft

Abschließend muss die Frage beantwortet werden, was man davon hat, sich mit dem Phänomen Sprache wissenschaftlich auseinanderzusetzen. Auch wenn die Sprachwissenschaft zur Grundlagenforschung zu rechnen ist, entbindet sie das nicht von der Pflicht, sich der Frage der sogenannten gesellschaftlichen Relevanz zu stellen. Was legitimiert also die Linguistik? Die Antwort auf diese Frage soll hier auf zwei Ebenen gegeben werden: zum einen als Beitrag zu einem Verständnis unserer selbst, zum anderen in einem anwendungsorientierten Sinn.

Die Linguistik ist in dem Sinne eine Humanwissenschaft, dass sie den Menschen und seine Sprache in den Mittelpunkt stellt. Wie wir in Kap. 1 gesehen haben, nehmen wir uns selbst wichtiger als alles andere. Wenn wir uns also mehr für uns selbst als für entfernte Galaxien interessieren, ist der Weg zur Sprache als eine der ureigensten Eigenschaften des Menschen fast vorgezeichnet. Wenn man dann noch in Rechnung stellt, dass uns die Sprache einen besonders

Sprache als Spiegel unserer selbst

guten Zugang zu uns selbst verschafft, führt kaum noch ein Weg
völlig an der Sprachwissenschaft vorbei. Das Interesse an uns selbst
führt also zu einem Interesse an Sprache und damit auch zu einer
Rechtfertigung der Sprachwissenschaft.

Über diesen abstrakten Erkenntnisgewinn über uns selbst hinaus
würden wir von der Sprachwissenschaft aber auch einen konkreten
Nutzen erwarten wollen. Damit kommen wir zu den Anwendungsmöglichkeiten der Sprachwissenschaft, also zu den Bereichen, die
von den Ergebnissen der linguistischen Forschung profitieren können.

Der größte und für die universitäre Ausbildung wichtigste Anwendungsbereich ist der gesteuerte Fremdspracherwerb, also
Fremdsprachenunterricht an Schulen, Hochschulen und dergleichen. Die Grundüberlegung ist folgende: Wir können Lernenden nur
das vermitteln, wozu wir einen Abstand haben. Stellen Sie sich vor,
Sie hätten nie über ihre Muttersprache nachgedacht und sollten
diese morgen einer Gruppe von thailändischen Schülern beibringen.
Insbesondere wenn Sie des Thailändischen nicht mächtig sind, wären Sie damit völlig überfordert. Dieses liegt daran, dass Sie sich der
Strukturen Ihrer Muttersprache überhaupt nicht bewusst sind und
insofern diese auch nicht gezielt auswählen, beschreiben und vermitteln können. Das einzige, was Ihnen zu bleiben scheint, wäre: Sie
könnten das Sprechen vormachen. Bloß wüssten Sie nicht, was Sie
vormachen sollten (und schon gar nicht, warum). Genau an diesem
Punkt setzt die Linguistik an. Linguistik bedeutet Nachdenken über
Sprache, um damit ein Bewusstsein für die Struktur und Funktion
der Sprache zu schaffen. Über dieses Bewusstsein kann dann die
Distanz erlangt werden, die zur Sprachvermittlung von essenzieller
Bedeutung ist. Für angehende Fremdsprachenlehrer ist die Linguistik also ein unverzichtbarer Bestandteil der Ausbildung.

Neben der Fremdsprachenlehre fällt der Linguistik in der Sprach-
heiltherapie (Logopädie) eine besondere Bedeutung zu. Die erfolgreiche Behandlung von Sprachstörungen setzt eine fundierte Beschreibung derselben voraus. Diese Beschreibung erfolgt zunächst einmal
in den Kategorien, die für die Analyse der Sprache gesunder Menschen entwickelt worden sind. Nur eine Kenntnis der Vorgänge bei
sprachlich unauffälligen Menschen macht im Kontrast eine Bestimmung der Sprachstörungen möglich. Die Logopädie kann also von
den Erkenntnissen der Linguistik profitieren.

Randnotizen:
gesteuerter
Fremdspracherwerb

Logopädie

Nur am Rande sei in diesem Zusammenhang auf nicht-sprachliche, psychische Störungen verwiesen. Wie Patienten ihre Krankheit versprachlichen, kann für den Therapeuten wichtige Indizien liefern. Insofern kann auch für die Psychiatrie ein Rückgriff auf die Linguistik von Vorteil sein.

Einen weiteren Anwendungsbereich stellt die forensische Linguistik dar, die im vorherigen Abschnitt angesprochen und die in besonderem Maß praxisrelevant ist.

Ebenfalls spielt die Linguistik bei der Ausbildung von Übersetzern und Dolmetschern eine Rolle. In dem Maße, wie Übersetzen und Dolmetschen nicht durch reine Nachahmung erworben wird, kann die linguistische Analyse Regeln formulieren, die dem Erwerb dieser Kompetenzen förderlich sind. In diesem Zusammenhang sei auch auf die maschinelle Übersetzung von Texten hingewiesen, die auf der expliziten Formulierung von sprachlichen Regeln basiert.

Übersetzen und Dolmetschen

Bei den Informatikern trifft die Sprachwissenschaft auf großes Interesse. Die Erstellung von Computerprogrammen erfolgt in Programmiersprachen, zu deren Entwicklung die Informatiker gern auf die natürlichen Sprachen schielen, um sich deren Eigenschaften für ihre Zwecke zunutze zu machen. Die oben erwähnte automatische Spracherkennung bedient sich natürlich auch der Erkenntnisse der menschlichen Sprachwahrnehmung.

automatische Spracherkennung

Schließlich ist auf den Zusammenhang von Sprach- und Literaturwissenschaft einzugehen. Die Literaturwissenschaft geht von der sprachlichen Form aus, für die die Linguistik ein Beschreibungsinstrumentarium entwickelt hat. Ausgangspunkt einer literaturwissenschaftlichen Analyse wären damit sprachwissenschaftliche Kategorien. Nehmen wir als konkretes Beispiel die in der Literaturwissenschaft gängige Stilanalyse. Aus linguistischer Sicht ist Stil die probabilistische Auswahl konkurrierender sprachlicher Mittel. Ein Nominalstil bedeutet demnach die verhäufte Verwendung nominaler Strukturen im Vergleich zu nicht-nominalen Alternativen. Was eine nominale Struktur ausmacht und wie viel Nominalität eine Struktur besitzt, sind Fragen, die nur von der Linguistik zu beantworten sind.

Literaturwissenschaft

Wir halten fest, dass sich die Linguistik nicht nur über das Interesse der Menschen an sich selbst begründet. Ihre Erkenntnisse sind auch für eine Reihe anderer Wissenschaften oder Ausbildungszweige von Bedeutung. Wenn man die Linguistik als Teil der Kommunikationswissenschaft verstehen will, ergeben sich weitere Anwendungsfelder. Hier wäre beispielsweise an die (Verbesserung der)

Kommunikation zwischen Arzt und Patient in derselben Sprache oder an die Kommunikation von Menschen mit unterschiedlicher Muttersprache zu denken.

Zusammenfassung

Wir haben in diesem Kapitel eine kurze Einführung in die Wissenschaftstheorie gegeben und die Kriterien skizziert, die die wissenschaftliche Arbeit kennzeichnen. Vor diesem Hintergrund lassen sich Anforderungen an die Methodik und Theoriebildung in der Linguistik formulieren. Wir haben zwischen einer Mikro- und einer Makrolinguistik unterschieden und letztere in ihren zahlreichen Facetten kennengelernt. Weiterhin haben wir die grundlegende Unterscheidung in eine psychologische und eine kulturelle Konzeption der Sprache getroffen und damit die Voraussetzungen für eine wissenschaftliche Beschäftigung mit ihr ansatzweise geklärt. Die Linguistik ist eine empirische Wissenschaft und unterscheidet sich nicht grundsätzlich von den Natur- oder Humanwissenschaften.

Testfragen

1. Untersuchen Sie folgenden Dialog unter dem Aspekt der Trennschärfe von Beschreibung und Erklärung:

   Kind: Mami, warum ist es so kalt draußen?
   Mutter: Weil es Winter wird.

   Handelt es sich bei der Antwort der Mutter um eine Beschreibung oder eine Erklärung?

2. Wie wird das Wort *Paris* im Britischen und Amerikanischen Englisch betont? Steht die Aussprache des Wortes in Einklang oder im Widerspruch zu der in Kap. 2.2.1 skizzierten Erklärung?

3. Wurde bei dem Vergleich der Betonungsmuster von Eigennamen, der in Kap. 2.2.1 vorgestellt wurde, eine psychologische oder eine kulturelle Konzeption von Sprache zugrunde gelegt?

4. Angenommen, Sie möchten eine Untersuchung über idiomatische Wendungen wie *ins Gras beißen* oder *to bite the dust* durch-

führen. Welche(r) der drei in Kap. 2.2.3 eingeführten Datentypen ist/sind (zu welchem Zweck) einsetzbar?

5. Sehen Sie einen Zusammenhang zwischen Sprache und Religion, also zwischen Sprachwissenschaft und Theologie?

Semiotik

In diesem Kapitel wollen wir die Sprachwissenschaft in einen größeren Zusammenhang stellen. Dazu bieten sich zwei Möglichkeiten: der große Zusammenhang kann die zuvor erwähnte Kommunikationswissenschaft oder die Semiotik sein. Da die Semiotik die Basis für das Verständnis der sprachlichen Struktur liefert und da Kommunikation ohne ein strukturiertes Kommunikationsmittel schwer vorstellbar ist, stellt sie den grundlegenderen Zusammenhang her und steht daher im Zentrum dieses Kapitels.

Unter Semiotik verstehen wir die Lehre der Zeichen. Da Zeichen sprachlicher wie nicht-sprachlicher Natur sein können, bilden die sprachlichen Zeichen eine Untergruppe innerhalb der Zeichen allgemein. Dadurch wird die Sprachwissenschaft als die Lehre der sprachlichen Zeichen zu einem Teilbereich der Semiotik.

Nicht-sprachliche Zeichen 3.1

Was ist ein Zeichen? Stellen wir uns bildlich ein Verkehrsschild vor und fragen uns, woraus es besteht. Zur besseren Sichtbarkeit ist es auf eine Stange montiert. Wir erkennen eine Form – im Falle des „Vorfahrt gewähren"-Schilds ein nach unten spitz zulaufendes Dreieck. Auf dem metallischen Dreieck erscheinen wiederum gemalte Formen, nämlich ein rot umrandetes Dreieck mit einer weißen Fläche in der Mitte. Weitere Details wie die Beschaffenheit des Verkehrsschilds, ob es lackiert ist oder nicht, seien hier nur am Rande erwähnt. All diese Aspekte werden der Einfachheit halber unter dem Begriff der **Form** subsumiert.

Das Verkehrsschild hat für die Verkehrsteilnehmer auch eine **Bedeutung**, im vorliegenden Fall also die des Vorfahrtgewährens. Ein Zeichen wird nun dadurch zu einem Zeichen, dass die beiden erwähnten Komponenten der Form und der Bedeutung miteinander verknüpft oder assoziiert werden. Diese Verknüpfung ist ein mentaler Prozess; sie findet also (nur) in unseren Köpfen statt. Das Zeichen ist somit etwas eminent Psychologisches und ebenso Fundamentales: Wir machen mit ihm aus unserer zeichenlosen Welt eine zeichenhafte.

Verkehrsschilder

Form

Bedeutung

Assoziation

Aus Sicht des Rezipienten bedeutet das, dass wir die Welt interpretieren, indem wir eine gewisse Form in der Welt in unseren Köpfen mit einer Bedeutung versehen. Als Führerscheininhaber sind wir in der Lage, das „Vorfahrt gewähren"-Schild richtig zu interpretieren, d.h., daraus die richtige Verhaltensweise im Straßenverkehr abzuleiten. Die umgangssprachliche Formulierung „Etwas (z.B. ein Verkehrsschild) hat Bedeutung" müssen wir also streng genommen zurückweisen, da die Bedeutung nicht dem Verkehrsschild innewohnt. Bedeutung „ist" nicht, Bedeutung wird von uns Menschen gemacht bzw. konstruiert (vgl. Kap. 10). Dass wir uns zu der fälschlichen Annahme verleiten lassen, etwas habe Bedeutung, hat vorrangig mit dem Prinzip der Automatisierung zu tun. Wir sehen und interpretieren als Verkehrsteilnehmer das Vorfahrtsschild so häufig, dass wir uns jedes einzelnen Aktes der Interpretation nicht mehr bewusst sind und die Bedeutung damit aus unseren Köpfen in das Verkehrsschild verlagern. Dass der assoziative Prozess in jedem Einzelfall neu vollzogen wird, erkennen wir daran, dass es uns unter Stress oder Müdigkeit durchaus passieren kann, dass wir ein Verkehrsschild falsch deuten.

Diese Herangehensweise erklärt nicht nur, wie es zu Missverständnissen kommt, sondern auch, warum diese alles andere als selten sind. Sich misszuverstehen bedeutet, dass der Hörer etwas anders versteht, als der Sprecher gemeint hat. Dieses ist eine unmittelbare Folge davon, dass der Hörer nicht direkt „ablesen" kann, was der Sprecher im Kopf hat. Er muss dieses also erschließen, d.h. in einem interpretativen Akt eine Hypothese über das Gemeinte aufstellen. Bei der Vielzahl der Deutungsmöglichkeiten (und unserer Voreingenommenheit als Hörer) sind Fehlinterpretationen geradezu vorprogrammiert.

Verkehrsschilder sind natürlich nicht der einzige Zeichentyp. Denken wir nur an eine Flagge auf Halbmast, einen Geruch, einen Haarschnitt, einen Gesichtsausdruck, einen unsicheren Gang usw. Dabei sind die genannten Dinge oder Sachverhalte zunächst gar keine Zeichen. Erst wenn wir ihnen eine Bedeutung zuordnen, werden sie (für uns) zu Zeichen. Wir müssen also einen unsicheren Gang als Ausdruck für Senilität, einen Schrei als Ausdruck von Angst und den Geruch eines penetranten Parfums als Ausdruck für den Wunsch, Aufmerksamkeit zu erregen, interpretieren, damit ein Zeichen entsteht.

Die beiden Teile, durch deren Assoziation sich ein Zeichen konstituiert, wurden bisher mit den Begriffen „Form" und „Bedeutung" bezeichnet. Daneben gibt es eine Reihe gleichbedeutender Begriffe: Neben „Form" ist auch „Ausdruck" geläufig; statt „Bedeutung" spricht man auch von „Inhalt", „Funktion" oder „Konzept". Ferdinand de Saussure, der Begründer der modernen Sprachwissenschaft, nannte die beiden Seiten des Zeichens „signifiant" (das Bezeichnende, die Form) und „signifié" (das Bezeichnete, der Inhalt).

Fragen wir in einem nächsten Schritt, ob und was es für unterschiedliche Zeichen gibt. Dazu betrachten wir zunächst das Verhältnis von Form und Inhalt. Grob gesagt gibt es zwei Möglichkeiten: Entweder es besteht ein Zusammenhang zwischen den beiden Komponenten, oder es besteht keiner. Wie könnte ein solcher Zusammenhang aussehen? Die Bedeutung könnte sich in irgendeiner Weise in der Form widerspiegeln. Darüber würde eine gewisse Ähnlichkeitsbeziehung zwischen Form und Inhalt entstehen. Eine solche Ähnlichkeitsbeziehung wird möglich, wenn die Bedeutung in Form „übersetzbar" ist, wenn ich beispielsweise die gegenständliche Welt bildlich erfasse. So kann ein Stein auf einem Verkehrsschild erscheinen, das vor Steinschlag warnen soll. Die Herstellung eines Ähnlichkeitsverhältnisses zwischen Form und Funktion ist hier nicht nur möglich, sondern sogar beabsichtigt, damit das Zeichen als solches leichter erkannt werden kann. Als weitere Beispiele aus dieser Kategorie wären Stadtpläne, Portraits und die Exponate in Madame Tussauds Wachsfigurenkabinett zu nennen. Bei den Stadtplänen ist die Ähnlichkeit zwingend erforderlich, damit sie ihre Funktion erfüllen können. Bei den Wachsfiguren und Portraits wird ein hohes Maß an Ähnlichkeit als Ausdruck für die Qualität des Abbilds gewertet. Bei einer Karikatur hingegen ist gerade so viel Ähnlichkeit nötig, dass die gemeinte Person wiedererkannt wird. Zu beachten ist in diesem Zusammenhang, dass die Form immer ein reduktionistisches Abbild des Inhalts ist. Ähnlichkeit wird auf einigen Ebenen angestrebt, auf anderen aber nicht. So spielt es keine Rolle, ob die Wachsfigur genauso schwer wie die Person ist, die sie abbildet. Und so erfasst ein typischer Stadtplan auch keine Höhenunterschiede; er reduziert die dreidimensionale Wirklichkeit auf zwei Dimensionen auf dem Papier.

Zeichen, bei denen eine Ähnlichkeitsbeziehung zwischen Form und Inhalt vorliegt, werden auch als motiviert bezeichnet, da die Form über den Inhalt begründet ist. Diese Motivation ist aber immer

Zeichentypen

Ähnlichkeit

Motivation

partiell und in ihrem Ausmaß variabel. Eine vollständige Motivation kann es nicht geben, da damit die Grenze zwischen den beiden elementaren Bestandteilen eines Zeichens aufgehoben werden würde. Motivierte Zeichen werden in der Semiotik **ikonische Zeichen** oder Ikone genannt. Eine motivierte Relation zwischen „signifiant" und „signifié" heißt **Ikonizität**.

ikonische Zeichen

Ikonizität

Zeichen sind nicht zwangsläufig ikonisch. Wenn keine Motiviertheitsrelation zwischen Ausdruck und Inhalt vorliegt, sprechen wir von einer willkürlichen oder arbiträren Beziehung. Solche unmotivierten Zeichen werden in der Semiotik **Symbole** genannt (und sind nicht mit den Symbolen in der Literaturwissenschaft zu verwechseln). Eine klassische Gruppe von Beispielen sind Farben. Die Farbe braun kann für Nationalsozialismus, rot für Kommunismus und blau für den Adel stehen. In diesen Fällen wird man nur mit viel Fantasie einen Zusammenhang zwischen Form und Inhalt konstruieren können, so dass es gerechtfertigt erscheint, diese Zeichen als symbolisch anzusehen. In anderen Fällen ist dieses jedoch weniger klar. Die Farbe rot kann auch die Liebe symbolisieren und die Farbe schwarz den Tod. Wenn die Liebe physiologische Reaktionen auslöst, die das Blut und das Herz betreffen, wird die Assoziation mit der Farbe rot nachvollziehbar. Gleiches gilt für schwarz, wenn man sich die Farbe von Leichen vergegenwärtigt. Aufgrund ihrer Arbitrarität sind Symbole in besonderem Maße kulturgebunden. So kann in der einen Kultur der Tod durch die Farbe schwarz, in einer anderen Kultur (z.B. Indien) durch die Farbe weiß symbolisiert werden.

Symbole

Um den dritten Zeichentypus zu verstehen, müssen wir uns kurz mit der Inhaltsseite beschäftigen. An dem eben genannten Beispiel der Farbe braun als Symbol für den Nationalsozialismus wird ersichtlich, dass unter Inhalt oder Bedeutung eine abstrakte Idee von etwas zu verstehen ist. Es ist eine mentale Vorstellung, ein Konzept, die Summe unserer Erfahrungen, die wir mit einem speziellen Phänomen (wie Nationalsozialismus) gemacht haben (vgl. Kap. 10). Gleiches gilt für die Bedeutung des Wortes für den konkreten Gegenstand „Stuhl". Wir meinen damit normalerweise nicht einen speziellen Stuhl, sondern eine Abstraktion über alle Stühle, das „Stuhlhafte", die Quintessenz von „Stuhl".

Der dritte Zeichentypus ist durch seinen besonderen Inhalt gekennzeichnet. Seine Bedeutung besteht nämlich darin, auf etwas anderes als sich selbst hinzuweisen – nicht mehr und nicht weniger. Das anschaulichste Beispiel sind Wegweiser. So weist einem ein Pfeil

Hinweischarakter

die Richtung, in die man gehen muss, um sein Ziel zu erreichen. Ebenso weist Rauch auf Feuer hin, schwarze Wolken auf ein heraufziehendes Gewitter, ein Zittern in der Stimme auf Nervosität und ein Fußabdruck im Schnee auf einen Menschen, der ihn hinterlassen hat. Wichtig hierbei ist, dass sich die mit diesen Formen assoziierte Bedeutung – wie am Richtungspfeil besonders deutlich zu erkennen ist – in der Hinweisfunktion erschöpft. Darüber hinaus haben diese Formen keine Bedeutung, d.h., sie sind konzeptarm. Der Kontrast zwischen der Bedeutung eines Pfeils und der Bedeutung von braun als Symbol für eine Ideologie mag diesen Unterschied veranschaulichen.

Es gibt eine weitere Eigenschaft, die diesen dritten Zeichentypus charakterisiert. Diese ergibt sich aus der speziellen Verbindung zwischen Form und Funktion. Es ist offenkundig, dass diese Verbindung über die Erfahrung mit der Umwelt zustande gekommen ist. Wir haben die Erfahrung gemacht, dass ungefähr dort, wo Rauch aufsteigt, auch Feuer ist und dass, wenn wir schwarze Wolken am Himmel sehen, oft ein Gewitter herannaht. Diese Erfahrung basiert auf dem Prinzip der **Kontiguität**, d.h. der Nachbarschaft bzw. des Zusammentreffens zweier Phänomene. Dieses Zusammentreffen kann zeitlich oder räumlich (oder beides) sein. Der Rauch entsteht unmittelbar dort, wo sich das Feuer befindet, und er entsteht in dem Moment, wo das Feuer brennt. Allerdings wird das räumliche und zeitliche Zusammentreffen zumeist nur als relative Nähe wahrgenommen. Der Rauch kann sich weit vom Feuer entfernen und sogar noch sichtbar sein, wenn das Feuer bereits erloschen ist. Die Fußstapfen im Schnee können uralt, der Mensch, der sie hinterlassen hat, längst über alle Berge sein. Der entscheidende Punkt hierbei ist, dass es jedoch einen Moment gab, in dem der Mensch und die Fußstapfen kontig waren, nämlich als der Mensch durch den Schnee stapfte.

Aufgrund seiner hinweisenden Funktion wird der dritte Zeichentypus indexikalisch genannt. Diese Zeichen heißen **Indexe** (vgl. *index finger* im E. für D. *Zeigefinger*). Damit haben wir die drei wesentlichen Zeichenklassen kennengelernt.

Die folgenden beiden Darstellungen fassen die wesentlichen Eigenschaften der Ikone, Symbole und Indexe zusammen und verdeutlichen ihre Gemeinsamkeiten und Unterschiede:

Marginalien:

Kontiguität

indexikalische Zeichen

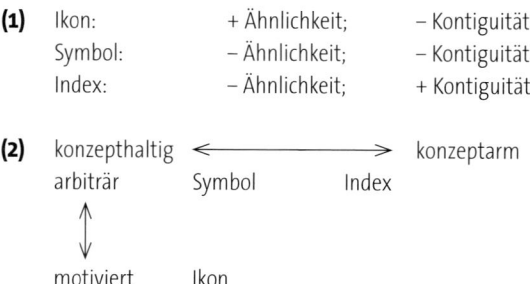

(1) Ikon: + Ähnlichkeit;   – Kontiguität
Symbol: – Ähnlichkeit;   – Kontiguität
Index: – Ähnlichkeit;   + Kontiguität

(2) konzepthaltig ⟵————————⟶ konzeptarm
arbiträr   Symbol   Index

motiviert   Ikon

In (1) werden die Gemeinsamkeiten und Unterschiede zwischen den drei Zeichentypen über die beiden Merkmale der Ähnlichkeit und Kontiguität erfasst. Definitorisch ist für das Ikon die Ähnlichkeitsbeziehung, die den anderen beiden Zeichenklassen fehlt. Dieser Nachsatz bedarf der Erläuterung. Bei den Indexen ist nämlich durchaus eine Ähnlichkeitsbeziehung vorstellbar, so in dem Fall der Fußspuren im Schnee, die natürlich ein hohes Maß an Ähnlichkeit mit dem Fuß des Menschen aufweisen, der durch den Schnee gegangen ist. Allerdings ist hier zu bedenken, dass die Fußspuren ja mehr auf den Menschen und weniger auf seine Füße verweisen, wodurch die Ähnlichkeit zwischen Form und Inhalt deutlich vermindert wird. Desweiteren ist bei anderen Indexen, so z.B. zwischen Rauch und Feuer, kaum eine Ähnlichkeit auszumachen. Die Ähnlichkeitsrelation bei indexikalischen Zeichen ist also nicht essenziell, sondern eher marginal. Deshalb ist es auch gerechtfertigt, die Indexe über „ – Ähnlichkeit" zu beschreiben.

Im Gegensatz zu den beiden anderen Zeichentypen ist die Kontiguität nur bei den Indexen gegeben. Bei der Verbindung von Form und Inhalt bei Ikonen und Symbolen spielt das Zusammentreffen eine eher untergeordnete Rolle. Die Verbindung zwischen braun und Nationalsozialismus entstand über die Tatsache, dass die Nazis braune Uniformen trugen. Hier liegt natürlich eine Kontiguität vor. Allerdings ist das Merkmal der Kontiguität für die symbolische Bedeutung der Farbe braun unerheblich. Denn für das Konzept des Nationalsozialismus spielt diese historische Kontiguität keine Rolle. Deshalb ist es auch legitim, die Symbole (und die Ikone) in (1) als „ – kontig" zu bezeichnen.

Die Darstellung in (2) bildet die drei Zeichentypen in einem zweidimensionalen Raum ab. Auf der Abszisse ist der Grad der Konzepthaltigkeit, auf der Ordinate der Grad der Motiviertheit abgetragen. Beide Dimensionen sind prinzipiell unabhängig voneinander. Wie konzepthaltig ein Zeichen ist, hat im Prinzip keinen Einfluss auf seine Motiviertheit (und umgekehrt). Allerdings sind in (2) die Indexe auf der Höhe der Symbole angeordnet, womit beiden Kategorien dasselbe Maß an Arbitrarität zugewiesen wird. Die Bedingungen für die Zeichenkonstitution sind jedoch unterschiedlich. (Deshalb gibt es ja auch unterschiedliche Zeichenklassen.) Im Gegensatz zu den Symbolen wird bei den Indexen gar kein echtes Konzept generiert, so dass es wenig Sinn macht, das Verhältnis zwischen Konzept und Form beschreiben zu wollen. Zwar ist die zitternde Stimme als solche durch Nervosität bedingt, trotzdem steht die zitternde Stimme in keinem Ähnlichkeitsverhältnis zur Nervosität. Wir können durch unsere Erfahrung auf die Nervosität des Redners schließen, nicht aber durch die Eigenschaften der Stimme selbst. Insofern bleibt das vierte Feld für ein motiviertes indexikalisches Zeichen in Darstellung (2) unbesetzt.

Sprachliche Zeichen | 3.2

Die obige Klassifikation der Zeichen allgemein bildet die Voraussetzung für die Analyse der sprachlichen Zeichen. Was sind sprachliche Zeichen aus semiotischer Sicht? Haben alle drei (nicht-sprachlichen) Zeichentypen Eingang in die Sprache gefunden? Dominiert einer der drei Zeichentypen? Ehe wir diesen Fragen nachgehen, wollen wir kurz klären, was unter der formalen Seite des sprachlichen Zeichens zu verstehen ist. Sprache tritt uns, wie im vorherigen Kapitel gezeigt, im akustischen und optischen Medium entgegen. Wir hören und sehen Sprache. Insofern gibt es auch eine lautliche und eine geschriebene Form, ein Lautbild und ein Schriftbild.

Greifen wir uns ein beliebiges Nomen wie *Glück* von der Liste (1) zu Beginn des ersten Kapitels heraus. Folgende beiden Fragen sind auf der Grundlage der Darstellung (2) zu beantworten. Ist die Form *Glück* mit einem Konzept verbunden, und gibt es eine Ähnlichkeitsbeziehung zwischen der Form und dem Inhalt? Die erste Frage ist mit „ja", die zweite mit „nein" zu beantworten. Es gibt ein Konzept von *Glück*, das durch das Lautbild aktiviert wird. Dieses lässt sich beispielsweise als die Verwirklichung individueller Lebensentwürfe, einen Zustand des inneren Friedens oder eine Harmonie zwischen dem Selbst und der Umwelt beschreiben. Jeder, der die Wortform kennt, ordnet ihr auch ein Konzept zu. Die Wortform bildet jedoch den Inhalt des Worts nicht ab, erstere ist nicht durch letzteren motiviert. Wir können anders gesagt aus dem Konzept „Glück" die Wortform *Glück* nicht ableiten. Die Zuordnung dieser beiden Komponenten des sprachlichen Zeichens erfolgt willkürlich. Das Zeichen für „Glück" ist im Deutschen also ein Symbol.

Für die anderen Nomen auf der eben erwähnten Liste gilt dasselbe. Ganz gleich, ob wir ein Abstraktum wie „Glück" oder ein Konkretum wie „Stuhl" auswählen, in beiden Fällen handelt es sich um ein symbolisches Zeichen. Wir können dahingehend verallgemeinern, **sprachliche Zeichen als Symbole** dass die Symbole die typische Zeichenklasse in sprachlichen Systemen bilden. Die Arbitrarität des Zeichens ist somit das elementare semiotische Bauprinzip der Sprache. Diese Eigenschaft gilt natürlich nicht nur für das Deutsche. Analoges lässt sich für die englischen Entsprechungen *happiness* und *chair* feststellen. Gerade die unterschiedlichen Formen für den weitgehend gleichen Inhalt in verschiedenen Sprachen sind ein überzeugendes Argument für die Arbitrarität des sprachlichen Zeichens. Schematisch lässt sich das Symbol in der Sprache folgendermaßen darstellen.

sprachliche Zeichen als Symbole

Arbitrarität

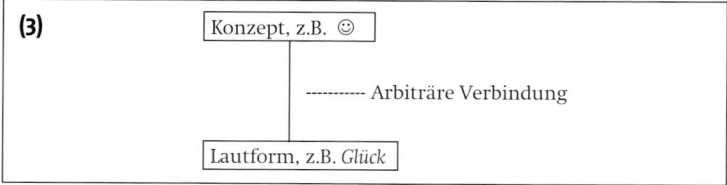

(3)   Konzept, z.B. ☺

---------- Arbiträre Verbindung

Lautform, z.B. *Glück*

Schema (3) erfasst den Grundbaustein der Sprache aus semiotischer Sicht: das zweigliedrige Zeichen, das sich über eine willkürliche Assoziation seiner beiden Bestandteile konstituiert. Wir sind hier am Ausgangspunkt vieler sprachwissenschaftlicher Fragestellungen angekommen. Es geht im Kern oft darum, diese Verbindung von Form und Inhalt zu beschreiben. Welche Form paart sich mit welchem Inhalt, welcher Inhalt paart sich mit welcher Form, und warum? Die Frage nach den Gründen dieser Paarung erscheint geradezu paradox vor der Hintergrund, dass diese Verbindung ja semiotisch unmotiviert ist. Dieses Paradox lässt sich darüber auflösen, dass man nach den Grenzen der Unmotiviertheit und damit nach tieferliegender

Verbindung von Form und Inhalt

Motiviertheit in einem oberflächlich unmotivierten Zeichen sucht. Dieses geschieht vornehmlich darüber, dass man den Blickwinkel vom individuellen Zeichen auf das Zeichensystem ausweitet.

Das Schema (3) ist auch deswegen von Bedeutung, weil es uns immer daran erinnert, wie wir an ein sprachliches Problem heranzugehen haben. Uns stehen grundsätzlich zwei Ansätze zur Verfügung. Wir können entweder von der inhaltlichen oder der formalen Seite ausgehen und eine Lösung des Problems auf der einen oder anderen (oder beiden) Seite(n) suchen. Die Ausrichtung auf den Inhalt nennt man **semasiologisch**, die Ausrichtung auf die Form **onomasiologisch**. Ein Beispiel aus dem Bereich der Lexikographie mag diesen Unterschied verdeutlichen. Das typische fremdsprachliche Lexikon hilft uns, über die orthographische Form die Bedeutung eines Wortes zu ermitteln. Es ist alphabetisch nach Buchstaben geordnet, die uns zu der Bedeutung der Wörter führen. Weil die Zielrichtung im Vordergrund steht, nennt man es ein semasiogisches. Onomasiologische Lexika (sog. Thesaurus) gibt es auch, sind jedoch weniger bekannt. Sie sind nach Sinnbezirken geordnet, d.h., bei ihnen geht man von einer Bedeutung aus, die dann zu einer Reihe von Wortformen führt. So kann man sich beispielsweise einen Überblick darüber verschaffen, welche Wortformen zur Versprachlichung des Konzepts von Schmerz in einer Sprache existieren. semasiologisch onomasiologisch

Sind nun alle sprachlichen Zeichen symbolisch, oder schlagen sich die beiden anderen Zeichenklassen auch in der Sprache nieder? In der Tat sind neben den Symbolen – wenn auch mit deutlichen Einschränkungen – ebenfalls Ikone und Indexe zu finden. Eine einfache Form der Ikonizität begegnet uns in lautmalerischen Ausdrücken wie *Kuckuck* und *quieken*, besonders auch in kindersprachlichen Formen wie *Miau* und *Wauwau*. Es ist offensichtlich, dass bei der Benennung die Laute Pate gestanden haben, die diese Tiere typischerweise von sich geben. Ein Aspekt der (enzyklopädischen) Bedeutung wird damit zum Ausgangspunkt für die sprachliche Form genommen. Dass der ausgewählte Aspekt ein lautlicher (und kein visueller) ist, liegt natürlich daran, dass nur er zur Überführung in die Lautsprache geeignet ist. Lautmalerei

Wenn lautmalerische Ausdrücke semiotisch als Ikone zu werten sind, gilt für sie die Vorhersage, dass sie auch übereinzelsprachliche Ähnlichkeiten in der Form aufweisen sollten. Sofern die Motivation in verschiedenen Sprachgemeinschaften die gleiche ist, Hunde in verschiedenen Kulturen also gleich bellen, können wir auch formale

Ähnlichkeiten erwarten. Und tatsächlich finden wir gewisse Ähnlichkeiten in D. *Kuckuck* – E. *cuckoo*, D. *kikeriki* – E. *cock-a-doodle-doo*; D. *gurgeln* – F. *gargariser* usw. Allerdings sind diese Beispiele nicht zwingend, da sie aus verwandten Sprachen stammen und man immer argumentieren kann, dass die lautliche Ähnlichkeit nicht durch die Ikonizität, sondern durch ihre sprachliche Verwandtschaft bedingt ist. Der echte Testfall besteht also in einem Vergleich der Wortformen aus nicht-verwandten Sprachen. Obwohl die Gemeinsamkeiten hier schon schwächer ausgeprägt sind, gibt es immer noch deutliche Ähnlichkeiten. Das eben erwähnte Wort *gurgeln* findet sein Übersetzungsäquivalent im Türkischen *ğarğara etmek* ‚Mundwasser machen' und im Japanischen *uga-i*. Beide Sprachen sind weder mit den indoeuropäischen noch untereinander verwandt. Die Ikonizitätshypothese kann also bestätigt werden.

Der Sprachvergleich lässt aber auch keinen Zweifel daran, dass die lautmalerischen Ausdrücke nicht durch und durch motiviert sind. Wären sie das, müssten sie in allen Sprachen gleich sein. Dass eine solche Klangidentität gar nicht zu erwarten ist, wird sofort einsichtig, wenn man bedenkt, dass Mensch und Tier über einen unterschiedlichen Lautproduktionsapparat verfügen, die Geräusche der Tiere (oder auch die der Menschen) also interpretiert, d.h. in die menschliche Lautwelt übersetzt werden müssen. Da Interpretationen generell einen hohen Grad an Variabilität aufweisen, ist es nicht verwunderlich, dass lautmalerische Ausdrücke in verschiedenen Sprachen unterschiedlich ausfallen. Wenn man dann noch bedenkt, dass die einzelnen Sprachen über unterschiedliche Lautsysteme verfügen, kann die unterschiedliche Versprachlichung von Tierlauten noch weniger überraschen. Wir stellen also fest, dass die ikonischen Zeichen in der Sprache bis zu einem gewissen Grad arbiträr sind, d.h. symbolische Anteile haben. Wenn man versucht, die ikonischen und symbolischen Anteile gegeneinander abzuwägen, spricht sogar viel dafür, den symbolischen das größere Gewicht beizumessen. Demzufolge ist es angemessener, statt von Ikonen von symbolischen Zeichen mit ikonischen Anteilen zu sprechen. Die ikonischen Anteile können von Wort zu Wort und von Sprache zu Sprache stark variieren. Lautmalerische Ausdrücke sind eben weder Stadtpläne noch Wachsfiguren.

Als nächstes fragen wir nach der Existenz von Indexen in der Sprache. Wie bei den ikonischen Zeichen fällt auch hier die Antwort differenziert aus. Es gibt tatsächlich Wörter, die auf etwas anderes verweisen und deren Hauptfunktion in diesem Verweischarakter liegt. Wir denken hier insbesondere an hinweisende Fürwörter (Demonstrativpronomen), in deren Bezeichnung schon das indexikalische Element hervorgehoben wird. Nehmen wir einen Satz wie *Dieses kann ich nicht akzeptieren*. Das Pronomen *dieses* trägt selbst kaum Bedeutung; es ist weitgehend konzeptarm und erfüllt somit die Bedingung für ein indexikalisches Zeichen. Die Funktion des Pronomens *dieses* liegt in dem Verweis auf etwas, was zuvor gesagt wurde oder auf etwas in der außersprachlichen Situation, das sich im gemeinsamen Bewusstseinsraum von Sprecher und Hörer befindet. Zu den Demonstrativpronomen gesellen sich die Personalpronomen, die wir bereits im 1. Kapitel kennengelernt haben. In der Satzfolge

Demonstrativpronomen

(4) George Clooney hatte gestern Geburtstag. Er wurde 49 Jahre alt.

hat das Personalpronomen *er* die primäre Funktion, sich auf das Subjekt des vorausgehenden Satzes zu beziehen und damit einen Zusammenhalt zwischen beiden Sätzen herzustellen. Eine Bedeutung im Sinne eines Konzepts hat es nicht. Für andere Klassen von Pronomina gilt Ähnliches. Wir gelangen also zu der vorläufigen Einschätzung, dass Indexe in der Sprache u.a. durch Pronomen repräsentiert werden.

Allerdings bedarf diese Einschätzung folgender Modifikation: Indexe ähneln Symbolen insofern, als es keinen motivierten Zusammenhang zwischen Form und Inhalt gibt. Das Personalpronomen der 3. Person Singular könnte auch eine ganz andere Gestalt haben. Die Form *er* muss genauso auswendig gelernt werden wie jedes Symbol auch. Es ist deshalb präziser, wenn man statt von indexikalischen Zeichen in der Sprache von Symbolen mit indexikalischer Funktion spricht. Der Begriff der Indexe ist also nur in einer verkürzten Ausdrucksweise zulässig.

Symbole mit indexikalischer Funktion

Schließlich sei im Zusammenhang mit den Indexen erwähnt, dass sie in ihrer hinweisenden auch eine einschränkende Funktion haben. Indexe verweisen nicht blind auf irgendetwas, sondern schränken die Möglichkeit des Bezugs ein, damit der Hörer oder der Leser die Zuordnung leichter vollziehen kann. So greift das Personalpronomen *er* nur auf maskuline Bezugswörter zurück. Es handelt sich hierbei nicht um die Bedeutung „männlich" im Hinblick auf die außersprachliche, biologische Wirklichkeit, sondern um eine grammatische, also innersprachliche Kategorie, wie sie im Geschlecht der deutschen Nomen (z.B. *der Käse*) zum Ausdruck kommt. Diese innersprachliche Differenzierung lässt also kein Konzept entstehen, sondern hat ausschließlich die Funktion, den Verweis eindeutiger zu machen und dadurch dem Hörer die Arbeit zu erleichtern. Ähnliches lässt sich bezüglich des Demonstrativpronomens *dieses* feststellen. Es ist im Zusammenhang mit *jenes* zu sehen; ersteres drückt Nähe, letzteres Distanz aus. Mit dieser Unterscheidung hilft der Sprecher also dem Hörer bei der Identifikation des Gemeinten.

Zusammenfassend lässt sich festhalten, dass **alle** Zeichen in der Sprache im Grunde Symbole sind. Das macht das sprachliche System sehr homogen. Sowohl ikonische als auch indexikalische Zeichen sind im Prinzip Symbole, weil sie nicht auf arbiträre Relationen zwischen Form und Inhalt verzichten können. Allerdings ist diese Aussage in zweierlei Hinsicht zu präzisieren: Erstens können Symbole bis zu einem gewissen Grad motiviert sein. Diese Motiviertheit erfasst weit mehr als die hier diskutierten lautmalerischen Ausdrücke. Arbitrarität und Ikonizität stehen sich als widerstrebende Kräfte gegenüber und prägen gemeinsam das sprachliche Zeichen, wobei der Arbitrarität das größere Gewicht zufällt. Zweitens können arbiträre Verbindungen von Form und Inhalt auch eine indexikalische Funktion haben. D.h., Indexe sind ihrem Wesen nach Symbole und nur in ihrer Funktion indexikalisch.

Zum Schluss dieses Abschnittes wollen wir die Frage aufgreifen, weshalb das sprachliche Zeichen überwiegend symbolisch ist. Diese Tatsache vermag insofern zu überraschen, als Symbole den abstraktesten und am schwersten zu erlernenden Zeichentypus darstellen. Um Symbole zu erlernen, muss nicht nur die arbiträre Verbindung von Form und Inhalt stupide auswendig gelernt werden, es muss auch ein abstraktes Konzept aufgebaut werden, das dem Kind im Spracherwerb nicht erläutert wird und nur aus dem Gebrauch der Sprache abzuleiten ist. Beides sind höchst anspruchsvolle Aufgaben. Ikone und Indexe sind dagegen deutlich einfacher. Bei einem indexikalischen Zeichen muss kein komplexes, inhaltliches Konzept erschlossen werden, wie es für Symbole erforderlich ist. Daraus ist jedoch nicht zu schließen, dass Indexe problemlos zu erwerben sind. Das zeigt sich bereits beim Erwerb einfachster nicht-sprachlicher Indexe. Wenn man versucht, mit ausgestrecktem Arm durch Fingerzeig die Aufmerksamkeit eines Kleinkinds auf ein Objekt zu lenken,

Vorteile der Indexe

schaut es zunächst auf den richtungsweisenden Finger (die Form) statt auf das Objekt (den Inhalt). Im Vergleich dazu ist die Lernschwierigkeit bei sprachlichen Indexen noch ein ganzes Stück größer, da die Hinweisfunktion der Pronomen höchst variabel ist: das Personalpronomen *er* kann prinzipiell auf alle maskulinen Nomen verweisen. Hier muss also ein relativ abstraktes Prinzip erworben werden, mit dem eine Verbindung zwischen Wörtern hergestellt wird. Trotzdem weisen Indexe auf ihrer Inhaltsseite eine geringere Komplexität als Symbole auf.

Bei den ikonischen Zeichen ist die Lernerleichterung im Vergleich zu den Symbolen noch deutlicher zu erkennen als bei den Indexen. Ikonizität ist eine ideale „Eselsbrücke". Da wir als Sprecher wissen, welches Konzept wir versprachlichen wollen, können wir von dem Konzept zumindest annäherungsweise auf die Form schließen, müssen sie also nicht vollständig auswendig lernen. Die Benennung des Kuckucks fällt uns also nicht so schwer, wenn wir das Geräusch kennen, das der Kuckuck macht. Und Hörer können, selbst wenn sie die Form „Kuckuck" noch nie gehört haben, über das Ähnlichkeitsprinzip von der Form auf den Inhalt schließen. Die Tatsache, dass wir lautmalerische Ausdrücke vermehrt in der Kindersprache antreffen, können wir jetzt mit ihrer relativ leichten Erlernbarkeit erklären.

Vorteile der Ikone

Wenn nun trotz ihres Feldvorteils die Indexe und Ikone eher ein Schattendasein in der Sprache fristen, müssen sie in anderer Hinsicht erhebliche Nachteile aufweisen. In der Tat sind Indexe und Ikone in ihren Verwendungsmöglichkeiten außerordentlich eingeschränkt. Kommen wir noch einmal auf die ikonischen Zeichen zur Benennung von Tieren zurück. Für den Kuckuck ist eine ikonische Versprachlichung ja noch möglich, da er eine für ihn charakteristische Lautsequenz von sich gibt. Was machen wir aber mit Schnecken und Fischen, die sich beharrlich einer Lautproduktion verweigern? Da uns neben den typischen Geräuschen wenig bleibt, das sich als Vorbild für eine Benennung eignen würde, stößt das ikonische Prinzip bereits hier an seine Grenzen. Was für schweigsame Tiere festgestellt wurde, gilt natürlich noch viel mehr für abstrakte Begriffe wie *Glück* und *Frieden*. Allgemeiner gesagt, besteht das Problem also darin, dass unsere Umwelt kaum adäquate Modelle liefert, auf die wir zur Versprachlichung zurückgreifen könnten.

Indexe sind aus ganz anderen Gründen als primärer Zeichentypus ungeeignet. Sie gehen von der Perspektive des Hier und Jetzt aus und sind deswegen extrem eingeschränkt zu verwenden. Wir erinnern uns, dass sie Kontiguität erfordern; eine Herauslösung aus einer unmittelbaren Nachbarschaft ist also nicht möglich. Ebenso folgenschwer ist die Definition, dass Indexe ja immer verweisen müssen. Diese Verweise gelten oft anderen sprachlichen Elementen. Wenn es nur Indexe gäbe, stünden gar keine Zeichen zur Verfügung, auf die die Indexe verweisen könnten.

Trotz oder gerade wegen ihrer relativen Einfachheit sind sowohl die Ikone wie auch die Indexe als allgemeingültige Zeichentypen in der Sprache untauglich. Wir benötigen ein Prinzip, das uneingeschränkt funktioniert, damit uns durch unser Kommunikationssystem von vornherein keine Beschränkungen in unserer Ausdrucksfähigkeit auferlegt werden. Dieser Forderung können nur die symbolischen Zeichen nachkommen, da sie prinzipiell jede beliebige Zuordnung von Form und Inhalt ermöglichen und damit uns in unseren Ausdrucksmöglichkeiten freie Entfaltung garantieren. Jedoch haben die Symbole auch ihren Preis. Ihr Erwerb ist langwierig und zumindest im Fremdspracherwerb mühsam. Sie erfordern eine hohe Gedächtnisleistung und sind daher vergessensanfällig. Aber diesen Preis sind uns die Symbole allemal wert.

Vorteile der Symbole

3.3 | Die historische Entwicklung der sprachlichen Zeichen

Die Einsicht, dass sprachliche Zeichen primär symbolisch sind, wirft die Frage nach der Entstehung der Symbole auf. In der Tat ist es schwer vorstellbar, dass Symbole erfunden worden sind. Wie sollten sich mindestens zwei Menschen auf die willkürliche Benennung eines Konzepts verständigen können? Es gibt ja gar keine „objektive" Grundlage für eine Entscheidung, und da die sprachliche Form per definitionem nicht motiviert ist, auch keinen Grund für die Akzeptanz dieser Entscheidung durch die Sprachgemeinschaft. Wir müssen uns die Entstehung der Symbole also gänzlich anders vorstellen, und zwar als einen historischen Prozess, an dessen gegenwärtigen Punkt der Entwicklung das Symbol steht, dessen Anfang aber keineswegs symbolisch gewesen sein muss. Vielmehr ist leichter vorstellbar, dass die ursprünglichen Zeichen ikonisch waren. Die Ikonizität motivierte die Zeichen in ihrer Entstehungsphase und machte sie auch ohne großes sprachliches Vorwissen nachvollziehbar und damit erlernbar. Und aus Produzentensicht machte die Ikonizität die

Zeichen überhaupt erst erfindbar. Aus dieser Annahme, dass der Ursprung der sprachlichen Zeichen ikonisch ist, lässt sich nun die Behauptung ableiten, dass die historische Entwicklung der Zeichen einen **Deikonisierungsprozess** oder auch einen Symbolisierungsprozess darstellt. Diese These wollen wir im Folgenden prüfen.

Deikonisierung

Da sich die zu untersuchende Entwicklung über große Zeiträume erstreckt und uns historische Zeugnisse der gesprochenen Sprache nur für eine verschwindend geringe Zeitspanne vorliegen, ist ein Blick auf die Schriftsprache unumgänglich. Wir wollen zu diesem Zweck die Entwicklung der ältesten bekannten Schrift, der mesopotamischen Keilschrift betrachten, die von einer hohen Dynamik gekennzeichnet ist und insofern aufschlussreich in Hinblick auf die Art der Wandlungsprozesse ist. Wir wählen dazu Abbildung (5), die ausschließlich die Bezeichnung konkreter Gegenstände erfasst.

mesopotamische Keilschrift

In der Abbildung (5) ist die historische Entwicklung in vier zeitliche Phasen eingeteilt, die von links nach rechts angeordnet sind. Es ist unschwer zu erkennen, wie ikonisch die Schriftzeichen zu Beginn gewesen sind. Sie sind so ikonisch, dass man sie als Bilderschrift bezeichnen kann. Einige Zeichen wie das für den Fisch oder die Ähre sind relativ leicht verständlich, andere wie das für den Pflug und den Obstgarten benötigen schon Interpretationshilfen. Wir erkennen also bereits auf dieser Stufe einen gewissen Abstraktionsgrad. Diese Abstraktion ergibt sich zwangsläufig aus dem Ökonomieprinzip, nach dem das Schriftbild nicht alle Aspekte des Gegenstands abbilden kann, sondern sich auf einige wesentliche konzentrieren muss. Dadurch lässt die Unterscheidbarkeit der Inhalte nach, und die Zeichen werden mehrdeutig. Der Form sind in dieser Phase wenig prinzipielle Grenzen gesetzt. Es gibt gerundete und gerade Linien, kurze und lange Linien, sich schneidende und parallel verlaufende Geraden, kurzum die Vielfalt der Welt wird ansatzweise naturgetreu abgebildet.

Ökonomieprinzip

Eine überaus bedeutsame Konsequenz, die sich aus dieser annähernd naturgetreuen Abbildung ergibt und auf die wir bei der Beschreibung der späteren Stufen zurückkommen werden, ist die formenmäßige Unabhängigkeit zwischen den einzelnen Piktogrammen. Auch wenn zwischen dem Zeichen für Ähre und dem für Obstgarten gewisse Ähnlichkeiten nicht zu verkennen sind, so sind diese Ähnlichkeiten zumindest im Ansatz der außersprachlichen Wirklichkeit nachempfunden. Ansonsten besteht aber kein erkennbarer Zusam-

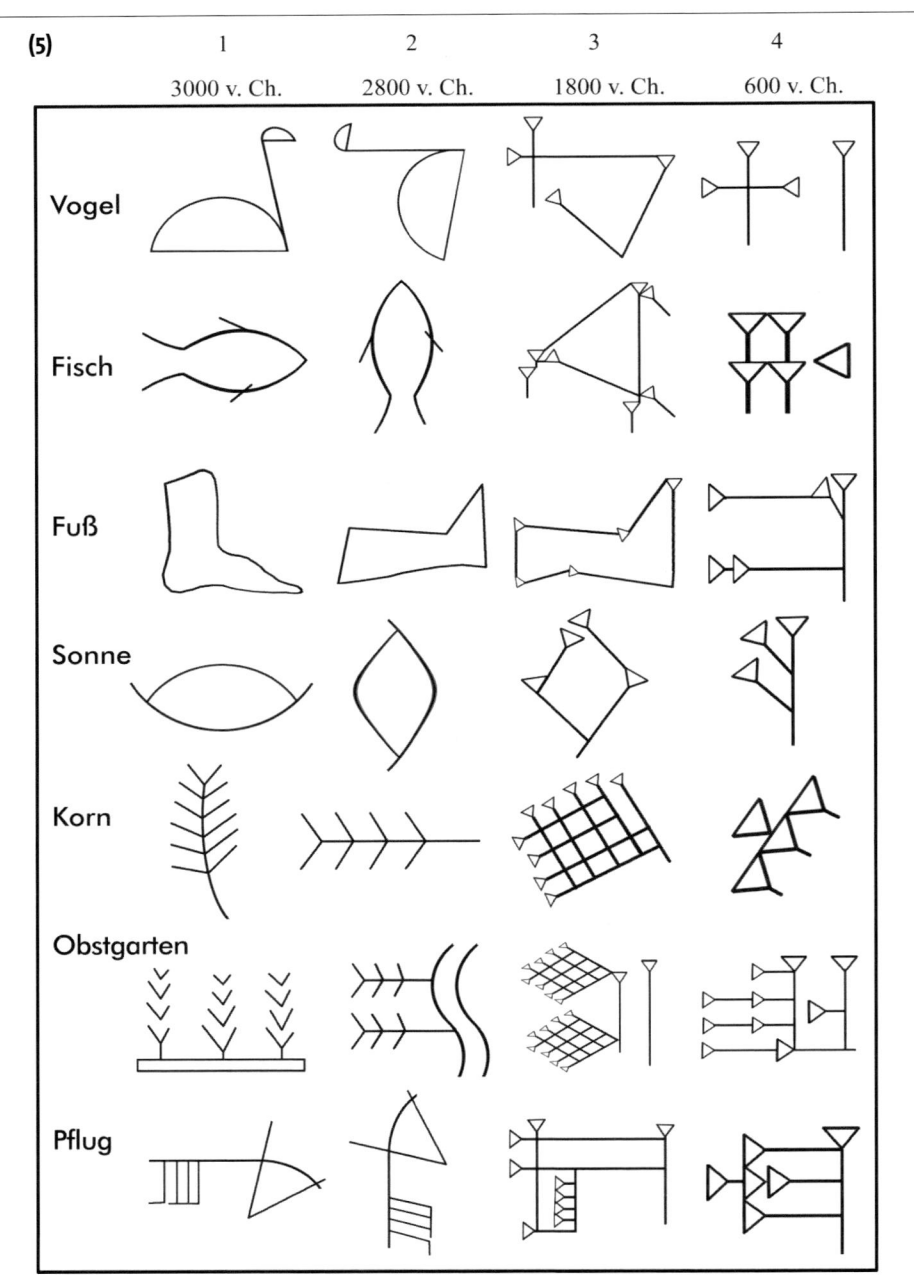

(5)

	1	2	3	4
	3000 v. Ch.	2800 v. Ch.	1800 v. Ch.	600 v. Ch.
Vogel				
Fisch				
Fuß				
Sonne				
Korn				
Obstgarten				
Pflug				

menhang zwischen den Formen. Mit anderen Worten: die Zeichen stehen isoliert nebeneinander.

Die Nachahmung der Natur zeigt sich auch in der Ausrichtung der Piktogramme. So ist das Zeichen für den Fisch horizontal und das für die Ähre vertikal ausgerichtet, da Fische (aus der Sicht des Betrachters) typischerweise horizontal schwimmen und Ähren vertikal wachsen.

Genau dieser Aspekt wird auf der zweiten Stufe verändert und damit in Frage gestellt. Der Fisch schwimmt nun von unten nach oben, und die Ähre wächst von links nach rechts. Die Schriftzeichen werden also um 90° gegen den Uhrzeigersinn gedreht. Damit vergrößert sich natürlich ihre Distanz zu den Objekten der außersprachlichen Wirklichkeit. Sie werden schwerer interpretierbar, weil sie – und das ist aus semiotischer Sicht das Entscheidende – ihre Ikonizität ein Stück weit aufgegeben haben. Weiterhin erkennen wir erste Schritte einer Schematisierung. Während das Bild für den Fuß in der ersten Phase noch relativ geschwungene Linien enthält, sind diese in der zweiten Phase durch gerade Linien ersetzt worden. Dieses ist sicherlich als eine Form der Vereinfachung zu verstehen, da gerade Linien auch leichter zu zeichnen sind.

Schematisierung

Mit dem Übergang von Stufe 2 zu Stufe 3 vollzieht sich der entscheidende Schritt. Es entstehen elementare Bausteine für die Zeichenbildung. Hervorstechen tut dabei eine pfeilähnliche Form, die aus einer Geraden besteht, die am einen Ende „offen" und am anderen durch ein kleines Dreieck begrenzt ist. Diesen Baustein finden wir in allen sieben Zeichen wieder. Wir können sogar so weit gehen zu sagen, dass die Zeichen aus nichts anderem als diesen Pfeilen bestehen. Dieses bedeutet den Verlust aller nicht-geraden, also krummen, geschwungenen und gerundeten Linien, wie sie noch auf Stufe 2 bei den Bildern für Pflug, Obstgarten und Sonne anzutreffen sind. Die Unterschiedlichkeit der Zeichen ergibt sich vornehmlich aus der unterschiedlichen Anordnung der Pfeile, aber auch aus ihrer unterschiedlichen Länge. Diese Anordnung folgt dabei offenkundig den Vorbildern auf der Stufe 2, wobei die Unterschiede zum Teil so groß sind, dass die Wiedererkennung des außersprachlichen Objekts nahezu unmöglich wird. So sind die beiden Tiere auf der zweiten Stufe noch weitgehend wiederzuerkennen, auf der dritten Stufe jedoch nicht mehr. Damit hat der Abstraktionsgrad erheblich zu- und die Ikonizität erheblich abgenommen. Die Anordnung der Pfeile ist noch relativ frei. Sie können in jedem beliebigen Winkel zueinander

stehen (vgl. die Bilder für Vogel und Sonne), und sie können sich auch
überlagern, wie wiederum bei dem Bild für Vogel und auch dem für
Pflug zu sehen ist. Daneben werden aber bereits auch geometrische
Figuren erkennbar, so ein Dreieck bei dem Zeichen für Fisch und ein
Parallelogramm bei dem Zeichen für Ähre. Parallelität als Ordnungs-
prinzip ist ebenfalls in der Abbildung für Pflug und Obstgarten vor-
zufinden. Allen Zeichen gemein ist ihr hoher Grad an Arbitrarität.
In keinem Fall lässt sich die Bedeutung noch aus der Form ableiten.

System   Dafür werden wir Zeugen der Geburt eines einfachen Systems – „einfach" deshalb, weil es aus einem einzigen Baustein besteht und „System" deshalb, weil über diesen gemeinsamen Baustein ein Zusammenhang zwischen den Elementen des Systems und damit wiederum
ein Zusammenhalt entsteht, der für die Herausbildung eines Systems unabdingbar ist.

Der vierte und letzte Schritt stellt eine Vereinfachung gegenüber
dem dritten dar. Wenn wir das Zeichen für Ähre zunächst außer Acht
lassen, erkennen wir deutlicher als auf der 3. Stufe die Pfeile als
Vereinheitlichung   grundlegenden Baustein. Die Vereinfachung zeigt sich in zweierlei
Hinsicht. Zum einen finden wir überwiegend rechte Winkel, wo-
durch die Struktur der Zeichen übersichtlicher wird. Die Ausnahmen
zur Rechtwinkligkeit, wie sie bei den Bildern für Fuß und Sonne zu
beobachten sind, scheinen auf eine Untersystematik hinzuweisen,
da es sich in beiden Fällen um einen 45° Winkel, also einen „halben"
rechten Winkel handelt. Zum anderen gibt es mit Ausnahme des
Bilds für Vogel keine Überschneidungen der Pfeile mehr. Auch das
trägt zu einer klareren Zeichenstruktur bei. Denselben Effekt haben
die veränderten Pfeilspitzen, die alle dreieckig und vergrößert worden sind und die mit Ausnahme des Zeichens für Obstgarten eine
weitgehend einheitliche Größe aufweisen. Unterschiedlich bleibt die
Länge der Pfeile; im Extremfall können die Pfeilspitzen auch ohne
die Geraden auftreten, wie im Falle der Bilder für Fisch und Pflug.
Nun wird auch das Zeichen für Ähre verständlicher: Es besteht ausschließlich aus Pfeilspitzen, die im 45° Winkel zur Senkrechten angeordnet sind.

Diese Analyse macht deutlich, dass die Pfeile zwar ein elementarer Baustein des Zeichensystems sind, die Pfeile selbst aber auch eine
Binnenstruktur   Binnenstruktur aufweisen. Sie bestehen aus zwei Teilen: den Geraden und den Dreiecken, die eine gewisse Unabhängigkeit voneinan-
der besitzen und die unterschiedlich wichtig sind. Während die
Pfeilspitzen unabhängig von den Geraden auftreten können, ist der

umgekehrte Fall in dem vorliegenden Datensatz nicht belegt. Die Dreiecke sind folglich bedeutsamer als die Geraden.

Wir haben mit diesem 4. Schritt eine Entwicklungsstufe erreicht, auf der ein starker Zusammenhang zwischen den einzelnen Zeichen trotz ihrer Individualität vorherrscht. Alle Zeichen sind ähnlich aufgebaut; sie sind daher als Elemente ein und desselben Systems identifizierbar und besitzen eine gewisse Zugehörigkeit. Sie bilden ein strukturiertes Ganzes, das mehr ist als die Summe der Einzelteile. Wir erleben hier also die Geburtsstunde eines abstrakten Systems. Genau das ist Sprache, wie wir sie heute kennen.

Wir haben die historische Entwicklung der mesopotamischen Keilschrift so ausführlich dargestellt, weil sie uns in beispielhafter Weise ein Verständnis dafür eröffnet, weshalb die symbolischen Zeichen in der Sprache eine solche Vorrangstellung einnehmen. Wir beobachten im Laufe der einzelnen Entwicklungsstufen den völligen Verlust der Ikonizität, die anfänglich recht stark ausgebildet war und die Entstehung der einzelnen Zeichen erst ermöglichte. Diese Entwicklung mag einem widersinnig erscheinen; in jedem Fall ist sie unintuitiv. Sie ist aber unvermeidlich, denn sie ist eine zwangsläufige Folge des **Gebrauchs** der Schriftzeichen. Durch den häufigen Gebrauch schleifen sich die Zeichenformen ab, „Schnörkel" verschwinden. Ökonomisierungsprozesse setzen ein, die zu Vereinfachungen und damit gleichzeitig auch zu Abstraktionen führen. Da diese Veränderungen in dieselbe Richtung gehen, entsteht eine allgemeine Zeichenstruktur, ein Schema oder Bauprinzip, das für alle Zeichen Gültigkeit besitzt. Diese Entwicklung bringt also automatisch den Verlust der Ikonizität und damit die Dominanz der Symbolizität mit sich.

Abschleifung

Neben der Herausbildung der Arbitrarität ist ein weiterer Aspekt bei der Analyse der mesopotamischen Schrift von grundlegender Bedeutung. Während in der 1. Phase die Schriftzeichen eine holistische Struktur aufweisen, ist spätestens in der 4. Phase eine Unterscheidung zwischen dem Zeichen als Ganzes und seinen Bestandteilen zu treffen. D.h., die Formseite des Zeichens ist auf zwei verschiedenen Analyseebenen zu betrachten. Da die eine Ebene der anderen übergeordnet ist, haben wir es hier mit einer Hierarchie von Ebenen zu tun. Damit ist die historische Entwicklung der mesopotamischen Schrift auch als ein Aufbau einer hierarchischen Struktur zu deuten. Dieser Aspekt ist so bedeutsam, dass ihm ein eigenes Kapitel für die Lautsprache (vgl. Kap. 5) gewidmet wird.

Hierarchisierung

Die beiden Aspekte der Herausbildung eines (hierarchischen) Systems und der Deikonisierung hängen zweifelsfrei miteinander zusammen. Durch den Gebrauch entsteht eine Deikonisierung, aus der wiederum ein Spielraum für die Gestaltung der Zeichen erwächst, der zu ihrer Homogenisierung genutzt wird. Diese Homogenisierung der Zeichen erhöht die Ähnlichkeit zwischen ihnen. Ähnlichkeit lässt sich gut in einem Zwei- (oder Mehr-)ebenenmodell abbilden, in dem die untere Ebene Identitäten erfasst. Im Falle der mesopotamischen Schrift sind das die Pfeilspitzen und die Geraden. Dadurch, dass die beiden Ebenen miteinander verbunden sind, entsteht der Zusammenhalt zwischen den Elementen und damit das System selbst.

Ähnlichkeit

Die historische Entwicklung von Ikonizität zu Arbitrarität ist auch ein Teil der Erklärung für die Existenz unterschiedlicher Sprachen. Solange wie die Zeichen stark ikonisch sind, ist vorstellbar, dass ähnliche Schriftsysteme an unterschiedlichen Orten der Welt erfunden wurden. Der Grund für diese Annahme liegt einfach darin, dass die Vorbilder (wie Sonne und Fisch in (5)) überall auf der Welt gleich oder zumindest ähnlich sind und sich insofern in allen Versuchen, diese Vorlagen in Sprache umzusetzen, wiederfinden sollten. Gewiss besteht bereits hier ein gewisser Spielraum; dieser wird aber in dem Moment ungleich größer, wo die Arbitrarität der Zeichen zunimmt. Denn Arbitrarität bedeutet ja gerade einen nahezu unbegrenzten Freiraum in der Gestaltung der Schriftzeichen. D.h., unterschiedliche Sprachgemeinschaften können ihre Zeichen in sehr individueller Weise gestalten, und so entstehen sehr unterschiedliche Zeichensysteme.

Abschließend sei die Frage der historischen Stabilität symbolischer Zeichensysteme aufgeworfen. Man könnte geneigt sein zu glauben, dass die Symbole aufgrund ihrer Unmotiviertheit und relativ schweren Erlernbarkeit fragil und deshalb sehr wandelbar sind. Dem ist jedoch nur bedingt so. Natürlich sind Symbole prinzipiell auch einem Wandlungsprozess unterworfen. Dass dieser sich aber in Grenzen hält, ist vorwiegend auf zwei konservative Kräfte zurückzuführen. Zum einen ist die Sprache ein Kommunikationsmittel, das permanent im Einsatz ist. Es muss auch während und trotz eines Veränderungsvorgangs funktionstüchtig bleiben. Dieses ist nur gewährleistet, wenn entweder gar kein Wandel oder nur ein minimaler Wandel erfolgt. Zum anderen ist das Kleinkind, das die Sprache erlernt, bemüht und in der Lage, seine sprachlichen Vorbilder mit der

Sprachwandel

Zeit exakt zu imitieren (von gewissen Einschränkungen abgesehen). Das Kind passt sich an die sprachlichen Konventionen der Erwachsenen an, weil es ein soziales Wesen ist und sein Bedürfnis nach Bindung und Kommunikation auf diese Weise am besten befriedigen kann. So ist sichergestellt, dass das Sprachsystem relativ stabil ist und als Kommunikationsmittel zwischen den Generationen leistungsfähig bleibt.

Wir haben uns in der vorangegangenen Analyse ausschließlich mit der Schriftsprache beschäftigt, weil sie uns eine historische Tiefe ermöglicht, die uns bei der Analyse der gesprochenen Sprache verwehrt bleibt. Wir haben jedoch allen Grund zu der Annahme, dass die Entwicklung der gesprochenen Sprache genau denselben Bedingungen unterliegt wie die geschriebene. Gesprochene Wörter haben demnach anfänglich auch eine starke ikonische Komponente gehabt und sich mit der Zeit „arbitrarisiert". Darüber hinaus haben sie sich systematisiert und interne Strukturen herausgebildet. Die Ergebnisse der Analyse der mesopotamischen Schrift sind also mit großer Wahrscheinlichkeit auf die gesprochene Sprache übertragbar.

Das semiotische Dreieck | 3.4

Wie in Abschnitt 3.2 erwähnt wurde, ist das elementare Zeichen, das sich aus einer Verknüpfung von Form und Inhalt ergibt, Ausgangspunkt für viele Fragestellungen in der Linguistik. So wie dieses zweigliedrige Zeichenmodell bisher dargestellt wurde, hängt es in der Luft, d.h., es fehlt seine Einbettung in einen konkreten Verwendungszusammenhang. Das Zeichen ist unabdingbare Voraussetzung für die Kommunikation, aber es macht als solches noch nicht die Kommunikation aus. Die bisherige Analyse ist daher in zweifacher Hinsicht zu erweitern: Zum einen muss das elementare Zeichen an die Zeichenbenutzer, zum anderen an die außersprachliche Wirklichkeit angebunden werden. Die Anbindung an uns Zeichenbenutzer erfolgt im nächsten Kapitel, die Anbindung an die außersprachliche Wirklichkeit ist Gegenstand dieses Abschnitts.

außersprachliche Wirklichkeit

Unmittelbar einsichtig ist, dass es einen Bezug zwischen dem sprachlichen Zeichen und der außersprachlichen Wirklichkeit geben muss, weniger klar jedoch, wie dieser herzustellen ist. Theoretisch könnten wir die „Welt" an die Ausdrucks- oder die Inhaltsseite des sprachlichen Zeichens ankoppeln. Da wir mit dem „signifié" versuchen, die Welt zu „bedeuten", ist der Zusammenhang von Welt und Inhaltsseite enger als der zwischen Welt und Ausdrucksseite (wie er bei ikonischen Zeichen vorliegt). Wir binden daher die Welt an die Inhaltsseite, nicht an die Ausdrucksseite an und erhalten damit ein unvollständiges Dreieck, das als semiotisches Dreieck bekannt ist.

Semiotisches Dreieck

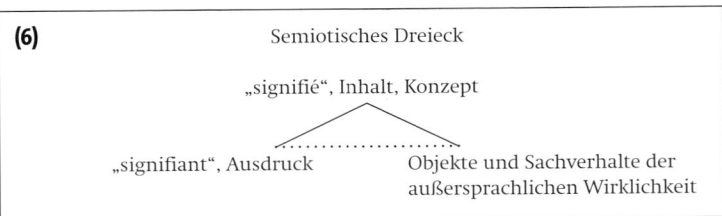

(6)   Semiotisches Dreieck

„signifié", Inhalt, Konzept

„signifiant", Ausdruck   Objekte und Sachverhalte der
außersprachlichen Wirklichkeit

Die zentrale Aussage des semiotischen Dreiecks ist, dass es keine direkte Beziehung zwischen der Ausdrucksseite und der außersprachlichen Wirklichkeit gibt (in (6) durch die gepunktete Linie zum Ausdruck gebracht). Die Welt ist für uns daher nur als sprachliches Abbild zugänglich, d.h., wir erfassen die Welt über den „Umweg" sprachlicher Konzepte (in (6) durch die durchgezogenen Linien zum Ausdruck gebracht). Die Welt an sich ist für uns damit nicht erfassbar, sondern nur das Abbild der Welt, das uns unsere Sprache zur Verfügung stellt. Was ist das für ein Abbild, und was macht dieses Abbild mit uns? Die sprachlichen Konzepte tun vor allem zweierlei: Sie kategorisieren und sie interpretieren die Welt. Der Akt der Kategorisierung bedeutet, dass wir die Welt in Einzelteile zerlegen, Grenzen ziehen und damit die Einzelteile identifizieren und voneinander unterscheidbar machen. Wieviel Struktur die Welt selbst (d.h. ohne Sprache) aufweist, inwieweit wir also mit den sprachlichen Konzepten die Welt imitieren, ist eine in letzter Konsequenz nicht entscheidbare Frage. Allerdings wissen wir aus dem Sprachvergleich (siehe weiter unten), dass auf diese (soweit vorhanden) Struktur der Welt noch eine Struktur der Einzelsprache gelegt wird. Daraus wird ersichtlich, dass es gewisse Freiheitsgrade in der sprachlichen Strukturierung der Welt gibt.

Sprache als Abbild der Welt

Mit der Kategorisierung erfolgt zwangsläufig eine Perspektivierung bzw. Interpretation. Kategorisierungen sind nie neutral. Sie können sowohl Ähnlichkeiten als auch Kontraste akzentuieren. Was

in einer Kategorie zusammengefasst wird, bedeutet eine Verstärkung der Ähnlichkeiten der Elemente einer Kategorie. Und bei Elementen, die in unterschiedliche Kategorien gefasst werden, wird
ihre Unterschiedlichkeit hervorgehoben. Über ihre Konzepte setzt
uns die Sprache also eine Brille auf, durch die wir zu gewissen Welt- **Sprache als Brille**
sichten gelangen. Unterschiedliche Sprachen liefern insofern auch
unterschiedliche Weltsichten.

In einer radikalen Deutung des semiotischen Dreiecks kommt
Sprache einem Gefängnis gleich, aus dem wir in einem doppelten **Sprache als Gefängnis**
Sinn nicht heraus können. In dem Maße wie Denken sprachbasiert
ist, können wir nur das denken, wofür uns die Sprache Konzepte
bereitstellt. Und da wir zur Mitteilung unserer Ideen auf Sprache
angewiesen sind, können wir nur im Rahmen dessen kommunizieren, was uns die Sprache zur Verfügung stellt. So merkwürdig wie
es sich auch anhören mag, dieses Gefängnis hat auch seine Vorteile.
Es ist nämlich strukturgebend und verschafft Orientierung. Wenn
wir uns jedes Konzept (und damit jedes Wort) als eine Gefängniszel-
le vorstellen (und wir einmal annehmen, dass wir uns im gesamten
Gefängnis frei bewegen können), dann ist das Gefängnis unsere Welt
– eine Welt, die im Gegensatz zu der chaotischen Welt „da draußen"
gut organisiert ist. Das Gefängnis – und das ist im vorliegenden
Zusammenhang keineswegs zynisch gemeint – erleichtert uns also
das Leben.

Es ist Zeit für eine Veranschaulichung. Selbst in zwei so eng verwandten Sprachen wie dem Englischen und Deutschen wird die **Kontrast Deutsch –**
außersprachliche Wirklichkeit sprachlich unterschiedlich erfasst. **Englisch**
Nehmen wir ein Beispiel aus der Zoologie und eines aus der Zeiteinteilung. Obwohl es in beiden Fällen gewisse Vorgaben durch die
Natur gibt (nämlich verschiedene Tiere wie Meeres- und Landtiere
und alternierende Ereignisse wie Tag und Nacht), bleibt immer noch
genügend Spielraum für einzelsprachliche Entscheidungen.

(7)	a.	Deutsch	Englisch	b.	Deutsch	Englisch
			snail		Morgen	
		Schnecke	---------		-----------	morning
			slug		Vormittag	

Der Fall (7a) zeigt, dass dem deutschen Wort *Schnecke* zwei Wörter im Englischen gegenüberstehen. Das Englische teilt die zoologische Welt also anders auf als das Deutsche. Genauer gesagt liefert das Deutsche ein holistisches Konzept von „Schnecke", während die Schneckenwelt im Englischen zweigeteilt ist. Das Englische differenziert hier also stärker als das Deutsche. Der umgekehrte Fall liegt in (7b) vor, bei dem die Zeiteinteilung im Deutschen stärker ausdifferenziert ist als im Englischen. Dem englischen Wort *morning* entsprechen die beiden deutschen Wörter *Morgen* und *Vormittag*.

Was haben nun diese Unterschiede zu bedeuten? Unstrittig ist, dass die Deutschen eine Nacktschnecke (*slug*) von einer Schnecke mit Haus (*snail*) unterscheiden können, obwohl ihnen die Sprache in Form des allgemeinen Worts *Schnecke* dafür keine Basis liefert. Und natürlich hat das Deutsche auch die Möglichkeit, den zoologischen Unterschied zu versprachlichen. Allerdings muss es dafür auf komplexere sprachliche Mittel wie die Zusammenfügung in *Nacktschnecke* zurückgreifen. Es ist also mit einem größeren sprachlichen Aufwand im Deutschen das möglich, was im Englischen mit einem einfacheren sprachlichen Mittel erreicht wird. Dadurch relativiert sich der Kontrast zwischen dem Englischen und dem Deutschen.

Wir können die unterschiedliche Kategorisierung in beiden Sprachen also folgendermaßen deuten: Kategorien und damit Wörter

Wörter als Spurrillen

sind wie Spurrillen, in denen wir uns ohne größeren Aufwand fortbewegen können. Sie sind vorgegeben und nehmen uns die Entscheidung über die einzuschlagende Richtung ab. Andererseits haben wir auch die Möglichkeit, diese eingefahrenen Spuren zu verlassen. Das ist allerdings nicht ohne einen erhöhten sprachlichen und kognitiven Aufwand möglich. Normalerweise bleiben wir aber in der Spur und verlassen die schützende Konvention nicht. Die obige Metapher des Gefängnisses lässt sich damit wie folgt ergänzen: Wir können aus dem Gefängnis ausbrechen; das geht aber nicht ohne Aufwand und nicht ohne das Risiko der Fehlkommunikation. Die Begrenzung durch die Einzelsprache ist also eine relative, keine absolute.

Fassen wir zusammen: Die Konzepte, die uns sprachlich vermittelt werden, sind für uns der vorgegebene Interpretationsrahmen zur Erfassung der Welt. Dieses Prinzip ermöglicht den kommunikativen Erfolg, da Sprecher und Hörer im selben Interpretationsrahmen agieren. Da die sprachliche Erfassung der Welt auf unendlich viele Weisen erfolgen kann, ist es nicht verwunderlich, dass jede Sprache eine andere Interpretation der Welt vorlegt. Wir haben einzelsprachliche Konzepte als Spurrillen gedeutet, die es uns ermöglichen, ohne größere Anstrengung zu kommunizieren. Diese Vorgaben sind für den Sprachbenutzer zwar bequem, aber nicht bindend. Wir können sie in Frage stellen und alternative Wege beschreiten. Allerdings ist dann die Frage, inwieweit wir nur alte Vorgaben (sprich: Gefängnisse) durch neue ersetzen, da wir uns dann ja wiederum der Sprache bedienen müssen.

Auch wenn die Kernaussage des semiotischen Dreiecks schwer von der Hand zu weisen ist, bleibt offen, wie stark der Einfluss der Sprache genau ist. An diesem Punkt ist die Unterscheidung in Wahrnehmung (Perzeption) und Denkstrukturen (Kognition) hilfreich. Die Perzeption scheint im Großen und Ganzen nicht sehr stark von der Sprache abhängig zu sein. Dieses wird an Farben besonders deutlich. Wir können unterschiedliche Farbtöne erkennen ganz gleich, ob wir dafür unterschiedliche Bezeichnungen haben oder nicht. Bei der Kognition ist es jedoch anders. Gemäß dem semiotischen Dreieck stellen sich die Deutschsprachigen im Gegensatz zu den Anglophonen die Welt der Schnecken als eine einzige Welt vor. Das könnte bedeuten, dass sie der Frage nach der An- bzw. Abwesenheit eines Schneckenhauses auch weniger Beachtung schenken. Wann immer es also um Kategorisierung geht bzw. mit Kategorien hantiert wird, ist von Unterschieden zwischen Deutsch- und Englischsprachigen auszugehen. Ähnliches ist bezüglich der Aufteilung der Zeit zu erwarten, auch wenn es hier nicht mehr um Wahrnehmung im eigentlichen Sinn geht. Natürlich können Anglophone zwischen einem frühen und einem späten Vormittag unterscheiden. Wenn es aber um die Strukturierung der Zeit auf einer abstrakteren Ebene geht, dürften Unterschiede zwischen den Sprechergruppen auftreten. Auch wenn für diesen konkreten Fall keine Untersuchungen vorliegen, so wissen wir inzwischen, dass Sprecher von Sprachen mit einem sprecherzentrierten links-rechts-Orientierungssystem anders denken als Sprecher von Sprachen, die eine solche Unterscheidung nicht kennen und stattdessen ein perspektivenunabhängiges System basierend auf Himmelsrichtungen verwenden.

Perzeption vs. Kognition

Zusammenfassung

In diesem Kapitel haben wir die Sprachwissenschaft in den größeren Zusammenhang der Semiotik eingeordnet. Sprachliche Zeichen sind insofern im Rahmen einer allgemeinen Zeichentheorie zu sehen. Die drei grundlegenden Zeichentypen finden sich ansatzweise alle in der Sprache

Zusammenfassung

wieder. Während ikonische und indexikalische Zeichen von untergeordneter Bedeutung sind, dominieren in der menschlichen Sprache die Symbole. Diese Dominanz ist auf die Stärke der Symbole zurückzuführen, jeden beliebigen Inhalt mit jeder beliebigen Form verknüpfen zu können. Die Symbolizität gilt aber nur für die heutige Sprache. Die Anfänge der menschlichen Sprache sind wahrscheinlich in hohem Maße ikonisch gewesen. Im Laufe ihrer Entwicklung hat sich die Sprache also von einem ikonischen zu einem symbolischen Zeichensystem verändert. Die Analyse des semiotischen Dreiecks hat gezeigt, dass uns die Sprache Kategorien vorgibt, die wir auf die außersprachliche Wirklichkeit projizieren. Die Einzelsprache erweist sich damit als eine spezifische Sicht der Welt.

Testfragen

1. Stellen Sie sich eine Ehefrau vor, die das Zigarrenrauchen ihres Mannes missbilligt. Eines Tages, als der Mann nach Hause kommt, sind alle Aschenbecher aus dem Wohnzimmer verschwunden. Handelt es sich hierbei um ein Zeichen? Wenn ja, was ist das Besondere an diesem Zeichen?

2. Analysieren Sie die Beziehung zwischen Form und Bedeutung in dem deutschen Wort *monoton*. Welcher Zeichentypus liegt hier zumindest ansatzweise vor?

3. Um welchen Zeichentypus handelt es sich bei Eigennamen?

4. Ordnen Sie die beiden sinnlosen Lautfolgen *Maluma* und *Takete* einem Dreieck bzw. einem Kreis zu. Welche Lautfolge passt besser zu welcher geometrischen Figur? Wie ließe sich dieser Zusammenhang semiotisch erklären?

5. Welche Entsprechungen gibt es im Englischen für das deutsche Wort *Affe*? Wie unterscheiden sich die englischen Wörter in ihrer Bedeutung? Wie lässt sich dieser Unterschied im Deutschen ausdrücken? Wie ist dieser Unterschied zu deuten?

6. Diskutieren Sie Wittgensteins Behauptung „Die Grenzen meiner Sprache bedeuten die Grenzen meiner Welt." (Tractatus logico-philosophicus) Steht diese These im Einklang mit dem semiotischen Dreieck?

Sprachfunktionen

| 4.

Wir haben im vorherigen Kapitel nicht nur die elementare Struktur des (sprachlichen) Zeichens, sondern auch seinen Bezug zur außersprachlichen Wirklichkeit kennengelernt. In diesem Kapitel soll der Bezug des Zeichens zu den Zeichenbenutzern hergestellt werden. Dabei geht es um die zentrale Frage, zu welchem Zweck Sprache verwendet wird, was Sprache leisten kann bzw. soll, also um ihre Funktionen. Diese werden wir uns auf einer makroskopischen und einer mikroskopischen Ebene ansehen.

Es gibt zwei grundlegende Funktionen der Sprache, die bis zu einem gewissen Grad miteinander zusammenhängen. Man kann mit Sprache denken und sich mitteilen. Letzteres wird Kommunikation, ersteres Kognition genannt. Letzteres wird landläufig an einen Gegenüber gerichtet verstanden, ersteres als Aktivität, die in einem selbst stattfindet, wobei es nicht völlig abwegig ist, Denken als einen inneren Dialog (Gespräch mit dem Alter Ego) zu betrachten. Bei dieser Sichtweise werden die Grenzen zwischen Kommunikation und Kognition verwischt. Es liegt auf der Hand, dass ohne Kognition Kommunikation nicht möglich ist. Wenn ich nichts weiß, weiß ich mich selbst auch nicht mitzuteilen.

Kommunikation und Kognition

    Die kognitive Funktion der Sprache haben wir bereits im vorherigen Kapitel kennengelernt. Sprache ist ein Instrument des Denkens. Mit Sprache schaffen wir Bewusstsein, indem wir die Aufmerksamkeit auf gewisse Sachverhalte lenken (z.B. darauf, ob eine Schnecke ein Haus hat oder nicht, vgl. Kap. 3.4). Mit Sprache schaffen wir Kategorien, mit denen wir die Welt strukturieren. Damit ist nicht gesagt, dass eine Herausbildung dieser Struktur ohne Sprache gänzlich unmöglich ist. Wir können auch ohne Sprache, beispielsweise in Bildern denken. Ebenso ist ein Selbst-Bewusstsein auch ohne Sprache vorstellbar. Ich kann den Schmerz in meinem Finger spüren, wenn ich mich schneide, ohne dass dafür ein sprachlicher Ausdruck vonnöten wäre. Schließlich können wir auch ohne Sprache kategorisieren, also z.B. Tag und Nacht unterscheiden, wie es auch Pflanzen und Tiere tun. Die Frage lautet daher: was leistet die Sprache, wenn

Sprache als Instrument des Denkens

es im Prinzip auch ohne sie geht? Die Antwort lautet, dass Sprache kognitive Aktivitäten ermöglicht, die ohne sie nur in Ansätzen möglich wären. Das Denken wird durch Sprache nicht nur erleichtert, sondern auch erheblich vertieft. Gleiches gilt für das Bewusstsein und die Kategorisierung bzw. die Interpretation der Welt.

Wenn wir uns im Folgenden der kommunikativen Funktion der Sprache zuwenden, kommen wir auf das elementare Zeichenmodell zurück, das wir in Kap. 3.2 kennengelernt haben und dessen Zwei-

Sprachbenutzer gliedrigkeit nun um eine dritte Komponente, den Sprachbenutzer erweitert werden soll. Die Frage ist: was will, was macht der Sprachbenutzer mit dem sprachlichen Zeichen? Um die kommunikative Funktion der Sprache zu verstehen, ist es sinnvoll, sich zunächst die elementaren Bestandteile einer Kommunikationssituation vor Augen zu führen. Zu einer Kommunikation im landläufigen Sinn gehö-

Kommunikationsmodell ren ein Sender, ein Empfänger und eine Botschaft. Diese drei Aspekte sind wie folgt anzuordnen:

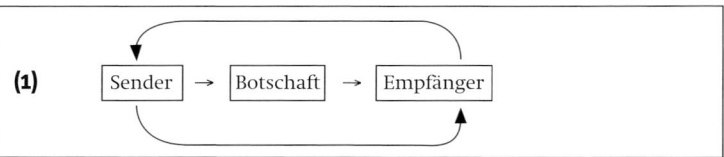

Der Sender sendet eine Botschaft, die vom Hörer empfangen wird. In einer dialogischen Kommunikationssituation wechseln die Sprachbenutzer ständig zwischen der Sender- und der Empfängerrolle hin und her, was durch die äußeren Pfeile in (1) ausgedrückt wird. Die Botschaft wird im zweigeteilten Zeichen transportiert.

Die drei Bestandteile des elementaren Kommunikationsmodells in (1) bilden nun die Grundlage für die Bestimmung der Sprachfunktionen. Wir unterscheiden insofern eine senderbezogene, eine empfängerbezogene und eine botschaftsbezogene Funktion der Sprache. Diese Funktionen werden in Bühlers Organonmodell erfasst.

4.1 | Bühlers Organonmodell

Der Psychologe Karl Bühler hat den Bezug zwischen dem sprachlichen Zeichen und den elementaren Bestandteilen der Kommunikationssituation in seinem Organonmodell wie folgt hergestellt, wobei mit dem griechischen Begriff „Organon" die Werkzeugfunktion der Sprache hervorgehoben werden soll.

Sprache als Werkzeug

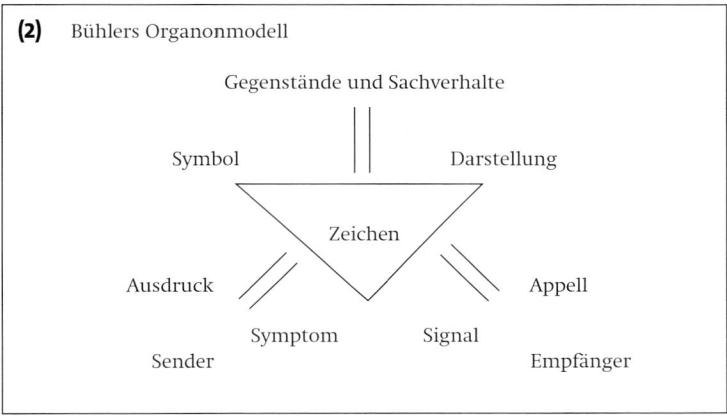

(2) Bühlers Organonmodell

Wir sehen in (2), wie das sprachliche Zeichen zur Schnittstelle zwischen dem Sender, dem Empfänger und der Welt wird. In dieser Eigenschaft übernimmt es drei Funktionen in Hinblick auf die Bestandteile des Kommunikationsprozesses: die Symbol-, die Symptom- und die Signalfunktion. (Bühlers Begriff des Symbols ist nicht mit der semiotischen Definition des Symbols im vorangegangenen Kapitel zu verwechseln. Die semiotische Bedeutung ist zeichenintern, während Bühlers Verwendungsweise funktional nach außen orientiert zu verstehen ist.) Das Zeichen richtet sich also nach drei Seiten aus: auf die Welt, auf den Sender und auf den Empfänger. Die Ausrichtung auf die Welt ist die Darstellungsfunktion: Die Welt wird im sprachlichen Zeichen abgebildet. Mithilfe des sprachlichen Zeichens stellen wir die Verbindung zur Welt her. Die Ausrichtung auf den Sprecher wird Ausdrucksfunktion genannt. Mittels der Sprache drückt der Sprecher etwas über sich selbst aus. Die sprachliche Äußerung wird damit zu einem „Anzeichen" für den Sprecher. Die Ausrichtung auf den Empfänger heißt Appellfunktion, weil der Sender mit der Sprache an den Empfänger appelliert. Mit seiner Äußerung will der Sprecher etwas vom Hörer, sonst würde er sie nicht an ihn richten.

Sprache als Symbol, Symptom und Signal

Wenn der Sprecher etwas über sich selbst ausdrückt, dann tut er das natürlich gegenüber einem Zuhörer. Der Sprecher steht also nicht isoliert da, sondern ist immer im Kontext der Kommunikationssituation zu sehen. Gleiches gilt für den Hörer, der ja unter dem Eindruck eines bestimmten Sprechers steht, zu dem er eine bestimmte Beziehung hat. Die Welt ist ebenfalls nicht isoliert zu sehen, da sie durch die Interaktion von Sender und Empfänger und deren Bezug auf sie relevant wird. Die drei Seiten des Dreiecks und damit die drei Funktionen der Sprache entfalten also nur in ihrem Zusammenspiel ihre volle Bedeutung. Die Einzelfunktionen schließen sich insofern nicht gegenseitig aus. Sie setzen nur unterschiedliche Akzente, indem sie unterschiedliche Aspekte desselben Sachverhalts beschreiben.

Im nächsten Abschnitt wird die Liste der elementaren Sprachfunktionen erweitert. Darüber hinaus werden die einzelnen Sprachfunktionen so detailliert dargestellt, dass sie für die Erschließung von Texten nutzbar gemacht werden können.

4.2 | Jakobsons Sprachfunktionen

Roman Jakobson übernimmt die drei grundlegenden Sprachfunktionen aus Bühlers Modell, gibt ihnen neue Namen und fügt drei weitere Funktionen hinzu. Ausgangspunkt für seine Erweiterung ist die Einsicht, dass das Bühlersche Modell kein umfassendes Kommunikationsmodell darstellt. Damit die Kommunikation erfolgreich ist, müssen eine Reihe von Bedingungen erfüllt sein, die bei Bühler unerwähnt bleiben. Die erste Voraussetzung ist sprachlicher Natur: Sprecher und Hörer benötigen ein gemeinsames Zeicheninventar, in dem sie weitgehend übereinstimmen müssen, damit ein konkreter Kommunikationsakt erfolgreich vollzogen werden kann. Eine ebenso grundsätzliche Voraussetzung für die Kommunikation ist physikalischer Natur. Wenn Produzent und Rezipient interagieren, benötigen sie ein gemeinsames Medium, um überhaupt in Verbindung treten zu können. Im Falle der mündlichen Kommunikation wäre das die Luft, die den Schall vom Sprecher zum Hörer „trägt". Die dritte Voraussetzung ist psychologischer Natur. Damit Kommunikation überhaupt stattfindet, muss sie vom Sprecher ebenso wie vom Hörer gewollt sein. Verweigert sich einer von beiden, kann von Kommunikation in einem konstruktiven Sinn nicht die Rede sein.

Voraussetzungen für die Kommunikation

Hier geht es um die Bereitschaft der potenziellen Gesprächspartner zur Kommunikation. Diese Bereitschaft ist von der Einstellung der Gesprächspartner zueinander abhängig. Schließlich weist Jakobson darauf hin, dass die Kommunikation immer in eine bestimmte außersprachliche Situation eingebettet ist, vor deren Kulisse sie stattfindet. Keine Kommunikation erfolgt ohne Kontext. Dieses ist zwar keine Voraussetzung für Kommunikation im engeren Sinn, charakterisiert und beeinflusst sie aber nachhaltig. Wie und was wir kommunizieren, hängt entscheidend von der Kommunikationssituation ab, in der wir uns befinden. So ist es ein bedeutsamer Unterschied, ob ein Staatsmann in einer feierlichen Rede willkommen geheißen oder in einer Kneipe über das letzte Fußballspiel gestritten wird.

Aus Bühlers Organonmodell und den o.g. Voraussetzungen für die Kommunikation leitet Jakobson die folgenden sechs Sprachfunktionen ab:

1. **Die expressive Funktion:** Der expressiven Funktion entspricht bei Bühler die Ausdrucksfunktion. Sie bezeichnet also die Ausrichtung der Sprache auf den Sprecher. Das Grundprinzip ist, dass der Sprecher durch seine Sprache Einblicke in sein Inneres gewährt. Dieses tut er in der Regel nicht absichtlich. Ganz im Gegenteil, er tut es zwangsläufig, sobald er den Mund aufmacht. So verrät er durch seine Stimmlage etwas über seinen Gemütszustand, durch seinen Akzent etwas über seine Herkunft und durch die Wahl seiner Worte etwas über seine Einstellung zu dem Thema, das gerade besprochen wird. Die meisten dieser sprecherbezogenen Faktoren sind nicht durch den Sprecher steuerbar bzw. ihm nicht bewusst. Wenn wir mit einem bestimmten Dialekt groß geworden sind, ohne die Hochsprache erworben zu haben, klebt an uns ein sprachliches Merkmal, dessen wir uns normalerweise nicht durch einen willentlichen Akt entledigen können. Wir bleiben damit für unsere Zuhörer lokalisierbar und identifizierbar. Umgekehrt gilt natürlich dasselbe: Kommen wir als Sprecher der Hochsprache ohne dialektale Kompetenz in ein Dialektgebiet, werden wir sofort als Fremde entlarvt. Wir begegnen hier der hörerseitigen Entsprechung dessen, was wir im 2. Kapitel über die identitätsstiftende Funktion der Sprache auf Sprecherseite erfahren haben.

Seine Herkunft ist gewiss nicht die einzige Information, die ein Sprecher über sich preisgibt. Aus der Art, wie man redet, ist schnell abzulesen, ob man aus einer bildungsfernen oder bildungsnahen Schicht kommt. Auch hier spielt natürlich eine Rolle, wie sehr man

expressive Funktion

in unterschiedlichen Kreisen sprachlich zu Hause ist; der Bildungsgrad bleibt in der Regel aber trotzdem einschätzbar. Und wenn dem Sprecher sein ungefähres Alter nicht ins Gesicht geschrieben stünde, würde ihn auch hier seine Sprache verraten. Wer im Deutschen zum Zeitpunkt der Fertigstellung dieses Buches zum Abschied *Ciao* sagt, ist unter 50, und wer *mich hungert* sagt, der ist über 80 (oder ironisch).

Zu diesen eher dauerhaften Eigenschaften des Sprechers gesellen sich auch vorübergehende Phänomene, insbesondere innere Zustände wie gute oder schlechte Laune, Gelassenheit gegenüber Anspannung usw. Diese Zustände wirken auf so unterschiedliche Aspekte der Sprache ein wie Sprechtempo, flüssiges versus abgehacktes Sprechen, Zittern in der Stimme, Ausschlag in der Tonhöhe usw. Da all diese Aspekte vom Sprecher nur bedingt zu steuern sind, gestatten sie dem Hörer weitgehend untrügliche Rückschlüsse auf die psychische Verfassung des Sprechers.

Wie drückt sich die expressive Funktion sprachlich aus? Hier ist vor allen Dingen auf die Wortwahl hinzuweisen, vgl. (3).

Wortwahl

(3)   a. Das schlechte Wetter hat uns den Urlaub verdorben.
    b. Das miese Wetter hat uns den Urlaub versaut.

Mit (3b) drückt der Sprecher eine stärkere affektive Beziehung zum Inhalt der Äußerung aus als mit (3a). Die Missbilligung ist schärfer. Abhängig vom kommunikativen Kontext und den allgemeinen Ausdrucksgewohnheiten des Sprechers kann eine solche Äußerung auch Hinweise auf das Geschlecht und die Kreise liefern, in denen sich der Sprecher normalerweise aufhält. Männer gelten in ihrer Ausdrucksweise allgemein als etwas derber als Frauen. Wenn der Satz (3b) also schriftlich vorliegen würde, können Leser mit einer gewissen Wahrscheinlichkeit vermuten, dass der Autor männlichen Geschlechts ist. Außerdem wäre auch die Interpretation denkbar, dass sich der Sprecher überwiegend in Kreisen aufhält, in denen eine derbere Ausdrucksweise üblich ist.

Wir sehen also, dass die Sprache erstaunlich viel über uns Sprecher verrät, oft mehr als uns bewusst ist. Unsere Sprache und unsere Stimme (sofern man beides überhaupt trennen möchte) sind unsere „Markenzeichen", unsere hörbar und sichtbar gewordene Identität. Hörer nehmen die expressive Seite der Sprache in der Regel intuitiv und unwillkürlich wahr und sind sich dieser Information nicht notwendigerweise bewusst.

2. Die konative Funktion: Der konativen Funktion entspricht bei Bühler die Appellfunktion. Sie bezeichnet also den Bezug der Sprache zu einem Rezipienten. Sprache ist im Kern dialogisch, d.h. fast immer auf einen Hörer oder Leser ausgerichtet. Es gibt zwar gewisse Wörter wie *Aua* als Ausdruck eines Schmerzes, die, wenn sie unkontrolliert produziert werden, ohne einen Hörerbezug auskommen. Dieses bilden aber die Ausnahme, da sie dicht an das heranreichen, was man als unwillkürliche Sprache bezeichnen könnte. Im Normalfall ist Sprache aber nicht unwillkürlich. Wir verwenden sie, um bei unseren Zuhörern etwas zu erreichen. Die Art der sprachlichen Einflussnahme des Sprechers auf den Hörer ist dabei außerordentlich vielfältig. Die offensichtlichste Form der Beeinflussung liegt vor, wenn wir unseren Zuhörer zu einem speziellen Verhalten bewegen wollen, dass er uns beispielsweise die Tür aufhält oder nicht so laut spricht. Etwas weniger offensichtlich ist, dass der Sprecher mit dem, was er sagt, Einfluss auf die Meinung des Hörers nehmen will. Es ist eher selten, dass Sprecher ihre Zuhörer „einfach nur" informieren wollen. Meistens ist mit einer Information auch eine versuchte Einflussnahme verbunden. Diese muss dem Sprecher nicht einmal bewusst sein; an der Einflussnahme ändert das fehlende Bewusstsein jedoch nichts. Fast immer möchte der Sprecher um Verständnis für sich beim Hörer werben. In jedem Fall sucht der Sprecher oft über seine Äußerungen nach Anerkennung beim Hörer, wie in Kap. 2.1 ausführlich dargelegt wurde.

Da der Erfolg der Beeinflussung davon abhängig ist, wie gut es dem Sprecher gelingt, etwaige Widerstände auf Seiten des Hörers zu überwinden, ist es im Interesse des Sprechers, seine Manipulationsabsichten verdeckt zu halten. Dieses führt unweigerlich zu einer gewissen Subtilität in den Beeinflussungsstrategien. Sprechen heißt insofern auch Verbergung der eigenen Interessen.

Nun ist es keineswegs so, dass Hörer nie beeinflusst werden wollen. Wenn wir den Wetterbericht im Radio hören, dann nicht primär, um uns sachlich zu informieren, sondern um uns auf das angekündigte Regenwetter sowohl mental wie auch ganz handlungspraktisch einzustellen, indem wir unseren geplanten Ausflug ins Grüne absagen oder Regenkleidung einpacken. Wir sind also in manchen Situationen durchaus willens, uns beeinflussen zu lassen.

konative Funktion

Manipulation

Die Behauptung, dass jegliche sprachliche Äußerung versuchte Manipulation ist, mag manchem zu radikal erscheinen. Wir treffen als Sprecher drei Grundsatzentscheidungen: **dass** wir (überhaupt) etwas sagen, **was** wir sagen und **wie** wir es sagen. Auf allen drei Ebenen kommen wir nicht umhin zu manipulieren (ohne dass wir es zwingend wollen), wobei das Ausmaß der Manipulation sehr unterschiedlich sein kann. So entscheiden wir uns als Sprecher zunächst, ob wir etwas sagen. Wenn wir schweigen, enthalten wir dem Hörer gegebenenfalls etwas vor. Auch mit unserem Schweigen können wir also subtil und weitgehend unbemerkt manipulieren. Wenn wir uns für das Reden entschieden haben, müssen wir einen Sachverhalt auswählen und andere beiseite lassen. Auch das ist Manipulation. Noch offenkundiger wird die Manipulation bei dem Entschluss, wie wir etwas sagen. Es ist unabdingbar, dass wir einen Sachverhalt aus einer bestimmten Perspektive darstellen. Eine Äußerung ohne Perspektivierung ist schlechterdings unmöglich. Diese Perspektive ist nicht neutral, sondern subjektiv. Sie hat u.a. die Funktion, eine Wirkung auf den Hörer zu erzielen. Insofern ist Manipulation immer ein Teil von Kommunikation. Allerdings sollte Manipulation im vorliegenden Zusammenhang nicht automatisch als etwas Boshaftes, sondern als eine natürliche Folge unterschiedlicher menschlicher Interessens- und Informationslagen verstanden werden.

Das sprachliche Mittel, das am offensichtlichsten die konative Funktion zum Ausdruck bringt, ist die Befehlsform (Imperativ), wie im Beispiel (4) zu sehen ist.

(4)   Gib mir mein Herz zurück. (Herbert Grönemeyer)

Imperativ   Der Imperativ ist der direkteste Weg, um Einfluss auf den Hörer zu nehmen. Er ist beispielsweise dort angemessen, wo ein klares Machtverhältnis zwischen Sprecher und Hörer vorliegt. Da eine solche starke Asymmetrie in der Regel nicht gegeben ist, richten Sprecher eher indirekte Appelle an ihre Zuhörer wie z.B. durch Fragen und Bitten. Mit diesen erhöhen die Sprecher die Wahrscheinlichkeit des Erfolgs ihrer Appelle, weil sich die Hörer in ihrem Streben nach Autonomie und Vollwertigkeit weniger in Frage gestellt fühlen als bei einem Imperativ. Sprecher taxieren also das Machtverhältnis zwischen sich und ihren Gesprächspartnern und wählen danach die sprachlichen Mittel aus, die für den kommunikativen Erfolg am vielversprechendsten sind.

3. Die referenzielle Funktion: Die referenzielle Funktion bei Jakobson entspricht der Symbolfunktion bei Bühler. Sie bezeichnet also den Bezug der Sprache zur außersprachlichen Wirklichkeit. Dieser Bezug wird daher auch Referenz genannt.

Referenz

Wir kommen damit zu den drei „neuen" Sprachfunktionen, die über das Organonmodell hinausgehen.

4. Die metasprachliche Funktion: Bühlers Modell sieht vor, dass wir mit Sprache auf die außersprachliche Welt Bezug nehmen. Das ist auch gewiss in den allermeisten Situationen der Fall. Trotzdem steht uns eine zusätzliche Möglichkeit zur Verfügung, die Bühlers Modell nicht abbildet, nämlich mit Sprache über Sprache zu reden, also die Sprache selbst zum Gegenstand des Gesprächs zu machen. Wenn wir mit Sprache auf Sprache referieren, verwenden wir sie nicht mehr als Instrument, sondern zugleich als Gegenstand der Reflexion. Diese Funktion wird als die metasprachliche bezeichnet. Nichts anderes tut dieses Buch im Besonderen, die Linguistik im Allgemeinen und teilweise der Sprachunterricht in der Schule (vgl. Kap. 2.2).

metasprachliche Funktion

Sprache als Gegenstand der Reflexion

Die metasprachliche Funktion ist aber auch im Alltag anzutreffen, so in folgenden kindersprachlichen (5) – (6) und erwachsenensprachlichen (7) – (8) Äußerungen. Die Zahlen in Klammern bezeichnen das Alter des Kindes zum Zeitpunkt der Äußerung (Jahre; Monate).

(5) Brauchst du nur drei Sachen zu machen – hähä, das reimt sich. (3;9)

(6) Kind: „Zeitung" ist ein lustiger Name. (3;6)
Vater: Ja? Warum denn?
Kind: Weil „Zeit" auch ein Teil von „Zeitung" ist.

(7) Der spricht aber komisch.

(8) Kannst Du das mal einfacher sagen?

Nr. (5) und (6) sind zwei Beispiele für kindliche Sprachreflexion. In (5) kommentiert das Kind eine Äußerung, die es selbst gerade getätigt hat und in der es einen zufällig entstandenen, also nicht beabsichtigten Reim (*Sachen* – *machen*) entdeckt. Das Bemerkenswerte hier ist, dass das Kind zu einem Zeitpunkt, zu dem es noch nicht über eine schriftsprachliche Kompetenz verfügt, bereits das sprachliche

Zeichen dissoziiert, d.h. in eine formale und eine inhaltliche Seite aufgespalten hat und die formale Seite so viel Eigenständigkeit besitzt, dass sie separat ins Blickfeld genommen werden kann.

Beispiel (6) ist ein besonders interessanter Fall, da er das Doppelverhältnis von Form und Inhalt einerseits und von zwei unterschiedlichen Zeichen andererseits beleuchtet. Gemäß einer Minimalinterpretation hat das Kind eine Zeichenform in einer anderen Zeichenform entdeckt (*Zeit* in *Zeitung*). Dieses allein ist schon einen Kommentar des Kindes wert; zu vermuten ist aber, – und das wäre dann die Maximalinterpretation – dass dem Kind diese Einbettung auch deswegen aufgefallen ist, weil die Bedeutung des Worts *Zeit* nicht direkt als Teil der Bedeutung des Worts *Zeitung* zu verstehen ist. Das Kind, so könnte man unterstellen, spürt also eine Art Diskrepanz zwischen Form und Inhalt, aber nicht in einem einzelnen Zeichen, sondern im Verhältnis zweier Zeichen (und ihrer Bestandteile) zueinander. Man könnte also behaupten, dass das Kind hier eine gewisse „Unlogik" (d.h. einen Mangel an Ikonizität) in der Sprache für sich entdeckt hat.

In der Erwachsenensprache sind Kommentare zum Dialekt, zum Stil, zur Verständlichkeit des Ausdrucks und zur Undeutlichkeit der Aussprache nicht unüblich. Der Kommentar in (7) könnte sich abhängig vom Kontext auf jeden dieser vier Aspekte beziehen. Beispiel (8) ist insofern spezifischer, als es speziell auf die Komplexität der Formulierung gerichtet ist.

Im alltäglichen Sprachgebrauch sind metasprachliche Äußerungen nicht so häufig anzutreffen, da die Sprache selbst normalerweise nicht im Zentrum des Interesses der Sprachbenutzer steht. Wie in Kap. 2.0 erwähnt, gilt der Fokus auf die referenzielle Funktion der Sprache aber nur solange, wie die Sprachverwendung problemlos, d.h. alternativlos ist. Sobald eine Konkurrenzsituation zwischen Sprachen bzw. Dialekten vorherrscht, wird Sprache zum Politikum, also Gegenstand des öffentlichen (und individuellen) Interesses. Dieses Interesse rührt aus der identitätsstiftenden Funktion der Sprache, die in Kap. 2.1 angesprochen wurde.

Sprache als Instrument der Steuerung und Veränderung

Die metasprachliche Funktion ist ein Aspekt der Selbstreflexion, einer kognitiven Fähigkeit von besonderer Bedeutung, die dem Menschen Steuerungs- und damit Veränderungsmöglichkeiten ungeahnten Ausmaßes beschert. Selbst die natürliche Entwicklung von Sprache wird damit beeinflussbar. Dieses führt beispielsweise zu der Verbannung gewisser als anstößig empfundener Ausdrücke aus dem öffentlichen Leben (z.B. *Neger*) und der gezielten Einführung von Ersatzformen, die als „politisch korrekt" deklariert werden. Eine solche Einflussnahme wäre ohne die metasprachliche Funktion nicht denkbar.

5. Die phatische Funktion: Die phatische Funktion ist wohl die unscheinbarste und dabei in einem gewissen Sinne die wichtigste aller Sprachfunktionen. Um erfolgreich kommunizieren zu können, müssen zunächst einmal die Voraussetzungen für den eigentlichen Kommunikationsakt geschaffen werden. Kommunikation gibt es nicht zum Nulltarif. Die wichtigste Vorbedingung ist zweifelsohne die Bereitschaft zur Kommunikation. Diese ist nicht automatisch gegeben, muss insofern immer dann, wenn sie auf der einen Seite ausgeprägter als auf der anderen ist, erst „erarbeitet" werden. Der Gesprächspartner muss mit anderen Worten gewonnen, seine etwaigen Widerstände überwunden werden. Den ersten Schritt in dieser Vorarbeit macht fast immer die Begrüßung aus. Mit dieser signalisiert der Sprecher nicht nur seinen Kommunikationswillen, sondern spricht auch gleichzeitig eine implizite Einladung an den Hörer aus, seinem Kommunikationswunsch zu entsprechen. Erwidert der Hörer den Gruß, sind mit Hilfe der phatischen Funktion die Voraussetzungen für die Kommunikation in vielen, aber längst nicht allen Fällen erfüllt. Stuft der Sprecher die Kommunikationsbereitschaft des Hörers eher gering ein, wird er weitere phatische Äußerungen wie *Darf ich Sie etwas fragen?* oder Erläuterungen zum Zweck der Kommunikation folgen lassen.

Wenn das Gespräch begonnen hat, müssen der einmal aufgenommene Kontakt und die Aufmerksamkeit des Hörers gehalten werden. Die Gesprächsteilnehmer können nicht wie selbstverständlich davon ausgehen, dass jeder ein gleichgroßes Interesse hat, die Kommunikation für einen gleichlangen Zeitraum fortzuführen. Auch hier kommt die phatische Funktion der Sprache ins Spiel, indem Sprecher um die fortgesetzte Aufmerksamkeit mehr oder weniger deutlich mit Äußerungen wie (9) – (10) werben.

(9) Dozent in einer Linguistikvorlesung: Was ist das hier für eine Unruhe?

(10) (Am Telefon) Bist Du noch dran?

Wenn einer oder beide Gesprächsteilnehmer den Dialog nicht fortsetzen wollen, leiten sie die Verabschiedungsphase ein. Die Verbin-

Randnotizen: phatische Funktion · Gesprächsaufnahme · Gesprächsbeendigung

dung muss gemeinhin so gelöst werden, dass sie bei Bedarf oder bei einer zufälligen Begegnung zu einem späteren Zeitpunkt wieder aufgenommen werden kann. Wenn also der eine Gesprächspartner das Gespräch schneller beenden möchte als der andere (was häufig der Fall ist), darf der eine den anderen nicht vor den Kopf stoßen, sondern muss sich um einen „sozial verträglichen" Ausstieg bemühen. Es geht in dieser Phase also nicht nur um Verabschiedungsformeln wie *Auf Wiedersehen*, sondern auch um die sprachliche Einleitung der Verabschiedung, die Gründe für die Beendigung des Gesprächs (11) und Wünsche (12) umfassen kann.

(11)   So, ich muss jetzt los.
(12)   Dann mach's mal gut.

Man würde der phatischen Funktion nicht gerecht werden, wollte man sie auf die Eröffnung, die Aufrechterhaltung und die Beendigung eines Gesprächs reduzieren. Die phatische Funktion räumt nämlich mit dem Klischee auf, dass Sprache primär referenziell ist. Wir erinnern uns an Kap. 2.1, in dem argumentiert wurde, dass wir uns normalerweise nicht zum Kaffeekränzchen treffen, um den Lauf der Welt zu erörtern. Es geht in Gesprächen weniger um Sachliches als um Persönliches und damit um etwas Relationales, also die Herstellung eines Bezuges zwischen den Gesprächspartnern. Wir wollen erreichen bzw. sicherstellen, dass „alles gut" zwischen uns und unserem Gegenüber ist. Dieses leistet die phatische Funktion der Sprache. Sie signalisiert dem Gesprächspartner, dass man dem anderen wohlgesonnen ist und ihn akzeptiert, ohne dabei ein übermäßiges Interesse an ihm haben zu müssen. Biologisch betrachtet kann man die phatische Funktion analog zur gegenseitigen Körperpflege der Affen deuten, mit der die Bereitschaft zum friedlichen Zusammenleben in einer Gemeinschaft bekundet wird. Sprache wird hier zu dem in Kap. 2.1 beschriebenen friedensstiftenden Akt.

Sprache als Friedenssignal

Die phatische Funktion löst das Paradox auf, dass Menschen (mehr oder weniger freiwillig) über Dinge reden, die beide Gesprächspartner nicht wirklich interessieren. Das klassische Beispiel dazu ist das Wetter. Wenn man einmal von Meteorologen und solchen Menschen absieht, die für morgen eine Fahrradtour geplant haben, geht es im Kern bei derartigen Gesprächen nicht um Informationsübermittlung (also die referenzielle Funktion). Neben der expressiven Funktion treibt hier die phatische Funktion das Gespräch an. Wir reden über das Wetter, aber wir meinen etwas ganz anderes. Wir benutzen das Wetter nur als unverfängliches Thema, das unverbindlichen Kontakt ermöglicht und damit auch nicht gewünschten verbindlichen Kontakt verhindert, dessen Konfliktpotential gering ist und mit dem wir uns gegenseitig Friedfertigkeit bescheinigen. Die Bedeutung dieser Sprachfunktion ist daher gar nicht hoch genug einzuschätzen. Das Thema Wetter ist nur ein Beispiel unter vielen. Diese Sprachfunktion steckt hinter einer nicht unbeträchtlichen Anzahl von kommunikativen Anlässen.

6. **Die poetische Funktion**: Auch die poetische Funktion baut einen gewissen Kontrast zur referenziellen Funktion auf. Der Normalfall ist, dass wir mit Sprache Bedeutung erzeugen bzw. ausdrücken. Unser Augenmerk ist folglich auf die Bedeutungsseite des sprachlichen Zeichens gerichtet, denn als Hörer wollen wir ja verstehen, was der Sprecher mit seiner Äußerung „bedeuten" will. Den Bedeutungsträger, also die Formseite des sprachlichen Zeichens beachten wir als Hörer dabei kaum bewusst. Wenn wir einen Hörer fragen, was ein gewisser Sprecher gerade gesagt hat, wird er es sinngemäß ungefähr wiedergeben können. Wenn wir hingegen dieselbe Person bitten, wortwörtlich zu wiederholen, was der Sprecher gerade gesagt hat, wird unser Adressat passen müssen. Die sprachliche Form ist für uns also nur ein Vehikel für die Konstruktion von Bedeutung. Genau diese Vehikelfunktion wird in der poetischen Funktion in Frage gestellt. Mit der poetischen Funktion richten wir unsere Aufmerksamkeit auf die formale Seite des sprachlichen Zeichens, der somit ein eigenständiger Wert beigemessen wird. Die Form wird nun zu einem Grund für die sprachliche Äußerung. Wir sind hier relativ dicht an einer ästhetischen Funktion der Sprache angelangt. *poetische Funktion*

Fragt man sich, wo die poetische Funktion anzutreffen ist, mag man sich von ihrem Namen verleiten lassen und an Poesie denken. Das uns vertrauteste Stilmittel ist dabei gewiss der Reim, mit dem die Aufmerksamkeit des Lesers oder Hörers auf die sprachliche Form gelenkt wird. Die poetische Funktion auf Reime oder Gedichte zu beschränken, wäre aber verfehlt. Neben den Reimen gibt es eine Vielzahl formbasierter Phänomene wie Wiederholung, Parallelismus und Rhythmus. Und natürlich findet sich die poetische Funktion der Sprache auch in unserem Alltag. Hier kann man an die Sprache der Werbung denken, die in besonderem Maße die Aufmerksamkeit der *Werbesprache*

Rezipienten u.a. dadurch auf die Form richtet, dass sie die formalen Regeln der Sprache außer Kraft setzt. Greifen wir zur Veranschaulichung einen knappen Werbetext heraus, der Teil der Reklame für ein in Flensburg gebrautes Bier ist.

(13) Das flenst.

Alles, was wir über das Wort *flenst* wissen, ist, dass es ein Verb ist und ganz offenbar aus dem Namen der Stadt Flensburg abgeleitet worden ist. Es ist ein Nonsenswort ohne eine genau bestimmbare Bedeutung. Dass ein Nonsenswort ein Indiz für die poetische Funktion der Sprache ist, mag einem zunächst widersinnig erscheinen. Mit dieser neuen sprachlichen Form wird die Aufmerksamkeit des potenziellen Konsumenten aber gerade auf die sprachliche Form gelenkt, was durch die Abwesenheit von Bedeutung noch erheblich erleichtert wird. Dem Fernsehzuschauer oder Radiohörer fällt die ungewöhnliche Form auf. Er ist verleitet, sich mit ihr zu beschäftigen, weil er sie nicht auf Anhieb versteht. Damit haben die Werbetexter ihr erstes Etappenziel erreicht. Denn genau dazu dient u.a. die poetische Funktion.

Neben der Werbesprache wären andere öffentliche Sprachmuster wie Reden und Zeitungskommentare zu nennen. Insgesamt dürfte die poetische Funktion überall dort eine erhöhte Auftretenswahrscheinlichkeit haben, wo es um verdeckte Manipulation geht. Mit der Akzentuierung der sprachlichen Form wird also ein stärkerer rhetorischer Effekt angestrebt.

Wir sind damit bei der Funktion der poetischen Funktion angekommen. Die poetische Funktion kann reiner Selbstzweck sein. Es ist durchaus möglich, sich an der schönen sprachlichen Form zu erfreuen, so wie man sich an einem Gemälde oder einem Musikstück erfreuen kann. Auf einer weiterführenden Ebene geht es aber nicht um die Form an sich, sondern um das Wechselspiel von Form und Bedeutung, das durch die poetische Funktion initiiert wird. Das Assoziationsverhältnis von Form und Bedeutung wird intensiviert. Die Aussage eines Textes ist nicht einfach nur seine Bedeutung, sondern seine durch das Zusammenspiel von Form und Inhalt entstehende Bedeutung. Wir könnten fast von einer doppelten Bedeutung sprechen. Im einfachsten Fall unterstreicht die Form den Inhalt. Das ist

Beziehung Form-Bedeutung

immer dann der Fall, wenn eine direkte Entsprechung beider Ebenen vorliegt. Zur Veranschaulichung bietet sich hier erneut das Prinzip des Reimens an, mit dem ein formaler Zusammenhang zwischen den Reimwörtern (bzw. den Zeilen, in denen die Reimwörter auftreten) hergestellt wird. Wenn sich dieser Zusammenhang auf der Inhaltsebene wiederholt, erzeugt die poetische Funktion eine Verstärkung der Aussage. Es sind aber auch komplexere Konstellationen denkbar, in denen durch eine Diskrepanz zwischen der formalen Ähnlichkeit und dem inhaltlichen Kontrast der Reimwörter ein spezielles Spannungsverhältnis aufgebaut wird, das eine zusätzliche Dimension in den Text hineinträgt.

Ehe wir uns dem praktischen Nutzen der Jakobsonschen Sprachfunktionen zuwenden, ist darauf hinzuweisen, dass Sprachfunktionen selten allein, sondern zumeist gemeinsam auftreten. Die Frage ist also, welche Sprachfunktionen in einem Text zusammen anzutreffen sind. Neben der Qualität ist aber auch und gerade die Quantität zu berücksichtigen. Sprachfunktionen begegnen uns in unterschiedlicher Gewichtung, können also mehr oder weniger dominant sein. Die Bestimmung der Stärke der einzelnen Sprachfunktionen ist eine zentrale Aufgabe im Verstehensprozess. Über eine Berechnung der Stärke der jeweiligen Sprachfunktionen ermittelt der Hörer, was der Sprecher eigentlich sagen und erreichen will.

Zusammenspiel der Sprachfunktionen

Praktische Textanalyse

| 4.3

Ausgangspunkt der folgenden Analyse ist die eben erläuterte Annahme, dass sich ein Teil der Bedeutung einer Äußerung oder eines Textes über eine Bestimmung der Jakobsonschen Sprachfunktionen erschließen lässt. Dieses soll im Folgenden an zwei Bibeltexten beispielhaft vorgeführt werden.

Beispiel

TEXT 1: The Ten Commandments (Exodus 19:2-17)

2 „I am the LORD your God, who brought you out of the land of Egypt, out of the house of bondage.

3 „You shall have no other gods before me.

4 „You shall not make for yourself a graven image, or any likeness of anything that is in heaven above, or that is in the earth beneath, or that is in the water under the earth; 5 you shall not bow down to them or serve them; for I the LORD your God am a jealous God, visiting the iniquity of the fathers upon the children to the third and the fourth generation of those who hate me, 6 but showing steadfast love to thousands of those who love me and keep my commandments.

7 „You shall not take the name of the LORD your God in vain; for the LORD will not hold him guiltless who takes his name in vain.

8 „Remember the sabbath day, to keep it holy. 9 Six days you shall labour, and do all your work; 10 but the seventh day is a sabbath to the LORD your God; in it you shall not do any work, you, or your son, or your daughter, your manservant, or your maidservant, or your cattle, or the sojourner who is within your gates; 11 for in six days the LORD made heaven and earth, the sea, and all that is in them, and rested the seventh day; therefore the LORD blessed the sabbath day and hallowed it.

12 „Honour your father and your mother, that your days may be long in the land which the LORD your God gives you.

13 „You shall not kill.

14 „You shall not commit adultery.

15 „You shall not steal.

16 „You shall not bear false witness against your neighbour.

17 „You shall not covet your neighbour's house; you shall not covet your neighbour's wife, or his manservant, or his maidservant, or his ox, or his ass, or anything that is your neighbour's."

Der Text teilt sich in eine kurze Selbstdarstellung (Vers 2) und eine längere Handlungsanweisung (Vers 3 – 17) auf. Dass der Text mit der konativen Funktion steht und fällt, ist mehr als augenfällig. Alle anderen Funktionen sind ihr untergeordnet. Sprachlich zeigt sich die konative Funktion in den (seltenen) Imperativen (Vers 8 und 12) und in der (häufigen) „*You shall* + Verneinung"-Konstruktion. Dass die letztere Form häufiger als die erstere verwendet wird, mag mit dem unterschiedlichen Grad an Explizitheit beider Alternativen zusammenhängen. Im Imperativ bleibt der Adressat implizit, während in der Aussagesatzkonstruktion der Adressat direkt angesprochen wird (*you*) und sich damit auch direkt angesprochen fühlen kann. Der Druck auf den Hörer – und damit die konative Funktion – ist also im Falle der Aussagesatzkonstruktion erhöht. Damit passt zusammen, dass der Imperativ eher in einem unspezifischen konativen Sinn (z.B. Vers 8: *Remember the sabbath day*), die Aussagesatzkonstruktion hingegen in einem handlungspraktischen Sinn (z.B. Vers 10: *You shall not do any work*) verwendet wird. Auffällig ist auch, dass die *shall*-Konstruktion fast immer verneint ist (Ausnahme in Vers 9). Die Gründe hierfür sind vielfältiger Natur. Möglicherweise sind die Dinge, die unterlassen werden sollen, klarer eingrenzbar und damit präziser zu benennen als die Dinge, die getan werden sollen. Durch diese Spezifität wird also wiederum die konative Wirkung verstärkt.

Mit dem einführenden Vers 2 wird primär die phatische Funktion bedient. Da es in den darauffolgenden Versen um eine Liste von Aufforderungen geht, die an eine Gruppe von Zuhörern gerichtet ist, muss der Sprecher sicherstellen, dass ihm Gehör geschenkt wird, damit die konative Funktion zur Entfaltung kommen kann. Dieses erreicht der Sprecher nicht nur darüber, dass er sich vorstellt, sondern auch darüber, dass er erwähnt, dass seine Zuhörer von ihm profitiert haben, weil er sie in die Freiheit geführt hat. Hier steht eindeutig der Beziehungsaufbau im Vordergrund, der mit dem einfachen Prinzip arbeitet, dass sich der Sprecher über die Vorteile identifiziert, die er dem Hörer gebracht hat. Die expressive Funktion fällt deutlich hinter der phatischen ab, da die Vorstellung nicht der Selbstdarstellung, sondern der Identifikation des Sprechers durch den Hörer (was aufgrund der Unsichtbarkeit des Sprechers auch besonders notwenig ist) und der Ebnung der Kommunikation dient.

Die häufige Verwendung von *(I) the Lord your God* (z.B. Vers 4, 7, 12) ist sicherlich auch phatisch zu verstehen. Durch die redundant erscheinende Wiederholung wird die Identität und damit die Autorität des Sprechers bekräftigt. Und durch das Possessivpronomen *your* wird der relationale Aspekt in der Kommunikation unterstrichen. All diese Faktoren dienen der Erhöhung der Wahrscheinlichkeit des kommunikativen Erfolgs, also der Einflussnahme des Sprechers auf den Hörer.

Nichtsdestotrotz kommt auch die expressive Funktion im Text am Rande ins Spiel. In Vers 5 erklärt der Sprecher, dass er zur Eifersucht neigt. Diese Aussage dient nicht der Aufrechterhaltung der Kommunikation, sondern primär der Verstärkung der konativen Funktion. Die Charaktereigenschaft der Eifersucht wird als Erklärung, wenn nicht gar als Drohung verwendet, um darauf hinzuweisen, dass eine Übertretung des Gebots negative Konsequenzen nach sich zieht.

Von nicht zu unterschätzender Bedeutung ist die poetische Funktion im Text. Besonders ins Auge sticht natürlich das Mittel der Wiederholung (*You shall not* ...), das immer am Satzanfang eingesetzt wird. Satzanfänge sind bedeutsam, da ihnen mehr Aufmerksamkeit als z.B. der Satzmitte geschenkt wird. Der immer gleiche Anfang der Formulierung der Gebote hat einen einfachen Grund: Die identische Form „hämmert" ihren Verbotscharakter in die Köpfe der Hörer und erhöht somit die Merkleistung. Bekanntlich sind Liedtexte und Gedichte erheblich leichter auswendig zu lernen, wenn sie sich reimen. Die Wiederholung ist zwar nicht dasselbe wie ein Reim, erhöht aber auch die Eingängigkeit der Aussagen. Damit steht die phatische Funktion unzweifelhaft im Dienst der konativen.

Wir erkennen also eine klare Hierarchie der Sprachfunktionen. Es sind verschiedene Funktionen im Text anzutreffen, aber alle sind der konativen Funktion untergeordnet und haben allein die Aufgabe, den konativen Effekt zu verstärken. Der gesamte Text ist also in all seinen Facetten auf die konative Funktion zugeschnitten.

Beispiel

Text 2: The fight between the Gileadites and the Ephraimites (The Book of Judges 12: 5-6)

5 The Gileadites seized the fords of the Jordan and held them against Ephraim. When any Ephraimite who had escaped wished to cross, the men of Gilead would ask, ‚Are you an Ephraimite?', and if he said, ‚No'; 6 they would retort, ‚Say „Shibboleth"'. He would say „Sibboleth", and because he could not pronounce the word properly, they seized him and killed him at the fords.

Der alttestamentarische Text beschreibt ein Dilemma und seine Lösung. Die Welt war für die Gileaditer in Freund und Feind aufgeteilt. Das Dilemma bestand darin, dass es einem fremden Menschen nicht an der Nasenspitze anzusehen ist, ob er Freund oder Feind ist. Das Äußere der Menschen, von Kleidung über Physiognomie, liefert nicht oder nicht zuverlässig die gewünschte Information. Insofern suchten die Gileaditer ein unabänderliches Merkmal, das nicht manipulierbar ist und damit zuverlässig Auskunft über die Stammeszugehörigkeit des Fremden, der das von ihnen in Besitz genommene Land betreten wollte, zuließ. Sie fanden dieses Merkmal in der Sprache, genauer gesagt, in der Aussprache. Sie hatten festgestellt, dass sich ihr Lautsystem von dem der ephraimitischen Feinde unterschied. Sie selbst verfügten über einen „sch"-Laut, die Ephraimiter dagegen nicht. Und sie gingen davon aus, dass die Ephraimiter diesen Laut auch nicht auf Befehl nachsprechen könnten (was ja theoeretisch möglich wäre, auch ohne dass man mit diesem Laut groß geworden wäre).

Die Gileaditer haben sich die expressive Funktion der Sprache zunutze gemacht und an die Untrüglichkeit derselben geglaubt. Die Aussprache verrät zuverlässiger als alle anderen Bereiche der Sprache, mit welcher Muttersprache man aufgewachsen ist und damit die Herkunft des Sprechers. Diese Aussprachegewohnheiten sind so tief in uns Menschen verwurzelt, dass wir sie selten völlig hinter uns lassen können. Die Gileaditer haben sich nicht zufällig das „sch" ausgesucht. Es ist ein Laut, der erst relativ spät erworben wird, da er eine ziemlich spezielle Zungenakrobatik erfordert. Die Gileaditer glaubten, dass, wenn diese Zungenakrobatik nicht im Kindesalter eingeschliffen worden ist, sie im Erwachsenenalter nicht mehr nachahmbar ist. Und so sprachen dann auch die Ephraimiter das Wort *Schibboleth* unfreiwillig *Sibboleth* aus, d.h., sie ersetzen „sch" durch „s".

Nach diesem Bibeltext wird die expressive Sprachfunktion auch die **Schibbolethfunktion** genannt.

Schibbolethfunktion

Wenn wir nun den gesamten Text in den Blick nehmen, dominiert die referenzielle Funktion. Der Text ist ein historischer und beschreibt die kriegerischen Auseinandersetzungen verschiedener Stämme. Damit bezieht sich die Sprache natürlich auf die außersprachliche Wirklichkeit. In diese referenzielle Funktion eingebettet ist die expressive Funktion als ein lokales Phänomen. Keine Rolle spielt in diesem Textauszug die metasprachliche Funktion, obwohl es um Sprache bzw. um Aussprache geht. Denn der Text macht keine explizite Aussage über Sprache (implizit, wie oben gezeigt, schon). Der Schreiber interessiert sich nicht für Sprache um ihrer selbst willen, sondern für die Möglichkeiten der Sprache, Aufschluss über die Herkunft ihrer Sprecher zu geben. Der Bibeltext lehrt uns, dass größer die Bedeutung von Sprache kaum sein könnte. Sie entscheidet – zumindest indirekt – über Leben und Tod.

Als Fazit ist festzustellen, dass Bühler und Jakobson ein Bollwerk gegen die Vorstellung bilden, Sprache diene primär der Informationsübermittlung, wie es uns mechanistische Kommunikationsmodelle weismachen wollen. Natürlich ist die Informationsübermittlung eine wichtige Funktion der Sprache, aber eben nur eine. Alle relationalen Aspekte der Kommunikation sind mindestens ebenso wichtig, wenn nicht sogar wichtiger. Hingegen sind die poetische und die metasprachliche Funktion im „Alltagsgeschäft" der Sprache eher zweitrangig.

4.4 | Weitere Sprachfunktionen

Zum Schluss dieses Kapitels soll der Frage nachgegangen werden, ob Jakobsons Liste der Sprachfunktionen alle Aspekte der menschlichen Kommunikation erfasst oder ob weitere Funktionen zu berücksichtigen sind. Diese Frage soll auf einer makroskopischen und einer mikroskopischen Ebene beantwortet werden. Auf der ersteren werden zwei weitere grundlegende, d.h. nicht auf andere zurückführbare Sprachfunktionen vorgestellt. Die letztere führt uns zu einer Hierarchie von Sprachfunktionen, die sich aus allgemeineren und spezifischeren zusammensetzt. Jakobsons Sprachfunktionen sind eher auf einer allgemeineren Ebene anzusiedeln. Es ist aber sinnvoll, diesen allgemeinen Blick zu konkretisieren und um einen etwas detaillierteren zu ergänzen.

Die erste Sprachfunktion, um die die Jakobsonsche Liste zu erweitern ist, baut einen weiteren Gegenpol zur referenziellen auf. Wir erinnern uns: Die referenzielle Funktion macht eine Aussage über die Welt. Die unausgesprochene Vorannahme dabei ist, dass **wahre** Aussagen über die Welt gemacht werden. Dem ist aber nicht zwangsläufig so. Wir Menschen besitzen die Fähigkeit, Aussagen wider besseren Wissens zu tätigen, d.h. die Unwahrheit über die Welt zu sagen. Hinter Lügen, Halbwahrheiten, Vorenthaltungen usw. steckt immer eine Täuschungsabsicht, so dass wir hier von der **Täuschungs-**

Täuschungsfunktion | **funktion** der Sprache reden können. Wir reden, um unsere Zuhörer zu täuschen. Diese Funktion ist offenbar unter keiner der Jakobsonschen Funktionen zu subsumieren. Dass hier eine Wirkung auf den Hörer erzielt werden soll und der Sprecher, sofern die Täuschung auffliegt, ein gewisses Licht auf seinen Charakter wirft, ist nicht zu bestreiten. Dadurch wird eine Lüge in ihrer Primärfunktion aber weder konativ noch expressiv. Und die Falschaussage als Teil der referenziellen Funktion zu betrachten, wird weder dem Wesen der Falschaussage noch der referenziellen Funktion gerecht. Da die Fähigkeit zur Täuschung eine eigenständige kognitive Leistung darstellt, erscheint es angebracht, auch von einer eigenständigen Täuschungsfunktion auszugehen.

Mit der zweiten Sprachfunktion, die der Jakobsonschen Liste hinzuzufügen ist, erfassen wir die Auswirkungen der Sprache auf die Welt. Wir können nämlich mit Sprache die Welt verändern, und das nachhaltig und manchmal auch unwiderruflich. In jedem Fall ist die Welt nach dem sprachlichen Akt nicht mehr so, wie sie einmal war. Betrachten wir dazu die folgenden Beispiele, das erste aus dem Mund eines Standesbeamten, das zweite aus dem Mund einer Scheidungsrichterin.

(14) Hiermit erkläre ich Sie zu Mann und Frau.
(15) Hiermit erkläre ich die Ehe für geschieden.

Die Heirat wird erst durch den sprachlichen Akt in (14) rechtsgültig, d.h., durch diese sprachliche Äußerung, die einerseits einen speziellen vorgegebenen Wortlaut haben und andererseits von speziell bevollmächtigten Personen getätigt werden muss, erfolgt ein nicht unerheblicher Eingriff in die nicht-sprachliche Welt mit allerlei juristischen und fiskalischen Konsequenzen. Ähnliches gilt für ein höchstrichterliches Scheidungsurteil (vgl. (15)).

Die sprachlichen Akte in (14) und (15) sind wie alle anderen Handlungen auch nicht ungeschehen zu machen. Allerdings lassen sich die Konsequenzen dieser Akte aufheben – wenn auch mit unterschiedlichem Schwierigkeitsgrad. So ist eine standesamtlich geschlossene Ehe leichter aufzulösen als eine in der katholischen Kirche geschlossene. In der Regel weisen die Folgen dieser sprachlichen Akte einen hohen Grad an Beständigkeit auf. Schiffe werden in der Regel nur einmal getauft; Umtaufen sind die Ausnahme. Inwieweit einmal eingegangene Versprechen gehalten werden, hängt (u.a.) vom Anspruch des Sprechers an sich selbst ab. Wir erhalten hier einen Hinweis auf die hohe (moralische oder juristische) Wirkungskraft der Sprache.

Die Funktion, die in diesen sprachlichen Handlungen zum Ausdruck kommt, ist die **performative**. Da es sich um Tätigkeiten handelt, werden diese sprachlichen Akte durch Verben wie *taufen* und *versprechen* ausgedrückt. Das Gemeinsame an diesen Verben ist, dass sie eine Handlung beschreiben, die durch die Tatsache,

performative Funktion

dass sie in einem ganz speziellen Kontext gesprochen werden, vollzogen wird.

Damit steigt die Anzahl der primären Sprachfunktionen auf acht an. Neben diesen acht allgemeinen Sprachfunktionen kann man mit Sprache eine Vielzahl spezifischerer Funktionen ausdrücken, die nur wenig mit der Funktion der Informationsübermittlung zu haben. Wir können mit Sprache drohen, warnen, schmeicheln, angeben, loben, befehlen, bitten, danken, verletzen, beleidigen, schimpfen, demütigen usw. Es ist im Großen und Ganzen möglich, diese spezifischen Funktionen als Konkretisierungen der allgemeinen Funktionen zu beschreiben, die wir in diesem Kapitel kennengelernt haben. Viele dieser spezifischen Funktionen sind konativ. Wer verletzt, demütigt, beschimpft usw., will primär den Wert des Angesprochenen mindern und sekundär als expressive Funktion seinen inneren Gemütszustand nach außen kehren. Die Akte des Drohens, Warnens, Befehlens und Bittens sind natürlich auch konativ, da sie eine direkte Beeinflussung des Hörers zum Ziel haben. Als Beispiel für einen primär expressiven Akt ist das Angeben zu nennen, das sekundär auch eine zweifache konative Funktion hat: nämlich die implizite Aufforderung an den Adressaten, sich gegenüber dem Sprecher unterlegen zu zeigen und die Leistungen des Sprechers zu würdigen. Der Akt des Dankens ist überwiegend phatisch motiviert. Mit ihm drückt der Sprecher zwar auch einen gewissen Respekt gegenüber dem Hörer aus; im Vordergrund steht aber die Pflege der Beziehung, die von Wertschätzung getragen ist und deren Wertschätzung sprachlich bestätigt wird. In einer stärker utilitaristischen Sichtweise kann man dem Sprecher aber auch unterstellen, dass er mit seiner Danksagung die Wahrscheinlichkeit erhöhen will, dass der Adressat die nächste Bitte des Sprechers auch erfüllen wird. Damit wären wir auf einer sehr subtilen Ebene wieder bei der konativen Funktion angelangt. Mit dem Akt des Lobens verhält es sich ähnlich. Das Lob kann natürlich Ausdruck der Bewunderung des Sprechers für den Adressaten sein, eine mögliche Absicht des Sprechers, mit dem Lob ein gewisses Verhalten auf Seiten des Hörers (z.B. Leistungssteigerung oder Erhöhung der Bereitschaft, zukünftigen Bitten des Sprechers zu entsprechen) zu bewirken, ist aber oft nicht von der Hand zu weisen.

Es wird deutlich, dass sprachliche Akte häufig polyfunktional sind. Die Bestimmung der Sprachfunktionen kann eine heikle Angelegenheit sein, weil sie dem Sprecher Absichten unterstellt, die selbst

konkrete Sprechakte

ihm nicht notwendigerweise bewusst sein müssen oder die er möglicherweise tatsächlich gar nicht hat. Doch ist diese Bestimmung der
Sprachfunktionen eine der elementaren Aufgaben der Sprachwissenschaft, da wir darüber einen Zugang zum Zentrum der Sprache
bzw. der Sprecher erhalten. Die Sprachfunktionen geben über den
Grund des Sprechens Aufschluss. Aus literaturwissenschaftlicher
Sicht gewinnen wir Einblicke in die Typologie und die Aussagekraft
von Texten. Aus psychologischer Sicht gewinnen wir Einblicke in die
Motivationsstruktur von Menschen. Aus sprachwissenschaftlicher
Sicht erlaubt dieser Ansatz, die sprachliche Form über ihre Funktion
zu erklären. Wir können verstehen, was Sprecher sagen, wie sie es
sagen und warum sie es sagen. Sprecher und Schreiber formulieren
auf eine spezielle Art und Weise, um damit den Erfolg des kommunikativen Akts entsprechend ihrer (unverhohlen geäußerten oder
verdeckten) Absichten zu maximieren.

Zusammenfassung

In diesem Kapitel haben wir die Funktionen der Sprache unter die
Lupe genommen. Wir haben erfahren, was uns Sprachbenutzern die
Sprache „bringt", wofür wir sie bewusst oder unbewusst einsetzen
und welche Aspekte der Sprache wir kontrollieren können und welche nicht. Auf einer makroskopischen Ebene wurden acht Sprachfunktionen identifiziert, auf einer mikroskopischen gibt es erheblich
mehr. Sprachfunktionen treten selten isoliert auf; vielmehr lässt sich
die Eigenart gesprochener und geschriebener Texte durch ein unterschiedliches Mischungsverhältnis mehrerer Sprachfunktionen erfassen. Über die Sprachfunktionen schlägt die Linguistik auch eine
Brücke zur Literaturwissenschaft.

Testfragen

1. *Welche Sprachfunktion(en) kommt/kommen in folgendem Dia-
    log zum Tragen? Welche nicht?*

    Child: What's this? (pointing at a typewriter)
    Mother: A typewriter.
    Child: No, mummy, it's a typewrite. You're the typewriter.

Testfragen

2. Erläutern Sie die poetische Funktion der Sprache am Beispiel des folgenden Sonetts von William Wordsworth.

[To Catherine Wordsworth 1808-1812]

Surprised by joy – impatient as the Wind
I turned to share the transport – Oh! with whom
But Thee, deep buried in the silent tomb,
That spot which no vicissitude can find?
Love, faithful love, recalled thee to my mind –
But how could I forget thee? Through what power,
Even for the least division of an hour,
Have I been so beguiled as to be blind
To my most grievous loss? – That thought's return
Was the worst pang that sorrow ever bore
Save one, one only, when I stood forlorn,
Knowing my heart's best treasure was no more;
That neither present time, nor years unborn,
Could to my sight that heavenly face restore.

3. Der folgende Text ist die Zusammenfassung eines psycholingu-istischen Artikels, der in der Zeitschrift „Nature" 1983 erschienen ist. Es kann daher nicht überraschen, dass die dominante Sprach-funktion die metasprachliche ist. Zeigen Sie, dass in diesem Text auch die expressive Funktion vorzufinden ist. (Hinweis: Es geht um die Einstellung bzw. Haltung der Autoren zum Gesagten.)

A language-specific comprehension strategy

Infants acquire whatever language is spoken in the environment into which they are born. The mental capability of the newborn child is not biased in any way towards the acquisition of one human lan-guage rather than another. Because psychologists who attempt to model the process of language comprehension are interested in the structure of the human mind, rather than in the properties of indi-vidual languages, strategies which they incorporate in their models are presumed to be universal, not language-specific. In other words, strategies of comprehension are presumed to be characteristic of the human language processing system, rather than, say, the French, English, or Igbo language processing systems. We report here, ho-wever, on a comprehension strategy which appears to be used by native speakers of French but not by native speakers of English.

4. Welche Sprachfunktion(en) ist/sind in *Haste makes waste* erkennbar?

5. Welche Sprachfunktion(en) kommt/kommen in folgender Frage zum Ausdruck?

   Speaker A: *He's such a funny person.*
   Speaker B: *Funny weird or funny ha-ha?*

6. Es folgt ein Ausschnitt aus einer Vorlesung zur Psychologie des Gedächtnisses:

   „Meine Damen und Herren! Das Gedächtnis ist einer der zentralen Aspekte des menschlichen Lebens. Unser tägliches Verhalten und Erleben basiert auf unseren gespeicherten Erfahrungen, Kenntnissen, Fähigkeiten und Fertigkeiten. Ohne das Gedächtnis wäre unser gewohntes Handeln kaum möglich. Wir müssten Alltägliches immer wieder neu lernen. Wenn wir morgens aufstehen, könnten wir uns nicht die Zähne putzen, da wir nicht wüssten, wie das geht. Und wir würden immer wieder dasselbe sagen, wir würden immer wieder dasselbe sagen, wir würden immer wieder dasselbe sagen, wir würden immer wieder dasselbe sagen, weil wir spätestens nach Beendigung eines Satzes vergessen hätten, dass wir diesen Satz bereits gesprochen haben."

   Analysieren Sie den rhetorischen Effekt der Wiederholung unter Zuhilfenahme der Jakobsonschen Sprachfunktionen.

7. Inwiefern unterscheiden sich *to threaten* und *to humiliate* einerseits und *to declare war on* und *to swear* andererseits in ihrer performativen Funktion?

Sprache als hierarchisches System | 5.

Inhalt

Nachdem wir uns im vorherigen Kapitel mit der Funktion der Sprache beschäftigt haben, wenden wir uns nun der Struktur der Sprache zu. Dass Sprache all ihre Funktionen erfüllen kann, hängt mit ihrer spezifischen Struktur zusammen, die im Folgenden näher unter die Lupe genommen wird. Dieses Kapitel dient als Vorbereitung aller weiteren. Es erklärt, welche Struktur die Sprache aus welchen Gründen hat. In den nächsten Kapiteln wird diese Struktur dann am Beispiel einer Einzelsprache näher aufgeschlüsselt.

Hierarchie als Bauprinzip der menschlichen Sprache | 5.1

Beginnen wir mit der Frage, welche (metasprachlichen) Ausdrücke die deutsche Umgangssprache verwendet, um sprachliche Größeneinheiten zu bezeichnen. Dabei dürften uns in alphabetischer Reihenfolge folgende einfallen: „Buchstabe, Laut, Satz, Silbe, Text und Wort". Aus Gründen, die erst später ersichtlich werden, wollen wir diese Aufzählung um das Element „Wortteil" ergänzen. Es ist unschwer zu erkennen, dass diese Begriffe Einheiten bezeichnen, die unterschiedlich groß sind. Zu den kleineren Einheiten zählen Laut und Silbe, zu den größeren Satz und Text. Diese Einheiten lassen sich entsprechend ihrer Größe wie folgt anordnen:

sprachliche
Größeneinheiten

(1)

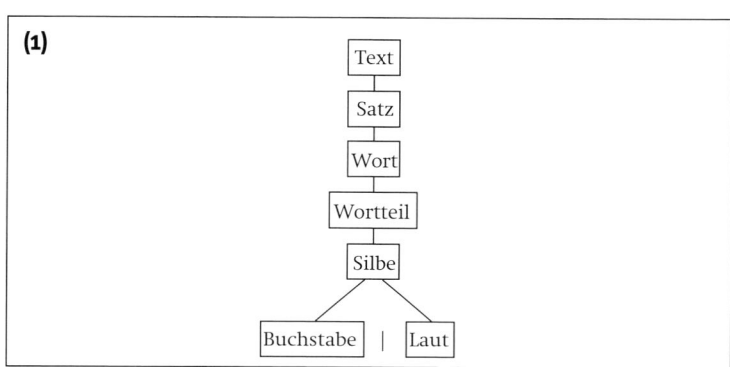

Über- bzw. Unterordnung

Hierarchie

Nebenordnung

Wir erkennen in (1) ein Gebilde, das sich aus sechs Ebenen zusammensetzt. Diese Ebenen sind einander über- bzw. untergeordnet. Diese Über- bzw. Unterordnung ergibt sich aus der unterschiedlichen Größe der Einheiten. Da ein Text mehrere Sätze enthält, ist die Textebene der Satzebene übergeordnet; und da ein Satz mehrere Wörter enthält, ist die Satzebene der Wortebene übergeordnet usw. Dieses Prinzip der Über- bzw. Unterordnung schafft eine **Hierarchie**. Sprache ist somit ein aus mehreren Ebenen bestehendes hierarchisches System.

Die unterschiedliche Größe der sprachlichen Einheiten auf den verschiedenen Ebenen, die ja die Hierarchie begründet, ist ein Prinzip, das auch Grenzfälle zulässt. So können die Einheiten benachbarter Ebenen gleichgroß sein. Ein Laut kann eine ganze Silbe bilden (wie z.B. das „a" in *Theater*), und ein Satz kann aus einem einzigen Wort bestehen (z.B. *Komm!*). Das Größenverhältnis zwischen Elementen benachbarter Ebenen ist also als ein „Größer-Gleich-Verhältnis" zu beschreiben. Man muss sich bei der sprachwissenschaftlichen Analyse darüber im Klaren sein, auf welcher Ebene man sich gerade befindet, ob man beispielsweise über den Laut „a" oder die Silbe „a" spricht.

Das System in (1) ist allerdings nicht gänzlich hierarchisch. Die Einheiten „Buchstabe" und „Laut" sind auf derselben Ebene angesiedelt. Die Behauptung ist hier, dass es sich bei dem Verhältnis zwischen Buchstaben und Lauten nicht um eine Über- bzw. Unterordnung, sondern um eine **Nebenordnung** handelt. Ein Buchstabe ist also weder größer noch kleiner als ein Laut. Dieses lässt sich relativ einfach zeigen. Zumeist entspricht ein Buchstabe einem Laut und umgekehrt. (Zur besseren Unterscheidbarkeit werden Buchstaben in gewinkelte Klammern und Laute in eckige gesetzt.) Beispielsweise entspricht dem Laut [p] der Buchstabe <p>. Andererseits gibt es auch Fälle, in denen ein Laut mehr als einem Buchstaben entspricht, wie in *Philosophie*, wo das <ph> einem [f] zugeordnet ist oder wie in *Schall*, wo der Anfangslaut [ʃ] gleich drei Buchstaben (nämlich <sch>) entspricht. Den umgekehrten Fall, in dem ein Buchstabe mehr als einen Laut abbildet, gibt es auch. So entspricht in dem Wort *Xylophon* das <x> den beiden Lauten [ks] und in dem Wort *ganz* das <z> den beiden Lauten [ts]. Dieses „Eins-zu-mehr-als-eins-Verhältnis" in beide Richtungen gekoppelt mit dem Normalfall einer 1:1 Entsprechung ist ein eindeutiger Hinweis auf die Abwesenheit eines hierarchischen Verhältnisses zwischen Lauten und Buchstaben. Beide Größeneinheiten gehören insofern auf dieselbe hierarchische Stufe.

Die Nebenordnung von Laut und Buchstabe hängt damit zusammen, dass der Buchstabe den Versuch eines Abbilds des Lauts darstellt. Wir haben es bei Lauten und Buchstaben mit Objekten aus unterschiedlichen Welten zu tun. Der Laut gehört in die Welt der gesprochenen Sprache, der Buchstabe in die Welt der geschriebenen Sprache. (Diese getrennten Welten werden durch den senkrechten Strich zwischen Laut und Buchstabe in (1) gekennzeichnet.) In der Linguistik gilt die Lautung als die primäre und die Schreibung als die sekundäre Realisation von Sprache. (Wir sprechen hier auch von unterschiedlichen Repräsentationsformen von Sprache.) Diese unterschiedliche Gewichtung ergibt sich fast zwangsläufig daraus, dass sich in der Evolution die gesprochene Sprache vor der geschriebenen entwickelt hat und dass Kinder im normalen Spracherwerb immer die Lautsprache vor der Schriftsprache erwerben. Und so wird die Schreibung auch oft aus der Lautung abgeleitet. Auch in der Menschheitsgeschichte hat sich die gesprochene Sprache weit vor der geschriebenen herausgebildet. Das Primat der gesprochenen Sprache ist der Grund dafür, dass sich die Linguistik vorwiegend der lautlichen Seite der Sprache widmet. Von Buchstaben ist seltener die Rede. In jedem Fall sollte man sich darüber Rechenschaft ablegen, ob man sich mit der mündlichen oder der schriftlichen Repräsentation beschäftigt.

Repräsentationsformen

Die Abbildung in (1) ist ein erstes Modell der Sprachstruktur. Sie trifft klare und überprüfbare Aussagen über die Repräsentation von Sprache. So behauptet das Modell, dass einerseits, wie eben beschrieben, Laute und Buchstaben unterschiedlichen Welten, andererseits alle übrigen Größeneinheiten derselben Welt angehören, d.h. neutral hinsichtlich der Unterscheidung zwischen gesprochener und geschriebener Sprache sind. Diese Annahme (2a) muss nicht zwingend richtig sein, da auch die Alternativen (2b) und (2c) vorstellbar sind.

Abbildung (2a) wiederholt (1) und dient nur zum besseren Verständnis von (2b) und (2c). In Abbildung (2b) und (2c) wird im Gegensatz zu (2a) die Silbe als eine Größeneinheit der gesprochenen Sprache aufgefasst. Sie fungiert als Bindeglied zwischen dem neutralen Wort und dem gesprochenen Laut. Damit hat sie keine Funktion in der geschriebenen Sprache. Der Unterschied zwischen (2b) und (2c) liegt darin, dass die schriftsprachliche Repräsentation direkt aus der Wortebene in (2b), aber aus der Lautebene in (2c) hergeleitet wird. Diese Alternativen zeigen, wie wir uns mit der Wahl unserer Modelle auf spezielle Aussagen festlegen und dass über diese Aussagen die Gültigkeit der einzelnen Modelle zu prüfen ist. Da wir aus eben erwähnten Gründen die Schriftsprache nachrangig behandeln, bedarf es auch keiner Entscheidung zwischen den drei Modellen.

linguistische Beschreibungsebenen

Jede der sechs Größeneinheiten in (1) stellt nun eine Ebene dar, auf der Sprache beschrieben werden kann. Jede Ebene bildet daher einen Teilbereich der Mikrolinguistik. Die Ebenen insgesamt machen die Kernlinguistik aus. Damit ist das Programm für die weiteren Kapitel dieses Buches abgesteckt. In der Abbildung in (3) werden unter Weglassung der Buchstaben die einzelnen Größeneinheiten ihren jeweiligen Beschreibungsebenen zugeordnet. Weitere in (3) enthaltene Informationen werden später erläutert.

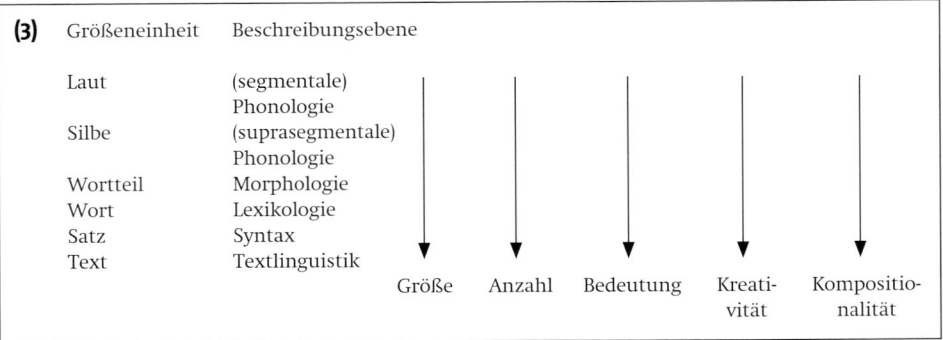

Sowohl Laute als auch Silben sind Gegenstand der Phonologie (Kap. 6), der noch näher zu bestimmende Wortteil definiert die Morphologie (Kap. 7), und das Wort gehört in die Lexikologie (Kap. 8). Sätze werden in der Syntax (Kap. 9) und Texte in der Textlinguistik behandelt, der u.a. aus Platzgründen kein eigenes Kapitel gewidmet ist. Wir werden in diesem Buch von den kleineren zu den größeren Einheiten voranschreiten. Über all diesen Beschreibungsebenen „thront" die Semantik, die Lehre der Bedeutung, die in Kap. 10 eingeführt wird. Sie muss in (3) fehlen, weil dieses Schaubild nur die Ausdrucksseite der Sprache erfasst. Die Inhaltsseite ist der Formseite auf allen Beschreibungsebenen zuzuordnen (vgl. dazu Kap. 3).

Wie bereits festgestellt, ergibt sich die Hierarchie in (3) aus der Tatsache, dass die kleineren den größeren Einheiten untergeordnet sind. Diese hierarchische Struktur ist eine der grundlegenden, wenn nicht gar die grundlegendste Eigenschaft menschlicher Sprache. Die immense Bedeutung der Hierarchie lässt sich daran ablesen, dass viele sprachliche Effekte durch die Position der jeweiligen Beschreibungsebene in der Hierarchie bedingt sind. Auch die Stärke des Einflusses einer Ebene auf eine andere hängt damit zusammen, ob die Ebenen in der Hierarchie benachbart sind oder nicht. So wirken Wörter beispielsweise stärker auf Satzstrukturen ein als Silben. Ebenso hängen mit der Größe der sprachlichen Einheit eine Reihe weiterer Faktoren zusammen, die in (3) aufgeführt sind und denen wir uns jetzt zuwenden wollen.

Mit der Größe der sprachlichen Einheit korreliert ganz offenkundig die Anzahl der unterschiedlichen Einheiten auf jeder Ebene. Je größer die Einheit, desto zahlreicher ist sie als Typ vertreten. Die Anzahl der Laute beträgt in den Sprachen der Welt zwischen 20 und 140. Für das Englische beläuft sich die Anzahl der unterschiedlichen Silben auf ca. 9000. Die Bestimmung der Anzahl der Wörter ist schon erheblich schwieriger. Zum einen ist der Wortschatz einer Sprache einigermaßen offen, d.h. erweiterbar (s.u.). Zum anderen muss man zwischen der Anzahl der Wörter unterscheiden, die ein einzelner Sprecher kennt und der Gesamtzahl der Wörter einer Sprache. Beide Zahlen divergieren erheblich. Der aktive Wortschatz, über den ein durchschnittlich gebildeter Mensch verfügt, wird auf 30.000 geschätzt. Eine wortreiche Sprache wie das Englische verfügt insgesamt über ca. ein halbe Millionen Wörter, von denen allerdings viele zum Fachwortschatz zu rechnen sind. Die Anzahl der unterschiedlichen Sätze lässt sich bereits nicht mehr erfassen. Sie ist im Prinzip unendlich groß. Für Texte gilt folglich dasselbe.

Anzahl der sprachlichen Einheiten

Mit zunehmender Größe der sprachlichen Einheit steigt auch ihr Bedeutungsgehalt. Wie wir im nächsten Kapitel sehen werden, tragen Laute und Silben noch keine Bedeutung (obwohl sie trotzdem

Bedeutungsgehalt

etwas mit Bedeutung zu tun haben). Das einzelne Wort hingegen trägt Bedeutung, aber sicherlich weniger als ein ganzer Satz, der wiederum weniger bedeutungshaltig als ein Text ist.

Kreativität   Unter Kreativität versteht man die Möglichkeit der Neuschöpfung. Auch dieser Faktor nimmt mit der Größe der sprachlichen Einheit zu. Laute, Silben und Wortteile sind überhaupt nicht kreativ, weil sie zur „Grundausstattung" der Sprache gehören, die keine (oder nur wenig) Manipulation durch den Sprecher zulässt und deshalb auch nicht kreativ einsetzbar ist. Das sieht auf der Ebene der Wörter bereits anders aus. Wir können als Sprecher Wörter kreieren, die wir zuvor nie gehört haben und die dennoch für unsere Zuhörer verständlich sind. Wir können ein Fahrrad aus Glas „Glasfahrrad" nennen, ohne dass dieses Wort in unserem Wortschatz existiert oder in den allgemeinen Wortschatz übergehen muss. Diese Wortschöpfung zeigt unseren kreativen Umgang mit der Sprache. Allerdings hält sich die Kreativität auf der Wortebene noch in Grenzen, da die meisten Wörter, die wir benutzen, aus dem allgemeinen Wortschatz stammen. Auf der Satzebene steigt die Kreativität erheblich, da ein Sprecher sehr häufig Sätze verwendet, die er vorher nie gehört hat und die er so auch nie wieder produzieren wird. Sätze haben also eine gewisse Einmaligkeit. (Aus nachvollziehbaren Gründen gibt es bisher keine Berechnungen des Verhältnisses von einmaligen zu wiederholten Sätzen. Wir können aber davon ausgehen, dass dieses Verhältnis in der geschriebenen Sprache erheblich höher als in der gesprochenen ist. Dieses Buch dürfte beispielsweise relativ wenige Sätze enthalten, die mehr als einmal vorkommen.) Was für Sätze gilt, gilt erst recht für Texte. Die Wahrscheinlichkeit, das ein und derselbe Text beliebiger Länge zu unterschiedlichen Zeitpunkten vom demselben Sprecher oder von verschiedenen Sprechern produziert wird, dürfte gegen Null tendieren. Texte sind insofern maximal kreativ.

Kompositionalität   Kommen wir zum letzten Faktor in (3). Unter Kompositionalität versteht man die Vorhersagbarkeit der Bedeutung einer sprachlichen Einheit. Wir würden erwarten, dass sich die Bedeutung einer größeren Einheit aus der Summe der Bedeutungen der sie ausmachenden kleineren Einheiten ableiten lässt. Beispielsweise ergibt sich die Bedeutung des Satzes „Das Licht ist hell" relativ direkt aus der Bedeutung von „Licht" und „hell" sowie der Zuweisung der Eigenschaft „hell" zu dem Phänomen „Licht". Dieser Satz hat also eine sehr hohe Kompositionalität. Die Abbildung in (3) besagt nun, dass der Kompositionalitätsgrad mit zunehmender Größe der sprachlichen Einheit zunimmt. Texte haben den höchsten Kompositionalitätsgrad, da ihre Bedeutung recht gut aus der Bedeutung der einzelnen Sätze ableitbar ist. Sätze haben bereits eine geringfügig niedrigere Kompositionalität, sind aber in der Regel gut verständlich, wenn man die Bedeutung der in ihnen enthaltenen Wörter kennt (und das, obwohl man oft, wie eben ausgeführt, diese Sätze nie zuvor gehört hat). Die Zusammensetzung von Wortteilen zu Wörtern ist schon etwas weniger durchsichtig. Während man *Schlafzimmer* relativ gut verstehen kann, wenn man nur die Bedeutung von *Schlaf* und die von *Zimmer* kennt, sind Wörter wie *Mittagstisch* oder *Frauenzimmer* weitgehend undurchsichtig, d.h. idiomatisiert, weil ihre Bedeutung nicht durch die Aufsummierung der Bedeutung ihrer Einzelteile zu bestimmen ist. Schließlich ist die Bedeutung von einfachen Wörtern gar nicht mehr vorhersagbar (vgl. den Symbolcharakter des sprachlichen Zeichens in Kap. 3). Die Bedeutung von Wörtern wie *Tisch* oder *Zimmer* muss also gänzlich auswendig gelernt werden.

Mit den Pfeilen in (3) soll auch zum Ausdruck gebracht werden, dass die Unterschiede auf den verschiedenen Ebenen gradueller Art sind. Obwohl wir es mit getrennten Ebenen in einem System zu tun haben, reagieren die einzelnen Ebenen nicht grundsätzlich unterschiedlich, sondern nur unterschiedlich stark auf die jeweiligen Faktoren. Dieses mag am Beispiel der Kompositionalität verdeutlicht werden. Einfache Wörter sind fast gar nicht kompositional, weil ihre Bedeutung nicht aus ihrer Lautstruktur abzuleiten ist. Aber selbst auf der Wortebene ist diese Nonkompositionalität nicht absolut oder kategorisch. Wie in Kap. 3 gezeigt wurde, gibt es auch hier in einigen Bereichen der Sprache die Möglichkeit der relativen Vorhersagbarkeit der Bedeutung allein auf der Grundlage der Lautform. Das Beispiel der lautmalerischen Ausdrücke hat gezeigt, dass die Sprache über ikonische Zeichen verfügt, deren Form Rückschlüsse auf die Bedeutung zulässt. Bei komplexen Wörtern verzeichnen wir ein gewisses Maß an Nonkompositionalität: Vergleicht man das deutsche Wort *Schlafzimmer* mit seiner englischen Entsprechung *bedroom*, wird schnell ersichtlich, dass die deutsche Form etwas kompositionaler als die englische ist. Die Tatsache, dass letztere ein Zimmer mit Bett suggeriert, ist noch ziemlich weit von der Bedeutung „Schlafzimmer" entfernt. Um diese Bedeutung zu verstehen, muss der Hörer also einen relativ hohen Eigenanteil an Bedeutung beisteuern. Er muss durch Auswendiglernen den Mangel an Kompositionalität aus-

graduelle Unterschiede

gleichen. Selbst die Satzebene ist nicht vollständig kompositional. Wir denken hier an Redewendungen wie *Morgenstund hat Gold im Mund* oder *One swallow does not make a summer*. Ähnlich gering wie der Anteil der Nonkompositionalität auf der Satzebene erscheint auch der Anteil der Kompositionalität auf der Wortebene (s.o.). Wir haben es also auf den hierarchischen Ebenen mit einem Kontinuum zu tun.

Kontinuum Dieses Kontinuum gilt nicht nur für die Kompositionalität, sondern auch für alle anderen Faktoren, die in (3) erfasst sind.

5.2 | Mögliche Strukturmodelle menschlicher Sprache: Ein Gedankenexperiment

In einem nächsten Schritt wollen wir versuchen zu verstehen, weshalb Sprache die komplexe Struktur in (3) besitzt, warum es also nicht auch eine einfachere Struktur getan hätte. Wenn wir hier von Sprache allgemein reden, dann ist damit nicht die Behauptung verbunden, alle Sprachen der Welt müssten über genau dieselbe Struktur verfügen. Nichtsdestotrotz ist (3) schon als so etwas wie ein Grundgerüst zu verstehen, an dem sich alle Sprachen orientieren, das aber auch eine gewisse Variation zulässt. Insbesondere können sich die einzelnen Sprachen für unterschiedliche Definitionen davon entscheiden, was beispielsweise als ein Wort oder ein Satz gilt. Trotzdem scheinen alle Sprachen mit (durchaus unterschiedlich definierten) Begriffen wie Wort und Satz zu operieren.

Wir wollen im Folgenden ein Gedankenexperiment durchführen. Wir stellen uns verschiedene theoretisch mögliche, fiktive Sprachstrukturen vor und und fragen uns, was eine anders aufgebaute Sprache zu leisten bzw. nicht zu leisten vermag. Wir schreiten dabei von einfachen zu komplexeren Sprachstrukturen und entwickeln somit eine Sequenz von Sprachtypen, die uns immer näher an die sprachliche Realität, wie wir sie heute kennen, heranführt. Auf diese Weise können wir nachvollziehen, weshalb menschliche Sprache die hierarchische Struktur aufweist, die wir in (3) abgebildet haben.

5.2.1 | Die nicht-hierarchische Form

Wir haben in Kap. 3 erfahren, dass sich alle Zeichensysteme auf eine Assoziation von Inhalten und Formen gründen. Was wäre nun die

einfachste Form, der man einen Inhalt zuordnen könnte? Dieses
wäre gewiss die kleinste Größeneinheit, die wir in (3) kennengelernt
haben, also der Einzellaut. Diese Zuordnung lässt sich wie folgt darstellen.

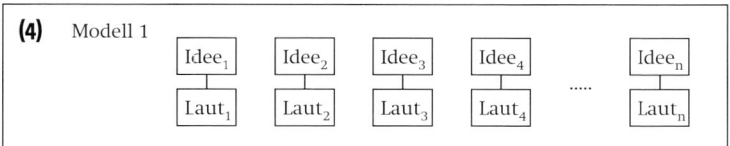

(4)   Modell 1

Im Modell 1 werden Ideen über einzelne Laute versprachlicht. Jeder
Idee, ganz gleich, wie komplex, ist ein Laut zugeordnet. Beispielsweise könnte „a" „Haus" und „e" „Ich bin nervös" bedeuten. Diese Sprache kennt also weder Silben noch Wörter oder Sätze (in dem uns
geläufigen Sinn). Nun ist die Anzahl der Ideen, die wir als Sprecher
einer Sprache formulieren wollen, prinzipiell unendlich. Anders gesagt, wir erwarten von einem idealen Kommunikationssystem, dass
es uns in unserem Ausdruckswillen nicht übergebührlich ein-
schränkt. Modell 1 steht und fällt folglich mit der Anzahl der Laute,
die ein Sprecher produzieren und ein Hörer wahrnehmen kann. Nun
kann ein Hörer unendlich viele Laute wahrnehmen (perzipieren),
aber nur eine begrenzte Anzahl an Lauten unterscheiden (diskriminieren). Auf diese Unterscheidungsfähigkeit kommt es aber an, denn
der Hörer steht ja vor der Aufgabe zu entscheiden, ob der Sprecher
die Idee X oder die Idee Y gemeint hat. Es können also nur so viele
Ideen versprachlicht werden, wie der Hörer zuverlässig an Lauten
diskriminieren kann. Auf Sprecherseite stellt sich das Problem ähnlich dar. Zwar kann ein Sprecher prinzipiell unendlich viele Laute
hervorbringen (selbst wenn man berücksichtigt, dass er durch Auto-
matisierungsprozesse im Erwerb und Gebrauch der Sprache auf gewisse Artikulationsmuster „geeicht" ist), jedoch ist die Anzahl der
Laute, die er für den Hörer zuverlässig unterscheidbar gezielt planen
und artikulieren kann, stark begrenzt. Wir stoßen als Sprecher hier
einfach an die Grenze der motorischen Feinabstimmung, die entfernt
mit der Schwierigkeit zu vergleichen ist, einen Fußball wiederholt
gegen den Pfosten des Tores aus mittlerer Entfernung zu schießen.

Bei der Ermittlung der Obergrenze der gezielt artikulierbaren und
diskriminierbaren Lauten kann uns die Obergrenze bei der Größe

Assoziation von Idee und
Laut

von Lautsystemen in den Sprachen der Welt als Richtschnur dienen. Wie im vorherigen Abschnitt erwähnt, verfügt das größte bekannte Lautsystem über ca. 140 Elemente. Damit ließen sich also ganze 140 Ideen versprachlichen. Selbst wenn man in Rechnung stellt, dass damit die Artikulations- und Diskriminationsmöglichkeiten noch nicht ausgereizt sein müssen, ändert das an der Beschränktheit des Modells prinzipiell nichts. Ganz gleich, ob wir 140 oder 280 Ideen versprachlichen können, diese Größenordnung kann uns nicht ansatzweise zufriedenstellen. Sobald wir auf die 141ste oder 281ste Idee kommen, müssten wir verstummen, weil unsere Sprache uns im Stich lässt. Theoretisch gäbe es noch den Ausweg, dass wir zwei Ideen mit demselben Laut belegen; da dieser Weg aber zu potenziellen Missverständnissen führt, kann darüber das Problem nicht gelöst werden.

Wir halten also fest, dass das Modell 1 so starken Beschränkungen unterliegt, dass es für menschliche Kommunikation ungeeignet ist. Das bedeutet aber nicht, dass es für eine Kommunikation auf einfachem Niveau untauglich wäre, sondern nur, dass es unseren erhöhten Ansprüchen an Kommunikation nicht genügen kann. Genauer gesagt ist es nicht kreativ genug für einen menschlichen Geist, der unendlich viele Ideen gebiert und deshalb ein System benötigt, das all diese auch versprachlichen kann.

5.2.2 | Die Entdeckung der Serialität

Wie lässt sich nun die durch die begrenzte Anzahl an unterscheidbaren Lauten hervorgerufene Beschränkung überwinden? Da wir das Repertoire an Basiselementen nicht erweitern können, bietet sich im Prinzip nur die Verwendung von mehr als einem Laut zur Versprachlichung einer Idee an. Wir assoziieren in Modell 2 also eine Idee mit einer **Lautfolge**, vgl. (5).

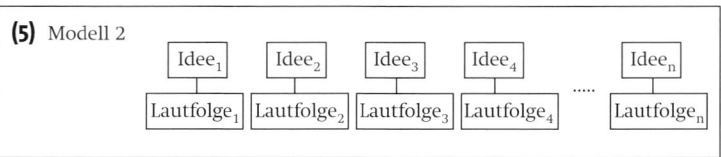

(5) Modell 2

Modell 2 stellt einen Quantensprung gegenüber Modell 1 dar. Es überwindet die Beschränkungen des Modells 1 durch den Kunstgriff der **Lautkombination**. Es werden also Laute miteinander verbunden, und diese neue Einheit wird mit einer Idee verknüpft. Ehe wir uns fragen, was dieser Schritt theoretisch bedeutet, wollen wir uns das Leistungspotenzial dieses Modells näher ansehen. Stellen wir uns dazu eine Sprache mit nur 10 Lauten vor, womit wir deutlich unter der durchschnittlichen Größe der Lautsysteme menschlicher Sprachen bleiben. Allein mit diesen 10 Lauten schaffen wir Ausdrucksmöglichkeiten von erstaunlicher Größenordnung. Hier gibt es zwei Berechnungsmethoden: Wir können die künstliche Beschränkung einführen, dass jeder Laut nur einmal verwendet werden darf oder aber die Mehrfachverwendung desselben Lautes erlauben. Die natürlichen Sprachen operieren eindeutig mit dem Prinzip der Lautwiederholung (vgl. *monoton*). Insofern ist diese Berechnungsgrundlage auch die angemessenere.

Assoziation von Idee und Lautfolge

(6)   mit Lautwiederholung: x^x (Potenz)   ohne Lautwiederholung: $x!$ (Fakultät)

$$1^1 = 1$$
$$2^2 = 4$$
$$3^3 = 27$$
$$4^4 = 256$$
$$5^5 = 3125$$
$$6^6 = 46.656$$
$$7^7 = 823.543$$
$$8^8 = 16.777.216$$
$$9^9 = 387.420.480$$
$$10^{10} = 10.000.000.000$$

$$1! = 1$$
$$2! = 2$$
$$3! = 6$$
$$4! = 24$$
$$5! = 120$$
$$6! = 720$$
$$7! = 5040$$
$$8! = 40.320$$
$$9! = 362.880$$
$$10! = 3.628.800$$

Wir sehen in (6), dass durch das Prinzip der Kombination astronomisch hohe Zahlen bei extrem kleinen Lautinventaren erreicht werden. Dieses Prinzip ist also unglaublich leistungsfähig. Mit bereits 10 Lauten liegen wir bei 10 Milliarden Bedeutungen, die wir versprachlichen könnten. Für den Hausgebrauch, so will man meinen, sollte das reichen.

Man mag zu Recht einwenden, dass dieses ein rein mathematisches Zahlenspiel ist, das der sprachlichen Wirklichkeit nicht ge-

recht wird. In der Tat gibt es zwei Faktoren, die bei einer realistische-
ren Berechnung der Ausdrucksmöglichkeiten berücksichtigt werden
müssen. Die Hauptschwierigkeit besteht darin, dass wir nicht jede
Lautkombination aussprechen können. Eine Sequenz von 10 Konsonanten nacheinander (z.B. btpkgbdfdp) wäre völlig unaussprechbar.
Wir brauchen also Laute, die mit ihren Nachbarlauten gut auskommen, d.h. geschmeidige Übergänge herstellen. Der einfachste Fall
wäre dabei der regelmäßige Wechsel von Konsonant und Vokal.
Scheinbar hat sich niemand bisher die Mühe gemacht auszurech-
nen, um wieviel Prozent dieser Faktor die theoretisch möglichen
Formen vermindert. Diese Reduktion dürfte erheblich sein, schät-
zungsweise zwischen 50% und 80% liegen. Das Bemerkenswerte ist
nun aber, dass diese Dezimierung der Ausdrucksmöglichkeiten
durch Hinzufügung eines einzigen weiteren Lautes bereits vollständig kompensiert wird. Das Problem, das einem die Ausdrucksmöglichkeiten ausgehen, stellt sich also de facto nicht.

Aussprechbarkeit

Redundanz

Das andere Problem ist das der Redundanz. Unter Redundanz in
einem Kommunikationssystem verstehen wir die Mehrfachkodie-
rung von Bedeutungsinhalten zur Sicherung der Informationsübermittlung. Nehmen wir als Beispiel den Unterschied zwischen den
beiden Wortpaaren *Kauf* und *Lauf* vs. *Lauf* und *Baum*. Das erste Paar
unterscheidet sich in seiner Form nur minimal, nämlich in einem
einzigen Laut, während ein formaler Kontrast im zweiten Paar sowohl im Anfangs- als auch im Endlaut besteht. Die Kodierung des
Bedeutungsunterschieds erfolgt im ersten Fall nicht-redundant, im
zweiten Fall redundant. Redundanz bedeutet also, dass auf mehr
formalen Kontrast zurückgegriffen wird, als unbedingt nötig ist.
Einerseits bedeutet Redundanz mehr Aufwand, andererseits macht
sie das System aber auch weniger störanfällig. Stellen Sie sich vor,
während jemand zu Ihnen *Kauf* sagt, hustet just in dem Augenblick,
in dem er mit der Artikulation des Worts beginnt, ein Dritter in der
Runde. Sie können also aufgrund dessen, was Sie gehört haben, nicht
entscheiden, ob er *Kauf* oder *Lauf* gesagt hat. Dieses Problem stellt
sich bei der Unterscheidung von *Lauf* und *Baum* nicht. Redundanz
erleichtert also den Verstehensprozess erheblich und ist insofern
von großem Vorteil für die Kommunikation.

Die beiden Systeme in (6) sind nicht-redundant. Da die menschliche Sprache in erheblichem Umfang redundant ist, muss auch dieser
Faktor in die Berechnung einer realistischen Zahl an Ausdrucksfor-
men miteinbezogen werden. Der Argumentationsgang ist derselbe

wie bei der Aussprechbarkeit. Angenommen, jeder semantische Kontrast sollte doppelt gesichert sein, dann müssten wir die Zahlen in (6) halbieren. Diese Minderung lässt sich wieder durch Hinzufügung eines einzigen weiteren Lautes mühelos ausgleichen.

Wir stellen also fest, dass das Modell 2 eine völlig ausreichende Anzahl an Ausdrucksmöglichkeiten bereitstellt. In einem schematischen Sinne ist es kreativ genug, um unseren Ideen Ausdruck zu geben. Dass dieses Modell dennoch scheitert, muss also andere Gründe haben. Ehe wir uns diesen Gründen zuwenden, müssen wir die Struktur dieses Modells näher betrachten.

Das Prinzip der Kombination ist ein geradezu genialer Schachzug, mit dem die Grenzen des 1. Modells überwunden werden. Dieses Prinzip stößt gleichzeitig zwei Türen auf, die uns zu den grundlegendsten Eigenschaften der Sprachstruktur führen. Zum einem wird eine zeitliche Dimension geschaffen, in der ein Früher und ein Später entsteht. Laute werden im 2. Modell zu einem speziellen Zeitpunkt im Vergleich zu anderen Lauten produziert. Die sprachliche Form erhält dadurch eine lineare Struktur, sie wird linearisiert: Laut C folgt auf Laut B, Laut B folgt auf Laut A usw. Daraus erwächst für uns Sprecher (und Schreiber) ein Problem, das sich in Modell 1 überhaupt nicht stellte: Die einzelnen Laute müssen in die richtige Reihenfolge gebracht werden. Wenn uns das nicht gelingt, drücken wir gegebenenfalls auch nicht die Idee aus, die wir versprachlichen wollen. So könnte aus der beabsichtigten Lautfolge *Schiff* die Lautfolge *Fisch* oder im Englischen *pat* zu *apt* werden. Dieser Vorgang wird **Serialisierung** genannt. Man bildet zur besseren Anschaulichkeit die zeitliche Dimension auf der horizontalen Achse ab. So wird aus dem Früher oder Später ein Links oder Rechts bzw. ein Vorne oder Hinten. Sinnvoll ist auch die Annahme, dass mit der Linearisierung Positionen geschaffen werden, die die einzelnen Laute einnehmen. In dem Wort *Ball* geht das „b" also an die erste Position, das „a" an die zweite und das „l" an die dritte.

Zum anderen entfaltet sich durch das Prinzip der Kombination eine Hierarchie. Sobald wir durch Kombination aus kleineren Einheiten größere bilden, entsteht eine hierarchische Struktur, in der die eine Ebene der anderen untergeordnet ist. Die Abbildung in (5) ist daher wie folgt zu präzisieren:

Margin notes: Zeit · Serialisierung · Hierarchie

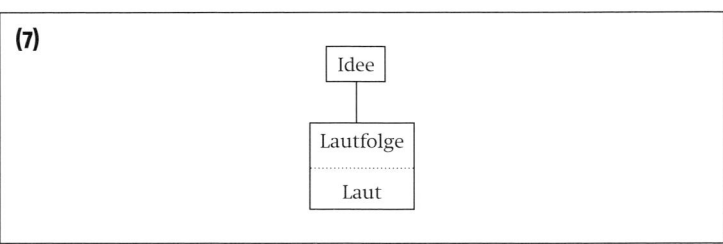

Im Modell 2 erfolgt also eine Assoziation zwischen einer Idee und einer **intern komplexen** Form. Wir stehen hier am Beginn der Entfaltung der sprachlichen Hierarchie. Damit stellen sich perspektivisch zwei Fragen, die wir im Laufe dieses Kapitels zu beantworten haben: Wieviel Hierarchie und welche Hierarchie braucht die Sprache?

Entfaltung der sprachlichen Hierarchie

Ehe wir uns der Beantwortung dieser Fragen zuwenden, muss der Status der beiden formalen Ebenen in (7) geklärt werden. Beginnen wir mit der Lautebene. Die Verwendung des Begriffs „Laut" sowohl in Modell 1 als auch in Modell 2 darf nicht darüber hinwegtäuschen, dass der semiotische Status dieser Komponenten in beiden Fällen nicht derselbe ist. Bei der Größeneinheit „Laut" handelt es sich nämlich in Modell 2 um ein Nichtzeichen. In Modell 1 hingegen ist sie Teil eines Zeichens. Letzteres ergibt sich automatisch aus der allgemeinen Zeichendefinition (vgl. Kap. 3). Erstere Behauptung ist eine logische Konsequenz aus der Tatsache, dass die Lautfolge Teil eines Zeichens ist (da sie mit einer Bedeutung assoziiert wird). Die Laute selbst kennen in Modell 2 diese Assoziation nicht; sie sind ja nur Bestandteile einer Lautsequenz.

Was haben wir uns nun unter einer Lautsequenz vorzustellen? Es wäre nicht angemessen, die Lautfolge in (7) mit der Ebene der Wörter in der wirklichen Sprache in (1) gleichzusetzen. Eine Idee kann durch unterschiedliche sprachliche Größeneinheiten, die vom Einzelwort über den Satz bis zum Text reichen, ausgedrückt werden. Insofern entspricht die Lautfolge in (7) undifferenziert allen bedeutungshaltigen Größeneinheiten der Sprache.

Linearisierung und Hierarchisierung

Es ist bemerkenswert, dass die Linearisierung und die Hierarchisierung der Sprache offenbar zwei Seiten derselben Medaille sind. Beide Prinzipien gehen Hand in Hand. Indem linearisiert wird, also kleinere Einheiten aufgereiht werden und als Reihung eine größere

Einheit bilden, wird automatisch hierarchisiert, d.h., es werden zwei hierarchisch angeordnete Ebenen geschaffen: die Lautebene und die Ebene der Lautfolgen. Und umgekehrt ist Hierarchie ohne Linearität nicht möglich, da die kleineren Einheiten immer in einer zeitlichen Dimension miteinander verbunden werden. Linearität und Hierarchie sind insofern unterschiedliche Blickwinkel auf dasselbe Problem der Komplexitätszunahme der sprachlichen Form von Modell 1 zu Modell 2. Die Linearität ergibt sich aus einer horizontalen, die Hierarchie aus einer vertikalen Betrachtungsweise.

Das Prinzip der Kombination hilft uns, die mit der Hierarchie einhergehenden Eigenschaften der Sprache besser zu verstehen, die in Form von Pfeilen in (3) dargestellt worden sind. Dass die Anzahl der sprachlichen Einheiten mit ihrer Größe zunimmt, ergibt sich zwangsläufig aus dem Prinzip der Kombination: Je mehr kleinere Einheiten zur Verfügung stehen, desto höher ist die Zahl der durch Kombination möglichen größeren Einheiten. Dass die Bedeutungshaltigkeit mit zunehmender Größe der sprachlichen Einheit ansteigt, lässt sich ganz grob mit dem Prinzip der Additivität erklären. Wenn man zwei kleinere bedeutungtragende Einheiten zu einer größeren kombiniert, so trägt die größere Einheit mehr Bedeutung als jeweils die kleineren, da beide Einzelbedeutungen in die Gesamtbedeutung miteinfließen. Ein Satz wie *Insekten sind lästig* bringt eine komplexere Idee zum Ausdruck als ein einzelnes Wort wie *Insekten*.

Dass die Kreativität mit zunehmender Größe der sprachlichen Einheit ansteigt, hat damit zu tun, dass die Kombinationsmöglichkeiten mit der Größe der Einheit zunehmen. Auf der Ebene der Laute sind diese stark eingeschränkt. Wie oben ausgeführt, gibt es erhebliche artikulatorische Beschränkungen, die überwiegend auf das Bedürfnis des Sprechers nach Ausspracheleichtigkeit zurückzuführen sind. Darüber hinaus wird nur ein Bruchteil der kombinatorischen Möglichkeiten lexikalisch ausgenutzt. Viele Wörter (wie z.B. *Schack*) gibt es einfach nicht. Und damit sind wir beim entscheidenden Punkt: Die lautlichen Kombinationsmöglichkeiten liegen nicht in der Hand des Sprechers, sondern sind weitgehend durch die Sprachstruktur vorgegeben. Die Sprache, nicht der Sprecher entscheidet, dass auf das „p" ein „l" folgt, wenn er das Wort *plötzlich* produzieren möchte.

Wenn wir in der sprachlichen Hierarchie hinaufgehen, ändert sich das Bild langsam. Wir haben als Sprecher gewisse Freiheiten, Wortteile zu Wörtern zu kombinieren, obwohl uns auch hier die

Kombination

Sprache noch erhebliche Beschränkungen auferlegt. So könnten wir als Verniedlichungsform von *Katze* sowohl *Kätzchen* als auch *Kätzlein* bilden, bei *Schwein* ist uns aber *Schweinchen* vorgegeben, die Alternative *Schweinlein* ist praktisch ausgeschlossen. Je höher wir in der Hierarchie kommen, desto freiheitlicher wird die Sprache für ihre Sprecher. Wir können – innerhalb gewisser Grenzen – Wörter relativ frei in Sätzen kombinieren. Die größte Kreativität zeigt sich auf der Ebene des Texts, wo wir Sätze mit einem relativen Minimum an Beschränkungen aneinanderreihen können.

Schließlich gilt es, den Pfeil der Kompositionalität in (3) zu erklären. Weshalb nimmt die Kompositionalität mit abnehmender Größe der sprachlichen Einheit ab? Diese Korrelation hängt mit der eben erwähnten Kreativität und dadurch mit dem Prinzip der Kombination von Zeichen und Nicht-Zeichen zusammen. Kombinationen von Zeichen müssen kompositional sein, Kombinationen von Nicht-Zeichen nicht. Wenn wir als Sprecher kreativ sind, muten wir dem Hörer ja Neues zu, da er das, was er hört, nie zuvor gehört hat. Wir dürfen ihn also nicht überfordern. Kreative Äußerungen sollten daher berechenbar, d.h. kompositional sein, um nicht ihre Verständlichkeit aufs Spiel zu setzen. Je unkreativer wir werden, desto mehr greifen wir auf sprachliche Wissensbestände zurück, über die Sprecher und Hörer gemeinsam verfügen. Diese können also idiomatisiert sein, ohne dass die Kommunikation gefährdet ist. Da sich diese Wissensbestände auf kleinere Einheiten wie Wörter beziehen, sind die kleineren sprachlichen Einheiten weniger kompositional als die größeren.

Grenzen des Modells   Mit dem Modell 2 verfügen wir über ein System, das noch relativ weit von der sprachlichen Hierarchie in (1) entfernt ist, obwohl es über ein enormes Ausdruckspotenzial verfügt. Was macht das Modell 2 also als Abbild unserer Realsprache so ungeeignet? Die Antwort mag verblüffen und zunächst nicht ganz einfach zu verstehen sein. Dieses Modell ist trotz (oder eher wegen) seiner geringen Anzahl an hierarchischen Ebenen schwer zu handhaben und stellt insofern eine Überforderung für die Sprachbenutzer dar. Schauen wir uns ein konkretes Beispiel an. Gegeben seien die drei Ideen BRAUN, AUGEN und BRAUNE AUGEN. (Um Ideen von Formen zu unterscheiden, werden sie ab jetzt in Großbuchstaben geschrieben.) In unserem Modell 2 könnten diese drei Ideen beispielsweise durch folgende Lautsequenzen ausgedrückt werden, wobei wir der Einfachheit halber die Länge der Lautsequenzen willkürlich auf vier Laute festlegen:

(8) BRAUN = „kafu"; AUGEN = „meni"; BRAUNE AUGEN = „tolp"

Das Problem einer solchen Kunstsprache liegt in der formalen Beziehungslosigkeit ihrer Elemente. Es fällt uns nicht schwer, einen Bedeutungszusammenhang zwischen BRAUN und BRAUNE AUGEN bzw. zwischen AUGEN und BRAUNE AUGEN zu erkennen. Dieser Bedeutungszusammenhang findet aber keine Entsprechung auf der Ebene der Form. Die Lautfolge „tolp" ist eine gänzlich andere als „kafu" und „meni". Wir könnten auch sagen, dass die Lautfolge „tolp" nicht motiviert ist. Damit kehren wir zur Zeichentheorie in Kap. 3 zurück. Dort haben wir Motiviertheit als Ikonizität und Unmotiviertheit als Arbitrarität im Verhältnis zwischen der formalen und der inhaltlichen Seite des sprachlichen Zeichens kennengelernt. Im vorliegenden Argumentationszusammenhang geht es jedoch nicht um das Verhältnis von Form und Inhalt, sondern, da die formale Seite inzwischen intern komplex geworden ist, um das Verhältnis verschiedener formaler Ebenen zueinander. Auch dieses Verhältnis lässt sich mit dem Konzept der Ähnlichkeit und damit mit dem Begriff der Motiviertheit beschreiben. Das Verhältnis zwischen „tolp" und „kafu" ist also unmotiviert bzw. arbiträr.

Diese mangelnde Ikonizität zwischen den formalen Ebenen ist einer der wesentlichen Gründe für das Scheitern des Modells 2. Wir könnten in Anlehnung an die Analyse der Pfeile in (3) auch sagen, dass das Modell 2 zu wenig Kompositionalität aufweist, da „tolp" mit der Bedeutung BRAUNE AUGEN genauso wenig kompositional ist wie „kafu" mit der Bedeutung BRAUN. Gleiches würde natürlich auch für einen Satz wie IHRE AUGEN SIND BRAUN = „egsu" gelten. Die Unbrauchbarkeit des Modells 2 lässt sich auch als Folge der Aufgabe des Prinzips der Kombination darstellen. Während die Bedeutung BRAUNE AUGEN eine Zusammenfügung der Bedeutung BRAUN und AUGEN darstellt, ergibt sich die Form „tolp" nicht aus der Zusammenfügung von „kafu" und „meni". Das bedeutet, dass alle Formen, ganz gleich, welche Bedeutung sie ausdrücken, auswendig gelernt werden müssten.

Der Mangel an Kompositionalität in Modell 2 macht selbiges zu einem sehr starren Kommunikationssystem, das man sich nicht merken und in dem man nur schwer neue Zeichen entwickeln kann. Auswendig gelernt worden sein kann ja nur Altes. Wie aber sollen die Sprecher (ohne das Prinzip der Kombination) Neues produzieren,

wenn ihnen nur Altes zur Verfügung steht? Das Modell 2 ist also trotz
seines hohen quantitativen Ausdruckspotenzials völlig statisch, starr
und unkreativ. Es mangelt ihm daher an einer der entscheidenden
Eigenschaften von biologisch-psychologischen Systemen, zu denen
auch die Sprache zu rechnen ist: ihre Anpassungsfähigkeit an veränderte Umweltbedingungen, also ihre prinzipielle Wandlungsfähig-
keit. Das System ist mit anderen Worten geschlossen und kann den
sich ändernden Bedürfnissen ihrer Benutzer nicht gerecht werden.

5.2.3 | Die Annäherung an die Wirklichkeit

Aus der Unzulänglichkeit des Modells 2 ergeben sich unmittelbar die
Anforderungen an eine funktionierende Struktur menschlicher
Sprache. Die beiden hauptsächlichen Forderungen betreffen die Fle-
xibilität und die Ikonizität. Unter Flexibilität verstehen wir das Po-
tenzial zum Wandel, das der Sprache innewohnen muss, damit die
Sprecher auf veränderte Umweltbedingungen reagieren können.
Das Konzept der Ikonizität haben wir im vorherigen Abschnitt auf
die Ähnlichkeitsrelation zwischen formalen Ebenen ausgeweitet.
Hierin liegt der Schlüssel zur Errichtung eines realistischen Struk-
turmodells der Sprache. Statt die Idee BRAUNE AUGEN durch eine
Form auszudrücken, die nichts mit der Form für BRAUN und AUGEN
gemein hat, macht es die Verwendung von Sprache sehr viel einfacher, wenn wir die Form für BRAUNE AUGEN direkt aus der Form
für BRAUN und der Form für AUGEN herleiten. Da wir das in unserer
realen Sprache auch tun, mag uns dieser Schritt selbstverständlich
erscheinen. Diese scheinbare Selbstverständlichkeit sollte uns aber
nicht den Blick auf den entscheidenden Schritt verstellen, den die
Sprache beim Übergang vom 2. zum 3. Modell vollzieht.

Im Übrigen ist darauf hinzuweisen, dass unsere „richtige" Sprache nicht immer so ikonisch vorgeht, wie das Beispiel *braune Augen*
suggerieren könnte. Wenn wir die Bedeutung von WEISS mit der
Bedeutung von PFERD kombinieren, erhalten wir auf der Formebene
Schimmel. Dieser reale Fall ist mit unserem konstruierten Beispiel
„tolp" durchaus vergleichbar. Dass solche Fälle selten sind, können
wir nun mit der Verletzung des Ikonizitätsprinzips auf dieser (relativ
hohen) hierarchischen Ebene erklären.

Wie lässt sich nun die Form für BRAUNE AUGEN herleiten? Das
Prinzip ist die mehr oder weniger direkte Übernahme der Form für

BRAUN und der Form für AUGEN. Wir sehen, dass an die Form *braun* noch ein *e* angefügt wird. Dadurch wird die Grundform *braun* zweisilbig, und das *n* aus der ersten Silbe wandert in die zweite. Diese (und weitere) Abänderungen sind aber so geringfügig, dass Hörer die Form für BRAUNE AUGEN gut aus der Form für BRAUN und AUGEN rekonstruieren können, ohne dafür jemals in ihrem Leben die Sequenz *braune Augen* gehört haben zu brauchen.

Der semiotische Blickwinkel macht den Quantensprung deutlich, der beim Übergang vom 2. zum 3. Modell vollzogen wird. Während im 2. Modell Nicht-Zeichen, nämlich Laute (zu Zeichen) kombiniert werden, werden im 3. Modell Zeichen miteinander kombiniert. Das 3. Modell sieht also wie folgt aus:

Kombination von Zeichen

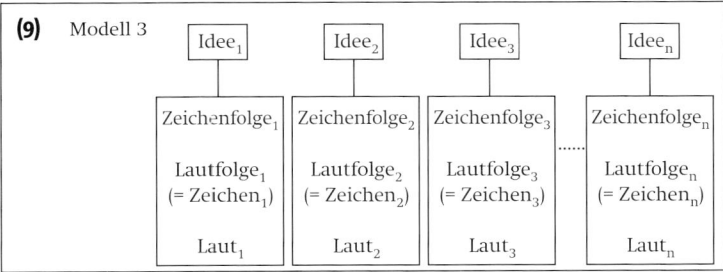

(9) Modell 3

Modell 3 bildet nicht weniger als die Basisstruktur menschlicher Sprache. Alle Sprachen der Welt scheinen mit dieser Basisstruktur zu arbeiten. Sie ist also so etwas wie der strukturelle Kern menschlicher Sprache. Dieser besteht aus drei Ebenen: einer unteren Ebene der Nicht-Zeichen (sprich: Laute), einer mittleren Ebene der Einzelzeichen (Lautfolgen) und einer oberen Ebene der Zeichenverbindungen. Mit diesen drei hierarchischen Ebenen kann die Sprache allen Anforderungen gerecht werden.

Basisstruktur menschlicher Sprache

Die geforderte Kreativität ergibt sich vor allem aus der Technik der Zeichenkombination. Bemerkenswert an dieser Technik ist der mittlere Grad an Neuigkeit, der durch die Kombination von Zeichen entsteht. Die Zeichen selbst sind ja nonkompositional, d.h., sie sind als auswendig gelernte Einheiten Teil des Repertoires, über das die Sprecher einer Sprache verfügen. Es handelt sich bei Einzelzeichen also um bekannte, alte Information. Das Neuartige entsteht nun aus der Kombination des Alten. Uns sind, analog zum obigen Beispiel, die Einzelwörter *lila* und *Augen* geläufig, die Verbindung *lila Augen* kann für uns jedoch eine völlig neue, weil noch nie gehörte Information sein. Der mittlere Kreativitätsgrad, der durch die Zeichenkombination entsteht, macht Sprache als Kommunikationssystem erst funktionstüchtig. Ist der Neuwert sprachlicher Äußerungen zu gering, verlieren Hörer das Interesse am Zuhören und sind in letzter Konsequenz geneigt, die Kommunikation zu beenden. Ist die Kreativität des Sprechers zu hoch, besteht die Gefahr, dass die Hörer durch die Verwendung unbekannter Begriffe, die ja für die Hörer auch keine Zeichen sind, überfordert werden und aus diesem Grund kein Interesse an einer Aufrechterhaltung der Aufmerksamkeit bzw. Fortführung der Kommunikation haben. Ein mittlerer Kreativitätsgrad ist also für die Kommunikation unabdingbar.

Dass wir mit dem 3. Modell der Realsprache schon ziemlich nah sind, wird aus der Antwort auf die Frage nach der Entsprechung der drei formalen Ebenen ersichtlich. Die Lautebene im 3. Modell ist deckungsgleich mit der Lautebene in der Realsprache. Die Ebene der einzelnen Zeichen entspricht der Ebene der Wörter (und Wortteile). Die Ebene der Zeichenfolgen deckt neben komplexen Wörtern alles oberhalb der Wörter ab, umfasst also Sätze und Texte. Die Realsprache ist also noch differenzierter als das 3. Modell. In der Tat werden wir in den folgenden Kapiteln sehen, dass diese Differenziertheit noch über das in (1) dargestellte Maß hinausgeht.

Wenn man die ursprüngliche Hierarchie in (1) mit dem Modell 3 vergleicht, fällt auf, dass die Silbe völlig außer Acht gelassen wurde. Diese Größeneinheit ist in der Hierarchie in (1) tatsächlich ein Spezialfall, der, obwohl er sich gut in die Hierarchie einfügt, einen anderen Status als die übrigen Einheiten hat. Wir kommen auf die Silbe sowohl im nächsten Abschnitt als auch im nächsten Kapitel zurück.

Zusammenfassend lässt sich feststellen, dass das 3. Modell für die menschliche Kommunikation erheblich besser geeignet ist als das 2. Modell, obwohl ersteres komplexer als letzteres ist. Wir stoßen hier auf das Paradox, dass eine erhöhte strukturelle Komplexität zu einer Vereinfachung in der Handhabung führt. Das Modell 3 erlangt seine Funktionstüchtigkeit über einen mittleren Kreativitätsgrad und seine formale Ikonizität. Durch die Zeichenkombination ermöglicht es den Sprachbenutzern, neue Aussagen mit alten Mitteln zu formulieren, indem neue Verbindungen aus bekannten Einzelzeichen hergestellt werden. Durch die Tatsache, dass die formalen Ebenen getreu aufeinander abgebildet werden, wird ein hoher Ikonizitätsgrad erreicht. Die Laute auf der untersten Ebene finden sich in den Lautfolgen wieder, und die Lautfolgen auf der mittleren Ebene finden sich in den Zeichenfolgen wieder. So wird es dem Hörer möglich, nie zuvor gehörte Äußerungen zu verstehen, weil er alle Bestandteile dieser Äußerung kennt. Die Eigenschaft der Zeichenkombination verleiht der Sprache nicht nur ihre Kreativität, sondern auch ihre Dynamik. Sie wird zu einem flexiblen Kommunikationsmittel, das sich verändernden Bedürfnissen der Sprecher gerecht werden und sich wandelnden Umweltbedingungen anpassen kann.

Zur Ähnlichkeit der Funktionsweise der formalen Ebenen | 5.3

Ein hierarchisches System mit mehreren Ebenen wirft die Frage auf, inwieweit die einzelnen Ebenen nach ähnlichen Prinzipien operieren und ähnliche Aufgaben zu bewerkstelligen haben. Diese Frage wird ein Leitgedanke für die nächsten Kapitel sein und erst dann genauer zu beantworten sein, wenn wir die einzelnen Beschreibungsebenen näher kennengelernt haben. In diesem Abschnitt kann es insofern nur um eine allgemeine Antwort gehen.

funktionale Ähnlichkeit der Ebenen

Wir haben in den beiden vorangegangenen Abschnitten das Serialisierungsprinzip kennengelernt: Sprachliche Einheiten werden – graphisch gesehen – von links nach rechts angeordnet und bilden so größere Einheiten. Dieses Prinzip, so wurde bisher argumentiert, greift auf allen Ebenen: Laute werden zu Wörtern, Wörter werden zu Sätzen und Sätze werden zu Texten aufgereiht. Damit haben wir eine wichtige ebenenübergreifende Eigenschaft benannt. Die verschiedenen Beschreibungsebenen erfüllen somit eine ganz ähnliche Aufgabe. Interessanterweise arbeiten aber nicht alle Ebenen nach diesem Prinzip. Im vorausgehenden Abschnitt wurde die Silbe als ein Sonderfall bezeichnet. Jetzt können wir diese Behauptung erläutern. Wir müssen dazu auf die Unterscheidung „Sprache als psychologischer Prozess" und „Sprache als kulturelles Produkt" zurückkommen (vgl. Kap. 2.2.2). Aus rein struktureller Sicht kann man natürlich sagen, dass Wörter aus Silben bestehen und durch die Aneinanderreihung von Silben gebildet werden. Die Serialisierung ist aber ein psychologischer Prozess, der beim Sprechen und Schreiben zur Anwendung kommt. Überraschenderweise findet in diesem psychologischen Prozess keine Serialisierung von Silben im Deutschen und Englischen statt. Dieser Schluss ergibt sich aus der Logik, dass, wenn es einen aktiven Serialisierungsprozess gibt, dieser auch störanfällig sein muss. D.h., wir sollten beim Sprechen und Schreiben Fehler in der Reihenfolge der Elemente beobachten können. Das

Sonderstatus der Silbe ist für Laute und Wörter auch der Fall, nicht jedoch für Silben. Es folgen zwei Beispiele. In (10) wurde die Abfolge zweier benachbarter Laute, in (11) die Abfolge zweier nicht benachbarter Wörter unwillentlich verändert.

(10) Kio*ks.* statt: Kiosk
(11) Der hatte keinen Tropfen *Blut* im *Alkohol.* statt: keinen Tropfen Alkohol im Blut

Wir schließen aus (10) und (11) (und vielen vergleichbaren Fällen), dass Laute und Wörter serialisiert werden. Und aus dem Ausbleiben von Reihenfolgefehlern, die die Silbe betreffen, schließen wir analog, dass Silben nicht serialisiert werden. Nun haben wir in diesem Kapitel argumentiert, dass das Prinzip der Kombination über die Serialisierung bewerkstelligt wird. Folgt man diesem Argumentationsgang, wird aus psychologischer Sicht die Annahme unhaltbar, dass Wörter durch die Kombination von Silben entstehen. Umgekehrt bestehen Wörter auch nicht aus Silben (auch wenn es strukturell betrachtet den Anschein hat). Vielmehr entstehen Wörter aus der Kombination von Lauten bzw. bestehen aus Lauten. Dieses sollte uns jedoch nicht glauben machen, dass die Silbe gar keine Rolle spielt. Die Aussage hier ist nur, dass sie in der Hierarchie in (1) aus der Reihe tanzt.

Wir halten trotz dieser Ausnahme fest, dass die einzelnen Beschreibungsebenen im Prinzip die gleiche Aufgabe zu erfüllen haben: nämlich für die Serialisierung der jeweiligen Einheiten zu sorgen und damit größere Einheiten aufzubauen. Wir hatten in Kap. 5.2.2 die Möglichkeit genannt, für jedes zu serialisierende Element einen Schlitz bereitzustellen. Für die Füllung eines Schlitzes stehen eine Reihe von Einheiten zur Verfügung, von denen nur eine pro Schlitz ausgewählt werden kann. Insofern stehen diese Einheiten in einer Entweder-Oder-Beziehung. Damit unterscheiden sie sich wesentlich von den seriell anzuordnenden Elementen, die in einer Und-Beziehung zueinanderstehen. Die Entweder-Oder-Beziehung wird üblicherweise auf der senkrechten, die Und-Beziehung auf der waagerechten Achse abgetragen.

Elemente in einer Und-Beziehung bilden ein **Syntagma** (z.B. *Hannover ist langweilig* in (12)) und stehen in einer syntagmatischen Relation. Elemente in einer Entweder-Oder-Beziehung bilden ein **Paradigma** (z.B. *Linguistik*, *Markus* und *Hannover* in (12)) und stehen in einer paradigmatischen Relation. Die syntagmatische Relation hängt eng mit der Serialisierung zusammen, ist aber nicht identisch mit ihr. Syntagmatische Regeln auf der Satzebene beschreiben die Abhängigkeiten von Wörtern innerhalb eines Satzes. So ist im Deutschen die Verbform *ist* nur mit einem singularischen Subjekt wie *Linguistik* zu verknüpfen, ein pluralisches Subjekt wie *Bücher* erfordert die Form *sind*. Diese Abhängigkeit zwischen Verbform und Subjekt ist unabhängig davon gegeben, ob das Subjekt dem Verb vorausgeht (wie in (12)) oder ihm folgt (wie in der Frage *Ist Linguistik langweilig?*). Insofern sind Reihenfolge und Abhängigkeit nicht dasselbe. Andererseits würde sich das Problem der Abhängigkeit gar nicht erst stellen, wenn Subjekt und Verb nicht serialisiert würden.

> syntagmatische Relation

> paradigmatische Relation

Dass paradigmatische Verhältnisse vertikal abgebildet werden, ist etwas irreführend, da es hier nicht um Hierarchien geht. Zwischen den paradigmatischen Elementen *Linguistik* und *Hannover* besteht keine hierarchische Relation, denn beide Wörter sind auf derselben hierarchischen Ebene verortet. In der Tat ist die Ansiedelung auf derselben Ebene die Voraussetzung dafür, dass die Elemente Alternativen bei der Besetzung einer Position bilden.

Das Paradigma, wie es in (12) durch die senkrechten Linien angedeutet worden ist, ist eine Organisationsform sprachlicher Einheiten. Es spielt bei der linguistischen und psycholinguistischen Analyse eine große Rolle. Inwieweit wir uns kreativ verhalten, wird in entscheidendem Maße davon bestimmt, wie groß die Paradigmen sind. Das Gesamtsystem spielt also immer mit.

Wir sehen also, dass die sprachwissenschaftliche Analyse syntagmatisch wie paradigmatisch ausgerichtet sein (bzw. die Interaktionen zwischen beiden beleuchten) kann. Wichtig im Zusammenhang dieses Abschnittes ist, dass diese Doppelanalyse auf mehreren Beschreibungsebenen anwendbar ist (wobei wir die Silbenebene bereits ausgeschlossen haben). In (12) wurde diese Analyse auf der Wortebene vorgestellt, in (13) wird sie auf die Lautebene am Beispiel des Worts *gut* angewendet.

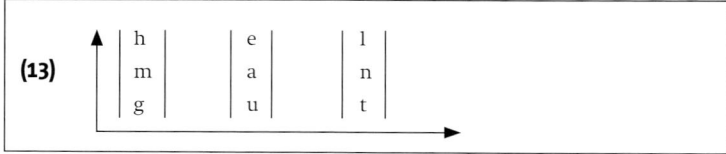

Wir erkennen die prinzipielle Parallelität von (12) und (13). Sprachliche Einheiten bilden also auf verschiedenen Ebenen Paradigmen und Syntagmen. Sie gehen immer eine zweifache Beziehung ein: zum einen als ein Miteinander mit anderen Einheiten als Bestandteile einer größeren Einheit und zum anderen als ein Gegeneinander im Wettstreit um die Besetzung einer Position. Diese Doppelbeziehung ist eine der wesentlichen Eigenschaften sprachlicher Einheiten. Dadurch, dass diese Eigenschaft ebenenübergreifend nachweisbar ist, wird das sprachliche System konsistenter und damit auch kohärenter. Dieses wiederum erleichtert den Sprachbenutzern die Arbeit mit dem System.

Doppelbeziehung

Schließlich sei darauf hingewiesen, dass die syntagmatische und die paradigmatische Relation nicht unabhängig voneinander zu sehen sind, sondern aufeinander einwirken. Kommen wir auf die Lautebene in (13) zurück. Mit welchem Laut das „g" in *gut* ein Paradigma bildet, hängt auch davon ab, welcher Laut auf „g" folgt. Wenn auf das „g" ein „n" folgen würde (wie in *Gnu*), ist ein „m" an der Position des „g" nicht möglich. Daher ist es angebracht, beide Relationen auch in ihrer Wechselwirkung zu betrachten.

Fassen wir zusammen. Das sprachliche System besteht aus mehreren hierarchischen Ebenen, auf denen ganz ähnliche Aufgaben zu bewältigen sind. An das Sprachsystem werden zwei grundlegende Anforderungen gestellt: die Auswahl einer Einheit für eine bestimmte Position und die Aneinanderreihung von Einheiten. Die Auswahl einer Einheit unter einer Vielzahl von Alternativen erfolgt nach dem Konkurrenzprinzip. Dieses besagt, dass ein Auswahlverfahren stattfindet, in dem festgestellt wird, welche Einheit die geeignetste ist. Damit wird unterstellt, dass eine Anzahl möglicher Kandidaten geprüft wird, ehe es zu einer Entscheidung kommt. Ein solches Konkurrenzprinzip existiert auch bei der Serialisierung. Das Vorhandensein von Alternativen ergibt sich auf der syntagmatischen Ebene daraus, dass beispielsweise in einem Wort mehrer Laute enthalten sind, die gleichzeitig „in Bereitschaft" versetzt werden.

Auswahl und Aneinanderreihung

Zusammenfassung

Dieses Kapitel hat einen Einblick in den Bauplan der menschlichen Sprache gegeben. Im Zentrum steht das Konzept der Hierarchie, mit dem die Sprachstruktur in ihrem Kern erfasst wird. Alle Sprachen bestehen aus drei elementaren Ebenen: der Ebene der Nicht-Zeichen, der Ebene der Zeichen und der Ebene der Zeichenkombinationen. Diese Struktur erweist sich im Vergleich zu allen Alternativen als die leistungsfähigste und für die Sprachbenutzer am besten zu handhabende. Die Position sprachlicher Einheiten in der Hierarchie bestimmt einen erheblichen Teil ihrer Eigenschaften. Trotz unterschiedlicher Ebenenzugehörigkeit weisen sprachliche Einheiten gewisse Ähnlichkeiten auf. So können sie sowohl syntagmatische als auch paradigmatische Beziehungen zueinander eingehen. Allerdings besitzt die Silbe einen Sonderstatus.

Testfragen

1. Wie ist es möglich, dass mit einer begrenzten Anzahl von Lauten eine unbegrenzte Anzahl von Ideen versprachlicht werden kann?

2. Vergleichen Sie die mesopotamische Keilschrift aus Kap. 3 mit der Hierarchie der gesprochen-sprachlichen Einheiten, die wir in diesem Kapitel kennengelernt haben. Welchen Einheiten der Keilschrift könnten Laute und Wörter entsprechen?

3. Ist es vorstellbar, dass sich die Sprachstruktur phylogenetisch über die drei in diesem Kapitel diskutierten Modelle entwickelt hat?

4. Erläutern Sie den Sinn der Serialisierung und der Hierarchisierung in der Sprache.

5. Die Bienen haben Kommunikationsformen entwickelt, mit denen sie ihre Artgenossen über die Entfernung und die Himmelsrichtung einer Nahrungsquelle informieren können. Dieses geschieht in Form von Schwänzeltänzen. Die Entfernung wird über die Länge der Schwänzelphase kodiert. Zur Bestimmung der Richtung arbeiten die Bienen mit der Gleichung, dass der Winkel zwischen der Senkrechten und der Richtung, in die die Biene während des Schwänzelns läuft, dem Winkel zum Stand der Sonne entspricht. Vergleichen Sie dieses Kommunikationssystem aus der Tierwelt mit der Sprache der Menschen. Welche Unterschiede stellen Sie in Hinblick auf die Prinzipien der Kombination bzw. Serialisierung und der hierarchischen Struktur fest? Prüfen Sie auch im Rückgriff auf Kap. 3, inwieweit das Zeichensystem der Bienen arbiträr oder ikonisch ist.

Phonologie und Phonetik

Mit diesem Kapitel beginnt der zweite Teil dieses Buches, der den verschiedenen Beschreibungsebenen gewidmet ist, die im letzten Kapitel eingeführt worden sind. Jedes der nun folgenden Kapitel wendet sich einer dieser Beschreibungsebenen zu. Wir schreiten dabei von den kleineren zu den größeren sprachlichen Einheiten, arbeiten also die in der ersten Abbildung des vorigen Kapitels vorgestellte Hierarchie von unten nach oben ab. Wir beginnen daher mit dem Laut und kommen zu einem späteren Zeitpunkt auch auf die Silbe zu sprechen.

Stellen wir uns einmal vor, dass wir mit Halsschmerzen zu einer Hals-Nasen-Ohren-Ärztin gehen, sie mit einem Spatel unsere Zunge heruntergedrückt und uns auffordert, „a" zu sagen. Diesen Vorgang wiederholen wir mit zehn verschiedenen Patienten unterschiedlichen Alters und Geschlechts. Was hat die HNO-Ärztin bzw. was haben wir gehört? Ein „a" oder 10 „a"s? Die Antwort auf diese einfache Frage fällt erstaunlich schwer, denn es lässt sich mit gutem Grund in beide Richtungen argumentieren: Wir haben **ein** „a" gehört, weil wir immer den gleichen Laut gehört haben. Immerhin hat die HNO-Ärztin jeden Patienten zur gleichen Handlung aufgefordert, und jeder Patient war bereit, dieser Aufforderung nachzukommen. D.h., jeder Patient wollte ein „a" sprechen; er meinte das „a". Und so haben wir ein „a" gehört.

Wenn man allerdings etwas genauer hinhört, wird sofort offenkundig, dass die „a"s der einzelnen Patienten nicht gleich klangen. Wir haben nämlich männliche und weibliche, helle und dunkle, junge und alte, kristallklare und krächzende, kurze und lange, laute und leise usw. „a"s gehört. Diese Unterschiede merken wir schnell, wenn wir uns auf sie konzentrieren; normalerweise achten wir aber nicht auf sie, weil uns diese Unterschiede belanglos erscheinen. Vorhanden sind sie trotzdem. Insofern haben wir genauso viele verschiedene „a"s gehört, wie es Patienten gab, die das „a" gesprochen haben.

Das Argument geht aber noch weiter: Selbst wenn die HNO-Ärztin ein und denselben Patienten aufgefordert hätte, 10 mal nacheinan-

der „a" zu sagen, so wären es immer noch 10 verschiedene „a"s gewesen. Diese Behauptung mag auf den ersten Blick befremden. Und
in der Tat sind sich die „a"s aus dem Munde einer Person in der Regel
ähnlicher als die „a"s aus unterschiedlichen Mündern. Sie sind sich
aber nur ähnlich(er), sie sind nicht identisch. Und diese relativ große
Ähnlichkeit ist es auch, die uns die klanglichen Unterschiede nicht
sofort erkennen lässt. Dass es hier Unterschiede gibt, liegt daran,
dass wir unsere Sprechorgane nicht so genau in Stellung bringen
können, dass wir immer exakt „den gleichen Ton" treffen (vgl. Kap.
5.2.1). Hier gibt es also eine unvermeidliche Variation innerhalb
gewisser Grenzen.

Haben wir nun also ein „a" oder 10 „a"s in der Arztpraxis gehört?
So gegensätzlich die beiden möglichen Antworten auch scheinen
mögen, sie müssen beide als richtig angesehen werden. Wie aber
können zwei sich widersprechende Aussagen richtig sein? Prinzipiell
gibt es für dieses grundsätzliche Problem (mindestens) zwei Lösungen: eine zeitliche und eine räumliche. Der erste Lösungsweg besagt,
dass beide Aussagen nicht gleichzeitig, sondern nacheinander richtig sind. D.h., zum einen Zeitpunkt gilt die eine Aussage und zu einen
anderen Zeitpunkt die andere. Der zweite Lösungsweg behält prinzipiell die Gleichzeitigkeit bei, verweist die beiden Aussagen aber in
unterschiedliche Bereiche, so dass die eine Aussage in dem einen
Bereich Gültigkeit besitzt und die andere Aussage in dem anderen.
Beide Lösungswege sind im Übrigen so unterschiedlich nicht, wie sie
zunächst erscheinen mögen.

Wir wollen hier den 2. Lösungsweg beschreiten und die beiden
Aussagen auf unterschiedlichen Ebenen ansiedeln. Das sieht dann
wie folgt aus:

(1) Ebene 1: $\qquad$ a
$\qquad$ Ebene 2: $a_1, a_2, a_3, a_4, a_5, a_6, a_7, a_8, a_9, a_{10}$

Wer also auf die eingangs gestellte Frage mit „ein „a"" antwortet, hat
die Ebene 1 im Blick, wer mit „10 „a"s" antwortet, bezieht sich auf
die Ebene 2.

Die entscheidende Frage ist nun, wie die beiden Ebenen aufeinander zu beziehen sind. Dass sie in einer Beziehung zueinander
stehen, ergibt sich zwangsläufig daraus, dass wir über ein und das-

selbe Phänomen (die Diagnostik in der Arztpraxis) reden. Die einfachste Lösung ist, das „a" auf der Ebene 1 als das „Mutter-„a"" und
die „a"s auf der Ebene 2 als die „Kinder-„a"s" anzusehen. Mit dieser
Metaphorik soll die einseitige Abhängigkeit und das Prinzip der Hierarchie (vgl. Kap. 5) ausgedrückt werden. Die „a"s der Ebene 2 sind
dem „a" der Ebene 1 untergeordnet und von ihm abhängig. Graphisch lässt sich der Zusammenhang zwischen Ebene 1 und Ebene
2 folgendermaßen veranschaulichen:

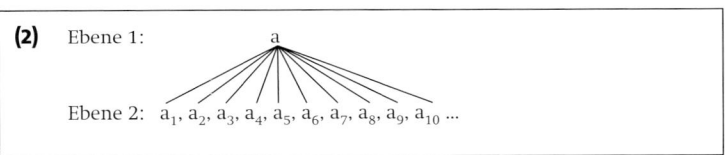

Mutter-„a"" und
„Kinder-„a""s

Zunächst es ist wichtig, darauf hinzuweisen, dass die Anzahl der
Elemente auf Ebene 2 unendlich ist (hier durch die Pünktchen dargestellt). Denn es gibt nicht nur so viele verschiedene „a"s, wie es
Sprecher gibt, sondern auch, wie oben ausgeführt, so viele verschiedene „a"s, wie „a"s gesprochen werden. Diese Offenheit des Systems
der zwei Ebenen besagt, dass wir Sprachbenutzer die Verbindung
zwischen den beiden Ebenen nicht ein für alle Mal hergestellt haben,
sondern in jedem Sprechakt neu erstellen. Das System ist demnach
ein hochgradig dynamisches.

Was bedeuten nun die „a"s auf den beiden Ebenen und die Verbindungslinien zwischen ihnen? Relativ leicht fällt das Verständnis
der „a"s auf der Ebene 2. Hierbei handelt es sich um hörbare, d.h.
messbare Größen, um konkrete Laute mit speziellen physikalischen
Eigenschaften, akustisch betrachtet, um Schallereignisse. Diese „a"s
bezeichnen wir als **Phone**. Sie werden in der Sprachwissenschaft in
eckige Klammern gesetzt, um ihren spezifischen Status zu kennzeichnen, also [a].

Phon

Das „a" auf der Ebene 1 ist etwas schwerer zu fassen. Es wurde
eben als Voraussetzung für das Phon [a] eingeführt. Wie aus der
obigen Abbildung zu erkennen ist, ist es so etwas wie eine Zusam-
menführung aller [a]s. Es bündelt mit anderen Worten die Phone und
stellt über diese Funktion den Zusammenhang zwischen den einzelnen Phonen [a$_1$], [a$_2$] usw. her. Dieser Zusammenhang wird über die

Verbindungslinien in (2) ausgedrückt. Das „a" auf der Ebene 1 wird
als **Phonem** bezeichnet und in Schrägstriche gesetzt, um es von den
Phonen abzugrenzen, also /a/.

    Was haben wir uns unter einem Phonem wie z.B. /a/ vorzustellen?
Am einfachsten fällt die Vorstellung einer geistigen Schublade: Das
Phonem /a/ ist die Summe bzw. die Abstraktion all unserer Erfahrungen, die wir mit den Phonen $[a_1]$ – $[a_n]$ gemacht haben. Es ist das
geistige Abbild (auch mentale **Repräsentation** genannt), das wir uns
von der physikalischen Welt (in diesem Fall die Summe aller [a]s)
machen. Damit ist es eine Vorstellung, eine Idee, ein Konzept, eine
Kategorie, ein Schema. Aus Sicht des Sprechers könnten wir von einem Plan, einer Absicht oder auch einer Arbeitsanweisung an die
Artikulationsorgane, aus Sicht des Hörers von einer Schablone sprechen, mit der das gehörte Phon [a] abgeglichen wird. Mit anderen
Worten: für den Sprecher ist das Phonem /a/ das Gemeinte, für den
Hörer das Interpretierte.

    Es ist darauf hinzuweisen, dass die obige Beschreibung des Pho-
nems eine dynamische und eine psychologische ist. Das Phonem ist
keine angeborene Größe, sondern bildet sich im Laufe des Spracherwerbs heraus und kann sich im Laufe eines Lebens auch verändern,
sofern sich die Welt der Phone verändert. Je mehr Erfahrungen der
Sprecher mit der Sprache macht, desto abstrakter wird die mentale
Repräsentation. Da das Phonem eine Konstruktion unseres Geistes
ist, ist es im Kern psychologisch zu definieren. Es besitzt daher eine
psychologische Realität.

    So unsichtbar und unhörbar das Phonem auch ist, an seiner Exis-
tenz als mentale Einheit kann kein Zweifel bestehen. Ohne das Phonem könnten wir die Welt der Phone nicht verstehen. Wir könnten
keine Verbindung zwischen den verschiedenen [a]-Phonen herstellen
und sie damit nicht als äquivalent ansehen. Jedes [a] wäre für uns eine
neuartige Erfahrung, die wir nicht mit Altbekanntem zusammen-
bringen könnten. Es bliebe uninterpretierbar. Die Notwendigkeit einer abstrakten Kategorie wie der des Phonems ergibt sich aus der
zuvor genannten Variabilität der Lautproduktion. Da wir als Sprecher
Phone nicht identisch aussprechen können, sind wir als Hörer gezwungen, mentale Abbilder zu entwerfen, die grob und abstrakt genug sind, um dieser Variabilität Herr zu werden. Phoneme sind demzufolge eine notwendige Strategie, um hinter der unvermeidlichen
Unterschiedlichkeit der Phone das Gemeinsame zu erkennen. Kurzum, ohne das Phonem wäre Kommunikation schlichtweg unmöglich.

Marginalien:

Phonem

mentale Repräsentation

Phonem als psychologi-
sche Kategorie

Notwendigkeit des
Phonems

Das Verhältnis von Phon zu Phonem ist ein etwas zwiespältiges. Einerseits besteht ein Ähnlichkeitsverhältnis, andererseits ein Unähnlichkeitsverhältnis. Dadurch, dass das Phonem ein mentales Abbild der physikalischen Welt ist, muss eine Ähnlichkeitsrelation vorliegen. Die Phoneme werden im Spracherwerb aus den Phonen „geschnitzt", d.h., die Phone liefern mit ihren physikalischen Eigenschaften die Basis für die Herausbildung der spezifischen Phoneme. Es ist daher naheliegend, dass das Phonem /a/ den Phonen $[a_1] – [a_n]$ nachempfunden und damit von einer Ähnlichkeitsrelation zwischen dem Phonem /a/ und jedem Phon [a] auszugehen ist.

Andererseits darf nicht übersehen werden, dass Phone und Phoneme zu unterschiedlichen Welten gehören. Das Phon gehört zur äußeren, natürlichen Welt und damit zur naturwissenschaftlichen, das Phonem zur inneren, geistigen Welt und damit zur geisteswissenschaftlichen Seite der Sprache. Das Phon ist physikalisch, konkret, beobachtbar und variabel, während das Phonem psychologisch, abstrakt, nur gedanklich erschließbar und weitgehend invariant ist. Aufgrund dieser Unterschiedlichkeit müssen Phone und Phoneme (so weit wie möglich bzw. nötig) auseinandergehalten werden.

In jedem Fall dürfte klar geworden sein, dass mit dem umgangssprachlichen Ausdruck „Laut" kein Staat zu machen ist. Er verstellt uns den Blick auf ein Grundproblem der Sprachwissenschaft (Wie ist Sprache mental repräsentiert?) und verhindert damit wissenschaftliche Erkenntnis. Die Verwendung des Begriffs „Laut" ist also in den Kontexten zu vermeiden, in denen Unklarheit darüber besteht, ob er sich auf die physikalische oder die psychologische Welt bezieht.

Mit der Unterscheidung zwischen Phon und Phonem befinden wir uns also an der Schnittstelle von Natur- und Geisteswissenschaften. An diesem Punkt wird insofern auch deutlich, dass Sprache sowohl ein naturwissenschaftliches als auch ein geisteswissenschaftliches Phänomen ist (vgl. Kap. 2.2.4): Als physikalisches Phänomen ist Sprache Schall, als neurologisches Phänomen elektrochemische Aktivität, als anatomisches Phänomen muskuläre Aktivität und als psychologisches Phänomen eine mentale Repräsentation.

Der grundlegende Unterschied zwischen Phonen und Phonemen hat zur Herausbildung zweier recht unterschiedlicher Wissenschaftszweige geführt. Das Phon gehört in die im 2. Kapitel eingeführte Phonetik, das Phonem ist einer der elementaren Bausteine der im 5. Kapitel eingeführten Phonologie. Die Phonologie ist ein für alle gesprochenen Sprachen notwendiger Teilbereich der Linguistik,

während die Phonetik in einer primär geisteswissenschaftlich aus-
gerichteten Linguistik eher marginalisiert wird. Da diese Ungleichbehandlung dem Phänomen Sprache nicht gerecht wird, wird der
Phonetik hier gebührend Raum gegeben (vgl. Kap. 6.1.1).

6.1 | Die Bestimmung der Phoneme

Wie oben erwähnt, kommen Kinder nicht mit Phonemen auf die
Welt. Sie müssen diese Kategorien also im Laufe des Spracherwerbs
selbst bilden. Die Zielsetzung der Sprachwissenschaft, das Phone-
minventar einer Sprache zu bestimmen, ist mit diesem Aspekt des
kindlichen Spracherwerbs durchaus vergleichbar (nur dass die Wege
zu diesem Ziel gewiss nicht die gleichen sind und ein von Linguisten
entwickeltes Phonemsystem nicht automatisch Anspruch auf psychologische Realität erheben kann). Zunächst muss der Lerner die
Höreindrücke mental abbilden, also rudimentäre Kategorien schaf-
Zuordnungsprozess fen. Sobald Kategorien vorliegen, beginnt ein Zuordnungsprozess,
d.h., der Sprachbenutzer muss entscheiden, ob er zwei verschiedene
Höreindrücke in derselben Kategorie oder in unterschiedlichen Kategorien verortet. Graphisch lässt sich diese Alternative wie folgt
skizzieren:

Ausgangspunkt sind die beiden Höreindrücke [X] und [Y], die, wie
oben gezeigt, notwendigerweise unterschiedlich sind. Der Hörer
muss nun – streng genommen in jedem Einzelfall – entscheiden, ob
er [X] und [Y] als äquivalent betrachten will und damit Modell A bevorzugt oder aber ob er [X] und [Y] separaten Kategorien zuweisen
will und damit Modell B den Vorzug gibt. Was führt nun zu dieser
Entscheidung? Im Folgenden werden drei Kriterien vorgestellt, die
bei der Identifizierung von Phonemen erkenntnisleitend sind. Sie

haben alle eine psychologische bzw. semiotische Fundierung und sind, gleichwohl in unterschiedlichem Maße, daher auch im Spracherwerb von Bedeutung.

Ähnlichkeit

6.1.1

Das erste Kriterium ist das unstrittigste, weil es das grundlegendste Prinzip der Kategorisierung ist. Phoneme sind, wie zuvor erläutert, Kategorien. Zwei physikalische Ereignisse werden mit umso größerer Wahrscheinlichkeit ein und derselben Kategorie zugewiesen, je größer die Ähnlichkeit zwischen beiden Ereignissen ist. Es gibt verschiedene Arten der Ähnlichkeit. In diesem Abschnitt steht die lautliche Ähnlichkeit, im nächsten die nicht-lautliche im Vordergrund. *lautliche Ähnlichkeit* Dieses Prinzip ist fast trivial (und deshalb besonders leicht zu verstehen), wenn man sich ein Maximum an Ähnlichkeit vorstellt, bei dem die Unterschiede zwischen beiden Ereignissen so gering sind, dass wir Menschen sie kaum noch wahrnehmen und deshalb kaum umhin können, diese Ereignisse als äquivalent anzusehen.

So unproblematisch wie dieses Prinzip auch erscheinen mag, ganz so einfach ist die Bestimmung der lautlichen Ähnlichkeit nicht. Diese Schwierigkeit ist im Kern darauf zurückzuführen, dass der Kommunikationsprozess aus den drei unterschiedlichen Bestandteilen des Senders, der Botschaft und des Empfängers besteht (vgl. Kap. 4.0), aus denen sich die verschiedenen Bereiche der Phonetik ergeben (vgl. Kap. 2.2.4) und in diesen Bereichen nicht die gleichen Prinzipien vorherrschen. Das, was aus akustischer Perspektive als ähnlich anzusehen ist, muss nicht automatisch auch aus artikulatorischer Sicht ähnlich sein. Vor diesem Hintergrund wollen wir im Folgenden die drei Bereiche der Phonetik vorstellen. Wir betten diesen Exkurs also in die übergeordnete Fragestellung ein, welche Antworten die Phonetik für die Bestimmung der lautlichen Ähnlichkeit für uns bereit hält.

Exkurs: Phonetik

Entsprechend der drei Komponenten des elementaren Kommunikationsmodells (vgl. Kap. 4.0) teilt sich die Phonetik in einen sprecherorientierten (= artikulatorischen), einen botschaftsorientierten (= akustischen) und einen hörerorientierten (= auditiven) Zweig auf. Allen dreien gebührt ein eigenes Unterkapitel.

Artikulatorische Phonetik

Die artikulatorische Phonetik beschäftigt sich mit der Bildung von sprachlichen Lauten (Phonen). Dieser Prozess wird zunächst ganz allgemein, d.h. unabhängig von einzelnen Lauten beschrieben. Wir wollen uns eine erste Vorstellung davon machen, wie Geräusche entstehen und stellen uns einen aufgeblasenen Luftballon vor, aus dem durch die Öffnung etwas Luft entweicht. Dieses quietschende Geräusch ist durch zwei Faktoren bedingt. Zum einen ist der Luftdruck innerhalb des Luftballons größer als der atmosphärische Druck, so dass die Luft zur Herstellung eines Druckausgleichs entweicht. Zum anderen wird die Luft durch die schmale Öffnung des Luftballons „in die Enge getrieben". Dadurch, dass sie auf die Seitenwände der Öffnung prallt, versetzt sie das bewegliche Gummi in Bewegung. Diese Schwingung erzeugt das Geräusch.

    Diese beiden Bedingungen gelten auch bei der Bildung sprachlicher Laute. In der Lunge erzeugen wir durch Einatmung einen Überdruck im Vergleich zum atmosphärischen Druck. Diese Luft wird mittels Muskelkraft aus der Lunge gepresst und entweicht durch Mund und Nase. Auf diesem Weg wird mithilfe der beweglichen Artikulationsorgane ein Hindernis aufgebaut, auf das die entweichende Luft prallt. Die engsten Stellen, durch die die Luft geleitet wird, sind für die Lautbildung besonders wichtig. Hier erhält jeder Laut seinen individuellen Klang.

    Zusätzlich zu den beim Luftballon geltenden Bedingungen greift die menschliche Lautproduktion auf zwei weitere Komponenten zurück. Der Mensch verfügt über zwei Stimmbänder, mit denen er die aus der Lunge strömende Luft in Schwingung versetzen kann. Damit bietet sich die Möglichkeit, „schwingende" und „nicht-schwingende" Laute zu bilden. Weiterhin greift der menschliche Artikulationsapparat auf ein Prinzip zurück, das im Luftballon nicht vorhanden ist: Resonanz. Die durch den Kehlkopf strömende Luft fließt durch maximal drei Resonanzräume: den Rachenraum, den Mundraum und den Nasenraum. Diese Räume verstärken die im Kehlkopf erzeugten Schwingungen selektiv und machen den Schall als Sprachlaute hörbar.

    Wenn wir die Luft aus der Lunge ohne merkliche Muskelkraft entweichen lassen, also ausatmen, dann geschieht dieses normalerweise lautlos. Wenn wir die Luft unter Druck herauspressen, sie aber unbehindert durch Mund und Nase entweichen lassen, entsteht

Luftballon (margin note)

Enge (margin note)

Resonanz (margin note)

ohne Zuhilfenahme der Stimmbänder ein Hauchlaut, unter Beteiligung der Stimmbänder ein neutraler Laut, der grob mit „äh" wiedergegeben werden kann. Zur Lautbildung kann der aus der Lunge kommende Luftstrom behindert werden. Diese Behinderung kann unterschiedlich stark sein, angefangen von einer minimalen Behinderung durch eine relativ weite Öffnung bis hin zu einem völligen Verschluss, so dass überhaupt keine Lauft entweichen kann. Neben dem Grad der Behinderung ist der Ort im Artikulationskanal von Bedeutung, an dem der Luftstrom maximal behindert wird. Zur Behinderung des Luftstroms können prinzipiell alle beweglichen Artikulationsorgane genutzt werden. Am (im wahrsten Sinne des Wortes) offensichtlichsten sind die Lippen, mit denen wir durch Aufeinanderdrücken den Luftstrom vollständig blockieren und einen erhöhten Luftdruck im Mund aufbauen können. Das beweglichste Artikulationsorgan ist unzweifelhaft die Zunge, mit der wir den Mundraum in recht unterschiedliche Bereiche aufteilen und damit die durch den Mund strömende Luft in recht unterschiedlicher Weise behindern können. Beweglich ist auch der weiche Gaumen (Velum), der mit dem Zäpfchen (Uvulum) endet. Wenn das Velum wie z.B. beim Lesen schlaff herunterhängt, entweicht die Luft durch die Nase. Wenn das Velum angehoben wird, verschließt es wie ein Ventil die Öffnung zum Nasenraum, so dass die Luft durch den Mund entweichen muss.

Artikulationsorgane

Diese knappe Skizze der artikulatorischen Bedingungen mag als Hintergrund genügen, vor dem sich nun die Bildung von Einzellauten beschreiben lässt. Die grundlegendste Entscheidung, die man bei der Klassifikation von Sprachlauten trifft, führt zur Unterscheidung in **Konsonanten** und **Vokale**. Aus artikulatorischer Sicht unterscheiden sie sich im Grad der Behinderung des Luftstroms: Eine starke Behinderung führt zu Konsonanten, eine eher schwache zu Vokalen. Bereits hier sei vermerkt, dass der Grad der Behinderung ein gradueller ist, die Unterscheidung in Konsonanten und Vokale folglich auch nur eine graduelle (und eben keine kategoriale) sein kann. Es gibt also konsonantischere und vokalischere Konsonanten ebenso wie vokalischere und konsonantischere Vokale.

Konsonanten und Vokale

Wenden wir uns nun den beiden Hauptklassen von Lauten getrennt zu. Bei den Konsonanten erfolgt eine grundlegende Unterscheidung in **Obstruenten** und **Sonoranten**. Letztere werden darüber definiert, dass sie spontan Stimmhaftigkeit erzeugen, während dieses bei ersteren nicht gegeben ist. Daher kennen die Obstruenten

Obstruenten und Sonoranten

wie [b] und [p] die Unterscheidung in „stimmhaft" und „stimmlos", die bei den Sonoranten wie [n] und [l] im Normalfall fehlt. Es gibt drei voneinander relativ unabhängige Ebenen, auf denen Einzelkonsonanten artikulatorisch bestimmt werden. Alle drei Parameter, nämlich der Grad der Behinderung, der Ort der maximalen Behinderung des Luftstroms und die Beteiligung der Stimmbänder, haben wir bereits kennengelernt. Der Grad der Behinderung heißt **Artikulationsart**, der Ort der Behinderung **Artikulationsort** und die Beteiligung der Stimmbänder **Stimmhaftigkeit**, wobei die Bezeichnung „Stimmlosigkeit" genauso adäquat wäre, da das Deutsche keinen neutralen Ausdruck zur Verfügung hat. Jeder einzelne Konsonant ist darüber zu erfassen (und von anderen zu unterscheiden), dass ihm ein spezieller Wert auf allen drei Ebenen zugewiesen wird. Diese Zuweisung ist weitgehend eine Minimalbeschreibung. Sehr viel detailliertere Angaben zu den einzelnen Lauten sind möglich und abhängig vom Zweck der Analyse manchmal auch nötig. Wir werden es hier mit einer Minimalbeschreibung bewenden lassen.

Artikulationsart, -ort und Stimmhaftigkeit

Schauen wir uns in einem nächsten Schritt die möglichen Ausprägungen der Konsonanten auf den einzelnen Ebenen an. Die Liste der Ausprägungen für die Artikulationsart und den Artikulationsort ist keineswegs vollständig.

(4) a. Artikulationsart   b. Artikulationsort   c. Stimmhaftigkeit

a. Artikulationsart	b. Artikulationsort	c. Stimmhaftigkeit
Näherungslaut (Approximant)	bilabial	stimmhaft
	labiodental	stimmlos
Engelaut (Frikativ)	alveolar	
Verschlusslaut (Plosiv)	palatal	
	velar	
	glottal	

Wie in (4) zu erkennen, ist die Stimmhaftigkeit ein binäres Merkmal, während Artikulationsart und -ort multinär sind. Unbedeutend ist die Tatsache, dass der Artikulationsort und die Stimmhaftigkeit mit Adjektiven, die Artikulationsart jedoch mit Substantiven beschrieben wird. Hier geht es weniger um eine einheitliche Wortart als um die Absicht, die gebräuchlichsten Termini einzuführen.

In (4a) nimmt der Grad der Behinderung des Luftstroms von oben nach unten zu. Der Begriff des Näherungslauts ergibt sich daraus, dass sich der aktive (= bewegliche) Artikulator an den passiven (= unbeweglichen) nur annähert und so der Luftstrom nur mäßig verändert wird. Mit dem Begriff des Engelauts wird anschaulich gemacht, dass der Luftstrom durch eine Enge geführt wird. Ein Verschlusslaut entsteht durch die bereits erwähnte vollständige Blockade des Luftstroms. Die gebräuchlichen lateinischen Begriffe sind in (4a) in Klammern mitangegeben.

Grad der Behinderung des Luftstroms

In (4b) werden wesentliche Orte benannt, an denen der Luftstrom behindert wird. Die Adjektive sind von den lateinischen Substantiven abgeleitet, mit denen die zumeist passiven Artikulatoren bezeichnet werden, an denen die Behinderung stattfindet. Die Anordnung in (4b) erfolgt von außen nach innen. Die Lippen bilden den äußersten Artikulator. Sind beide Lippen an der Lautproduktion beteiligt, sprechen wir von bilabialen Lauten; daneben ist auch der allgemeinere Ausdruck „labial" gebräuchlich. Wird die Unterlippe an die oberen Zähne gedrückt, entsteht ein labiodentaler Laut. Im Folgenden bewegen wir uns entlang des gebogenen Dachs des Munds („Gewölbe"). Dieser etwas ungewöhnliche Weg ist die Perspektive der Zunge, die aufgrund ihrer Lage im Mundboden und ihren hohen Beweglichkeit unterschiedliche Punkte im Gewölbe erreichen kann. Hinter den Zähnen liegt der Zahndamm (Alveolen), der einen beliebten Artikulationsort (alveolar) bildet, da sich die Zunge relativ wenig aus ihrer Ruhelage entfernen muss, um diesen Punkt zu erreichen. Hinter den Alveolen befindet sich der harte Gaumen (Palatum), der in den weichen Gaumen (Velum) übergeht. Die entsprechenden Laute heißen daher palatal bzw. velar. Da die Grenzen zwischen den Teilen des Gewölbes fließend sind, sind Zwischenstufen wie z.B. palato-alveolar und postalveolar miteinzubeziehen. Laute, die im Kehlkopf gebildet werden, werden als „glottal" bezeichnet, weil die Luft durch die Stimmritze (Glottis), der Raum zwischen den Stimmbändern, geleitet wird.

Schließlich werden in (4c) die beiden Ausprägungen der Stimmhaftigkeit, also stimmhaft und stimmlos erfasst.

In diesem dreidimensionalen Modell kann nun jeder Konsonant anhand der drei Parameter artikulatorisch bestimmt werden. Dieses sei exemplarisch an den Lauten [p], [b] und [t] vorgeführt. Die artikulatorischen Bedingungen, unter denen [p] und [b] entstehen, sind gut zu veranschaulichen. Beide Laute sind bilabial, weil sie unter Beteiligung der Lippen zustande kommen. Da die Lippen einen Verschluss bilden, gehören sie zur Klasse der Verschlusslaute. Der einzige Unterschied zwischen ihnen besteht in der Beteiligung der Stimmbänder an der Artikulation. Das [b] klingt weicher und ist stimmhaft, während das [p] härter klingt und stimmlos ist. Das [t] ist ebenfalls ein Verschlusslaut. Die Zunge bildet den Verschluss am Zahndamm. Insofern handelt es sich um einen alveolaren Laut. Da die Stimmbänder bei seiner Produktion nicht schwingen, ist er stimmlos.

Bestimmung der
Ähnlichkeit

Jetzt können wir unser ursprüngliches Ziel, die Ähnlichkeit von Lauten zu bestimmen, wieder in den Blick nehmen. Ähnlichkeit können wir nun über die Anzahl der übereinstimmenden artikulatorischen Eigenschaften operationalisieren. Je größer die Anzahl identischer Eigenschaften zweier Laute, desto ähnlicher sind sie. In unserem eben genannten Beispiel ist also die Ähnlichkeit zwischen [t] und [p] größer als die zwischen [t] und [b], da sich das erstere Paar nur im Bereich des Artikulationsorts (alveolar vs. bilabial), während sich das letztere Paar sowohl im Artikulationsort als auch in der Stimmhaftigkeit unterscheidet.

Vokalqualität und –quantität

Wenden wir uns nun der Beschreibung der Vokale zu. Hier empfiehlt sich zunächst die grundlegende Unterscheidung in **Vokalqualität** und **–quantität**. Unter der Qualität versteht man, umgangssprachlich gesagt, den Klang eines Vokals, unter Quantität seine Länge. Die Vokalqualität lässt sich in drei Parameter unterteilen. Die ersten beiden beziehen sich auf die Zunge, der dritte auf die Lippen. Da die Zunge sowohl ihre vertikale als auch ihre horizontale Position verändern kann, sind zur Beschreibung der Zungenposition bei der Vokalproduktion zwei Parameter nötig: die Zungenhöhe und die „Vorderheit" (Anteriorität) bzw. „Hinterheit" (Posteriorität) der Zun-

Zungenhöhe und Anteriorität

ge. Die Zungenhöhe beschreibt, wie sehr sich die Zunge dem Dach des Mundes annähert. Sie korreliert negativ mit der Öffnung des Mundes, so dass ein hoher Vokal mit wenig geöffnetem Mund und ein tiefer Vokal mit weit geöffnetem Mund gesprochen wird. In artikulatorischen Beschreibungen finden sich insofern die alternativen, aber äquivalenten Darstellungsmöglichkeiten „hoch" vs. „tief" und „geschlossen" vs. „offen".

Mit der „Vorderheit" bzw. „Hinterheit" der Zunge ist weniger die Streckbarkeit der Zunge nach vorne – hinten ist sie ohnehin angewachsen – sondern der Teil der Zunge gemeint, der Richtung Zungendach angehoben wird, anders gesagt, mit dem die Enge im Mundraum gebildet wird. Die unterschiedlichen Teile der Zunge können also „einzeln" angehoben werden. Als Namen für diesen Parameter verwenden wir die lateinische Bezeichnung Anteriorität („Vorderheit"), wobei Posteriorität („Hinterheit") genauso vorstellbar wäre.

Zu guter Letzt wird die Vokalproduktion auch durch die Aktivität der Lippen beeinflusst. Da die Lippen Muskeln sind, können sie sich aus ihrer Ruhestellung in zwei Richtungen verändern: Sie können gerundet oder gespreizt werden. Im ersteren Fall wird der Luftstrom durch eine schmale Öffnung, im letzteren Fall durch eine breitere Öffnung geführt und so der Mundraum verkürzt bzw. verlängert.

Es ergeben sich somit folgende Ausprägungen für die vier Parameter zur artikulatorischen Beschreibung der Vokale. Wie im Fall der Konsonanten ist die Liste unvollständig. Ebenso besteht eine ziemlich große Unabhängigkeit zwischen den einzelnen Parametern. Durch den Fokus auf die Zunge, deren Bewegung im Mundraum nur mäßig an festen Orientierungspunkten zu bestimmen ist, sind die Vokale mehr noch als die Konsonanten nur als relative Größen zu beschreiben.

(5)   a. Vokalhöhe/Geschlossenheit b. Anteriorität c. Lippenaktivität d. Länge

hoch/geschlossen	vorne	gespreizt	lang
halb hoch/halb geschlossen	zentral	neutral	kurz
halb niedrig/halb offen	hinten	gerundet	
niedrig/offen			

Zu betonen ist bei der Liste in (5), dass die einzelnen Ausprägungen nicht mehr als eine grobe Orientierung liefern und die Übergänge zwischen ihnen fließend sind. So kann ein langer Vokal relativ kurz und ein kurzer Vokal relativ lang sein. Ebenso können die Lippen stark oder schwach gerundet sein. Grobschnittig betrachtet ist nur die Vokalquantität binär; alle anderen Parameter sind multinär.

Greifen wir zur Veranschaulichung die Vokale [i:], [u:] und [e] heraus, wie sie in den Beispielwörtern *peel*, *pool* und *pet* zu finden sind. (In der phonetischen Umschrift kennzeichnet ein nachfolgender Doppelpunkt einen langen Vokal, kurze Vokale werden ohne Doppelpunkt notiert.) Die artikulatorische Beschreibung dieser drei Laute auf der Basis der vier Parameter sieht wie folgt aus:

(6)   a. /iː/ – hoch; vorne; leicht gespreizt; lang
      b. /uː/ – hoch; hinten; leicht gerundet; lang
      c. /e/ – halb hoch; vorne; leicht gespreizt; kurz

Bestimmung der Ähnlichkeit

Mithilfe der Beschreibung in (6) lässt sich die artikulatorische Ähnlichkeit der Vokale bestimmen. So ist sich das Paar /uː/ – /e/ maximal unähnlich, da die Eigenschaften der beiden Vokale auf keiner Ebene übereinstimmen. Die beiden Paare /iː/ – /uː/ und /iː/ – /e/ unterscheiden sich dagegen nur in jeweils zweierlei Hinsicht. Der Einfachheit halber wird bei diesem Vergleich angenommen, dass jeder Parameter in gleichem Maße zur Bestimmung der artikulatorischen Ähnlichkeit beiträgt.

Abschließend sei darauf hingewiesen, dass die obige Beschreibung nur für die Hauptgruppe der Vokale angemessen ist. Vokale lassen sich in relativ statische und dynamische Gebilde unterscheiden. Bei ersteren wird eine bestimmte Position der Artikulatoren angestrebt und gehalten; letztere werden durch eine ballistische Bewegung der Zunge im Mundraum definiert. Erstere sind ein-fach, weil eine einzige Position angepeilt wird; letztere sind zwei-fach, weil die Zungenbewegung unterschiedliche Anfangs- und Endpunkte aufweist und dieses bei der artikulatorischen Beschreibung berücksichtigt wird. Deshalb heißen erstere **Monophthonge** und letztere **Diphthonge**. Die obige Beschreibung der Vokale gilt nur für Monophthonge. Diphthonge werden als komplexe, zweiteilige Vokale wiedergegeben, wie z.B. das [aɪ] in *knife* oder das [aʊ] in *mouse*.

Monophthonge und Diphthonge

Akustische Phonetik

Schall

Wie in Kap. 2.2.4 dargelegt, werden in der akustischen Phonetik die physikalischen Eigenschaften des sprachlichen Schalls untersucht. Was also ist Schall? Um diese Frage zu beantworten, müssen wir wissen, dass Luft aus Molekülen besteht, die schwingen können. Durch die Schwingung stoßen sich die Moleküle gegenseitig an, versetzen also benachbarte Moleküle in Bewegung und übertragen damit Energie. Schall ist also in Schwingung versetzte Luft. Er breitet sich gleichförmig in alle Richtungen aus und wird mit zunehmender Entfernung von der Schallquelle schwächer. Die Luftmoleküle können unterschiedlich schnell schwingen. Mit der Anzahl der Schwingungen (Frequenz) pro Zeiteinheit (Sekunde), die die Maßeinheit

Hertz (Hz) ergibt, wird der Schall bestimmt. Eine hohe Frequenz bedeutet einen hohen Ton, eine niedrige Frequenz einen niedrigen. Die Schwingungen können periodisch und/oder aperiodisch sein. Unter „periodisch" versteht man „sich regelmäßig wiederholend". Periodischen Schall nennt man Klang, aperiodischen Schall Geräusch. Dieser grundsätzliche Unterschied bildet das akustische Fundament für die Unterscheidung sowohl zwischen Konsonanten und Vokalen als auch zwischen stimmhaften und stimmlosen Lauten, vgl. (7).

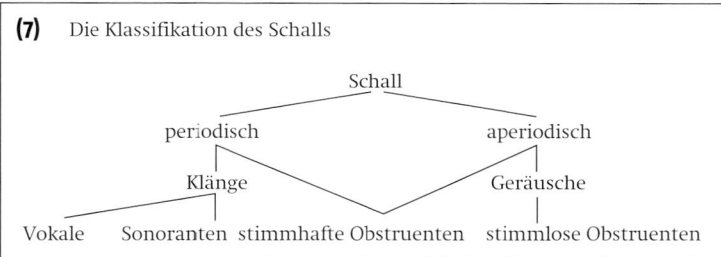

(7) Die Klassifikation des Schalls

Aus akustischer Sicht werden Vokale und Sonoranten als periodische Schwingungen definiert, stimmlose Obstruenten als aperiodische. Durch die Überlagerung von periodischer und aperiodischer Energie entstehen stimmhafte Obstruenten. Sie erweisen sich somit als Zwitterkategorie zwischen den Vokalen und den stimmlosen Konsonanten. Dieser Zwitterstatus ergibt sich aus der Tatsache, dass alle Vokale (im Englischen) stimmhaft sind. Folglich sind stimmhafte Obstruenten den Vokalen ähnlicher als stimmlose.

Klänge bestehen aus einem Grundton und einer Anzahl von harmonischen Schwingungen (sog. Harmonischen), die immer ein ganzzahliges Vielfaches der Frequenz des Grundtons sind. Der Grundton (F_0) mit den Harmonischen erfasst die Schwingung der Stimmbänder im Kehlkopf. Er bildet die Stimme ab, die für jeden Menschen charakteristisch ist und die wir beim Summen oder Singen verändern. Der Grundton ist insofern für die englische Sprache irrelevant, als damit keine unterschiedlichen Sprachlaute erzeugt werden. Ob ein Sprecher eine hohe oder tiefe Stimme besitzt, ist für seine Sprache als Kommunikationsmittel im engeren Sinn unerheblich.

Klänge

Modulation des
Grundtons

Wie im vorherigen Abschnitt erwähnt, modulieren die Resonanz-räume den Schall. Hier wird die eigentliche Sprache gemacht; hier erfolgt die differenzierte Lautbildung. Jeder Vokal hat seine ihm eigene Resonanzfrequenz, d.h. seine spezifischen Formanten (F_1, F_2 usw.). Über diese wird ein Vokal vom Hörer identifiziert, wobei insbesondere F_1 und F_2 zur Diskriminierung herangezogen werden. F_1 bildet die Vokalhöhe/Geschlossenheit des Munds ab, F_2 die Anteriorität (vgl. den vorherigen Abschnitt). Wir sehen hier also eine direkte Entsprechung von artikulatorischer und akustischer Phonetik.

Die akustische Analyse sei anhand der drei Vokale [iː], [uː] und [ɑː] veranschaulicht.

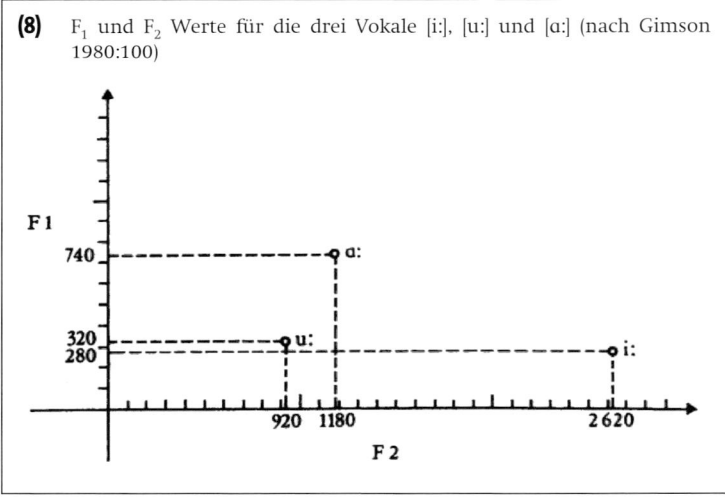

(8) F_1 und F_2 Werte für die drei Vokale [iː], [uː] und [ɑː] (nach Gimson 1980:100)

Wie die Abbildung in (8) zeigt, hat [iː] einen niedrigen F_1 aber einen hohen F_2. Da [ɑː] ein offener Vokal ist, hat er einen hohen F_1. Da [uː] ähnlich geschlossen wie [iː] ist, haben beide einen ähnlich niedrigen F_1. Und da [iː] ein vorderer Vokal und [uː] ein hinterer Vokal ist, unterscheiden sie sich deutlich in ihrem F_2. Wir sehen also nicht nur, wie Vokale akustisch definiert werden, sondern auch, wie sich Ähnlichkeiten zwischen ihnen in der akustischen Phonetik ermitteln lassen.

Die Schallanalyse erfolgt mithilfe der drei Parameter der Dauer, der Frequenz und des Ausmaßes der Schwingung. Mit letzterem wird die Entfernung zwischen Ruhepunkt und maximalem Ausschlag, auch Amplitude genannt, erfasst. Die Amplitude bestimmt die Lautstärke des akustischen Signals. Diese drei Parameter des Schalls werden im sog. **Spektrogramm** visualisiert. Der Grad der Schwarzfärbung gibt die Amplitude wieder. Auf der Abszisse wird die Zeit abgetragen, auf der Ordinate die Frequenz. So erfährt man, wie lange ein akustisches Ereignis andauert und wo im Frequenzspektrum wie viel akustische Energie konzentriert ist. Schauen wir uns dazu die Spektrogramme von *chess* [tʃes] und *jazz* [dʒæz] im Vergleich an.

Spektrogramm

---

(9)   Spektrogramme von *chess* und *jazz* (nach Scherer/Wollmann 1972:29)

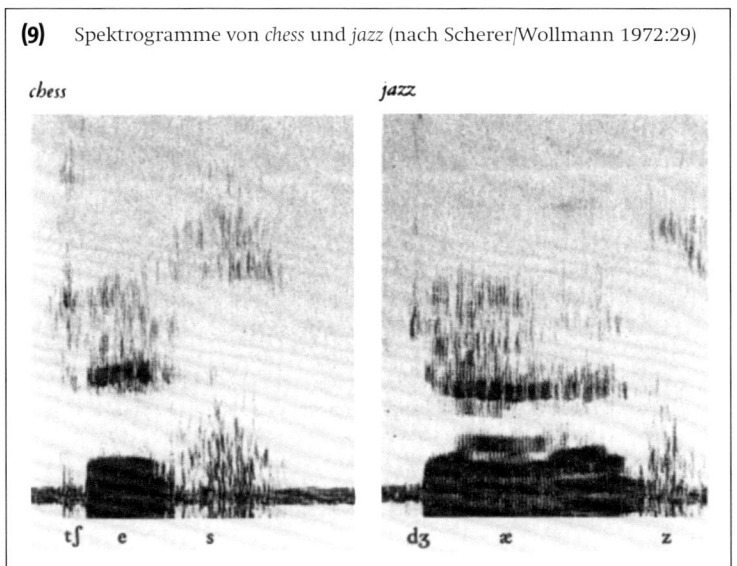

Die Spektrogramme für *chess* und *jazz* zeigen deutlich die horizontale Schichtung, die sog. Balkenstruktur der Vokale. Von unten nach oben gehend beobachten wir einen Wechsel von schwarzen und weißen Schichten. Die schwarzen Schichten bilden die Formanten ab, also die Spektralbereiche, in denen die Schwingung am stärksten ist. Die weißen Flächen zeigen die Frequenzbereiche an, in denen keine Schwingungen stattfinden. Je höher der Formant, desto weniger Energie hat er.

horizontale Schichtung

Die Tatsache, dass im Spektrogramm die Dauer der Schwingung erfasst wird, könnte zu der Annahme verleiten, dass die Dauer eines

Phons präzise zu bestimmen sei. Dem ist jedoch nicht so. Eine erstaunliche Erkenntnis, die sich aus Spektrogrammen herleiten lässt, ist die „Grenzenlosigkeit" der Phone. Es gibt keine vertikalen weißen Flächen im Spektrogramm, d.h., die einzelnen Phone sind in der Regel nicht scharf voneinander zu trennen, sondern gehen fließend ineinander über. Dieser Effekt zeigt sich beispielsweise im Wort *jazz*, bei dem nicht genau festzulegen ist, wo der Vokal aufhört und der Endkonsonant anfängt. Diese Eigenschaft nennen wir die **Kontinu-**

Kontinuierlichkeit und
Diskretheit

ierlichkeit des akustischen Signals. Sie steht im Gegensatz zur **Diskretheit** der gedruckten Schriftsprache, bei der zwischen jedem Buchstaben ein kleiner Abstand, also eine weiße Fläche erscheint. Wenn wir lesen, nehmen wir diese weißen Flächen innerhalb eines Worts gar nicht wahr (Leerzeichen zwischen Wörtern als Grenzmarkierung hingegen sehr wohl).

Dass das akustische Signal gar nicht anders als kontinuierlich sein kann, wird uns unmittelbar einsichtig, wenn wir uns vergegenwärtigen, dass wir beim Sprechen keine Pausen zwischen den Lauten eines Worts setzen. Wir sprechen nicht Laut für Laut „l – o – s", wir sagen „los". Trotzdem würden wir vielleicht mehr Eindeutigkeit im Spektrogramm erwarten – eine Erwartung, die mit Sicherheit auf unsere Erfahrung mit der Schriftsprache zurückzuführen ist. Vor diesem Hintergrund sind die Lautzeichen und ihre Positionen im Spektrogramm zu verstehen. Sie sind „künstlich" unter das Abbild des Schalls in (9) gesetzt, um dem Leser zu zeigen, welches Wort gemessen wurde. Die Lautzeichen können weder die Dauer der Phone noch die Dynamik des akustischen Signals erfassen. Ihre Position ist rein approximativ und nur als Orientierungshilfe für den Leser zu verstehen.

Die kontinuierliche Repräsentation des akustischen Signals bedeutet dennoch nicht, dass die Dauer von Phonen gar nicht zu bestimmen wäre. Selbst ohne eine genaue Grenzziehung lassen sich zuverlässige Aussagen über die relative Dauer machen. Kommen wir dazu auf *chess* und *jazz* zurück. Das Spektrogramm in (9) zeigt sehr deutlich, dass der Vokal in *chess* viel kürzer als der Vokal in *jazz* ist. Umgekehrt ist zu erkennen, dass der Endkonsonant in *chess* länger als der Endkonsonant in *jazz* ist.

Wir haben eben anhand der Abbildungen in (9) festgestellt, dass die Phone eines Wortes ineinander übergehen. Wie steht es aber mit Wörtern? Sind Wörter diskret repräsentiert, d.h., gibt es im akustischen Signal Pausen zwischen ihnen? Nichts anderes würden wir erwarten, da wir ja einzelne Wörter heraushören wollen und dieser Prozess der Worterkennung ungemein erleichtert werden würde, wenn wir auf Segmentierungshilfen wie Pausen zurückgreifen könnten. Schauen wir uns dazu das Spektrogramm von *visible speech* in (10) an.

(10) Spektrogramm von *visible speech* (wiederabgedruckt mit freundlicher Genehmigung des Verlags Karger, Basel)

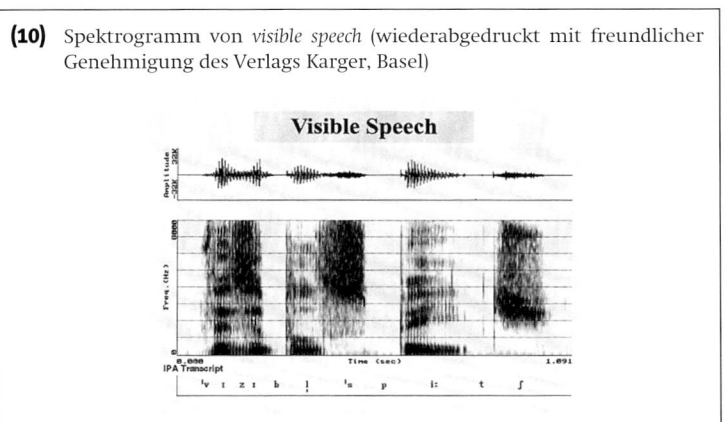

Jetzt dürfen wir wirklich überrascht sein! Obwohl eine Veränderung der Spektralform beim Übergang von [l] zu [s] unschwer zu erkennen ist, gibt es keine vertikale weiße Fläche zwischen dem Ende von *visible* und dem Anfang von *speech*. Die Abwesenheit von Wortgrenzen im akustischen Signal erzwingt eine Schlussfolgerung von erheblicher Tragweite: Wenn Wortgrenzen in der physikalischen Welt nicht existieren, das Sprachverständnis aber die Zerlegung in Einzelwörter erfordert, müssen Wortgrenzen in der psychologischen Welt, also in den Köpfen der Sprachbenutzer gezogen werden. Wortgrenzen sind demnach mentale „Erfindungen". Hiermit sind wir aber bereits in der auditiven Phonetik angelangt.

Wortgrenzen als mentale Erfindungen

    Nun ist es allerdings nicht so, dass das akustische Signal überhaupt keine Pausen kennen würde. Ein weiterer Blick auf die Abbildung in (10) zeigt immerhin drei weiße vertikale Flächen, und zwar bei der Produktion von [b], [p] und [t]. Wir erinnern uns aus dem vorangegangenen Abschnitt, dass es sich bei diesen Phonen um Verschlusslaute handelt und dass Verschlüsse durch eine Unterbrechung des Luftstroms zustande kommen. In (10) werden wir nun die akustischen Konsequenzen dieser artikulatorischen Strategie gewahr. Wenn keine Luft entweichen kann, bedeutet das unweigerlich „Funkstille". Unsere intuitiven Vorstellungen von Wörtern, Pausen und dem Auftretenszeitpunkt von Pausen werden hier also ziemlich auf den Kopf gestellt.

Eine Reihe weiterer Aspekte in (10) sind erwähnenswert. Generell gilt, dass Vokale deutlich mehr schwarze Flächen, also mehr akustische Energie erzeugen als Konsonanten. Dieses ist die akustische Untermauerung für die Beschreibung der Vokale als Laute, bei denen die Luft ziemlich ungebremst entweicht. Aber auch bei einigen Konsonanten kann man eine hohe Energiekonzentration verzeichnen. Wir sehen dieses am Beispiel von [s] und [ʃ] in (10). Viel weniger Energie ist hingegen bei [v] und [l] vorhanden. Weiterhin ist auffällig, dass [s] und [ʃ] eine Energiekonzentration relativ weit oben im Frequenzspektrum aufweisen. Schließlich sei darauf aufmerksam gemacht, dass die Artikulation von *visible speech* ungefähr eine Sekunde

Sprechtempo dauert. Die Artikulation von 11 Phonen innerhalb einer Sekunde ist überaus bemerkenswert – insbesondere wenn man weiß, dass diese Äußerung in einem normalen Sprechtempo artikuliert worden ist. Die Produktion von Sprache erscheint somit als eine erstaunlich schnelle Abfolge und Integration artikulatorischer Gesten.

Mithilfe von Spektrogrammen lassen sich nun die akustischen Eigenschaften der Laute einer Sprache bestimmen. Weiter oben wurde exemplarisch gezeigt, wie diese Bestimmung für Vokale erfolgt. Für Konsonanten ist die Frage, wo im Frequenzspektrum eine Energiekonzentration erfolgt. Wie wir eben anhand von (10) festgestellt haben, zeichnen sich die „Zischlaute" [s] und [ʃ] durch eine relativ hohe Hertzzahl (und mehr Lautstärke) aus. Ihnen gegenüber stehen Laute wie [p], [k] und der sog. „Ach-Laut", also der Konsonant in *ach* [χ], die viel aperiodische Energie im unteren Bereich des Frequenzspektrums aufweisen. Diese akustischen Charakteristika tragen natürlich auch Namen. So werden Laute des letzteren Typs als „dunkel", Laute des ersteren Typs als „Sibilanten" bezeichnet.

Auf der Grundlage dieser (und weiterer) Eigenschaften lässt sich die Ähnlichkeit von Lauten in akustischer Hinsicht bestimmen. Die Laute [p] und [χ] sind sich beispielsweise ähnlicher als die Laute [p] und [s], da erstere die akustische Eigenschaft „dunkel" gemein haben, letztere jedoch nicht.

Auditive Phonetik

In der auditiven Phonetik steht der Hörer im Mittelpunkt der Untersuchung. Es geht somit um die Frage, was er mit dem akustischen Signal macht, wie er es verarbeitet und in eine mentale Repräsentation überführt. Die auditive Phonetik weist insofern eine fließende Grenze zur Psycholinguistik auf, die sich auf der rezeptiven Seite mit dem Sprachverstehen beschäftigt (vgl. Kap. 2.2). Auf diesen Bereich der Phonetik soll hier nur kurz eingegangen werden.

Ganz grundsätzlich liegt die Aufgabe der auditiven Phonetik in der Klärung der Frage, welche akustischen und artikulatorischen Eigenschaften von Hörern wie interpretiert werden. Wir dürfen uns den sprachlichen Schall sowohl reich wie auch arm an Information vorstellen. Ein informationsreiches (überspezifiziertes) Signal bedeutet, dass Hörer zwischen verschiedenen Eigenschaften zum Aufbau der mentalen Repräsentation auswählen können. Ein informationsarmes (unterspezifiziertes) Signal bedeutet, dass Hörer die benötigte Information in einem aktiven Prozess selbst erstellen müssen. Ein Beispiel für diesen Fall haben wir im vorherigen Abschnitt bereits kennengelernt: Das akustische Signal enthält keine Wortgrenzen. Diese Information muss also im Signalverarbeitungsprozess neu aufgebaut werden. Hierzu greifen Hörer auf rhythmische und lautsequenzielle Faktoren zurück. Eine betonte Silbe wird (zumindest im Englischen) als Wortanfang und gewisse Laute bzw. Lautfolgen als typische oder untypische Wortanfänge bzw. -enden interpretiert.

Wenn sich die Elemente eines Wortpaares durch mehr als eine Eigenschaft unterscheiden, kann untersucht werden, auf welche dieser Eigenschaften Hörer (vorzugsweise) zurückgreifen. Betrachten wir dazu die Beispiele *beat* und *bead* im Englischen. Die beiden Wörter unterscheiden sich nicht nur in der Stimmhaftigkeit des Endkonsonanten ([t] ist stimmlos, [d] ist stimmhaft), sondern auch in der phonetischen Dauer des Vokals: das [i:] in *beat* ist kürzer als das [i:] in *bead*. (Dieser Unterschied erinnert uns an die unterschiedliche Dauer der Vokale in *chess* und *jazz* (vgl. (9) oben), bei denen es sich natürlich um verschiedene Vokale handelt). Die Frage ist also, ob sich Hörer zur Unterscheidung der beiden Wörter mehr auf die Vokaldauer oder auf die Stimmhaftigkeit der Endkonsonanten verlassen. Die Antwort ist eindeutig. Obwohl es sich bei den beiden Vokalen „eigentlich" um den gleichen Vokal handelt, wird die quantitative Information im Vokal als Unterscheidungskriterium zwi-

auditive Relevanz

schen den beiden Wörtern herangezogen. Die vokalische Information ist (in diesem Fall) also auditiv (perzeptuell) relevanter als die konsonantische.

Wie ähnlich sich Phone im Hörereindruck sind, lässt sich beispielsweise anhand von Verhörerdaten bestimmen. Ein Verhörer ist eine sprachliche Fehlleistung, bei der ein Hörer ein Nonsenswort oder ein anderes Wort versteht, als der Sprecher gesagt hat, vgl. (11).

(11) They had a section for the death. Statt: for the deaf

Hier ist offenbar das [f] als [θ] („th") verhört worden. Fehler und beabsichtigter Laut sind sich in artikulatorischer Hinsicht sehr ähnlich, da sie beide stimmlose Frikative sind. Der Unterschied besteht nur im Artikulationsort. Tatsächlich zeigen die Verhörerdaten generell, dass vornehmlich ähnliche Laute verwechselt werden. Aus der Tatsache, dass diese Ähnlichkeit sowohl artikulatorisch wie auch akustisch definiert ist, lässt sich der Schluss ziehen, dass Hörer im Perzeptionsprozess auf beide Informationstypen zurückgreifen.

Zur Übereinstimmung von artikulatorischer und akustischer Ähnlichkeit

Rufen wir uns ins Gedächtnis zurück, dass die obige Einführung in die Phonetik unter dem Aspekt erfolgte, die Ähnlichkeit von Phonen zu bestimmen, um darüber Phoneme identifizieren zu können. Wie wir gesehen haben, lässt sich die lautliche Ähnlichkeit in zwei recht unterschiedlichen Welten, der Welt der Artikulatorik und der Welt der Akustik definieren. (Die Welt der Auditorik lassen wir außer Acht.) Die Bestimmung der lautlichen Ähnlichkeit stellt nun solange kein Problem dar, wie diese beiden Welten deckungsgleich sind bzw. gemacht werden können. Artikulatorische Eigenschaften müssen also auch akustisch definierbar sein und umgekehrt. Diese Übereinstimmung ist weitgehend, aber nicht gänzlich gegeben. Die grundlegende Unterscheidung in Konsonanten und Vokale ist sowohl artikulatorisch als auch akustisch definiert: durch den Grad der Behinderung des Luftstroms in der Artikulatorik und durch die Periodizität des Schalls in der Akustik. Gleiches gilt für die grundlegende Unterscheidung in stimmlose und stimmhafte Konsonanten. Wiederum ist die Periodizität des Schalls in der akustischen Phonetik entscheidend. In der artikulatorischen Phonetik zählt die Schwingung der Stimmbänder. Die Übereinstimmung zwischen beiden Welten reicht weit über die genannten Unterscheidungen hinaus. So ist uns bereits bekannt, dass die Klasse der Verschlusslaute artikulatorisch durch die völlige Blockade des Luftstroms und akustisch (u.a.) durch die Abwesenheit von Schall definiert ist.

Allerdings ist die Übereinstimmung zwischen akustischen und artikulatorischen Eigenschaften nicht vollständig. Eine grundlegende Diskrepanz weisen die Sonoranten auf, die aus artikulatorischer Sicht zu den Konsonanten, aus akustischer Sicht jedoch zu den Vokalen gehören. Die Bestimmung der Ähnlichkeit zwischen Sonoranten und anderen Lautklassen ist daher nicht eindeutig. So sind sich Sonoranten und Konsonanten in akustischer Hinsicht weniger ähnlich als in artikulatorischer Hinsicht.

Wir halten somit fest, dass die Bestimmung der lautlichen Ähnlichkeit keine triviale Angelegenheit ist. In vielen Fällen ist sie unproblematisch, da es ein relativ hohes Maß an Übereinstimmung zwischen den akustischen und den artikulatorischen Kriterien gibt. Dort, wo es keine Übereinstimmung gibt, muss die Bestimmung der Ähnlichkeit separat in der artikulatorischen und der akustischen Welt vorgenommen werden. Praktisch erfolgt sie im einfachsten Fall über eine Zählung der identischen bzw. nicht-identischen Eigenschaften zweier Laute.

Abschließend bleibt zu klären, wie die Ähnlichkeit als Kriterium zur Phonembestimmung genutzt wird. Wie oben ausgeführt wurde, erhöht sich mit zunehmender Ähnlichkeit die Wahrscheinlichkeit, dass zwei Phone demselben Phonem zuzuschlagen sind. Diese Faustregel ist jedoch nicht dahingehend zu verstehen, dass Phone, die sich nur in einer phonetischen Eigenschaft unterscheiden (z.B. [p] und [b] im Merkmal der Stimmhaftigkeit) notwendig zum selben Phonem gehören. Wir dürfen nicht vergessen, dass wir nur eine minimalistische Beschreibung der Phone vorgenommen haben. Wenn man tiefer in die phonetischen Details geht, werden weitere Unterschiede zwischen Phonen wie [p] und [b] offenkundig, so dass auf der phonetischen Ebene die Stimmhaftigkeit nicht als der einzige Unterschied angesehen werden kann. Es ist daher ratsam, die Ähnlichkeitsregel primär in die entgegengesetzte Richtung auszulegen und zu argumentieren, dass mit zunehmender Unähnlichkeit die Wahrschein-

Sonoranten

Bedeutung der Unähnlichkeit

lichkeit wächst, dass zwei Phone unterschiedlichen Phonemen zuzuordnen sind.

6.1.2 | **Distribution**

Nach diesem längeren Exkurs in die Phonetik kommen wir zum
zweiten Kriterium zur Bestimmung von Phonemen. Laute haben
nicht nur, wie oben gezeigt, intrinsische Eigenschaften, sondern
lassen sich auch extrinsisch beschreiben. Damit ist gemeint, dass sie
in speziellen lautlichen Nachbarschaften auftreten und dass sie in
Position und Kontext   speziellen Positionen in einer Silbe oder einem Wort vorkommen
können. Die Zufallshypothese besagt, dass es keinen Effekt gibt: Jeder
Laut tritt in jeder beliebigen Umgebung und an jeder beliebigen
Stelle gleichhäufig auf. Diese Hypothese trifft offensichtlich nicht zu:
Sprachliche Laute weisen mehr oder weniger starke Beschränkungen in ihren Stellungs- und Kombinationsmöglichkeiten auf. Beginn-
nen wir mit ersteren und schauen uns die folgenden einsilbigen
Wörter unter dem Aspekt der Verteilung von Konsonanten und Vokalen an.

(12)   hit, gas, flip, tree, at, apt, a

Alle Beispiele in (12) enthalten zumindest einen Vokal. Zusätzlich
können ein oder zwei Konsonanten vor oder nach dem Vokal auftreten. Der Vokal bildet insofern den obligatorischen Silbenkern, während sich die Konsonanten fakultativ um den Vokal herum anordnen. In Hinblick auf die Stellungsmöglichkeiten erscheinen die
Vokale also in der Silbenmitte und die Konsonanten an den Silben-
rändern. Konsonanten und Vokale verteilen sich somit unterschiedlich über die Silbe: sie haben eine unterschiedliche **Distribution**.

Die Distribution wird häufig unter dem Aspekt betrachtet, was
nicht möglich ist. Man spricht insofern von distributionellen Beschränkungen. Diese können absoluter oder relativer Art sein. Es ist
selten, dass ein Konsonant gleich oft vor dem Vokal (prävokalisch)
oder nach dem Vokal (postvokalisch) auftritt. In der Regel bevorzugen Konsonanten die eine oder die andere Position. So kommt das
[n] häufiger postvokalisch und das [b] häufiger prävokalisch vor. Im

Extremfall gibt es neben diesen Tendenzen auch absolute Beschränkungen. So findet sich das [h] nie am rechten, sondern immer nur am linken Silbenrand.

Sobald wir nicht mehr Einzelkonsonanten, sondern Konsonantenverbindungen (**Cluster**) betrachten, nehmen die Beschränkungen rapide zu. Hier wird dann schnell ein Zusammenhang zwischen den Kombinationsmöglichkeiten und der Silbenposition erkennbar, vgl. (13) – (14).

Konsonantencluster

(13) a. **cl**ap
    b. **pl**ight
    c. **tr**ick

(14) a. mi**lk**
    b. he**lp**
    c. cou**rt** (Amerikanisches Englisch)

Wir finden prävokalische Konsonantencluster in (13) und postvokalische in (14). Es ist unschwer zu erkennen, dass die Konsonanten in (14) die Spiegelbilder der Konsonanten in (13) sind. Die Verschlusslaute [k, p, t] stehen also am äußersten Silbenrand, während [l] und [r] den inneren Rand besetzen. Damit sind wir auf eine generelle kombinatorische Beschränkung gestoßen. Eine Umkehrung der belegten Reihenfolge, also prävokalisches [lk] und postvokalisches [kl] sind als Bestandteile einer Silbe im Englischen ausgeschlossen. Die einzige Ausnahme zu dieser Regel betrifft Cluster bestehend aus einem [s] + Verschlusslaut. Diese können, wie die Beispiele in (15) – (16) zeigen, ohne Veränderung der Reihenfolge sowohl prävokalisch als auch postvokalisch auftreten.

(15) a. **st**eep
    b. **sk**ill
    c. **sp**eed

(16) a. bea**st**
    b. fla**sk**
    c. ra**sp**

(17) a. bli**ts**
    b. a**xe**
    c. la**ps**e

Wie aus den Beispielen in (17) ersichtlich ist, erlauben die [s] + Verschlusslaut-Verbindungen dieselbe Spiegelbildlichkeit wie alle anderen Cluster auch. In dieser Hinsicht sind sie also nicht auffällig. Ihre Besonderheit besteht vielmehr darin, dass sie in ein und derselben Position (postvokalisch) alternative Reihenfolgen erlauben, wie der Vergleich von (16) und (17) zeigt. Es ist bemerkenswert, dass diese

Freiheit am Silbenanfang nicht besteht. Im Englischen können Silben nicht mit Verschlusslaut + [s] beginnen.

Die Lehre der Kombinationsmöglichkeiten phonologischer Elemente heißt **Phonotaktik**. Da das Augenmerk wie erwähnt mehr auf das gerichtet ist, was in einer Sprache nicht möglich ist, spricht man auch von **phonotaktischen Beschränkungen** (Restriktionen). Selbige sind also bei [s] + Verschlusslaut-Clustern geringer als bei den anderen Konsonantengruppen. Und wenn man nur den Fall der [s] + Verschlusslaut-Verbindungen betrachtet, scheinen diese Restriktionen am Silbenanfang stärker als am Silbenende zu sein.

Am Beispiel der Konsonantencluster offenbart sich ein bemerkenswertes Verhältnis zwischen Wortpaaren und phonologischen Einheiten. Wie oben gezeigt, ist diejenige Reihenfolge, die in der einen Position möglich ist, in der anderen Position ausgeschlossen (wenn wir die [s] + Verschlusslaut-Cluster einmal beiseitelassen). Dieses Verhältnis ist nicht auf Reihenfolgeentscheidungen beschränkt. Denn die Aussprache von einzelnen Lauten ist ganz generell von der Position und der Nachbarschaft abhängig, in der sie auftreten. Vergleichen wir dazu die Aussprache des [k] in *king* und *queen*. Wenn man (z.B. im Spiegel) die Lippenform bei der Artikulation des Wortanfangs beobachtet, ist unschwer zu erkennen, dass die Lippen bei der Aussprache von *king* ungerundet, bei der Aussprache von *queen* jedoch gerundet sind. Wir haben es hier also mit zwei unterschiedlichen [k]s zu tun, einem ungerundeten und einem gerundeten. Um beide Formen voneinander zu unterscheiden, wird das gerundete [k] mit dem zusätzlichen (hochgestellten) Zeichen [ʷ] versehen, also [kʷ]. Diese Wahl ergibt sich einfach daraus, dass bei der Artikulation des [w] wie in *way* die Lippen gerundet sind. Die Sprecher des Englischen müssen sich also bei der Aussprache eines jeden [k] für eines der beiden [k]s entscheiden. Diese Entscheidung wird durch den lautlichen Kontext vorgegeben. In *king* folgt auf den Anfangslaut der ungerundete Vokal [ɪ], während in *queen* auf das Anfangs-[k] der gerundete Laut [w] folgt. Dieser beeinflusst also seinen Nachbarn zur Linken, indem er ihm seine Lippenrundung überstülpt. Diesen Prozess nennt man **Assimilation**, da die beiden benachbarten Laute nach der Beeinflussung ähnlicher sind, als sie es davor waren.

Wie bei der Reihenfolge der Elemente von Konsonantenclustern haben wir es hier mit einem eindeutig geregelten Wechselspiel von Position und Aussprache zu tun. Das [kʷ] erscheint immer vor [w], das [k] immer vor ungerundeten Lauten, aber nie umgekehrt. Dort,

Randnotizen:
Phonotaktik

phonotaktische Beschränkungen

zwei Sorten [k]

Assimilation

wo die eine Sorte [k] steht, kann die andere also nie stehen. Die beiden [k]s stehen damit in einem wechselseitigen Ausschlussverhältnis. Da sie unter sich „den Kuchen aufteilen" und zusammen den ganzen Kuchen ausmachen, ergänzen sie sich in ihren Aufgaben. Sie sind, im Fachjargon gesagt, komplementär distribuiert. Das Verhältnis der beiden [k]s zueinander bezeichnet man demnach als **komplementäre Distribution**.

komplementäre Distribution

Die komplementäre Distribution kann nun in ganz unerwarteter Weise als Argument für die Bestimmung von Phonemen genutzt werden. Wenn zwei Laute komplementär distribuiert sind, teilen sie sich denselben und nicht zwei verschiedene Kuchen. So lässt sich argumentieren, dass sie zum selben Kuchen gehören. Das Wort „Kuchen" ist hier als umgangssprachlicher Ausdruck für Phonem zu verstehen. Aufgrund ihrer komplementären Distribution gehören [k] und [kʷ] also zu ein und demselben Phonem /k/. Die allgemeine Regel lautet somit, dass zwei Phone Varianten desselben Phonems sind, wenn sie in komplementärer Distribution stehen.

Die Logik dieses Prinzips lässt sich gut über seine literarische (und filmische) Umsetzung verdeutlichen. In seinem Roman „Dr. Jekyll and Mr. Hyde" beschreibt Stevenson zwei Protagonisten, die, so scheint es dem Leser, als unabhängige Wesen agieren. Allerdings treten sie nie gemeinsam auf, denn Hyde erscheint nur tags und Jekyll nur nachts. Da sie sich somit den zeitlichen Kuchen teilen, sind sie komplementär distribuiert. Die Geschichte löst sich dahingehend auf, dass Jekyll und Hyde dieselbe Person sind. Jekyll ist der nachtaktive Hyde und umgekehrt. Diese Erzählung basiert also auf dem Prinzip der komplementären Distribution. Genauso verhält es sich im Comic und im Film, vgl. Superman und Clark Kent ebenso wie Spiderman und Peter Parker oder Batman und Bruce Wayne.

Funktion

6.1.3

Die komplementäre Distribution fußt auf dem Prinzip der Vorhersagbarkeit. So wie aufgrund der Tageszeit vorhersagbar ist, ob Jekyll oder Hyde unterwegs sind, so ist aufgrund des lautlichen Kontextes vorhersagbar, wann [k] und wann [kʷ] auftritt. Allerdings ist nicht jede Information vorhersagbar. Beispielsweise bestimmt der rechtsseitige Kontext -*ing* nicht, dass davor ein [k] steht. Es könnte nämlich anstelle des [k] auch ein [s] (*sing*) oder ein [θ] (*thing*) oder gar ein [fl] (*fling*) erscheinen. Welcher Laut gewählt wird, bestimmt also nicht die Sprache mit ihren phonotaktischen Regeln wie der Assimilation, sondern die Sprecher, die sich aufgrund ihrer Redeabsicht für bestimmte Wörter entscheiden. Damit rückt die Ebene der Wörter, die lexikalische Ebene (vgl. Kap. 5) ins Zentrum des Interesses. Die Frage heißt jetzt: Welche Wörter gibt es in einer Sprache, die sich wie im obigen Beispiel bei gleichem Kontext *-ing* in ihrem Anfangslaut unterscheiden (z.B. *king* und *thing*)? Da Wörter bedeutungstragend sind (siehe Kap. 5 und im folgenden Kap. 7 und 8) und da sich *king* und *thing* nur in ihrem Anfangslaut unterscheiden, können wir die Funktion von [k] und [θ] als eine bedeutungsunterscheidende beschreiben. Aufgrund dieser Funktion können [k] und [θ] auch nicht zur gleichen phonologischen Kategorie gehören, denn ihre unterscheidende Funktion setzt voraus, dass sie selbst unterschiedliche „Wesen" sind. Insofern lautet die allgemeine Regel: Wenn zwei Laute bedeutungs-

Distinktivität unterscheidend (= **distinktiv**) sind, gehören sie zu unterschiedlichen phonologischen Kategorien. Die Distinktivität wird damit zu einem wesentlichen Unterscheidungskriterium zwischen Phonen und Pho-nemen: Machen zwei Laute in einem Wortpaar (auch Minimalpaar

Minimalpaaranalyse genannt) den einzigen formalen Unterschied aus, erwerben sie darüber den Status von Phonemen. Phoneme werden funktional gesehen also als distinktive Größen definiert. Damit ist der Zusammenhang von Phonem und Bedeutung, der in Kap. 5.1 noch etwas vage gehalten werden musste, geklärt. Das semiotische Prinzip der Form-Funktions-Beziehung wird auf allen Ebenen der sprachlichen Hierarchie (Kap. 5) befolgt, wenn auch auf unterschiedliche Weise. Während die Einheiten der untersten Ebene Bedeutung („nur") unterscheiden, tragen die Einheiten der höheren Ebenen selbst Bedeutung.

6.1.4 | Anwendung der Kriterien auf das Beispiel [h] ~ [ŋ]

In den meisten Fällen führt die Anwendung der drei Kriterien zur Phonembestimmung zum gleichen Ergebnis. Dem ist jedoch nicht zwangsläufig so, da die einzelnen Kriterien eine gewisse Unabhängigkeit voneinander aufweisen. Das Beispiel, das zur Veranschaulichung dieser relativen Unabhängigkeit jetzt analysiert werden soll, betrifft die Phone [h] und [ŋ] (wie in *hat* und *ring*). Wie bereits erwähnt, tritt [h] nur am Silbenanfang (silbeninitial) auf. Für [ŋ] gilt umgekehrt, dass es nur am Silbenende (silbenfinal) vorkommt. Beide Laute sind somit komplementär distribuiert. Nur am Rande sei erwähnt, dass die Grundlage dieser komplementären Distribution die Silbenposition ist, da diese beiden Laute auf unterschiedliche Positionen beschränkt sind. Demgegenüber ist das Verhältnis von [k] und [kʷ] wie in *king* und *queen* aber nicht positionsbasiert, da beide Laute silbeninitial auftreten. Bei ihnen liegt also eine andere Form der komplementären Distribution vor, die als kontextbasiert bezeichnet werden kann.

Die komplementäre Distribution von [h] und [ŋ] ist also ein Argument dafür, sie als ein und dasselbe Phonem anzusehen. Durch ihre komplementäre Distribution ist es von vornherein ausgeschlossen, dass wir Minimalpaare finden, die sich nur durch [h] und [ŋ] unterscheiden. Hier wird eine gewisse Abhängigkeit zwischen dem Kriterium der Distribution und dem Kriterium der Distinktivität deutlich. Insofern kann die Abwesenheit von Minimalpaaren auch schwerlich als weiteres (unabhängiges) Argument für die Hypothese geltend gemacht werden, dass [h] und [ŋ] zum selben Phonem gehören.

Die vorläufige Schlussfolgerung, [h] und [ŋ] als ein und dieselbe phonologische Kategorie zu betrachten, stößt auf Unbehagen. Wenn man einmal davon absieht, dass die beiden Laute mit unterschiedlichen Buchstaben wiedergegeben werden, ist dieses Unbehagen wahrscheinlich in der intuitiven Anwendung des Ähnlichkeitsprinzips begründet. Die Phone [h] und [ŋ] sind sich in phonetischer Hinsicht so unähnlich, dass eine Zuweisung in dieselbe phonologische Kategorie ausgeschlossen erscheint. Die artikulatorische Analyse bestätigt diesen Eindruck: [h] ist ein stimmloser glottaler Frikativ, [ŋ] ein stimmhafter velarer Nasal.

Wir stehen damit vor einer Pattsituation. Ein Argument spricht für einen einheitlichen Status der beiden Laute, ein weiteres dagegen. Ohne eine Gewichtung der Kriterien ist diese Pattsituation nicht aufzulösen. Gibt man dem Kriterium der Ähnlichkeit den Vorrang, haben wir es mit zwei Phonemen zu tun; sieht man jedoch das distributionelle Kriterium als vorrangig an, handelt es sich um ein und dasselbe Phonem. Eine theoretische Alternative wäre, das Konzept von marginalen Phonemen einzuführen. Damit könnten wir zwischen typischen und untypischen Phonemen unterscheiden und [h] und [ŋ] als weniger typische Exemplare der Kategorie „Phonem" beschreiben.

6.2 | Von der Zwei-Ebenen zur Drei-Ebenen-Repräsentation

Seit Beginn dieses Kapitels basiert unsere Argumentation auf der Unterscheidung von Phon und Phonem, also einer Aufteilung in zwei Beschreibungsebenen. Im Zuge der Analyse der Kriterien zur Phonembestimmung sind wir an die Grenzen dieses Zwei-Ebenen-Modells gestoßen, ohne jedoch dieses Problem explizit zu benennen. Wir sind bei der Diskussion des distributionellen Kriteriums auf die Existenz von einem ungerundeten und einem gerundeten [k] gestoßen. Sind [k] und [kʷ], so ist im Rahmen des Zwei-Ebenen-Modells zu fragen, Phone oder Phoneme? Dass sie Phoneme sind, wurde in Kap. 6.1.2 bereits ausgeschlossen. Aber auch zu den Phonen können sie nicht gerechnet werden, da selbige in Kap. 6.0 als konkrete Sprechakte definiert wurden, die in keinem spezifischen Verhältnis zueinander stehen, außer dass sie ein und demselben Phonem zugeordnet sind. Zwischen [k] und [kʷ] besteht aber ein spezifisches Verhältnis: das der komplementären Distribution. Damit wird eine Systematik beschrieben, denn es gibt sprachliche Regeln, die festlegen, welches [k] wann zu wählen ist. Eine derartige Systematik kennen Phone nicht.

Allophone

Es ist daher unausweichlich, den beiden [k]s einen eigenständigen Status und damit eine eigene Ebene zuzuweisen. Die beiden Varianten des /k/ werden **Allophone** genannt. Darunter sind unterschiedliche, sprachlich geregelte, also systematische Realisierungsweisen ein und desselben Phonems zu verstehen. Jedes Phonem hat also ein oder mehrere Allophone, deren Auswahl durch den sprachlichen Kontext (oder die Position) bedingt ist. Wir haben damit das Zwei-Ebenen-Modell zugunsten eines Drei-Ebenen-Modells erweitert.

Mit der Schaffung einer eigenständigen Ebene für die Allophone stellt sich die Frage, in welchem Verhältnis die drei Ebenen zueinander stehen. Dadurch, dass die Allophone mehr phonetische Information (wie z.B. die Lippenrundung beim [k]) enthalten als das Phonem /k/, sie aber gleichzeitig nicht so konkret wie die Phone sind, fällt ihnen in ihrem mittleren Abstraktionsgrad eine Mittelstellung in der Hierarchie zu. Wir gelangen damit zu folgendem Drei-Ebenen-Modell.

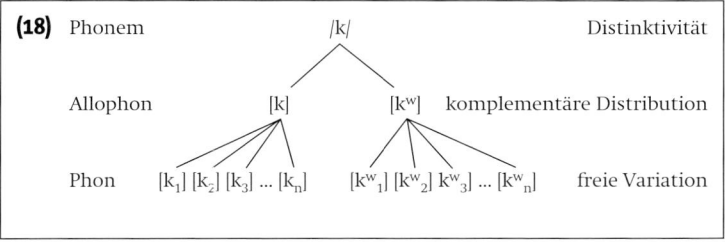

Wie in (18) zu erkennen ist, gelten unterschiedliche Bedingungen auf den drei Ebenen (worin natürlich der Grund für die Postulierung ihrer Existenz zu sehen ist). Nur die Phoneme sind distinktiv: sie sind die einzigen Größen in (18), die etwas mit Bedeutung zu tun haben. Allophone sind kontextabhängige Ausprägungen eines Phonems und komplementär distribuiert. Phone stehen im Rahmen der sprachlichen Vorgaben in freier Variation. Damit ist gemeint, dass es zur sprachlichen Übermittlung eines Bedeutungsinhalts unerheblich ist, ob ein Phon von einem Mann oder einer Frau, mit lauter oder leiser Stimme usw. gesprochen wird.

Nachdem wir zu Beginn dieses Kapitels erklärt haben, weshalb die Unterscheidung in Phone und Phoneme erforderlich ist, wollen wir uns abschließend die Frage stellen, weshalb es überhaupt Allophone gibt. Könnte eine Sprache auf sie verzichten und mit Phonen und Phonemen auskommen? Die Antwort auf diese Frage lautet: theoretisch ja, praktisch jedoch eher nicht. Der Grund für die Existenz von Allophonen ist in dem enormen Vorteil zu sehen, den sie Sprechern bieten. Allophone dienen nämlich der Ausspracheerleichterung. Nehmen wir statt unseres etwas überstrapazierten /k/ das /n/ in der ersten Silbe von *congress* und *congressional*. In *congress* wird es [ŋ], in *congressional* dagegen [n] gesprochen. Das Phonem /n/ hat also mindestens die beiden Allophone [n] und [ŋ]. Das /n/ wird unter dem Einfluss des darauffolgenden /g/ als [ŋ] realisiert, weil das /g/ sein Merkmal der Velarität nach links „strahlen" lässt. So wird aus dem alveolaren /n/ der velare Nasal [ŋ]. Wie im Fall des /k/ in *queen* begegnen wir hier der vorwegnehmenden (regressiven) Assimilation. Mit der Assimilation setzen Sprecher das Prinzip der Minderung des artikulatorischen Aufwands um. Wie leicht durch eigenes Vorsprechen nachzuprüfen ist, fällt die Aussprache des Worts *congress* mit [ŋ] leichter als mit [n]. Die Existenz der Allophone ist also auf das

Motivation der Allophone

Bestreben der Sprecher zurückzuführen, dieselbe kommunikative Leistung (Bedeutungsübermittlung) mit einem geringeren Aufwand zu erzielen.

Der Vorteil, den die Allophone den Sprechern bieten, ist jedoch nicht kostenlos. Er geht nämlich zu Lasten der Hörer, für die die Verminderung des artikulatorischen Aufwands eine Erhöhung ihres auditiven Aufwands bedeutet. Die Hörer müssen nämlich das als [ŋ] „verkleidete" /n/ als /n/ identifizieren, also den Assimilationsprozess in gewisser Weise rückgängig machen. Gleiches gilt für die Interpretation des [kʷ] in *queen* als /k/. Je mehr Allophonie eine Sprache also zulässt, desto sprecherfreundlicher (und hörerfeindlicher) ist sie.

Der Kontrast zwischen *congress* und *congressional* zeigt, dass die Assimilationsregel von /n/ zu [ŋ] nicht blind angewendet wird. In *congressional* bleibt die Assimilation des alveolaren /n/ an das velare /g/ nämlich aus. Wir können daraus den Schluss ziehen, dass diese Regel „mit Bedacht" eingesetzt wird – was vor dem erwähnten Hintergrund, dass sie ihren Tribut vom Hörer fordert, auch sinnvoll ist. Die Assimilation erfolgt demnach nur dann, wenn günstige Bedingungen vorliegen, d.h. der „Schaden" für den Hörer begrenzt ist. Sind diese Voraussetzungen nicht erfüllt, bleibt die Assimilation wie in *congressional* aus. Wir können also davon ausgehen, dass die Bedingungen für die Assimilation in *congress* und *congressional* unterschiedlich günstig sind. Der Unterschied in der Realisierung des /n/ in der ersten Silbe der beiden Wörter ist somit mit einer unterschiedlichen Leichtigkeit zu erklären, mit der Hörer das [ŋ] auf ein /n/ zurückführen können.

6.3 | Phoneme, Merkmale und die Organisation phonologischer Einheiten

Wir haben bisher die Phoneme mithilfe von Eigenschaften beschrieben, die wir aus der Phonetik hergeleitet haben. Diese Eigenschaften werden von nun an **Merkmale** genannt. In diesem Abschnitt soll nun das Verhältnis zwischen Phonemen und Merkmalen beleuchtet werden.

Merkmale

Zunächst haben wir folgenden Widerspruch zu klären: Wie passen Phoneme und Merkmale zusammen, wenn erstere abstrakt-phonologische, letztere aber konkret-phonetische Einheiten sind? Dieser Widerspruch wird darüber aufgelöst, dass es verschiedene

Arten von Merkmalen gibt, das Merkmal also ein Sammelbegriff ist. Wir unterscheiden nicht nur, wie zuvor getan, zwischen artikulatorischen und akustischen, sondern auch zwischen phonetischen und phonologischen Merkmalen. Phonetische Merkmale setzen sich aus den uns bekannten artikulatorischen, akustischen und auditiven Merkmalen zusammen. Phonologische Merkmale werden hingegen analog zu den Phonemen nach ihrem Status und ihrer Funktion definiert: Sie sind abstrakt und distinktiv. Letztere Eigenschaft ist einfacher als erstere zu beschreiben.

distinktive Merkmale

Ganz allgemein betrachtet werden Merkmale über ihre Distinktivität zu phonologischen Merkmalen. Ihre Distinktivität bestimmen wir wie bei den Phonemen mithilfe der Minimalpaaranalyse. Beispielsweise ist das Merkmal [stimmhaft] distinktiv, weil es im Englischen Wortpaare wie *bear* – *pear* oder *rifle* – *rival* gibt, die sich nur durch die Stimmhaftigkeit eines einzigen Konsonanten unterscheiden. Gleiches gilt für das Merkmal [nasal] in *new* – *dew* aus dem Bereich des Artikulationsorts. Analog zu den Phonemen ist dieses Merkmale dann auch in Schrägstriche zu setzen, also /nasal/.

Man sollte nicht glauben, dass jedes phonetische Merkmal „automatisch" ein phonologisches und damit distinktiv ist. Jede Einzelsprache sucht sich aus der Breite des phonetischen Angebots einzelne Merkmale für die phonologische Repräsentation aus. Diesen Prozess nennt man **Phonologisierung**. Nehmen wir als Beispiel die [p]s in *pan* und *span*. Auf der artikulatorischen Ebene sind beide [p]s recht unterschiedlich. Das [p] in *pan* ist behaucht (aspiriert). Die Aspiration zeigt sich als austretende Luft, die man spürt, wenn man die Hand bei der Artikulation direkt vor den Mund hält. Demgegenüber ist das [p] in *span* unbehaucht, quasi trocken. Das behauchte [p] wird mit einem hochgestellten „h", d.h. [pʰ], das unbehauchte mit einem hochgestellten Gleichheitszeichen, d.h. [p⁼] wiedergegeben.

Phonologisierung

Die Aspiration ist im Englischen ein phonetisches, kein phonologisches Merkmal, da es keine Wortpaare gibt, deren Elemente sich ausschließlich in diesem Merkmal unterscheiden. Die Entscheidung, welches phonetische Merkmal phonologisiert wird, ist eine einzelsprachliche. Beispielsweise kennt das Hindi die Aspiration als distinktives Merkmal. Derselbe Schluss, der für die Aspiration im Englischen gezogen wurde, gilt auch für die Lippenrundung beim [k], die in Abschnitt 6.1.2 besprochen wurde.

Wenn wir uns der Abstraktheit der phonologischen Merkmale zuwenden, stellen wir die Frage nach ihrem phonetischen Gehalt.

phonetisch-phonologische Repräsentation

Rein theoretisch wäre es möglich, phonologische Merkmale völlig abstrakt, also ohne jegliche phonetische Information zu definieren. Denn auf der phonologischen Ebene zählt der Kontrast, und dieser ist auch aphonetisch herstellbar. Diese Möglichkeit ist jedoch aus der Perspektive des Spracherwerbs höchst unwahrscheinlich. Wieso sollte ein Kind eine aphonetische, phonologische Repräsentation aufbauen, wenn die ihm zu Gehör kommende Information phonetisch ist? Viel wahrscheinlicher ist daher die Annahme, dass das Kind zum Aufbau distinktiver Merkmale auf phonetische Information zurückgreift, die phonologische Repräsentation also auf einer phonetischen basiert. Dabei ist davon auszugehen, dass sowohl akustische als auch artikulatorische Information in die phonologische Repräsentation Eingang findet.

Wir haben bisher Phone und Phoneme mithilfe phonetischer und phonologischer Merkmale erfasst. Dabei werden jedem Phonem immer mehrere Merkmale zugeordnet. Ein Phonem wie /b/ wird beispielsweise durch das Merkmalbündel /stimmhaft/, /bilabial/ und /Verschluss/ charakterisiert. Das Verhältnis zwischen diesen phonologischen Merkmalen ist ein gleichzeitiges, da die phonetischen Eigenschaften im Prinzip gleichzeitig implementiert werden müssen. Ein Verschlusslaut ohne Angabe des Ortes, an dem der Verschluss erfolgt, ergibt phonetisch keinen Sinn. Die zu einem Phonem gehörigen Merkmale können insofern nicht serialisiert werden. Damit wird ein wesentlicher Unterschied zwischen Phonemen und Merkmalen deutlich: Erstere sind serialisierbar, letztere nicht. Jetzt können wir auch mit einem sich hartnäckig haltenden Fehlurteil in der Linguistik aufräumen. Es wird immer wieder behauptet, dass die Phoneme die kleinsten bedeutungsunterscheidenden Elemente einer Sprache sind. Das ist jedoch nur unter dem Zusatz richtig, dass die Phoneme die kleinsten serialisierbaren distinktiven Einheiten sind. Die kleinsten distinktiven Einheiten einer Sprache sind nämlich die phonologischen Merkmale.

Unterschied zwischen Phonemen und Merkmalen

Das Verhältnis zwischen Phonemen und ihren Merkmalen ist ein klar hierarchisches, bei dem letztere ersteren untergeordnet sind. Zur Darstellung dieses Verhältnisses empfiehlt sich daher folgendes Zwei-Ebenen-Modell (für /b/).

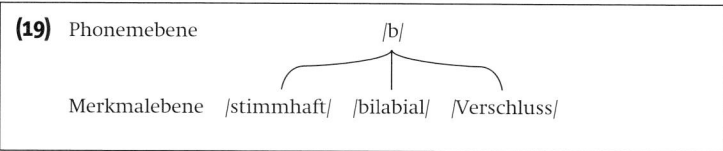

Es wird oft etwas nachlässig gesagt, dass Phoneme aus Merkmalen bestehen, in einer klassischen Definition sogar, dass Phoneme Merkmalbündel sind. Diese Behauptung ist unrichtig, da Phoneme mehr als die Summe ihrer distinktiven Merkmale sind. Zwischen beiden Größeneinheiten besteht ein kategorialer Unterschied, da sie unterschiedlichen Repräsentationsebenen zuzurechnen sind. Es ist daher die Formulierung zu bevorzugen, dass Merkmale Phonemen untergeordnet und dadurch mit ihnen verbunden sind.

Abschließend ist die Funktion der distinktiven Merkmale im phonologischen System zu klären. Ohne Merkmale wären Phoneme unstrukturierte Anhäufungen gleichgroßer Elemente. Über die Merkmale wird also das Phonemsystem organisiert, und mithilfe der Merkmale lassen sich Beziehungen zwischen den Phonemen beschreiben. Durch sie bekommt die Ähnlichkeit bzw. Unähnlichkeit zwischen Phonemen „ein Gesicht" (vgl. Kap. 6.1.1). Durch sie wird es also möglich, mentale Repräsentationen nach dem Prinzip der Ähnlichkeit aufzubauen. Diese Möglichkeit veranschaulichen wir in einer Erweiterung der Abbildung (19) um das Phonem /p/, vgl. (20).

Funktion der distinktiven Merkmale

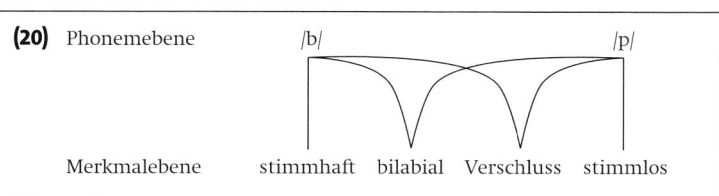

Die entscheidende Behauptung in (20) besteht darin, dass beispielsweise dasselbe Merkmal /bilabial/ sowohl /p/ als auch /b/ „versorgt". Die beiden Phoneme verfügen also nicht über jeweils ein „privates" Merkmal namens /bilabial/. Sie teilen sich mit anderen Worten dieses Merkmal. Über dieses Prinzip werden Verbindungen zwischen ähnlichen

Phonemen hergestellt und in der Verallgemeinerung das gesamte Phonemlexikon organisiert. Diese Struktur ermöglicht eine effektive Nutzung des phonologischen Systems insbesondere bei der Perzeption.

6.4 | Suprasegmentale Phonologie: Die Silbe

Wenn wir der Umgangssprache (und dem vorherigen Kapitel) folgen, ist die nächst größere Einheit oberhalb der Phonemebene die Silbe. Zunächst soll kein Zweifel daran gelassen werden, weshalb die Silbe zur Phonologie gehört. Dieses vermag womöglich zu erstaunen, da das Phonem bereits ein Bestandteil der Phonologie ist, und Phoneme und Silben gewiss nicht dasselbe sind. Die Phonologie beschäftigt sich mit Einheiten, die selbst keine Bedeutung tragen, aber Bedeutung unterscheiden. Genau diese beiden Kriterien erfüllt die Silbe. In einem Wort wie *water* haben weder *wa* noch *ter* eine Bedeutung. So erfüllt die Silbe *wa* auch eine distinktive Funktion, denn durch Ersetzung durch *mo* entsteht ein anderes Wort (*motor*). Dieses bleibt aber für die phonologische Analyse praktisch ohne Konsequenzen.

Mit der Silbe befinden wir uns oberhalb der Phoneme. Da diese in der Absicht, möglichst theorieneutral zu formulieren, oft auch als Segmente bezeichnet werden, teilt man die Phonologie in einen segmentalen und einen suprasegmentalen Bereich auf. In die suprasegmentale Phonologie gehört weit mehr als nur die Silbe. Hier ist insbesondere die Betonung zu nennen, die nicht an einzelne Phoneme gekoppelt ist und die auch eine distinktive Funktion haben kann (vgl. im Deutschen *der Tenór* (Sänger) vs. *der Ténor* (allgemeines Meinungsbild) und im Englischen *to forbéar* vs. *the fórebear*). Weiterhin sei auf die Intonation (Satzmelodie) und in Tonsprachen auf die Töne (Wortmelodie) hingewiesen. Neben dem Begriff der suprasegmentalen Phonologie ist auch die bedeutungsgleiche Bezeichnung **Prosodie** geläufig. Wir werden uns im Folgenden zum Aufbau der strukturellen Hierarchie auf die Silbe konzentrieren.

segmentale und suprasegmentale Phonologie

Prosodie

6.4.1 | Modelle der Silbenstruktur

Silben können sich aus unterschiedlich vielen Phonemen zusammensetzen. Im einfachsten Fall finden wir Silben, die aus einem einzigen Vokalphonem bestehen. Prävokalisch und postvokalisch erlaubt das Englische maximal drei Konsonanten (z.B. *street* und *prompt*). Es ist üblich, die Begriffe „Konsonant" und „Vokal" auf der Grundlage der englischen Bezeichnungen abzukürzen. Daher sprechen wir von CV-, CVC-, CCVC- usw. Silben. Wenn wir uns im Folgenden der CVC-Silbe zuwenden, dann geschieht das nicht nur, weil sie zu den häufigsten zählt, sondern vor allem, weil sie einen ersten Grad an phonologischer Komplexität erreicht, bei dem strukturelle Alternativen existieren. Bei einer CV-Silbe haben der Konsonant und der Vokal im Prinzip keine andere Wahl, als sich „füreinander zu entscheiden". Bei einer CVC-Silbe hingegen ergibt sich die Möglichkeit unterschiedlicher Bindungsstärken. So kann sich der Vokal stärker an den Anfangskonsonanten oder stärker an den Endkonsonanten binden. Diese Links- bzw. Rechtslastigkeit der Silbe ist strukturbildend, d.h., wenn sich der Vokal in stärkerem Maße mit dem Anfangs- als mit dem Endkonsonanten verbindet, entsteht eine neue Größeneinheit, nämlich CV. Im umgekehrten Fall entsteht die Einheit VC. Man kann diese unterschiedlichen „Allianzen" mit einfachen Klammern darstellen, also (CV)C bzw. C(VC). Diese lineare Abbildung widerspricht jedoch der hierarchischen Struktur der Sprache, wie sie im vorigen Kapitel entwickelt wurde. In einer hierarchischen Repräsentation bilden wir die neuen Größeneinheiten auf einer zusätzlichen Ebene ab, die zwischen der Silbe und den Phonemen angesiedelt ist. Eine solche „Zwischenwelt" ist jedoch nicht zwingend vorhanden. Denn es ist natürlich auch vorstellbar, dass sich der Vokal nicht zwischen Anfangs- und Endkonsonant entscheiden kann, die Bindungen, die er links- und rechtsseitig eingeht, also gleichstark sind. In einem solchen Fall ist die Silbe symmetrisch aufgebaut und bleibt ohne interne Struktur. Graphisch stellen sich die genannten Möglichkeiten folgendermaßen dar, wobei wir die Silbe mit dem griechischen Buchstaben Sigma abkürzen.

Symmetrie und Asymmetrie der Silbe

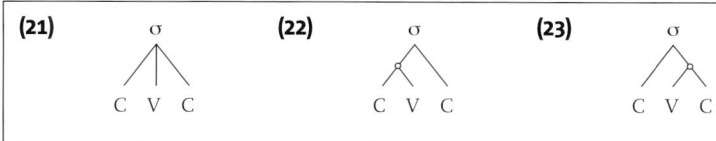

Mit den in (21) – (23) skizzierten Modellen der Silbe decken wir im Prinzip das gesamte Spektrum der theoretischen Möglichkeiten ab. Wir zeigen also auf, wie die Welt der Silben aussehen könnte und entwickeln dazu drei theoretische Modelle. Die Einschränkung „im Prinzip" ist deshalb notwendig, weil wir hier vom einfachsten Fall ausgehen, immer aber komplexere Modelle denkbar sind. So liegt den Modellen in (21) – (23) die Annahme zugrunde, dass die Nachbarschaft von Phonemen ihre Bindungsstärke regelt: Benachbarte Elemente sind enger aneinander gebunden als weiter voneinander entfernte. So plausibel wie diese Grundannahme auch erscheinen mag, sie ist nicht notwendigerweise richtig. Wenn man sie in Frage stellt, könnte man beispielsweise eine vierte Möglichkeit ersinnen, nach der die beiden (nicht-benachbarten) Konsonanten eine engere Verbindung eingehen als die benachbarten Phonempaare. Da es hier um die Diskussion von Grundsatzentscheidungen geht, brauchen solche komplexeren Fälle nicht weiter berücksichtigt zu werden.

An den drei Modellen lässt sich idealtypisch das wissenschaftliche Arbeiten verdeutlichen. Mit der Binnenstruktur der Silbe bietet sich uns wie gesagt die seltene Gelegenheit, ein (im Prinzip) vollständiges Bild der theoretischen Möglichkeiten zu skizzieren, um dann zu ermitteln, für welches Modell der Silbe sich die Sprache entschieden hat. Dabei ist es durchaus vorstellbar, dass unterschiedliche Sprachen unterschiedliche Entscheidungen treffen. Wir werden hier also nur die Struktur der englischen Silbe in den Blick nehmen. Schließlich ist die bequeme, aber genau genommen unzulässige Ausdrucksweise zu kommentieren, dass Sprachen Entscheidungen treffen. Natürlich treffen nicht Sprachen, sondern ihre Sprecher Entscheidungen, und diese Entscheidungen werden natürlich nicht bewusst, sondern unbewusst gefällt.

Vor der eigentlichen Analyse empfiehlt sich die Einführung einiger Begriffe. Das Modell in (21) ist wie erwähnt ein symmetrisches, da die Phoneme in einer symmetrischen Beziehung zueinander stehen. Im Kontrast dazu sind die Modelle in (22) und (23) zu sehen, die durch eine interne Asymmetrie gekennzeichnet sind. Aus struktureller Sicht gelten die Modelle in (22) und (23) als hierarchisch, da sie eine zusätzliche hierarchische Ebene (die mittlere CV- bzw. VC-Ebene) postulieren. Diese Zwischenebene wird in Abbildung (22) und (23)

Knoten
Flachheit

durch die kleinen Kreise, sog. **Knoten** ausgedrückt. Modell (21) verfügt über diese zusätzliche Ebene nicht. Es gilt daher als flach, was im Kontrast zu hierarchisch zu verstehen ist. Die Modelle in (22) und (23) unterscheiden sich darin, ob sich der sich verzweigende Knoten auf der linken oder rechten Seite der Silbe (genauer gesagt, der geometrischen Abbildung der Silbe) befindet. Insofern sprechen wir bei (21) von einem flachen, bei (22) von einem hierarchisch linksverzweigten und bei (23) von einem hierarchisch rechtsverzweigten Modell.

Linksverzweigung und Rechtsverzweigung

Um zu bestimmen, welches der drei Modelle auf das Englische zutrifft, ist es nötig, sich die Aussagen zu vergegenwärtigen, die die einzelnen Modelle über die Wirklichkeit treffen. Wenn sich diese Aussagen auf noch nicht untersuchte Bereiche der Wirklichkeit beziehen, sprechen wir von Vorhersagen. Diese dienen somit der Überprüfung der Gültigkeit von Modellen (vgl. Kap. 2.2.1). Welche Vorhersagen machen nun die einzelnen Modelle der Silbe? Das flache Modell lässt erwarten, dass sich der prä- und der postvokalische Konsonant identisch verhalten sollten, da beide gleichstark bzw. gleichschwach an den Nachbarvokal gebunden sind. Anders sieht es bei den hierarchischen Modellen aus. Das linksverzweigte Modell bietet dem postvokalischen Konsonanten mehr strukturellen Freiraum als dem prävokalischen. Dadurch, dass ersterer ungebundener ist, sollte er sich freier und unabhängiger verhalten als letzterer. Genau die umgekehrte Prognose gilt für die rechtsverzweigte Silbenstruktur, bei der der prävokalische Konsonant strukturell ungebundener als der postvokalische ist. Ersterer sollte daher ein größeres Maß an Unabhängigkeit aufweisen als letzterer.

Vorhersagen

Die bisherigen Vorhersagen betreffen die (unterste) Ebene der einzelnen Phoneme. Eine Reihe weiterer Vorhersagen ergibt sich, wenn wir unsere Aufmerksamkeit auf die Zwischenwelt lenken. Das linksverzweigte Modell sagt voraus, dass CV häufiger oder stärker als Einheit auftreten sollte als VC. Genau die umgekehrte Vorhersage gilt für das rechtsverzweigte Modell. Die Logik ist dabei sehr einfach: Wenn CV oder VC einheitlich (mittels eines eigenen Knotens) repräsentiert sind, müsste sich dieses auch in ihrem einheitlichen Verhalten in der beobachtbaren Welt ausdrücken. Für das flache Modell gilt wiederum die Prognose der Symmetrie. Da weder ein Knoten für CV noch ein Knoten für VC vorgesehen ist, sollten jeweils diese beiden Phonempaare nicht gemeinschaftlich handeln. Folglich dürfte es diese Paare gar nicht erst geben. Und wenn CV und VC aus welchen Gründen auch immer doch zusammen auftreten sollten, dann müssten sie es gleichhäufig (oder eher gleichselten) tun.

Mit diesen Vorhersagen im Gepäck können wir uns auf die Suche nach empirischen Argumenten für oder gegen die drei Silbenstrukturmodelle begeben. Je zahlreicher und unterschiedlicher die Datentypen sind, die wir finden, desto besser. Dabei ist nicht automatisch davon auszugehen, dass alle Datentypen für dasselbe Modell sprechen. Je größer jedoch die Übereinstimmung zwischen den einzelnen Datentypen ist, desto mehr Bestätigung erfährt das eine oder andere Modell.

6.4.2 | Kriterien zur Bestimmung der Binnenstruktur der Silbe

Wir werden im Folgenden vier recht unterschiedliche Kriterien zur Überprüfung der o.g. Silbenstrukturmodelle kennenlernen. Mit ihnen führen wir exemplarisch in die linguistische Analyse ein. Es gibt weitaus mehr als diese vier Kriterien, aber diese reichen für unsere Zwecke völlig aus. Die Auswahl dieser Kriterien ergibt sich aus ihrer Anschaulichkeit, ihrer Unterschiedlichkeit und der Möglichkeit, bereits Bekanntes wieder aufzugreifen und zu vertiefen.

poetisches Kriterium   a) **Das poetische Kriterium**: Beginnen wir mit einem allseits vertrauten Phänomen. Seit unseren Kindertagen wissen wir, wann sich zwei Wörter reimen und wann nicht. Betrachten wir dazu die beiden Wortpaare in (24) und (25).

(24) shell – well
(25) shell – shed

In beiden Fällen handelt es sich um einsilbige Wörter mit einer CVC-Struktur. Diese reimen sich in (24), nicht aber in (25). Woran liegt das? Um diese Frage zu beantworten, müssen wir uns mit der Logik des Reimens befassen. Reime entstehen aufgrund von Gemeinsamkeiten zwischen den sich reimenden Wörtern, d.h., es gibt eine partielle phonologische Identität zwischen ihnen. Die Grundannahme ist nun, dass sich eine Sprache nicht zufällig das Ausmaß der phonologischen Identität aussucht, sondern dabei auf Größeneinheiten zurückgreift, die in der phonologischen Repräsentation bereits vorhanden sind. Die Kunst des Reimens erweist sich damit als ein Fenster, das einen Blick auf die Größeneinheiten einer Sprache gestattet.

Falls eine Sprache Einheiten reimt, die größer als das Phonem und kleiner als die Silbe sind, wird der poetische Reim zu einem Kriterium bei der Analyse der Silbenstruktur.

Eben diese Möglichkeit eröffnet sich im Englischen. Wenn wir uns die phonologische Basis des Reims anschauen, wird schnell ersichtlich, dass die identische Größeneinheit VC ist. So wird in (24) die identische Phonemsequenz /el/ gereimt. Der poetische Reim liefert also ein erstes Indiz für die Existenz von VC als eigenständige Größeneinheit und damit für die Richtigkeit des rechtverzweigten Silbenmodells. Der „falsche" Reim in (25) zeigt nicht nur, dass Reimen nicht beliebig ist, sondern auch, dass das linksverzweigte Modell unzutreffend ist. Die phonologische Identität von CV in (25) ist keine angemessene Grundlage für einen Reim; CV ist daher aus Sicht der Reimkunst keine relevante phonologische Größe. Mit der Asymmetrie, die wir zugunsten von VC und zuungunsten von CV vorfinden, argumentieren wir auch gleichzeitig gegen das flache, symmetrische Silbenstrukturmodell, das weder CV- noch VC-basierte Reime prognostiziert.

Jetzt, wo wir den VC-Knoten im rechtsverzweigten Modell identifiziert haben, ist es an der Zeit, ihm einen Namen zu geben. In Anlehnung an den poetischen Reim wird dieser Strukturknoten als phonologischer **Reim** bezeichnet. Dabei sollte die Identität der Begrifflichkeiten nicht darüber hinwegtäuschen, dass es sich bei den beiden Reimtypen um zwei kategorial unterschiedliche Einheiten handelt. Der poetische Reim ist eine ästhetische Technik, der phonologische Reim eine sprachliche Größeneinheit (bzw. eine linguistische Hypothese). Das Verhältnis zwischen beiden Reimtypen lässt sich derart beschreiben, dass der phonologische Reim die materielle Grundlage für den poetischen darstellt.

Der Blick auf die Art und Weise des Reimens hat uns einen ersten Hinweis auf die Binnenstruktur der Silbe geliefert. Aufgrund der Tatsache, dass alle Reime in einsilbigen Wörtern nach demselben Schema verfahren, können wir das poetische Kriterium als ein erstes Argument für die These verwenden, dass die englische Silbe rechtsverzweigt ist, es insofern eine Reimebene zwischen der Phonem- und der Silbenebene gibt.

b) **Das phonetische Kriterium**: Auch mit dem phonetischen Kriterium greifen wir auf etwas Bekanntes zurück. Wir haben in unserem Exkurs in die Phonetik eine Analyse des Spektrogramms von *chess* und *jazz* durchgeführt. Dabei haben wir beobachtet, dass das

Reim

phonetisches Kriterium

stimmhafte [z] in *jazz* kürzer als das stimmlose [s] in *chess* ist, während der Vokal in *jazz* länger als der in *chess* ist. Wir können aus diesen zeitlichen Gegebenheiten auf ein komplementäres Verhältnis zwischen Vokal und Folgekonsonant schließen. Damit spielt uns die Phonetik ein zweites Kriterium zur Bestimmung der internen Struktur der Silbe in die Hände. Da wir eine Wechselwirkung zwischen der Dauer des Vokals und der des Konsonanten feststellen, muss es eine Instanz geben, die „den Kuchen aufteilt". Diese Instanz muss über ein gewisses Quantum an Zeit verfügen, das sie auf verschiedene Phone verteilt. Dieses Quantum an Zeit ist begrenzt, d.h., wenn ein Element mehr Zeit bekommt, bleibt für das andere weniger Zeit übrig. Wir gehen also davon aus, dass es immer ungefähr die gleiche Gesamtsumme an Zeit zu verteilen gibt, ganz gleich, an welche Phone.

Es bedarf keiner großen Fantasie, die eben eingeführte Instanz als den unter a) vorgestellten Reimknoten zu identifizieren. Aus akustischer Sicht stellt sich der Reimknoten als Zeitgeber bzw. Taktgeber dar. Er regelt das zeitliche Verhältnis der Elemente, für die er zuständig ist, im Falle einer CVC-Silbe also der Vokal und der Endkonsonant.

Mit der Erklärung des Kompensationsverhältnisses zwischen Vokal und Folgekonsonant durch eine beiden Phonemen übergeordnete Größeneinheit haben wir ein weiteres Argument für die Existenz des Reimknotens gefunden. Da der Reim hier als Zeitgeberknoten gedeutet wurde und die zur Verfügung stehende Zeit annähernd konstant ist, sprechen wir hier von einer **Reimisochronie**, d.h., unterschiedliche phonologische Reime haben phonetisch tendenziell die gleiche Dauer. Wichtig für den Nachweis des Reimknotens ist, dass es ein vergleichbares Kompensationsverhältnis zwischen Vokal und Initialkonsonant nicht gibt. Abbildung (9) weiter oben weist auf keine Beeinflussung der Vokaldauer auf die Dauer des vorausgehenden Konsonanten hin. Wir haben insofern keinen Grund zu der Annahme, dass es eine Instanz gibt, die die zeitlichen Verhältnisse zwischen Vokal und Anfangskonsonant regelt.

Da die Spektrogramme für *chess* und *jazz* typisch für die Verteilung der Längenverhältnisse innerhalb der Silbe sind, können wir mit dem phonetischen Kriterium ein weiteres Argument für die Rechtsverzweigung der englischen Silbe vorlegen. Wir stellen also eine Übereinstimmung in der Stoßrichtung zweier sehr unterschiedlicher Kriterien fest. Diese Übereinstimmung verbreitert nicht nur das

Reimisochronie

empirische Fundament für die Hypothese des Reims als sprachliche Größeneinheit, sondern sie weist auch auf einen unerwarteten Zusammenhang zwischen der Reimkunst und den zeitlichen Bedingungen bei der Artikulation der Silbe hin. Dieser Zusammenhang entsteht durch das Postulat des phonologischen Reims, der dem poetischen Reim zugrunde liegt und der sich als abstrakte Größe auch in der konkreten lautlichen Äußerung niederschlägt.

c) **Das phonotaktische Kriterium**: In Kap. 6.1.2 haben wir die syntagmatische Komponente der Phonologie, die Phonotaktik und die phonotaktischen Beschränkungen kennengelernt. Diese Beschränkungen liefern nun ein weiteres Argument für die Entscheidung zwischen den verschiedenen Silbenmodellen. Wir erinnern uns: Phonotaktische Beschränkungen sind Ausdruck der (negativen) Beeinflussung von syntagmatisch angeordneten Phonemen. Wir wollen zunächst das Konzept der phonotaktischen Beschränkung folgendermaßen erweitern: Eine ein- oder wechselseitige Beeinflussung muss nicht prinzipiell negativ sein, d.h., ein Phonem X kann mehr als nur den Nachbarn Y ausschließen. Die Beeinflussung kann auch positiv in dem Sinne sein, dass durch das Auftreten von X die Wahrscheinlichkeit erhöht ist, dass sich Y zu ihm gesellt. Vor dem Hintergrund dieser Möglichkeit sollten wir besser von phonotaktischer Beeinflussung als von phonotaktischen Beschränkungen sprechen.

phonotaktisches Kriterium

Wenn wir uns der Einfachheit halber darauf beschränken, die Beeinflussung ausschließlich zwischen benachbarten Phonemen zu betrachten, gestatten die drei Modelle der Silbenstruktur folgende Vorhersagen: Das flache Modell behauptet, dass es im Prinzip keine phonotaktische Beeinflussung zwischen dem Initialkonsonanten und dem Vokal bzw. dem Vokal und dem Finalkonsonanten gibt. Wenn doch, dann sollte sie in beiden Bereichen zumindest gleichstark (bzw. gleichschwach) sein. Im Kontrast dazu sagt das linksverzweigte Modell vorher, dass die phonotaktische Beeinflussung zwischen dem prävokalischen Konsonanten und dem Folgevokal größer sein sollte als zwischen dem Vokal und dem postvokalischen Konsonanten. Diese Prognose ergibt sich unmittelbar aus dem Knoten, der den Initialkonsonanten und den Vokal im linksverzweigten Modell miteinander verbindet und dadurch die repräsentationelle Basis für die Beeinflussung zwischen diesen beiden Phonemen schafft. Da eine solche Basis auf der rechten Seite der Silbe nicht existiert, sollte die Beeinflussung zwischen dem Vokal und dem Finalkonsonanten gering sein. Die spiegelbildliche Vorhersage gilt für das rechtsverzweigte Silbenmodell. Hier haben wir eine erhöhte Beeinflussung zwischen dem Vokal und dem Folgekonsonanten im Vergleich zu dem vorausgehenden Konsonanten und dem Vokal zu erwarten.

Diese Vorhersagen werden im Folgenden an einsilbigen Wörtern des Englischen getestet, wobei wir uns zur Verdeutlichung des Arguments und zur Ausweitung der Datenbasis nicht nur auf CVC-Silben beschränken, sondern auch Silben mit Konsonantenclustern und solche ohne Konsonanten berücksichtigen. Da die Silbenmodelle in (21) – (23) so konzipiert sind, dass die Existenz der Zwischenwelt unabhängig von der Anzahl der prä- und postvokalischen Konsonanten ist, gelten alle o.g. Vorhersagen in gleichem Maße auch für komplexere Silbenstrukturen.

qualitative phonotaktische Analyse

Wir beginnen mit einer eher qualitativen Analyse der Kombinationsmöglichkeiten zwischen benachbarten Konsonanten und Vokalen innerhalb einer Silbe jedweder Komplexität. Wir betrachten auf der einen Seite die Anzahl der prä- bzw. postvokalischen Konsonanten, wobei sich diese von null bis drei erstreckt (s.o.). Auf der anderen Seite unterscheiden wir zwischen kurzen und langen Vokalen und kürzen erstere mit V und letztere mit VV ab. Tabelle 1 gibt einen Überblick über die phonemischen Kombinationsmöglichkeiten auf der linken und rechten Seite der Silbe. Die Zeilen- und Spaltenränder enthalten die abstrakten, strukturellen Vorgaben und die einzelnen Zellen konkrete Beispiele (soweit vorhanden), die diese Vorgaben erfüllen. Die relevanten prä- und postvokalischen Konsonanten sind jeweils unterstrichen.

▶ **Tabelle 1** | **Strukturelle Kombinationsmöglichkeiten im linken und rechten Teil der Silbe: Qualitative Analyse**

	A: linksseitig		B: rechtsseitig		
Initialkonsonanz	Vokal		Vokal		Finalkonsonanz
	V	V V	V	V V	
ø –	_ill	_eat	–	bee_	– ø
C–	sin	seam	tin	team	–C
CC–	trim	treat	silk	beast	–CC
CCC–	string	stream	prompt	–	–CCC

Tabelle 1 bringt wesentliche Unterschiede zwischen dem linken und rechten Teil der Silbe zum Vorschein. Während alle Zellen im linken Teil gefüllt sind, fallen im rechten Teil zwei entgegengesetzte Lücken auf: Ein kurzer Vokal kann nicht ohne Folgekonsonant auftreten, und ein langer Vokal erträgt nicht mehr als zwei Folgekonsonanten. Beide Beschränkungen sind Extrempunkte auf ein und derselben Skala, hängen also direkt miteinander zusammen. Während die Abwesenheit eines postvokalischen Konsonanten bei einem Kurzvokal zu wenig phonologische „Masse" bedeutet, übersteigt die Anwesenheit dreier postvokalischer Konsonanten das bei einem Langvokal erträgliche Maß. Es scheint, dass ein mittleres Maß an phonologischer Masse bevorzugt wird und die stärksten Abweichungen von diesem Mittelwert in die eine oder andere Richtung vermieden werden.

All dieses passiert ausschließlich im rechten Teil der Silbe. Nichts dergleichen ist links zu beobachten. In dieser Position kann jede beliebige Konsonantenzahl (im Rahmen der phonotaktischen Möglichkeiten) mit jeder der beiden Vokallängen kombiniert werden. Wir haben es hier also mit einer phonotaktischen Asymmetrie innerhalb der Silbe zu tun, die klare Rückschlüsse auf die bevorzugte Silbenstruktur zulässt. Die Ergebnisse in Tabelle 1 sind genau so, wie sie das rechtsverzweigte Modell vorhersagt. Phonotaktische Beschränkungen treten rechtsseitig, nicht jedoch linksseitig auf. Da das rechtsverzweigte Modell einen Reimknoten vorsieht, können wir als (bevorzugte) Domäne für phonotaktische Beschränkungen also den Reim ausmachen. Dieses ist ein weiteres Argument für die Realität des Reimknotens.

Die o.g. Feststellung, dass kurze Vokale nicht ohne einen Folgekonsonanten eine Silbe beenden können, ist die wohl allgemeinste phonotaktische Regel des Englischen. Nichtsdestotrotz gilt sie nicht ausnahmslos (obwohl Tabelle 1 diesen Eindruck erweckt). Es gibt zwei Wörter im Englischen, nämlich die beiden Artikel *the* und *a*, die genau diese Regel verletzen. Ist damit diese Beschränkung hinfällig? Nein, denn dann würde man eine wesentliche Charakteristik der englischen Phonotaktik zugunsten einiger weniger Ausnahmen opfern. Vielmehr offenbaren sich hier die Tücken eines rein qualitativen Ansatzes, der für die sprachstrukturelle Analyse in weiten Teilen ungeeignet ist, da Sprache kein deterministisches, sondern ein probabilistisches System (s.o.) ist. Nur ein quantitativer Ansatz kann dem Wesen der Sprache gerecht werden. Deshalb sollte ihm so weit wie möglich der Vorzug gegeben werden. Er ist nicht nur angemessener, sondern auch viel exakter und schafft so eine zuverlässigere Grundlage für die Theoriebildung.

Vor dem Hintergrund dieser Überlegung wollen wir die qualitative Analyse in Tabelle 1 um eine quantitative erweitern. Alle einsilbigen Wörter des Englischen wurden in folgender Untersuchung berücksichtigt. Tabelle 2 ist genauso wie Tabelle 1 aufgebaut, nur stehen in den einzelnen Zellen jetzt keine Beispiele, sondern die Ergebnisse der quantitativen Analyse.

quantitative phonotaktische Analyse

▶ **Tabelle 2** │ **Strukturelle Kombinationsmöglichkeiten im linken und rechten Teil der Silbe: Quantitative Analyse**

	A: linksseitig		B: rechtsseitig		
Initialkonsonanz	Vokal		Vokal		Finalkonsonanz
	V	V V	V	V V	
ø –	117 (4,0%)	166 (4,3%)	2 (0,0%)	559 (14,5%)	– ø
C–	1841 (63,3%)	2478 (64,4%)	1968 (67,7%)	2767 (71,9%)	–C
CC–	874 (30,0%)	1101 (28,6%)	871 (29,9%)	513 (13,3%)	–CC
CCC–	77 (2,6%)	103 (2,7%)	68 (2,3%)	9 (0,2%)	–CCC
Gesamt	2909 (99,9%)	3848 (100,0%)	2909 (99,9%)	3848 (100,0%)	

Selbst ein flüchtiger Blick auf Tabelle 2 bestätigt die Ergebnisse der qualitativen Analyse in Tabelle 1. Die Unterschiede zwischen dem linken und rechten Teil der Silbe stechen deutlich hervor. Die Ergebnisse in Tabelle 2A sind für empirische Daten, die immer einer Vielzahl von Einflüssen unterliegen, erstaunlich einheitlich. Ein Vergleich der Prozentzahlen für Kurz- und Langvokale zeigt nur minimale Divergenzen. Wir können nun mit großer Überzeugungskraft dafür argumentieren, dass die Vokallänge mit der Anzahl der vorausgehenden Konsonanten in keiner Wechselwirkung steht. Deutlich anders sieht es auf der rechten Seite der Silbe aus. Aus Tabelle 2B lässt sich eine starke Abhängigkeit zwischen der Vokalquantität und der Anzahl der Finalkonsonanten ablesen. Während Kurzvokale fast gar nicht auf Endkonsonanten verzichten können, wehren sich Langvokale viel stärker gegen Konsonantencluster als Kurzvokale. Erwähnenswert ist die Mitte dieser Skala. Die überwiegende Mehrheit der Silben besitzt genau einen Finalkonsonanten. Bei dieser Anzahl ist die Vokallänge ziemlich unerheblich. Hier stehen die konsonantischen und vokalischen Kräfte also in einer Art Balance.

Die bisherigen Analysen fanden auf einer strukturellen Ebene statt, bei der die einzelnen Phoneme keine Rolle spielten. Es ist daher angebracht, den strukturellen Ansatz um eine Analyse konkreter Phonempaare im linken und rechten Teil der CVC-Silbe zu ergänzen. Eine Untersuchung aller CVC-Silben des Englischen ergibt eine deutlich höhere Anzahl an auffälligen Phonempaaren im rechten als im linken Teil der Silbe. So kommt die Sequenz /æg/ wie in *tag* häufiger und die Sequenz /æz/ wie in *jazz* seltener vor, als per Zufall zu erwarten wäre. Dieses Ergebnis steht im Einklang mit den Befunden der strukturellen Analyse.

Zusammenfassend ist festzuhalten, dass das phonotaktische Kriterium unzweideutig für eine rechtsverzweigte Struktur in einsilbigen Wörtern des Englischen spricht. Damit stellen wir eine Übereinstimmung zwischen dem poetischen, dem phonetischen und dem phonotaktischen Kriterium fest.

d) **Das psycholinguistische Kriterium**: Abschließend schauen wir auf den Beitrag, den die Psycholinguistik zum Verständnis der Silbenstruktur leistet und stellen uns damit die Frage, ob das rechtsverzweigte Modell der Silbe Anspruch auf psychologische Realität erheben kann. Als psycholinguistische Daten wählen wir unbeabsichtigte Fehlleistungen aus, in denen die lineare Abfolge von Elementen durcheinandergerät, so in dem Beispiel (26).

psycholinguistisches Kriterium

(26) He threw the *window* through the *clock*. Statt: He threw the clock through the window.

Es ist ein großer Vorzug der Versprecher, dass sie prinzipiell auf allen Beschreibungsebenen (vgl. Kap. 5.3) auftreten. Wir können daher Versprecher nicht nur bei Einzelphonemen, sondern auch bei CV- bzw. VC-Paaren beobachten. Die Häufigkeit, mit der die jeweiligen Fälle auftreten, lässt Rückschlüsse auf das Verarbeitungssystem zu, das diese Fälle hervorbringt. Die Argumentationslogik ist dabei, dass solche (Un)Fälle, die auf vorhandene Repräsentationen (Knoten) zurückgreifen, häufiger vorkommen sollten als diejenigen, die vom System keine Unterstützung erfahren.

Die drei Silbenstrukturmodelle treffen sehr unterschiedliche Vorhersagen in Hinblick auf die Häufigkeit der verschiedenen Versprechertypen. Das flache Modell lässt uns im Prinzip keine VC- bzw. CV-Versprecher erwarten. Aufgrund seines symmetrischen Aufbaus sollten konsonantische Versprecher gleichhäufig prävokalisch wie postvokalisch sein. Das linksverzweigte Modell sagt aufgrund des CV-Knotens eine höhere Anzahl an CV- als VC-Versprecher voraus. Da der Finalkonsonant strukturell ungebunden ist, sollten Finalkonsonanten häufiger als Initialkonsonanten versprochen werden. Die umgekehrte Vorhersage gilt für das rechtsverzweigte Modell. Die Existenz des VC-Knotens nährt die Vermutung, dass VC-Versprecher häufiger als CV-Versprecher zu beobachten sind. Auf der Phonemebene besteht die Erwartung, dass sich Initialkonsonanten aufgrund ihrer strukturellen Freiheit einfacher „losreißen" können und deshalb häufiger versprochen werden als Finalkonsonanten.

Zur besseren Veranschaulichung dieser Vorhersagen folgen einige Beispiele. Sie illustrieren die vier zur Diskussion stehenden Positionen bzw. Größeneinheiten.

(27) Where did you bark your pike? Statt: Where did you park your bike?

(28) on the tof shelp. Statt: on the top shelf

(29) cassy put. Statt: pussy cat

(30) diced carrots with poin lork. Statt: diced carrots with pork loin.

Allen vier Versprechern liegt eine Reihenfolgestörung zugrunde, bei der X an die Stelle von Y und Y an die Stelle von X tritt. In (27) und (28) werden Einzelkonsonanten versprochen, in (29) und (30) Phonempaare aus der sog. Zwischenwelt. Beispiel (27) zeigt die Vertauschung der Initialkonsonanten /p/ und /b/, Beispiel (28) die Vertauschung der Finalkonsonanten /p/ und /f/. In (29) interagieren die CV-Einheiten /pʊ/ und /kæ/, in (30) die VC-Einheiten /ɔːk/ und /ɔɪn/.

Wir stellen zunächst einmal fest, dass alle vier relevanten Größeneinheiten prinzipiell „versprecherfähig" sind. Dieses sind sie aber in ganz unterschiedlichem Maße. In allen englischen Versprechersammlungen hat sich gezeigt, dass Initialkonsonantenfehler viel häufiger als Finalkonsonantenfehler und dass VC-Versprecher viel häufiger als CV-Versprecher sind. Damit bestätigen die Versprecherdaten in eindrucksvoller Weise die Vorhersagen des rechtsverzweigten Silbenmodells (und falsifizieren gleichzeitig die beiden Alternativen). Die strukturelle Ebene des Reims erweist sich damit als psychologisch real.

Häufigkeit von Versprechern

Die vorangehende Analyse zeigt in beispielhafter Weise, wie wir uns mithilfe theoretischer Modelle Zusammenhänge erschließen können, die uns ohne sie verborgen bleiben würden. Wir haben in den empirischen Daten ein (relativ gesehen) vermehrtes Auftreten von Initialkonsonantenfehlern und VC-Fehlern vorgefunden. Beide Einzelbefunde könnten unabhängig voneinander zustande gekommen sein. Dass sie es nicht sind, wird erst aus dem theoretischen Modell ersichtlich: Das rechtsverzweigte Modell zerlegt die Silbe nämlich in die beiden Bestandteile Anfangskonsonant und VC. Es ist daher nicht verwunderlich, dass diese beiden Teile häufiger versprochen werden als CV und Endkonsonant.

Resümee

6.4.3

Das aus sprachstruktureller Sicht wichtigste Ergebnis ist die Erkenntnis, dass es zwischen dem Phonem und der Silbe noch eine Ebene gibt, die wir als Reimebene identifiziert haben. Die CVC-Silbe wird also in eine Anfangskonsonanz und einen Reim aufgespalten oder setzt sich, umgekehrt betrachtet, aus einer Anfangskonsonanz und einem Reim zusammen. Dieses Resultat steht auf einer soliden empirischen Basis. Obwohl die vier ausgewählten Kriterien aus recht unterschiedlichen Bereichen stammen, führen sie alle zum selben Ergebnis. Dieses ist keineswegs selbstverständlich, denn Phonetik ist nicht dasselbe wie Phonologie, Linguistik nicht dasselbe wie Poetik und Kernlinguistik nicht dasselbe wie Psycholinguistik. Diese Übereinstimmung zwischen den Kriterien zeigt, dass es Repräsentationen allgemeiner Art gibt, die nicht nur die Grundlage für die Sprachverarbeitung (Psycholinguistik) und Artikulation (Phonetik), sondern auch für die Sprachstruktur (Phonotaktik) bilden. Darüber hinaus greift auch noch die Dichtkunst auf diese Repräsentationen zurück.

Reimebene

Das Ergebnis, dass es eine Reimebene gibt, ist in einer weiteren Hinsicht bemerkenswert. Die Behauptung ist, dass das rechtsverzweigte Modell für alle CVC-Silben Gültigkeit besitzt. Es wäre ja theoretisch denkbar, dass es zumindest eine Minderheit an Silben gibt, die anders als die rechtsverzweigte Mehrheit gebaut sind. Gleichwohl diese Möglichkeit nicht gänzlich auszuschließen ist, liegt bisher wenig Evidenz dafür vor. Dagegen spricht in jedem Fall, dass es unökonomisch wäre, wenn sich eine Sprache zweier, und dazu noch konträrer Bauprinzipien auf derselben Beschreibungsebene bedienen würde.

Auch sei betont, dass das rechtsverzweigte Modell nicht nur für CVC-Silben gilt, sondern prinzipiell auf alle Silbenstrukturtypen anwendbar ist. Zwar erscheint es unnötig, für eine CV-Silbe einen Reimknoten anzusetzen. Bei allen komplexeren Silbenstrukturen wie CCVC oder CVCC ist der Reimknoten aber genauso angezeigt wie bei den CVC-Silben.

Da „rechtsverzweigt" immer „hierarchisch" impliziert, haben wir mit dem Nachweis der Rechtsverzweigung automatisch auch die Neigung des Englischen aufgezeigt, hierarchische Strukturen aufzubauen. Wiederum sollten wir uns darüber im Klaren sein, dass dem nicht so sein muss. Die Sprache trifft hier eine Entscheidung zugunsten der Hierarchie und gegen die Flachheit. Der Reimknoten ist damit eine weitere Manifestation der hierarchischen Struktur der Sprache (vgl. Abbildung (3) im vorherigen Kapitel).

Zusammenfassung

Mit diesem Kapitel haben wir uns der Kernlinguistik zugewandt und die Lautseite der Sprache in den Blick genommen. Wir haben festgestellt, dass der umgangssprachliche Begriff des Lauts unzulänglich ist und durch das Paar „Phon" und „Phonem" ersetzt werden muss. Aus dem Kontrast zwischen der physikalischen und der psychologischen Realität ergeben sich die Teildisziplinen der Phonetik und der Phonologie. Die Phonetik beschäftigt sich mit den physikalischen Eigenschaften des Schalls und der Artikulation bzw. Perzeption der Sprache. Die Phonologie teilt sich in einen segmentalen, einen subsegmentalen und einen suprasegmentalen Bereich auf. Phoneme werden als der invariante Kern einer Klasse ähnlicher Phone verstanden. Phonologische Merkmale sind den Phonemen untergeordnet und definieren die Ähnlichkeit der Phoneme. Oberhalb der Phoneme befindet sich die Silbe, die im Englischen rechtsverzweigt ist. Damit bildet der phonologische Reim eine eigenständige hierarchische Ebene zwischen den Phonemen und der Silbe.

1. Wir haben das Phonem als invariante Einheit eingeführt, das eine beliebig große Anzahl ähnlicher Phone zu einer Kategorie zusammenfasst. Ist dieses ein Beispiel für eine kulturelle oder eine psychologische Konzeption von Sprache?

2. Was erzwingt die Unterscheidung von Phon und Phonem?

3. Wie kommen die horizontalen schwarzen Balken im Lautspektrogramm zustande?

4. Betrachten Sie das folgende Spektrogramm (aus Ladefoged 1993:181). Zu welcher akustischen Lautklasse gehört das erste Phon der abgebildeten Äußerung? Aus wieviel Silben besteht dieser Satz?

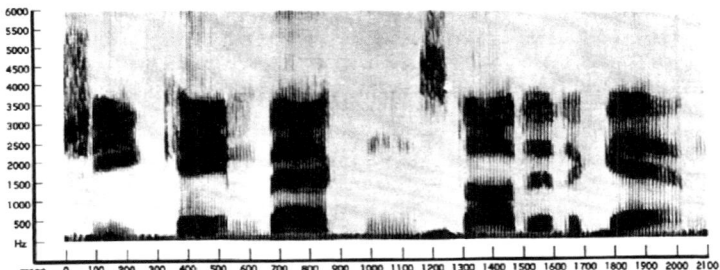

5. Wir haben in Kap. 6.2 festgestellt, dass das /n/ in *congress* nicht so wie das /n/ in der ersten Silbe von *congressional* gesprochen wird. Wieso kommt es zur regressiven Assimilation in *congress*, nicht aber in *congressional*? Was unterscheidet die beiden Wörter, und inwiefern könnte dieser Unterschied Auswirkungen auf die Aussprache des /n/ haben?

6. In der altenglischen Dichtkunst gab es keinen Endreim, sondern Stabreim (Alliteration). Bei diesem Reimprinzip basiert der poetische Reim auf der phonologischen Identität des Anfangskonsonanten. Begründen Sie, für (und gegen) welches der drei Strukturmodelle der CVC-Silbe dieser Reimtyp spricht.

7. Suchen Sie sich zweisilbige Wörter (mit Betonung auf der ersten Silbe), die sich reimen. Was sagen diese Reime über die phonologische Struktur von zweisilbigen Wörtern aus? Welche Rolle spielt dabei die Silbe bzw. die Silbengrenze?

8. Zeichnen Sie die Silbenstruktur von a) CCVC (wie in *sting*) und b) CVCC (wie in *silk*). Begründen Sie, wie Sie die Konsonantencluster analysiert haben.

Morphologie

Ähnlich wie in der Phonologie geht es in der Morphologie um die Zerlegung von Wörtern. Während die Phonologie Wörter (oder kleinere Einheiten) in bedeutungsdifferenzierende Einheiten zerlegt, ist die morphologische Analyse auf die Zerlegung in bedeutungstragende Einheiten ausgerichtet. Obwohl die Unterscheidung zwischen bedeutungstragenden und nicht-bedeutungstragenden Einheiten (wie in Kap. 5 gezeigt wurde) von elementarer Bedeutung ist, werden wir im Folgenden sehen, dass es erstaunliche Ähnlichkeiten zwischen der Phonologie und der Morphologie gibt.

Als Einstieg betrachten wir die alphabetisch geordnete Liste mit folgenden Wörtern.

(1)

a. adjourn	g. childhood	m. refill
b. admit	h. decrease	n. rejuvenate
c. ball	i. disfavour	o. shoulder
d. balloon	j. dreadful	p. speed camera
e. cannon	k. houses	q. teacher
f. commit	l. increase	r. teapot

Wir stellen uns die Aufgabe, diese Wörter zu zerlegen, ohne dabei phonologische Kriterien anzuwenden. Wir suchen also nach Wortteilen, deren Status kein phonologischer ist. Ein erster Blick auf die Liste zeigt, dass einige Wörter zerlegbar sind, andere hingegen nicht. Letztere könnten wir als „Einteiler", erstere als „Zweiteiler" bezeichnen. Das klarste Beispiel für Unaufspaltbarkeit ist *ball* (1c). Hier ist keine formale Analyse (außer der phonologischen) möglich. Gleiches gilt für *cannon* (1e). Hierin ist zwar das Substantiv *can* zu erkennen; dieses Wort hat aber mit dem *can* in *cannon* nichts zu tun. Es sind nur zufällig die gleichen Phonemfolgen. Von dieser Zufälligkeit sollten wir uns nicht in die Irre führen lassen. Dass die identischen Phonemfolgen nichts miteinander zu tun haben, ist an ihrer

Einteiler und Zweiteiler

unterschiedlichen Bedeutung abzulesen. Das Wort *can* (in der Bedeutung von „Kanne", „Büchse" oder „können") ist in *cannon* nicht enthalten; das *can* in *cannon* hat den Status einer Silbe, ist also bedeutungslos.

In Kontrast zu diesen Einteilern stehen Zweiteiler wie *speed camera* (1p) und *teapot* (1r). Die beiden Einzelteile sind leicht zu identifizieren, da wir sie als eigenständige Wörter kennen. Dass diese Zweiteiler mal zusammen- (1r) und mal auseinandergeschrieben (1p) werden, ist für die morphologische Analyse ohne Belang.

Eine Zweiteiligkeit können wir auch in *dreadful* (1j) und *houses* (1k) erkennen. Das Wort *dreadful* kommt uns so ähnlich wie *teapot* (1r) vor, weil wir geneigt sind, dass *ful* mit dem eigenständigen Wort *full* gleichzusetzen. In *houses* geht das allerdings nicht. Hier entsteht die Zweiheit darüber, dass wir in *houses* das Wort *house* wiedererkennen und dem *s* die Bedeutung „Plural" zuordnen können. Das Neuartige ist hierbei jedoch, dass das *s* nicht alleine stehen kann. Es muss immer eine Verbindung mit einem selbständigen Wort eingehen.

So ähnlich sind auch *disfavour* (1i) und *childhood* (1g) gestrickt. Wir haben keine Schwierigkeiten, aus ihnen *favour* und *child* herauszulösen. Bei den übrig bleibenden Teilen *dis* und *hood* prüfen wir, ob sie eine eigenständige Bedeutung haben. Bei *hood* müssen wir ähnlich wie beim obigen *can* in *cannon* aufpassen, dass wir es nicht mit dem selbständigen Wort *hood* in der Bedeutung von „Kapuze" verwechseln. Beide *hood*s haben semantisch nichts miteinander zu tun. Um die Bedeutung von *hood* in *childhood* zu ermitteln, müssen wir unsere Vorstellung von Bedeutung im Vergleich dazu, was wir von Einträgen in einem Lexikon kennen, erweitern. Der Begriff der Bedeutung muss so weit gefasst werden, dass er auch abstrakte Bedeutungen mit einschließt, die sinnvollerweise mit dem allgemeinen Begriff der **Funktion** beschrieben werden. Die Bedeutung des Wortteils *hood* in *childhood* lässt sich grob mit Begriffen wie „Zustand", „Phase" oder „Bedingung" umschreiben. Es besteht also kein Zweifel, dass *hood* Bedeutung trägt. Etwas einfacher ist die Analyse des *dis* in *disfavour*. Mit *dis* wird die Verneinung oder das Gegenteil von etwas ausgedrückt. Sowohl bei *childhood* als auch bei *disfavour* handelt es sich folglich um Zweiteiler.

Jetzt können wir auch den Unterschied zwischen *teacher* (1q) und *shoulder* (1o) erkennen. Das Wort *teacher* lässt sich gut in *teach* und *er* zerlegen, wobei das *teach* eine Tätigkeit und das *er* eine Person bezeichnet, die diese Handlung ausführt. Diese Analyse ist bei *shoulder*

Funktion

nicht möglich. Obwohl es die Buchstabenfolge *should* und (wie eben gesagt) *er* gibt, entsteht *shoulder* nicht aus der Zusammenfügung dieser beiden Teile. Da die Bedeutung von *shoulder* einheitlich ist, kann dieses Wort auch nicht morphologisch zerlegt werden.

Schwieriger wird es bei Fällen wie *adjourn* (1a), *admit* (1b) und *commit* (1f) bzw. *decrease* (1h) und *increase* (1l). Wir erkennen zunächst wiederkehrende Einheiten wie *ad* in (1a) und (1b), *mit* in (1b) und (1f) und *crease* in (1h) und (1l). Wir wollen das wiederholte Auftreten formaler Einheiten **Rekurrenz** nennen. Das Prinzip der Rekurrenz suggeriert, dass es sich bei *ad* usw. um morphologische Größen handelt. Dieser Eindruck kann aber nur dann bestätigt werden, wenn sich diesen Größeneinheiten eine Bedeutung zuweisen lässt. Das ist aber nicht der Fall. Weder *ad* noch *mit* tragen eine Bedeutung. Nun könnten Leser mit klassischer Bildung einwenden, dass im Latein *ad* und *mit* durchaus bedeutungtragend sind. Das stimmt, ist bloß für die morphologische Analyse **des Englischen** irrelevant, da wir das Englische beschreiben und im Englischen Wörter mit *ad* und *mit* nun einmal keine isolierbare Bedeutung erkennen lassen. Die obigen Beispiele (1a), (1b) und (1f) sind also streng genommen als morphologische Einteiler zu werten.

Rekurrenz

Man mag sich fragen, ob diese Analyse auch für *decrease* und *increase* gilt. Immerhin gibt es Wörter wie *dehumanize* und *demystify*, bei denen das *de* eine klare Bedeutung (nämlich die der Umkehrung) trägt. Diese Bedeutung passt immerhin auch ungefähr auf *decrease*. Das bringt uns zu dem Beispielpaar *refill* (1m) und *rejuvenate* (1n). Auf den ersten Blick scheinen beide Zweiteiler zu sein. Der Wortteil *re* ist in beiden Fällen gut zu erkennen, da die Bedeutung „wieder(holt)" unschwer zu bestimmen ist. Das Wort *refill* ist also ein Zweiteiler. Bei *rejuvenate* gibt es jedoch ein Problem. Obwohl die Bedeutung des *re* klar nachweisbar ist, bleibt durch die Abspaltung dieses Teils der Wortstumpf *juvenate* übrig, der selbst keinen Eintrag im Lexikon hat und keine Bedeutung trägt. Wir haben es bei *rejuvenate* – im Gegensatz zu *refill* – mit einer Wortaufspaltung zu tun, die nur einseitig „von links", aber nicht „von rechts" motiviert ist. Hier stellt sich die Frage, ob eine solche einseitig bedingte Trennung eine ausreichende Grundlage bildet, um ein Wort in zwei Bestandteile zu zerlegen. Im Interesse der Gleichbehandlung aller Fälle erscheint es sinnvoll, eine beidseitige Motivierung wortinterner Grenzen zu fordern. Wir legen daher das **Prinzip der erschöpfenden Analyse** zugrunde, wonach eine Aufteilung eines Wortes zu Bestandteilen führen muss, die jeder

Prinzip der erschöpfenden Analyse

für sich morphologisch begründbar sind und damit morphologischen Status besitzen. Aufgrund dieses Prinzips der erschöpfenden Analyse ist *refill* als Zweiteiler, *rejuvenate* jedoch als Einteiler zu klassifizieren.

Vor diesem Hintergrund ist nun auch *balloon* (1d) zu verstehen. Obwohl es unzweifelhaft das Wort *ball* enthält (wie aus der ähnlichen Bedeutung abzulesen ist), kann es nur als einteiliges Wort behandelt werden, denn *oon* lässt sich keine Bedeutung zuweisen. Es gibt zwar andere Wörter wie *harpoon* und *typhoon*, aber auch in diesen ist das *oon* bedeutungslos. Wie wir bereits gesehen haben, reicht das Prinzip der Rekurrenz nicht aus, um ein Wort in kleinere Einheiten zu zerlegen.

Wir halten fest, dass wir drei Prinzipien der morphologischen Analyse kennengelernt haben: die Rekurrenz, die Bedeutungshaltigkeit und die erschöpfende Analyse. Die Rekurrenz ist so etwas wie eine Grundbedingung der Morphologie. Wenn ein Wortteil nur ein einziges Mal im gesamten Wortschatz vorkommt, ergibt die Zerlegung des Worts, in dem dieser Bestandteil auftritt, wenig Sinn. Diese Zerlegung wäre zwar theoretisch möglich, dennoch ist für die Sprachbeschreibung der Gewinn gering, da damit keine Zusammenhänge zwischen Wörtern hergestellt werden können.

Das Prinzip der Bedeutungshaltigkeit ist das A und O der morphologischen Analyse. Ohne eigenständige Bedeutung gibt es keine Wortzerlegung. Wir vollziehen hier einen entscheidenden Schritt: Bei dem Übergang von der Phonologie zur Morphologie gehen wir von der Bedeutungsunterscheidung (Distinktivität) zur Bedeutungshaltigkeit. Aus Sicht der Semiotik (vgl. Kap. 3) schreiten wir vom Status des Nicht-Zeichens zum vollwertigen Zeichen. Wie oben gezeigt, ist Bedeutung in einem sehr abstrakten Sinn zu verstehen.

Das Prinzip der erschöpfenden Analyse stellt sicher, dass alle Wortteile gleich behandelt werden. Ohne dieses Prinzip würden wir „morphologischen Müll" produzieren, wie z.B. das *juvenate* in *rejuvenate*. D.h., wir würden bei einer solchen Zerlegung des Worts dem *re* Vorrang gegenüber dem *juvenate* einräumen. Zu solch einer Ungleichbehandlung besteht aber kein Anlass. Daher erscheint es angebracht, nur solche Aufteilungen durchzuführen, bei denen auf beiden Seiten Einheiten mit vergleichbarem Status entstehen.

Es ist an der Zeit, den unspezifischen Begriff „Wortteil" aus Kap. 5 durch den Begriff **Morphem** zu ersetzen. Das Morphem ist die Grundeinheit für die Analyse der Binnenstruktur von Wörtern.

Bedeutungshaltigkeit (margin note)

Morphem (margin note)

Da es direkt den Phonemen (bzw. der Silbe) übergeordnet ist, die ja selbst keine Bedeutung tragen, wird es als die kleinste bedeutungs**tragende** Einheit einer Sprache definiert. Wie oben gesagt, können Wörter aus einem oder mehreren Morphemen bestehen. Einmorphemige Wörter sind für die morphologische Analyse uninteressant. Gegenstand der Morphologie sind mehrmorphemige Wörter. Die Morphologie untersucht daher die Eigenschaften morphologisch komplexer Wörter.

In der vorangegangenen Analyse der Liste in (1) haben wir die mehrmorphemigen Wörter in selbständige und unselbständige Größeneinheiten aufgeteilt. Nur aus selbständigen, d.h. ungebundenen Morphemen besteht *teapot*. Selbständige Einheiten bezeichnen wir als **Stämme**. Es können sich aber auch ungebundene Morpheme mit gebundenen verbinden. Gebundene Morpheme werden **Affixe** genannt. Wir haben in den Daten in (1) zwei Typen von Affixen kennengelernt: solche, die dem Stamm vorausgehen (z.B. *disfavour*) und solche, die ihm folgen (z.B. *dreadful*). Der erstere Typ (z.B. *dis-*) heißt **Präfix**, der letzere (z.B. *-ful*) **Suffix**.

Stamm

Präfix und Suffix

Hauptfunktionen der Morphologie | 7.1

Weshalb gibt es Morphologie? Was mit anderen Worten leisten Morpheme? Betrachten wir zur Beantwortung dieser Fragen folgende Daten.

(2)

	A	B	C
a.	foot fungus	prepay	(she) says
b.	tooth cancer	boaster	(he) showed
c.	callgirl	lousy	kindly
d.	babysit	epitomize	Dan's dog
e.	world-famous	unkind	greater

Am klarsten ist der Fall in (2A). Die Kombination zweier selbständiger Morpheme führt zu einem neuen (komplexen) Wort. Das offensichtlichste Beispiel dafür ist *tooth cancer* (2Ab). Dieses Wort ist uns neu. Es wurde bisher nicht gebildet, da Zähne generell nicht zu Krebsbildung neigen. Es ist hier also als Beispiel dafür zu verstehen, wie ein neues Wort gebildet werden **kann**. Es ist analog zu *foot fungus* (2Aa) gebildet worden, das bereits existiert, das aber zu einem in der Vergangenheit liegenden Zeitpunkt aus *foot* und *fungus* zusammengesetzt worden ist. Die Funktion des morphologischen Prinzips, das in (2A) angewendet wird, liegt damit auf der Hand: Die Zusammensetzung zweier selbständiger Morpheme dient der Wortschatzerweiterung.

Wortschatzerweiterung

Dieselbe Funktion liegt (2B) zugrunde. Auch hier wurden – zu einem bestimmten Zeitpunkt – neue Wörter geschaffen; auch hier wird damit der Wortschatz erweitert. Nur dass in (2A) ungebundene Morpheme miteinander kombiniert werden, während in (2B) eine Verbindung aus ungebundenen und gebundenen Morphemen hergestellt wird. Dieser formale Unterschied impliziert aber keinen funktionalen Unterschied. Die funktionale Identität wird durch den Oberbegriff **Wortbildung** kenntlich gemacht, während der formale Unterschied durch die beiden Begriffe **Komposition** und **Derivation** deutlich gemacht wird. Mit Komposition bezeichnen wir den Prozess der Zusammenfügung zweier (oder mehrerer) freier Morpheme wie *world* und *famous*. Das daraus resultierende Produkt *world-famous* (2Ae) wird **Kompositum** genannt. Unter Derivation verstehen wir die Zusammensetzung eines freien und eines gebundenen Morphems wie *boast* und *-er*. Das so entstandene Wort *boaster* (2Bb) wird **Derivat** oder derivierte Form genannt. Das *-er* in *boaster* ist ein Derivationsmorphem.

Wortbildung
Komposition und
Derivation

Kommen wir zur Kategorie (2C). Welches ist die Funktion des gebundenen Morphems *-s* in *she says* (2Ca)? Gewiss wird durch die Hinzufügung des 3. Person Singular *-s* an *say* der Wortschatz nicht erweitert. Dieses Morphem erfüllt also eine gänzlich andere Funktion. Es stellt einen Bezug zwischen dem Verb und dem vorausgehenden Pronomen *she* her. Genauer gesagt weist das *-s* auf ein Subjekt in der 3. Person Singular hin, da nur in dieser Person das *-s* angefügt wird (vgl. im Gegensatz dazu *I say* und *you say*). Da es um Bezüge zwischen Wörtern innerhalb eines Satzes geht, handelt es sich hierbei um grammatische Bezüge. Die Funktion des Morphems *-s* in *she says* besteht also darin, grammatische Bezüge herzustellen bzw. auszudrücken. Der Teilbereich der Morphologie, der diese Funktion erfüllt, heißt **Flektion**. Das *-s* ist somit ein flektionales Morphem.

Herstellung
grammatischer Bezüge

Flektion

Die anderen Beispiele in Kategorie (2C) sind ähnlich wie das 3. Person Singular *-s* zu verstehen. Das *-s* in *Dan's dog* (2Cd) ist zwar phonologisch identisch mit dem *-s* in *says*, hat aber eine andere Bedeutung. Insofern handelt es sich hier auch um zwei unterschiedliche Morpheme. Der flektionale Status des *-s* in *Dan's dog* ist unschwer daran festzumachen, dass es eine Verbindung zwischen *Dan* und *dog*, also dem Besitzer und dem Besitz herstellt. Es drückt somit eine possessive Relation aus. Das *-ly* in *kindly* hat eine adverbiale Funktion. Wie das Wort schon sagt, stellt es eine Beziehung zum Verb im selben Satz her. Die Steigerungsform *greater* enthält das Flektionssuffix *-er*, das in Verbindung mit dem darauffolgenden *than* steht. Als Komparativmorphem trägt es zwar mehr Bedeutung als das Adverbialsuffix *-ly*; trotzdem ist es seinem Wesen nach weitgehend flektional, da mit der Suffigierung von *-er* keine eigenständige, neue Bedeutung, sondern eine Relation geschaffen und damit *greater* nicht als neues Wort im Vergleich zu *great* angesehen werden kann.

Etwas anders liegt der Fall bei *showed* (2Cb). Ein Bezug zwischen dem Suffix *-ed* und einem anderen Wort im selben Satz ist nicht ohne Weiteres herstellbar. Es ist vorstellbar, dass wir im unmittelbaren Kontext ein Wort wie *yesterday* finden, zu dem das *-ed* in Beziehung gesetzt werden kann. Eine solche adverbiale Bestimmung der Zeit ist für die Auswahl des *-ed* jedoch nicht erforderlich. Trotz dieser Beziehungslosigkeit spricht nichts dafür, das Past-Tense-Morphem *-ed* als Derivationsmorphem zu betrachten. Es ist deshalb flektional, weil – wie eben am Beispiel von *greater* gezeigt – die Anhängung des *-ed* der Past-Tense-Form *showed* keine grundlegend neue Bedeutung gegenüber der Present-Tense-Form *show* verleiht. Die Bedeutung bleibt grundsätzlich dieselbe, nur dass ein und dieselbe Aktivität einmal in der Gegenwart und ein anderes Mal in der Vergangenheit stattfindet.

Ungeachtet der Tatsache, dass alle in (2C) aufgeführten Suffixe flektional sind, bleibt ein gewisser Unterschied zwischen *-ed* und den anderen Affixen unverkennbar. Während letztere nicht umhin können, einen grammatikalischen Bezug zu anderen Wörtern anzuzeigen, ist der grammatikalische Bezug des Past-Tense-Morphems weniger greifbar. Dieser Unterschied wird auch begrifflich abgebildet. Die Fälle mit einem klaren syntagmatischen Bezug werden als **kontextuelle Flektion** bezeichnet, da hier ein Bezug zum Kontext besteht. Das Past-Tense-Morphem wird hingegen als ein Beispiel für **inhärente Flektion** gewertet, da das *-ed* relativ unabhängig vom Kontext ist.

kontextuelle und inhärente Flektion

Wir haben jetzt einen Überblick über die Morphologie gewonnen, die sich wie folgt darstellen lässt:

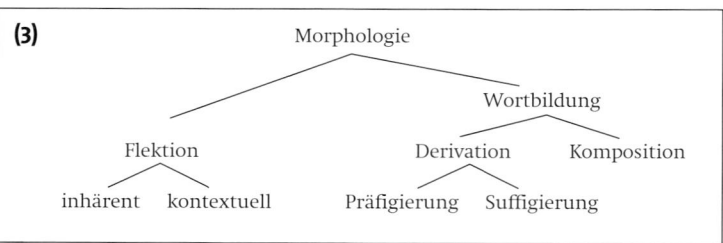

Zusammenfassend lässt sich feststellen, dass wir zwei Hauptfunktionen der Morphologie unterscheiden können. Sie dient der Wortschatzerweiterung und der Herstellung grammatikalischer Bezüge. Worin liegt nun der Nutzen dieser beiden Funktionen und damit der Sinn und Zweck der Morphologie? Mit dem Prinzip der Wortschatzerweiterung gewinnt eine Sprache ein „adaptives Potenzial", d.h., sie kann veränderten bzw. sich verändernden Ausdrucksbedürfnissen ihrer Sprecher gerecht werden. Diese Veränderungen sind in der Regel außersprachlich bedingt. So kann eine bestimmte technologische Entwicklung oder eine bestimmte Kleidermode neue sprachliche Ausdrucksmittel erforderlich oder wünschenswert machen. Diese Mittel bereitzustellen, ist eine zentrale Aufgabe der Morphologie mit ihren Möglichkeiten der Kombination von Morphemen.

Die Herstellung grammatikalischer Bezüge will uns zumindest in den Fällen überflüssig erscheinen, wo das Flektionsmorphem keine „richtige" Bedeutung trägt. Auf das Komparativmorphem in *greater* (2Ce) können wir natürlich nicht verzichten, weil darüber ja die Bedeutung der Steigerung ausgedrückt wird. Gleiches gilt für das Past-Tense-Morphem und das Possessivmorphem. Wozu aber brauchen wir das 3. Person Singular *-s* und das adverbiale *-ly*? In der Tat gibt es englische Dialekte (und andere Sprachen), die die 3. Person Singular und das Adverb nicht kennzeichnen. Dass diese formale Markierung trotzdem ihren Sinn hat, wird durch die Einbeziehung der Hörerperspektive deutlich. Der Vorteil dieser Markierung ist vor allem darin zu sehen, dass dem Hörer die Satzanalyse erleichtert wird. Wenn er ein *-ly* hört, weiß er mit relativer Sicherheit, dass es sich bei dem betreffenden Wort um ein Adverb handelt und kann damit einen Bezug zum Verb herstellen. Beim 3. Person Singular *-s* weiß er, dass das Subjekt ein Substantiv (oder Pronomen) in der 3. Person Singular sein muss. Da das Subjekt zumeist dem Verb vorausgeht, ist der

Neuwert dieser Information eher gering. Deshalb ist das -s auch als relativ schwach motiviert anzusehen.

Es bleibt abschließend zu klären, weshalb sich die Morphologie so gut zur Wortschatzerweiterung eignet. Immerhin sind auch andere Möglichkeiten denkbar. Auf den ersten Blick am naheliegendsten erscheint, ein gänzlich neues (einmorphemiges) Wort zum Ausdruck eines neuen Inhalts zu kreieren – so wie das erfundene Wort *(ich bin) sitt* im Deutschen in der Bedeutung von „Ich habe keinen Durst". Ganz einfach ist die Einführung neuer einmorphemiger Wörter allerdings nicht. Dieses liegt an der Konventionalität des sprachlichen Zeichens (vgl. Kap. 3.3). Die Sprachgemeinschaft muss dem neuen Wort (implizit) zustimmen und es in den allgemeinen Wortschatz aufnehmen. Eine solche Zustimmung kann aber bei der gezielten Einführung neuer Wörter nicht vorausgesetzt werden. Dieses liegt daran, dass das neue Wort zu kreativ bzw. zu idiomatisch ist (vgl. Kap. 5.2.2), weil seine Form „zu neu" ist. An dieser Stelle wird die Leistung der Morphologie erneut offensichtlich. Das Prinzip der Kombination (bereits vorhandener) Morpheme bedeutet, dass auf bekannte sprachliche Mittel zum Ausdruck neuer Konzepte zurückgegriffen werden kann. Das morphologische Prinzip lautet daher „Aus alt mach neu". Durch (neue) Kombinationen alter, vorhandener Elemente entstehen neue, unbekannte, aber meistens erschließbare Formen zum Ausdruck neuer Inhalte. Dieses ist ein sehr viel einfacheres Prinzip als die Erfindung neuer Morpheme und daher kommunikativ viel effektiver. Schließlich ist darauf aufmerksam zu machen, dass das morphologische Bauprinzip auch deshalb so geeignet ist, weil es ein ikonisches Abbild der Tatsache ist, dass neue Ideen selbst als Kombinationen alter Ideen zu verstehen sind.

Leistung der Morphologie

Zur Unterscheidung von Derivation und Flektion

7.1.1

Wir haben im vorangehenden Abschnitt die Unterscheidung zwischen Flektion und Derivation über ihre unterschiedlichen Funktionen begründet. Die Flektion ist syntaktisch, die Derivation lexikosemantisch motiviert. Dieses Kriterium ist ohne Zweifel das wesentliche Argument zur Unterscheidung von Flektion und Derivation. Zusätzlich zu diesem Hauptkriterium gibt es eine Reihe von Nebenkriterien, die nicht nur bei der Bestimmung des morphologischen Status von Morphemen hilfreich sind, sondern auch auf we-

syntaktische vs. lexikalische Motivation

sentliche Eigenschaften von Flektions- und Derivationsmorphemen hinweisen. Wir wollen im Folgenden einige dieser Nebenkriterien kennenlernen. Dass diese von sekundärer Bedeutung bei der Bestimmung des morphologischen Status sind, zeigt sich auch, wie wir gleich sehen werden, an ihrer begrenzten Zuverlässigkeit.

Wortklassenkonstanz Beginnen wir mit dem Kriterium der Wortklassenkonstanz und folgenden Beispielen:

(4) Flektion
  a. go → goes
  b. clever → cleverer
  c. stubborn → stubbornly

(5) Derivation
  a. happy → happiness
  b. power → to empower
  c. friend → friendship

Zu fragen ist hier, inwieweit sich die Wortklasse des Basisworts durch die Affigierung verändert. Derivationsaffixe verändern im Allgemeinen die Wortklasse, Flektionsaffixe im Allgemeinen jedoch nicht. Das Verb *to go* (4a) bleibt ein Verb, ganz gleich, ob es eine Flektionsendung trägt oder nicht. Und durch die Steigerung bleibt das Adjektiv *clever* (4b) ein Adjektiv. Demgegenüber ist das Adverbialsuffix *-ly* wortklassenverändernd. Es macht aus dem Adjektiv *stubborn* (4c) ein Adverb. An dem flektionalen Status dieses Affixes ändert das jedoch nichts.

Die umgekehrte Situation treffen wir bei der Derivation in (5) an. Das Suffix *-ness* macht aus dem Adjektiv *happy* (5a) ein Nomen, das Präfix *em-* aus dem Nomen *power* (5b) ein Verb. Allerdings kennt auch die Derivation Wortklassenkonstanz: *friend* (5c) und *friendship* sind beides Nomen, ohne dass diese Tatsache dem derivationalen Status des *-ship* Abbruch täte. Wir kommen also zu dem Ergebnis, dass derivationale Prozesse die Wortklasse der Basis in der Regel verändern, flektionale Prozesse in der Regel jedoch die Wortklasse beibehalten.

Produktivität Das zweite Nebenkriterium ist das der Produktivität. Unter Produktivität wollen wir hier die Kombinierbarkeit von Affixen mit unterschiedlichen Stämmen verstehen. Die Frage lautet also, mit wie vielen unterschiedlichen Stämmen sich Flektions- und Derivationsaffixe verbinden lassen. Wie bei der Wortklassenkonstanz gibt es auch hier erhebliche Unterschiede zwischen der Flektion und der Derivation. Während Flektionsmorpheme extrem produktiv sind, ist die Produktivität der Derivationsmorpheme deutlich eingeschränkt.

Die hohe Produktivität der Flektionsmorpheme lässt sich am besten am 3. Person Singular -*s* demonstrieren. Dieses Suffix kann an fast alle Verben in der 3. Person Singular angehängt werden. Die einzige Ausnahme bildet die Klasse der Modalverben wie *can* und *may*, die selbst in der 3. Person kein -*s* vertragen. Ähnliches gilt für die anderen Flektionen in (2C). Überall gibt es Ausnahmen, die aber sehr begrenzt sind. Dagegen ist die Produktivität von Derivationsaffixen beträchtlich geringer. Einige wie *be-* und -*ship* verbinden sich mit relativ wenigen verschiedenen Stämmen, andere wie *un-* und -*ness* mit relativ vielen. Aber immer bleibt die Produktivität der Derivationsmorpheme unter dem Niveau der Flektionsmorpheme.

Das dritte Nebenkriterium ist die Konstanz der Bedeutungsveränderung. Gefragt wird hier, inwieweit die Verbindung ein und desselben Affixes mit unterschiedlichen Stämmen unterschiedliche Bedeutungsaspekte hervorruft, die aufgrund der Bedeutung der Einzelmorpheme nicht unmittelbar zu erwarten sind. Es geht mit anderen Worten um die Vorhersagbarkeit der Bedeutung bzw. die Kompositionalität der derivierten bzw. flektierten Form (vgl. Kap. 5.1). Generell stellen wir fest, dass die Bedeutung der derivierten Wörter schlechter vorhersagbar ist als die der flektierten. Die Konstanz der Bedeutungsveränderung zeigt sich mustergültig an dem 3. Person Singular -*s*. Ganz gleich, an welches Verb es angehängt wird, es hat immer dieselbe Funktion. Allerdings sind nicht alle Flektionsmorpheme völlig bedeutungskonstant. Nehmen wir das Komparativsuffix -*er* im Deutschen. Die Steigerung bedeutet normalerweise ein Mehr. So bedeutet *hübscher* ein Mehr an *hübsch* im Verhältnis zu einer Vergleichsgrundlage. Wenn wir jedoch *alt* und *älter* vergleichen, stellen wir fest, dass *älter* nicht automatisch „älter als alt" bedeutet. Eine ältere Frau ist sogar jünger als eine alte Frau. Im Englischen beobachten wir etwas Ähnliches bei *an elderly lady*, wobei es hier einige formale Komplikationen gibt. Solche Fälle sind eher selten. Die Konstanz der Bedeutungsveränderung ist also als ein Charakteristikum der Flektionsmorphologie anzusehen.

Anders sieht es in der Derivationsmorphologie aus. Auch hier gibt es zwar das Bestreben, die Bedeutungsveränderung konstant zu halten, nur geschieht dieses in geringerem Maße als in der Flektionsmorphologie. Zur Veranschaulichung ziehen wir das bereits eingeführte Personalsuffix -*er* heran, mit dem eine Person bezeichnet wird, die eine Handlung vollzieht. So bezeichnet *baker* einen Menschen, der die Aktivität des Backens ausübt. Allerdings gilt nicht je-

Konstanz der Bedeutungsveränderung

der, der einmal in seinem Leben einen Kuchen gebacken hat, gleich als *baker*. Bei dem Derivationsprozess tritt nämlich „wie von Geisterhand" eine Bedeutungskomponente hinzu, die über die Bedeutung des Verbs und die des Personalsuffixes hinausgeht. Damit jemand als *baker* bezeichnet werden kann, muss er oder sie diese Tätigkeit nicht einmal, sondern regelmäßig, z.B. professionell verrichten. Die Bedeutungskomponente der Regelmäßigkeit entsteht also erst im Derivationsprozess und ist im isolierten Suffix nicht enthalten.

Nun ist es aber keineswegs so, dass alle Bildungen auf -*er* das Merkmal der Regelmäßigkeit tragen. Ein *murderer* verdient sich diese Bezeichnung selbst dann, wenn er kein Serienkiller ist. Ein einmaliger Vollzug der im Verb ausgedrückten Handlung reicht völlig aus. Wir sehen also, dass es oft vom Einzelfall abhängig ist, welche Bedeutung genau entsteht. Die Derivation ist somit ein relativ idiosynkratischer Prozess.

Diese Idiosynkrasie soll an einem weiteren Beispiel verdeutlicht werden. Mit dem adjektivischen Derivationssuffix -*y* wird typischerweise die Eigenschaft, „ähnlich wie X" bzw. „enthält X" ausgedrückt, vgl. *steam ->steamy* und *ease -> easy*. Viele dieser Adjektive tragen jedoch Bedeutungen, die kaum vorhersagbar sind. Greifen wir dazu *louse -> lousy* (2Bc) und *class -> classy* heraus. Die Bedeutung von *lousy* ergibt sich nicht wirklich aus den zusammengenommenen Bedeutungen des Nomens und des Suffixes. Gewiss hat die negative Bedeutung von *lousy* etwas mit unserer Geringschätzung von Läusen als Ungeziefer zu tun. Aber dieser Umstand ist keine hinreichende Erklärung dafür, dass *a lousy meal* ein so vernichtendes Urteil sein kann. Ein gewissermaßen umgekehrter Fall ist *classy*. Seine eher positive Bedeutung ist nicht direkt aus dem neutralen Nomen *class* abzuleiten.

Wir halten fest, dass mit der unterschiedlichen Funktion von Flektion und Derivation eine Reihe von Unterschieden einhergehen, von denen wir hier nur einige angesprochen haben. Die Wortschatzorientierung der Derivation richtet sich auf das Einzelwort aus, da die Wortschatzerweiterung (bzw. Bedeutungserweiterung) über das einzelne Wort erfolgt und insofern einzelfallbasiert ist. Im Gegensatz dazu steht die Flektion, die auf eine höhere Ebene, nämlich die Satzebene, abzielt und dadurch einen allgemeinen, d.h. einzelwortunabhängigen Status hat. So klar, wie wir in der Theorie Flektion und Derivation voneinander trennen können, ist diese Unterscheidung in der Praxis der Sprache allerdings nicht. Wir haben gesehen, dass manche Flektionsmorpheme besonders flektional und andere etwas derivationaler sind. Selbiges gilt für die Derivationsmorpheme. Hier ist also von einem Kontinuum auszugehen und nicht von einer Dichotomie.

Die strukturelle Parallelität von Phonologie und Morphologie

| 7.2

Wir haben im vorherigen Kapitel die Notwendigkeit gesehen, sowohl zwischen Phonen und Phonemen als auch zwischen Phonemen und Allophonen zu unterscheiden. Wir wollen in diesem Abschnitt der Frage nachgehen, ob dieselbe Notwendigkeit auch in der Morphologie besteht.

Beginnen wir mit der Unterscheidung in Phoneme und Allophone. Wie an der unterschiedlichen Realisierung des /k/ in *king* und *queen* deutlich wurde, gibt es Aussprachevarianten, die keine distinktive Funktion haben und (nur) durch den lautlichen Kontext bedingt sind. Gibt es eine vergleichbare Variation auch auf der morphologischen Ebene? Genauer gefragt, wie sähen die Varianten eines Morphems aus? Analog zu der phonologischen Ebene müssen die Varianten eines Morphems funktional, d.h. hier semantisch identisch, aber formal verschieden sein, und diese formale Variation muss durch den lautlichen Kontext verursacht werden. Die Motivation für diese morphologische Variation wäre also eine phonologische. Schauen wir uns zur Beantwortung dieser Frage das Possessivmorphem, das wir im vorherigen Abschnitt kennengelernt haben, etwas genauer an.

(6)   a. Pete**'s** cat
     b. Tom**'s** cat
     c. George**'s** cat

Es ist offensichtlich, dass es sich in allen drei Beispielen in (6) um dasselbe gebundene Morphem handelt. Doch darf die identische orthographische Wiedergabe dieses Possessivmorphems nicht darüber hinwegtäuschen, dass seine Aussprache in allen drei Fällen unterschiedlich ist. Das <s> wird in (6a) als stimmloses /s/, in (6b) als stimmhaftes /z/ und in (6c) als /ɪz/ gesprochen. Da /ɪz/ aufgrund des zusätzlichen Vokals silbenbildend ist, wird es auch im Gegensatz zu den anderen beiden Aussprachemöglichkeiten als silbisch bezeichnet. Es besteht kein Zweifel, dass diese unterschiedlichen Formen Aussprachevarianten ein und desselben Morphems sind. Die Frage, ob es eine mit dem Allophon vergleichbare Einheit in der Morphologie gibt, ist also mit „ja" zu beantworten. In Analogie zum Konzept des Allophons wird diese Einheit **Allomorph** genannt. Das Phänomen der allomorphischen Variation heißt **Allomorphie**.

Allomorph
Allomorphie

Die Ähnlichkeit der Begriffe „Allophon" und „Allomorph" weist auf ihre Ähnlichkeit im Verhalten hin. Genau wie bei den Allophonen ist die Auswahl der Allomorphe phonologisch bedingt, d.h., sie verdanken ihre Existenz dem phonologischen Kontext. Dass das <s> in (6a) stimmlos gesprochen wird, liegt daran, dass der direkt vorausgehende Konsonant /t/ auch stimmlos ist. Dass das <s> in (6b) stimmhaft gesprochen wird, ist eine Folge der Stimmhaftigkeit des ihm vorausgehenden Konsonanten /m/. Und dass das <s> in (6c) silbisch gesprochen wird, verdankt es der Tatsache, dass der vorausgehende Konsonant ein Sibilant (vgl. Kap. 6) ist.

Wir haben es hier ganz offenkundig mit einer lautlichen Assimilation zu tun. Das Possessivmorphem passt seine phonologische Form dem lokalen linksseitigen Kontext an. Im Gegensatz zu der in Kap. 6.2 zur Sprache gekommenen regressiven Assimilation ist dieses ein Fall von progressiver Assimilation, weil die Wirkung von links nach rechts, d.h. von früher nach später erfolgt. Die Funktion der Assimilation – und damit der Allomorphie – liegt auf der Hand: Sie dient wie die Allophonie der Ausspracheerleichterung, also dem Sprecher. Es ist viel einfacher, einen Konsonantencluster zu sprechen, bei dem beide Bestandteile stimmlos (wie in (6a)) bzw. stimmhaft (wie in (6b)) sind als einen Konsonantencluster, bei dem der eine Bestandteil stimmhaft und der andere stimmlos ist. Genau das wäre der Fall, wenn das Possessivmorphem keine Allomorphie kennen würde. Auch der Fall (6c) dient der Ausspracheerleichterung, wobei hier auch die Hörerseite bedient wird. Zwei verschiedene Sibilanten nacheinander zu sprechen, bedeutet einen erheblichen artikulatorischen Aufwand, da bei Frikativen die Artikulationsorgane sehr genau justiert werden müssen. Dass auch die Hörerperspektive hierbei eine Rolle spielt, wird am Beispiel von *Bas's dog* besonders deutlich. Ohne das silbische Allomorph hätten wir hier zwei direkt aufeinander folgende /s/, also /ss/. Das erste /s/ gehört als phonologischer Be-

Assimilation

standteil zu dem Eigennamen *Bas*, das zweite /s/ wäre die phonologische Umsetzung des Possessivmorphems. Zwei aufeinander folgende identische Phoneme sind als separate Einheiten nicht nur umständlich auszusprechen, sie sind vor allen Dingen für den Hörer schwer als separate Einheiten zu identifizieren. Um diese perzeptuelle Schwierigkeit zu vermeiden, steht zwischen den beiden /s/ ein Vokal. Dieser fungiert quasi als Demarkationslinie, indem er die Zuweisung der beiden /s/ zu unterschiedlichen Morphemen erleichtert.

Wir sind mit dem Possessivmorphem auf ein Phänomen gestoßen, das gleichermaßen in der Morphologie wie in der Phonologie verortet ist. Eine morphologische Entscheidung (welches Allomorph zu wählen ist) hängt von phonologischen Faktoren ab. Mit diesem Phänomen gewinnen wir einen wichtigen Einblick in das hierarchische System der Sprache (vgl. Kap. 5). Die einzelnen strukturellen Ebenen in diesem System arbeiten nicht isoliert und unabhängig voneinander, sondern zusammen. Es ist also nicht so, dass die Morphologie eine endgültige Entscheidung trifft, die dann an die Phonologie weitergereicht wird. Vielmehr sind beide Ebenen gleichzeitig aktiv und an derselben Entscheidung beteiligt. D.h., die Entscheidung auf einer speziellen Ebene wird von ebenenfremder Information nicht nur mitbestimmt, sondern sogar getroffen.

Interaktion der Ebenen

Das Zusammenspiel von Phonologie und Morphologie ist so systematisch und häufig zu beobachten, dass sich zur Beschreibung desselben der Begriff der **Morphophonologie** eingebürgert hat. Ein morphophonologisches Phänomen wie das des englischen Possessivmorphems bezeichnet somit eine phonologisch bedingte morphologische Variation. Nur am Rande sei hier erwähnt, dass nicht jede morphologische (bzw. lexikalische) Variation phonologisch determiniert ist. Vergleichen wir dazu die Pluralbildung der beiden Wörter in (7).

Morphophonologie

(7)   a. roof + PL ⟶ rcofs
      b. hoof + PL ⟶ hooves

Während bei der Pluralbildung in (7a) die Singularform *roof* nicht angetastet wird, verändert sich bei der Pluralbildung in (7b) normalerweise die Singularform [hu:f] zu [hu:v]. Der Endkonsonant des

Stamms wechselt also von stimmlos zu stimmhaft. Wir setzen daher die beiden lexikalischen Allomorphe *hoof* und *hoov-* an, deren Auswahl davon abhängig ist, ob das Wort singularisch oder pluralisch verwendet wird. Es gibt keinen offensichtlichen phonologischen Grund, weshalb diese Veränderung das eine, aber nicht das andere Wort betrifft. Es erscheint daher unumgänglich, die An- bzw. Abwesenheit der morphologischen Variation als wortspezifische Eigenschaft anzusehen. Diese Variation ist daher lexikalisch bedingt.

Wir haben in Kap. 6.0 viel Zeit darauf verwendet, die Notwendigkeit der Unterscheidung von Phon und Phonem nachzuweisen. Nun lautet die Frage, ob diese Unterscheidung auch in der Morphologie erforderlich ist. Phoneme wurden als mentale Kategorien eingeführt, die variable, konkrete Schallereignisse in ein invariantes, abstraktes Konzept überführen. Eine derartige Verzahnung zwischen Geistes- und Naturwissenschaften finden wir auf der morphologischen Ebene nicht. Denn hier ist alles abstrakt: Dieses gilt sowohl für die Kategorie „Morphem" als auch für ein einzelnes Exemplar dieser Kategorie (ebenso wie das Allomorph). Morphologische Einheiten werden nur dadurch konkret, dass die sie konstituierenden Phoneme in Phone übersetzt werden.

Diese Tatsache ändert jedoch nichts daran, dass die Unterscheidung zwischen Kategorien und Einzelfällen prinzipiell auch für die morphologische Ebene sinnvoll ist. Wie in der Phonologie gibt es den Kontrast zwischen der Verwendung einer bestimmten Einheit in einem bestimmten kommunikativen Kontext und der Kategorie, mit der all diese Verwendungen als äquivalent angesehen werden können oder, aus der Sicht des Hörers betrachtet, all diese Verwendungen in dieselbe mentale Schublade abgelegt werden. Insofern findet die Phon-Phonem-Unterscheidung ihre Entsprechung in der Mor-

Morphem vs. Morphphologie. Mithilfe des Begriffspaars „Morph" und „Morphem" unterscheiden wir den spezifischen Einzelfall von der abstrakten Kategorie. Das Morphem beschreibt eine abstrakte Bedeutungsseite, die, wie wir am Phänomen der Allomorphie gesehen haben, mit einer Reihe unterschiedlicher phonologischer Formen assoziiert sein kann. Das Morph hingegen ist als Umsetzung eines Morphems prinzipiell voll phonologisch spezifiziert.

Damit haben wir genau wie in der Phonologie ein dreiteiliges morphologisches Begriffsinventar bestehend aus Morphem, Morph und Allomorph entwickelt. Wenn wir nun das Verhältnis dieser drei Konzepte zueinander in den Blick nehmen, wird die Parallelität zwischen phonologischer und morphologischer Organisation noch offensichtlicher. Die Allomorphe nehmen eine Position zwischen den Morphemen und den Morphen ein, da sie die abstrakten Morpheme mit phonologischem Leben erfüllen und damit die Voraussetzung für die Verwendung von Morphen bilden. Zur Veranschaulichung dieser Parallelität wird die phonologische Organisation (8a) aus Kap. 6.2 wiederholt und der morphologischen (8b) gegenübergestellt.

strukturelle Parallelität

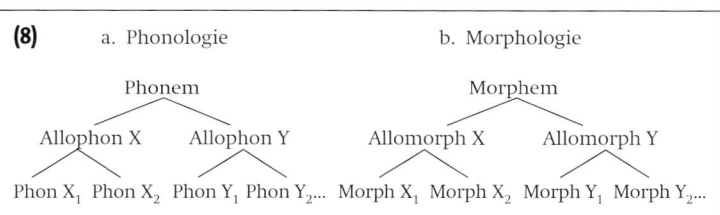

Die drei Ebenen in (8) weisen im Prinzip dieselben Eigenschaften in der Phonologie wie in der Morphologie auf. Sowohl Phoneme als auch Morpheme sind invariante Größen, die den Kontakt zur Semantik herstellen. Es gibt allerdings auch einen wesentlichen Unterschied zwischen den beiden. Während die Phoneme diesen Kontakt über die Bedeutungsunterscheidung gewährleisten, sind die Morpheme per definitionem bedeutungstragend. Das allein rechtfertigt bereits die Unterscheidung zwischen Phonologie und Morphologie. Allophone und Allomorphe gehorchen gleichermaßen dem Prinzip der komplementären Distribution. Dort, wo das eine Allomorph steht, kann ein anderes nicht stehen. Ihre Verteilung ist in beiden Fällen phonologisch geregelt. Phone wie Morphe bezeichnen die Akte der Verwendung mentaler Kategorien (auch Instantiierung genannt). Da morphologische Einheiten erst über ihre phonologische Form konkret werden, ist der Begriff des Morphs als konkrete morphologische Größe, wenn nicht gar etwas widersprüchlich, so doch zumindest von geringem praktischen Nutzen.

Prinzipien der Wortbildung | 7.3

Wir haben in Kap. 7.1 die grundlegenden Wortbildungsmuster vorgestellt: die Komposition und die Derivation mit der Präfigierung und der Suffigierung. Diese drei Strategien bilden – wenn auch in unterschiedlichem Maße – das Fundament der englischen Wortbildung. Die Komposition ist dabei besonders produktiv. Innerhalb der Derivation spielt die Suffigierung eine deutlich größere Rolle als die Präfigierung. Neben diesen drei primären gibt es eine Reihe sekundärer Wortbildungstechniken, die wir in diesem Abschnitt kennenlernen wollen. Die Unterscheidung in primäre und sekundäre Wortbildungstypen gründet sich auf ihren unterschiedlichen Beitrag zur morphologischen Struktur der englischen Sprache. Zunächst werden wir uns die primären Typen etwas genauer anschauen und uns dann den sekundären zuwenden.

7.3.1 | Komposition

Die Komposition ist das einfachste Wortbildungsprinzip, das zwei selbständige Einheiten in der Regel ohne Veränderung ihrer Phonemstruktur zu einem Wort zusammenfügt. Komposita lassen sich in drei Gruppen einteilen, die in (9) veranschaulicht werden.

(9)   a. wing tip
          b. bitter-sweet
          c. skinhead

Der mit Abstand häufigste Kompositionstyp wird in (9a) dargestellt. Zwischen den beiden Konstituenten besteht eine asymmetrische Relation. Ein *wing tip* ist eine spezielle Art von *tip*, nämlich die Spitze am Ende eines Flugzeugflügels. Das Wort *tip* ist also die Basis, die von *wing* präzisiert wird. Die unterschiedliche Rolle dieser beiden Konstituenten spiegelt sich auch in der Begrifflichkeit wider. Der Bestandteil *tip* wird **Kopf**, der Bestandteil *wing* **Modifikator** genannt. Das Wort als Ganzes heißt **Determinativkompositum**. Die Struktur dieses Typs ist hierarchisch, weil der Modifikator dem Kopf untergeordnet ist.

Kopf und Modifikator
Determinativ-
kompositum

Anders sieht es bei (9b) aus. Die Relation zwischen den beiden Konstituenten *bitter* und *sweet* ist eine (weitgehend) symmetrische und damit keine hierarchische. Die Bedeutung ist in dem Sinne additiv, dass *bitter-sweet* sowohl die Bedeutung von *bitter* als auch die von *sweet* in sich trägt. Die beiden Elemente modifizieren sich wechselseitig: *bitter-sweet* ist gleichermaßen eine spezielle Art von *sweet,* wie es eine spezielle Art von *bitter* ist. Insofern ist die Kopf-Modifikator-Unterscheidung auf diese Kompositionsklasse auch nicht anwendbar. Dieser Typ wird **Kopulativkompositum** genannt. Er tritt im Englischen recht selten auf.

Kopulativkompositum

Die in gewisser Hinsicht komplizierteste Gruppe wird in (9c) illustriert. Ein *skinhead* bezeichnet keine Glatze, sondern eine Person mit Glatze. Die Person selbst wird in dem Kompositum aber nicht explizit ausgedrückt. Dieses liegt daran, dass *head* stellvertretend für die Person steht – so wie in dem Befehl des Kapitäns bei Seenot *All hands on deck* nicht die Hände, sondern die Matrosen gemeint sind. Die Person wird über ihre in einem spezifischen Kontext relevanten oder beobachtbaren Eigenschaften identifiziert und benannt. Die Relation zwischen den beiden Konstituenten ist eine asymmetrische: mit *skinhead* wird eine spezielle Klasse von Köpfen bezeichnet, *skin* ist der Modifikator und *head* der morphologische Kopf. Das Kompositum ist also hierarchisch. Dieser Kompositionstyp wird **exozentrisch** genannt, obwohl die Bezeichnung „metonymisch" angemessener wäre (vgl. Kap. 10.4.1). Er kommt relativ selten im Englischen vor.

exozentrisches
Kompositum

Derivation

7.3.2

In der Derivation verbinden sich bekanntlich ungebundene mit gebundenen Morphemen. Zusätzlich zu den bereits genannten Beispielen wollen wir unsere Analyse auf folgende Daten stützen.

(10)   a. kind → kindness   **(11)**   a. little → to belittle
      b. neighbour → neighbourhood   b. to do → to outdo
      c. to prefer → preferable   c. potent → impotent

Die Kopf-Modifikator-Unterscheidung ist nicht nur auf die Komposition, sondern auch auf die Derivation anwendbar. Die Frage ist also zunächst, welcher Bestandteil der Kopf und welcher der Modifikator ist. Bei der Analyse der Komposita in (9) haben wir das semantische Kriterium eingeführt, nach dem der Kopf den interpretativen Rahmen liefert, der durch den Modifikator spezifiziert wird. Auf der

Ausdrucksseite wird geprüft, welcher Bestandteil die formalen Eigenschaften des Derivats bestimmt. Die Anwendung dieser beiden
Kriterien auf die suffigierten Derivate in (10) führt zu dem vielleicht
überraschenden Ergebnis, dass das gebundene Morphem der Kopf
und das freie Morphem der Modifikator ist. Das Suffix bestimmt die
Wortklasse des Derivats. Durch Hinzufügung des Suffix *-ness* wird
das Adjektiv *kind* in (10a) zum Nomen. Die große Mehrheit der Suffixe ist wie *-ness* wortklassenverändernd. Fälle wie (10b), bei denen
die Wortklasse unverändert bleibt, bilden eher die Ausnahme. Aber
selbst diese Fälle sprechen nicht gegen die Annahme, dass die Suffixe wortklassenbestimmend sind. Hier deckt sich einfach nur die
Wortklasse der Basis mit der Wortklasse, die durch das Affix herbei-
geführt wird. Semantisch gesehen sind die Suffixe insofern entscheidend, als sie den (abstrakten) Rahmen schaffen, in den das freie
Morphem eingeordnet wird. Das Suffix *-hood* bezeichnet allgemein
einen Zustand und in (10b) etwas Kollektives, so dass das Morphem
neighbour präzisiert, um was für ein Kollektiv es sich handelt. Insofern spricht auch das semantische Kriterium dafür, das Suffix als den
Kopf und den Stamm als den Modifikator anzusehen.

Für präfigierte Derivate wie in (11) wird die gleiche Analyse vorgeschlagen, auch wenn die Sachlage hier nicht so klar wie bei den
suffigierten Derivaten erscheint. Auch Präfixe können die Wortklasse verändern, wie das Beispiel (11a) zeigt. Aus dem Adjektiv wird
durch Präfigierung ein Verb. Nur sind die Präfixe seltener wortklassenverändernd als die Suffixe. In (11b) beispielsweise bleibt das Verb
trotz Präfigierung ein Verb. Das Präfix *out* leitet sich aus einem Adverb ab. Sähe man *outdo* als eine Kombination von einem Adverb und
einem Verb, wären wir im Bereich der Komposition, da Adverb und
Verb selbständige Einheiten sind. Dann hätten wir es also nicht mehr
mit einer Derivation zu tun. Wenn wir *out-* hingegen als Präfix betrachten und damit im Bereich der Derivation bleiben, lautet die
Argumentation, dass die Präfixe prinzipiell über die Fähigkeit der
Wortklassenveränderung verfügen, diese Fähigkeit aber einfach nur
seltener zum Einsatz kommt als bei den Suffixen. An der prinzipiell
vorhandenen Fähigkeit und daraus folgend an dem Kopfstatus der
Präfixe ändert das jedoch nichts.

Ein weiteres Argument für den Kopfstatus der Präfixe liefert ein
Vergleich der Satzkonstruktionen, die durch Verben bestimmt werden. Betrachten wir dazu die beiden Verben *to decease* und *to predecease*
wie in (12) und (13).

Suffigierung

Präfigierung

(12) She deceased at an early age of 37.

(13) She predeceased her husband by only two months.

Das Verb *to decease* in (12) kann kein direktes Objekt haben (*at an early age of 37* ist eine fakultative adverbiale Bestimmung der Zeit). Im Gegensatz dazu verlangt das präfigierte Verb *to predecease* in (13) ein direktes Objekt (*her husband*). Wir sehen also, dass das Präfix bestimmt, welche Satzkonstruktion angemessen ist. Darin zeigt sich deutlich der Kopfstatus der Präfixe aus formaler Sicht.

Auch aus semantischer Sicht kann man leicht in die Irre geführt werden. Auf den ersten Blick erscheint der Stamm *little* in *belittle* (11a) wichtiger als das Präfix zu sein. Hier lässt man sich schnell von der klar zu erkennenden Bedeutung von *little* und der zunächst schwer fassbaren Bedeutung von *be-* verleiten. Jedoch liefert das Präfix eindeutig den Rahmen für die Interpretation dieses Derivats. Es hat eine kausative Bedeutung, die mit „(etwas) machen" paraphrasiert werden kann. Das „Etwas" wird durch den Stamm ausgedrückt, so dass *belittle* so viel wie „klein machen" bedeutet. Das Präfix ist also auch in semantischer Hinsicht der Kopf und der Stamm der Modifikator. Genauso lässt sich (11c) analysieren. Das Präfix liefert den Negationsrahmen „nicht (X)", in dem das X durch den Stamm *potent* aufgefüllt wird.

Schließlich sei vermerkt, dass die Derivation auch phonologische Veränderungen nach sich ziehen kann. Während in (10a, b) und (11a, b) Affix und Stamm „einfach so" zusammengefügt werden, erfolgen in (10c) und (11c) deutliche phonologische Veränderungen. In beiden Fällen verschiebt sich die Betonung nach links, vom Stamm auf das Präfix in (11c) und von der zweiten auf die erste Silbe des Stamms in (10c). Damit zusammenhängend wird auch die Phonemebene verändert. Die Silbe, die den Hauptakzent verloren hat, erhält ein Schwa, und auch die erste Silbe in *preferable* erhält eine neue Vokalqualität. Solche segmentalen wie suprasegmentalen Eingriffe sind im Englischen nicht selten, aber doch viel seltener als die Fälle, in denen keine Veränderung vorgenommen wird. Dieses hat einen einfachen Grund: Es ist sowohl für Sprecher als auch für Hörer von Vorteil, Zusammensetzungen zu verarbeiten, die die Einzelteile gut erkennbar lassen. Dass phonologische Veränderungen überhaupt vorgenommen werden, hat größtenteils aussprecheerleichternde Gründe.

Wir kommen nun zu den sekundären Strategien. Diese tragen zur Wortschatzerweiterung in sehr unterschiedlichem Maße bei.

Im Gegensatz zu den primären Strategien, bei denen neue Wörter durch Zusammensetzung entstehen, verwenden die sekundären Strategien andere Techniken. Die primären Strategien sind also additiv, die sekundären nicht-additiv, d.h. entweder neutral oder subtraktiv.

7.3.3 | Konversion (Nullableitung)

Die Konversion ist mit Abstand das bedeutendste sekundäre Wortbildungsprinzip. Sie ist für das Englische so charakteristisch, dass sie den primären Strategien um nicht viel nachsteht. Ihre Einzigartigkeit besteht darin, dass sie, was die Menge an phonologischer Form angeht, neutral ist, d.h., der Wortbildungsprozess verändert die Form nicht. Betrachten wir dazu folgende Beispiele.

(14) a. the pioneer → to pioneer
b. quiet → the quiet
c. faint → to faint
d. in/out → the ins and outs

Wie aus den Beispielen in (14) leicht abzulesen ist, erfolgt bei der Konversion ein Wechsel der Wortklasse, ohne dass dabei irgendeine phonologische Veränderung stattfindet. Das ursprüngliche Wort „konvertiert" sozusagen in eine neue Wortklasse, wobei die alte Form als solche fortbesteht. Da die phonologische Form unangetastet bleibt, wird dieser Prozess auch Nullableitung genannt. Die beiden Begriffe der Konversion und Nullableitung werden hier ohne Bedeutungsunterschied verwendet.

Zunächst muss erklärt werden, weshalb die Konversion überhaupt als ein Verfahren zur Wortschatzerweiterung zu werten ist. Könnte man nicht argumentieren, dass die Einheit *pioneer* in (14a) ein einziges Wort ist, ganz gleich, ob es als Nomen oder als Verb verwendet wird? Um zu einem adäquaten Verständnis des Lexikons zu gelangen, müssen wir das Wesen der Lexikoneinträge verstehen.

Wörter sind durch ihre Wortklassenzugehörigkeit nur beschränkt einsatzfähig. Ein Verb kann nur als Verb verwendet werden. Wenn ein Verb nun in eine andere Wortklasse konvertiert, kann es breiter eingesetzt werden. Damit wird der Wortschatz als Repertoire von Verwendungsmöglichkeiten erweitert.

Dass mit der Nullableitung tatsächlich ein neuer Lexikoneintrag geschaffen wird, ist nicht zuletzt an der unterschiedlichen Bedeutung zu erkennen, die das alte und das neue Wort tragen. Dieses ist anhand von (14c) besonders gut zu zeigen. Mit dem Adjektiv *faint* wird die schwache Ausprägung von etwas bezeichnet, mit dem Verb *to faint* jedoch der Vorgang, dass jemand in Ohnmacht fällt. Auch wenn der semantische Zusammenhang zwischen beiden Wörtern offenkundig ist, handelt es sich hier ohne Frage um Wörter mit eigenständigen Bedeutungen. Deshalb sind sie auch als eigenständige Einträge im Lexikon zu führen.

Das Englische weist eine große Zahl unterschiedlicher Typen von Wortklassenwechsel auf. Vier Möglichkeiten sind in (14) verzeichnet. In (14a) erfolgt ein Wechsel von Nomen zu Verb, in (14b) ein Wechsel von Adjektiv zu Nomen, in (14c) ein Wechsel von Adjektiv zu Verb und in (14d) ein Wechsel von Präposition zu Nomen. (Das Pluralmorphem entsteht hier in einem separaten flektionalen Prozess, der mit der Konversion nichts zu tun hat.) Dass es deutlich mehr als diese 4 Typen gibt, bedeutet allerdings nicht, dass alles möglich ist. Wie jedes andere Wortbildungsprinzip unterliegt auch dieser Prozess einer Reihe von Beschränkungen. So kann man beispielsweise das Verb *to die* nicht in das Nomen *the die konvertieren. Auch sind die einzelnen Typen unterschiedlich produktiv. Am produktivsten ist ohne Frage der Typ in (14a), der Nomen in Verben überführt. Alle anderen Typen kommen seltener vor.

Dass die Konversion im Englischen so beliebt ist, ist ein Ausdruck der Leichtigkeit, mit der man von einer Wortklasse in die andere springen kann. Diese Leichtigkeit ist auf die Wortklassenneutralität der Wortformen zurückzuführen. Ein einmorphemiges Wort kann aufgrund seiner phonologischen Struktur kaum einer spezifischen Wortklasse zugeordnet werden. So finden wir Wörter wie *round*, die als Nomen, Verb, Adjektiv, Präposition und Adverb verwendet werden können. Dazu kommt, dass das Englische wenig Flektionen hat, so dass es nur weniger oder keiner morphologischer Anpassungen bedarf, wenn ein Wort die Wortklasse wechselt. Diese beiden Faktoren begünstigen das Auftreten der Konversion.

Wortklassenneutralität der Wortformen

Der Vorteil der Nullableitung wird bereits in ihrem Namen erkennbar: Man braucht kein spezielles Affix auszuwählen, um ein neues Wort zu derivieren. Die Konversion ist also für den Sprecher ein besonders einfaches Verfahren. Auch diese Einfachheit in der Wortbildung trägt zu der Häufigkeit der Konversion bei.

7.3.4 | Deindexikalisierung

Die Deindexikalisierung ist wie die Nullableitung ein im obigen Sinn neutrales Wortbildungsprinzip, bei dem formal weder etwas hinzugefügt noch etwas weggenommen wird. Im Gegensatz zur Nullableitung erfolgt hier aber kein Wortklassenwechsel.

Eigennamen
In Kap. 3 haben wir die Indexe als Zeichentypus kennengelernt und in Aufgabe 3 nach dem semiotischen Status der Eigennamen gefragt. Namen sind Indexe, sofern ihnen keine enzyklopädische (also nicht-sprachliche) Bedeutung zugeordnet wird. Deindexikalisierung bedeutet also, dass Wörter ihren indexikalischen Status verlieren und damit zu Nicht-Namen, sog. Appellativa werden, vgl. dazu die Beispiele in (15).

(15) a. Kleenex → kleenex
b. Zeppelin → zeppelin
c. Hoover → to hoover

In (15a) und (15c) handelt es sich um Markennamen, in (15b) um einen Nachnamen. Diese werden deindexikalisiert und bezeichnen als Appellativa die Produkte, die einst diese Eigennamen trugen. Damit wird das Produkt vom Produzenten abgekoppelt. Auch Produkte von anderen Herstellern können nun mit dieser Wortform bezeichnet werden. Deindexikalisierung ist also immer eine Verallgemeinerung. In (15a) wird der Name der Papiertaschentuchmarke zur Bezeichnung für Papiertaschentücher schlechthin. In (15b) wird der Familienname des Grafen Zeppelin zur Bezeichnung jeglicher Fluggeräte dieser Art, ganz gleich, wer sie gebaut hat. Das Beispiel (15c) ist insofern etwas komplexer, als hier zwei Wortbildungsprozesse am Werk sind. Zusätzlich zur Deindexikalisierung erfolgt eine Konversion, die das Nomen in ein Verb umwandelt. Insofern wird aus dem Markennamen nicht der Staubsauger als Objekt, sondern die Tätigkeit des Staubsaugens.

Aufgrund ihrer speziellen Bedingungen tritt die Deindexikalisierung selten auf. Das Produkt muss schon etwas Besonderes sein, damit es imitiert wird und ein Bedürfnis entsteht, Produkte der gleichen Art neu zu bezeichnen. So konnte ein „kleenex" eine sprachliche Lücke füllen, als die Stofftaschentücher in der Wegwerfgesellschaft durch Papiertaschentücher verdrängt wurden. Auf der anderen Seite gelten für die Deindexikalisierung dieselben begünstigenden Bedingungen, die für die Nullableitung angeführt worden sind.

Rückbildung | 7.3.5

Kommen wir nun zu den subtraktiven Wortbildungsstrategien und beginnen mit der Rückbildung. Dieses Verfahren ist der spiegelbildliche Prozess zur Derivation. Während bei der Derivation Affixe hinzugefügt werden, entsteht das neue Wort bei der Rückbildung durch die Streichung von Affixen. Dieser Prozess wird in (16) veranschaulicht.

(16)   a. babysitter → tɔ babysit
        b. television → to televise
        c. lazy → laze

In allen drei Fällen wird das Suffix geopfert und so ein morphologisch einfaches bzw. vereinfachtes Wort kreiert. Wir haben es hier mit einem gewissen Paradox zu tun: Wie sollen die Basiswörter (links vom Pfeil) entstanden sein, wenn nicht über eine Derivation, also die Hinzufügung eines Suffixes? Dann aber würde es das Ergebnis des Rückbildungsprozesses schon vor dem Rückbildungsprozess gegeben haben und damit dieser Prozess völlig überflüssig werden. Wenn es ihn also überhaupt gibt, müssen die Basiswörter ohne die Zusammensetzung von Stamm und Affix, also ohne Derivation zustande gekommen sein. Diese Annahme ist beispielsweise dann gerechtfertigt, wenn das Wort als Ganzes, also praktisch ohne morphologische Grenze aus einer anderen Sprache übernommen worden ist. Im Beispiel *television* (16b) ist das auch der Fall. Nach der Übernahme wurde das ganze Wort morphologisch analysiert, d.h. zerlegt. Dieses ist die Voraussetzung dafür, dass das rechtsseitige Morphem als Suffix identifiziert werden und dieses Suffix im Zuge des Rückbildungsprozesses auch abgespalten werden kann. Dass es dabei die Wortklasse änderte, wie an den Beispielen in (16) zu erkennen ist, kann nicht weiter überraschen, da das Suffix als Kopf die Wortklasse bestimmt. Fällt der Kopf weg, ändert sich insofern oft die Wortklasse.

Woher wissen wir eigentlich, dass die Richtung dieses Wortbildungsprozesses so verläuft, wie in (16) angegeben? Würde er umgekehrt verlaufen, gäbe es die Rückbildung gar nicht. Unsere Evidenz dafür ist hauptsächlich historisch. Eine Überprüfung, wann die Wörter links und rechts vom Pfeil das erste Mal aufgetreten (d.h. in sprachlichen Dokumenten belegt) sind, ergibt, dass die morphologisch komplexeren Wörter älter als die weniger komplexen sind. Aus dieser zeitlichen Differenz leitet sich die Rechtfertigung für die Rückbildung ab. Man muss allerdings einschränkend hinzufügen, dass die älteren Quellen nur von bedingtem Aussagewert sind. Feststellen kann man aufgrund der überlieferten Texte nur, wann ein Wort zum ersten Mal in einem schriftlichen Text aufgetaucht ist. Der Erstbeleg ist jedoch kein zuverlässiges Indiz dafür, seit wann ein Wort in der gesprochenen Sprache existiert. Dieser Wortbildungstyp steht also auf leicht tönernen Füßen.

Ähnlich wie die Deindexikalisierung hat die Rückbildung im Laufe der englischen Sprachgeschichte nur wenige neue Wörter hervorgebracht. Diese geringe Produktivität hängt gewiss damit zusammen, dass die Rückbildung einer ganz ungewöhnlichen Bedingung unterliegt: Sie setzt nämlich voraus, dass das (phonologisch und eventuell auch morphologisch) komplexere Wort vor dem einfacheren vorhanden war. Diese Bedingung ist ziemlich selten erfüllt.

historische Motivierung (Randnotiz)

7.3.6 | Kürzung

Die Kürzung, auch Clipping genannt, ist der Rückbildung als reduktivem Prozess nicht ganz unähnlich. Der Hauptunterschied zwischen beiden Typen besteht darin, dass die Rückbildung wie gezeigt morphologische Einheiten tilgt, während die Kürzung phonologisches Material beseitigt. Diese Eigenschaft ist insofern bemerkenswert, als die Kürzung als morphologischer Prozess auf die phonologische Repräsentation zugreift. Wir begegnen damit einem weiteren ebenenübergreifenden Effekt. Einige Beispiele sind in (17) aufgeführt.

(17) a. laboratory → lab
b. Andrew → Drew
c. refrigerator → fridge
d. comfortable → comfy
e. Katherine → Kathy

Es gibt zwei Hauptgruppen von Kürzungen: Kürzungen am Wortende (17a) und Kürzungen am Wortanfang (17b). Erstere sind sehr viel
häufiger als letztere. Beide Strategien können auch zusammen auftreten und damit ein Wort sowohl seines Anfangs wie auch seines
Endes berauben (17c). Die Ausgangswörter in (17a) und (17b) sind
einmorphemig, so dass es hier zwangsläufig zu einer Kürzung von
phonologischem Material kommt. In (17c) gibt es sogar zwischen /t/
und /ə/ eine Morphemgrenze im Ausgangswort *refrigerator*. Bezeichnenderweise wird diese aber ignoriert und das Wort genauso gekürzt, wie wenn es einmorphemig wäre. Ein etwas komplexerer Fall
liegt in (17d) vor. Hier erfolgt zusätzlich zur Kürzung noch eine ganz
normale Suffigierung, bei der das verniedlichende (hypochoristische)
/ɪ/ (<y>) angehängt wird. Bemerkenswert daran ist, dass mit diesem
Derivationsprozess die reduktive Wirkung der Kürzung ganz (17e)
oder teilweise (17d) wieder aufgehoben wird. So sind beide Wörter
in (17e) zweisilbig.

Die Funktion der Kürzung liegt auf der Hand. Mit diesem Wortbil-   Ökonomie
dungsprinzip wird der Energieaufwand reduziert, den der Sprecher
für die Planung und Artikulation betreibt. Mit diesem Prozess lässt
sich also bei weniger Arbeit dasselbe Ziel erreichen. Wenn es so einfach wäre, wie diese Beschreibung suggeriert, fragt man sich, warum
sich die Sprache den Luxus langer bzw. längerer Wörter überhaupt
leistet. Auffällig ist nämlich, dass nur manche Wörter gekürzt werden, andere jedoch nicht. Die Entscheidung, welches Wort eine Kürzung zulässt und welches nicht, wird durch die Häufigkeit beein-   Häufigkeit
flusst, mit der ein Wort in einem bestimmten kommunikativen
Kontext verwendet wird. Je häufiger es vorkommt, desto größer ist
die Wahrscheinlichkeit der Kürzung. So dürfte das Wort *laboratory* in
(17a) besonders häufig in einer Firma mit Labor verwendet werden
und dort dann auch die Kürzung zu *lab* entstanden sein. Der Grund
für diese begünstigende Wirkung der Häufigkeit liegt darin, dass mit
zunehmender Häufigkeit die Leichtigkeit der Worterkennung zunimmt. Sprecher gestatten sich also, ein Wort zu kürzen, wenn sie

davon ausgehen können, dass ihre Hörer die Kürzung „verkraften",
d.h. selbst das gekürzte Wort noch verstehen können. Sprecher be-
rechnen also ziemlich genau, wieviel sie ihren Hörern zumuten können. Mit diesem Prinzip des kommunikativen Risikos lässt sich auch
die o.g. Tatsache erklären, dass Endkürzungen häufiger als Anfangs-
kürzungen vorkommen. Der Perzeptionsprozess erfolgt von „links"
nach „rechts", früher artikulierte Phone werden also auch früher
perzipiert als spätere. Damit ist der früher geäußerte Teil eines Wortes wichtiger für die Worterkennung als der später geäußerte. Mit
der Anfangskürzung fällt also ein für die Hörer wichtigerer Teil weg
als mit der Endkürzung. Aufgrund des erhöhten kommunikativen
Risikos, womöglich nicht verstanden zu werden, vermeiden Sprecher
die Anfangskürzung also in stärkerem Maße als die Endkürzung.

Insgesamt ist die Kürzung ein relativ häufiger Wortbildungsprozess. Sie stellt eine Balance zwischen Häufigkeit und Wortlänge her.
Je häufiger ein Wort ist, desto kürzer ist es. Die Kürzung ist ein Ausdruck davon, dass Sprecher die Länge eines häufigen Wortes für nicht
gerechtfertigt halten und durch die Kürzung einem Wort die Länge
geben, die ihnen in Anbetracht seiner Häufigkeit angemessen erscheint. Die Häufigkeit der gekürzten Wörter ist wahrscheinlich ein
lokaler Effekt, d.h., die Kürzung entsteht innerhalb eines kleineren
Zirkels, sei es in der Familie oder am Arbeitsplatz, in dem ein Wort
besonders häufig benutzt wird. So erklärt es sich auch, dass Vorna-
Vornamen   men besonders oft gekürzt werden (vgl. (17b, e)). Da die Anzahl der
Familienmitglieder gering ist, besteht selbst bei erheblicher Kürzung
eines Namens keine Gefahr, dass sich die falsche oder gar keine Person angesprochen fühlt. So ist die Kürzung ein sprachökonomischer
Prozess, der in dem Maße zur Anwendung kommt, wie das durch ihn
verursachte kommunikative Risiko durch eine gute „Ökologie" mini-
miert werden kann. Zu guter Letzt sei erwähnt, dass die Kürzung zu
einer Koexistenz von Langwort und Kurzwort führt (vgl. *laboratory –
lab*). Aufgrund der o.g. kommunikativen Bedingungen der Kürzung
hat das gekürzte Wort eher einen familiären, während das ungekürz-
te Wort einen eher neutralen oder förmlichen Charakter hat.

7.3.7 | Akronymie

Noch stärker als die Kürzung ist die Akronymie ein reduktiver Wortbildungsprozess. Der wesentliche Unterschied zur Kürzung liegt in

dem Ausmaß der Reduktion und damit zusammenhängend in der Größe des zu reduzierenden Ausgangsmaterials. Während bei der Kürzung fast immer Einzelwörter phonologische Substanz verlieren, greift die Akronymie auf Mehrworteinheiten zu. Bei diesen größeren Gebilden ergibt es keinen Sinn, ein einzelnes Wort zu kürzen und die anderen unangetastet zu lassen. Daher werden alle Wörter des größeren Verbands weitgehend gleichbehandelt. Folgende Beispiele zeigen die Wirkungsweise dieses Wortbildungsprinzips.

(18) a. **l**ight **a**mplification by **s**timulated **e**mission of **r**adiation → laser
b. **A**cquired **I**mmune **D**eficiency **S**yndrome → AIDS
c. **U**nited **S**tates of **A**merica → U.S.A.
d. **B**ritish **B**roadcasting **C**orporation → B.B.C.

Der Prozess der Akronymie ist leicht zu beschreiben. Sie kürzt jedes Einzelwort bis zum Anfangsbuchstaben herunter und reiht diese in der ursprünglichen Reihenfolge zu einem neuen Wort auf. So geschaffene Wörter heißen Akronyme. Allerdings fließen nicht alle Wörter in diesen Prozess ein. Nur die bedeutungshaltigen Wörter werden berücksichtigt. Wie die Beispiele (18a) und (18c) zeigen, werden grammatische Wörter wie *by* und *of* übergangen.

Die Beispiele in (18) teilen sich in zwei Untergruppen auf. Akronyme können entweder – wie jedes andere Wort auch – „gelesen" oder buchstabiert werden. Als Wort gesprochene Akronyme finden wir in (18a) und (18b), buchstabierte in (18c) und (18d). Buchstabierte Akronyme werden auch Initialismen genannt. Der Grund für diese Zweiteilung ist nahezu trivial: Ein Akronym kann nur dann gelesen werden, wenn es auch aussprechbar ist. Genauer gesagt müssen die aufgereihten Buchstaben so lesbar sein, dass die resultierende Phonemsequenz den phonotaktischen Gesetzmäßigkeiten gehorcht. Diese Bedingung ist in (18a) und (18b) erfüllt. Ist das nicht der Fall, müssen die Buchstaben in einem Akronym einzeln, also die Namen der Buchstaben gesprochen werden (vgl. (18c, d)). Es ist zu vermuten, dass als Wort gesprochene Akronyme gegenüber den buchstabierten bevorzugt werden, da erstere kürzer als letztere sind. Der Name jedes Buchstabens bildet eine eigene Silbe. Außerdem entsprechen gelesene Akronyme der Art und Weise, wie wir lesen, denn wir lesen Wörter, nicht Buchstabe für Buchstabe (vgl. Kap. 6.1.1).

Initialismus

Akronyme besitzen eine hohe Eigenständigkeit gegenüber ihren Ausgangsformen. Die meisten Sprachbenutzer wissen gar nicht, dass Wörter wie *laser* (18a) und *radar* Akronyme sind. Das brauchen sie auch nicht, um diese Wörter richtig verwenden zu können. Durch ihre normale Schreibung wird die Eigenständigkeit von als Wort gesprochenen Akronymen noch verstärkt. Bei den Initialismen bleibt aufgrund der Punkte nach jedem Buchstaben der akronymische Status stärker im Bewusstsein der Sprachbenutzer verankert.

Die Motivation für die Akronymie ist dieselbe wie bei der Kürzung. Bezeichnungen wie *Acquired Immune Deficiency Syndrome* (18b) kommen so häufig vor, dass ihre vollständige wiederholte Aussprache als zu zeitaufwändig empfunden wird. Durch die Akronymie werden also Häufigkeit und Länge wie beim Clipping in Einklang gebracht.

Die Akronymie ist heutzutage ein recht weit verbreitetes Mittel der Wortbildung. Ihre Beliebtheit ist vor allen Dingen auf die Technisierung und Globalisierung der Welt zurückzuführen. Militärische Bündnisse wie *NATO*, Handelsorganisationen wie *OPEC* und Krankheiten wie *AIDS* spielen im Zeitalter der Massenkommunikation eine so bedeutsame Rolle für nicht geringe Teile der Sprachgemeinschaft, dass sich die Einführung eines Akronyms „lohnt".

7.3.8 | Überblendung

Überblendungen sind auch zu den subtraktiven Wortbildungsprozessen zu zählen, selbst wenn der Sachverhalt nicht so einfach wie bei der Kürzung und der Akronymie ist. Bei der Akronymie stehen die zu kürzenden Wörter in einer syntagmatischen Relation (vgl. Kap. 5.3) zueinander. Die Wörter *Acquired Immune Deficiency Syndrome* (18b) bilden ein Syntagma. Im Gegensatz dazu stehen die zu überblendenden Wörter prinzipiell in einer paradigmatischen Beziehung. Folgende Beispiele verdeutlichen diese Eigenschaft.

(19) a. smoke / fog → smog
 b. breakfast / lunch → brunch
 c. beginning / commencement → begincement
 d. guess / estimate → guesstimate

Die beiden Wörter, die in die Überblendung einfließen, sind Alternativen mit gewissen Bedeutungsunterschieden. Entweder handelt es sich um ein Frühstück oder ein Mittagessen in (19b). Wenn die eine Essenszeit gemeint ist, kann die andere – eigentlich – nicht gemeint sein. Genau hier zeigt sich die Motivation, die diesem Wortbildungsprozess zugrunde liegt. Der Sprecher will eben nicht über *breakfast* **oder** *lunch* reden, sondern beide Anlässe miteinander verbinden. Er will aus dem Entweder-Oder-Verhältnis ein Und-Verhältnis machen. Das bedeutet nichts anderes, als dass die Überblendung die Relation zwischen den beiden Wörtern von einer paradigmatischen in eine syntagmatische umwandelt.

Nun wird ein syntagmatisches Verhältnis beispielsweise durch die Konjunktion *and* ausgedrückt. Es fragt sich daher, warum nicht bei der eben genannten Sprecherabsicht die Wörter mit *and* zu *breakfast and lunch* verbunden werden, anstatt auf eine Überblendung wie *brunch* zurückzugreifen. Die Antwort ist eine semantische. Der Sprecher meinte eben nicht eine Aufzählung zweier separater zeitlicher Ereignisse wie *I always have a boiled egg for both breakfast and lunch*. Vielmehr wollte er die Idee einer Mahlzeit ausdrücken, die zeitlich einen Kompromiss und inhaltlich eine Kombination aus *breakfast* und *lunch* darstellt. Zur Versprachlichung dieser Idee taugt keine *X and Y*-Konstruktion. Vielmehr ist die Überblendung für den Ausdruck einer „hybriden" Idee ideal geeignet, da sie eine Verschmelzung von Ideen durch die Verschmelzung von Formen abbildet. Sie ist also ein ausgesprochen ikonisches Wortbildungsmuster. Damit kommen wir zur formalen Analyse der Überblendungen.

Verschmelzung von Ideen

Überblendete Formen setzen voraus, dass die zu überblendenden Wörter X und Y in zwei Teile aufgespalten werden, so dass wir die 4 Bestandteile X_1, X_2, Y_1 und Y_2 erhalten. Überblendungen kommen durch Rekombination dieser Bestandteile zustande. X_1 wird also mit Y_2 bzw. Y_1 mit X_2 gepaart. Beispielsweise wird in (19b) das /br/ in *breakfast* mit dem /ʌntʃ/ in *lunch* verknüpft. Dabei bleibt die Reihenfolge der Ursprungswörter in der Überblendung gewahrt: Was im Ursprungswort am Ende steht, kann in der Überblendung nicht am Anfang stehen und umgekehrt.

Die Bestandteile X_1, X_2, Y_1 und Y_2 sind phonologische Größen. Dieses ist notwendigerweise so, wenn die Ursprungswörter einmorphemig sind, wie z.B. in (19a). Aber selbst mehrmorphemige Wörter werden nicht an der Morphemgrenze aufgespalten, sondern verhalten sich weitgehend wie einmorphemige. So werden bei den Ursprungswörtern in (19c) die Phonemsequenzen /bɪgɪ(n)/ und /(n)sməndt/ miteinander kombiniert. Die Überblendung ist insofern ähnlich wie die Kürzung ein morphologischer Prozess, der mit phonologischen, nicht morphologischen Größeneinheiten operiert. Hier zeigt sich wiederum das Zusammenspiel von Phonologie und Morphologie.

Es ist nicht immer so, dass in einer Überblendung Teile von Wörtern rekombiniert werden. Möglicherweise ist in (19d) das ganze Wort *guess* in die Überblendung mit eingeflossen. Dieses ist im vorliegenden Fall nicht genau zu bestimmen, da es eine phonologische **phonologische** Überlappung zwischen *guess* und *estimate* gibt. Das /es/ in *guesstimate* **Überlappung** kann also von beiden Kandidaten stammen. Die parzielle phonologische Identität der Ursprungswörter ist ein (probabilistisches) Charakteristikum der Überblendungen. Das /es/ in (19d) fungiert quasi als Brücke, die auf der Formebene die Verbindung zwischen beiden Wörtern herstellt. Diese Teilidentität begünstigt folglich das Auftreten von Überblendungen.

Die Art und Weise, wie zwei Wörter überblendet werden, gehorcht nicht nur dem Prinzip der Verbindbarkeit über eine phonemische Brücke, sondern auch dem Prinzip der Erkennbarkeit der **Erkennbarkeit** Ursprungswörter. Die Absicht des Sprechers bliebe verborgen (und damit wäre der Sinn der Überblendung verfehlt), wenn der Hörer die beiden Ursprungswörter nicht aus der Überblendung rekonstruieren könnte. Nur über die Identifikation selbiger wird die Überblendung als Überblendung erkennbar. Insofern müssen die Ursprungswörter so zerlegt werden, dass sich die für den Hörer wichtigsten Teile in der Überblendung wiederfinden. Diese perzeptuelle Bedingung erklärt, weshalb die Ursprungswörter in phonologische Teile aufgespalten werden. Wäre die Zerlegung an der Morphemgrenze in (19c) erfolgt, wären die Überblendungen *beginment* und *commencing* entstanden. Bei beiden ist aufgrund der vielseitigen Kombinierbarkeit der Suffixe *-ment* und *-ing* nicht zu ermitteln, welches das Ursprungswort ist, aus dem sie stammen.

Überblendungen weisen einen unerwarteten Widerspruch auf: Einerseits handelt es sich bei ihnen um eine relativ beliebte Wortbildungsstrategie, andererseits findet nur ein Bruchteil dieser Produkte Eingang in den allgemeinen Wortschatz. Wörter wie *smog* (19a) und *brunch* (19b), die unzweifelhaft einen lexikalischen Status erworben haben, sind die Ausnahme. Überblendungen bleiben also weitgehend einmalige Bildungen (sog. Okkasionalismen), die in einer speziellen (oft schriftlichen) Kommunikationssituation zu einem speziellen rhetorischen Zweck kreiert werden. Die Sprachgemeinschaft sieht in diesen kreativen Formen offenbar nur einen geringen Nutzen. Dieses hat wahrscheinlich damit zu tun, dass die durch sie ausgedrückten kreativen Konzepte zu flüchtig bzw. zu einmalig sind, als dass sie eine dauerhafte Verankerung in der Sprache rechtfertigen würden.

Die Binnenstruktur mehrmorphemiger Wörter | 7.4

Ein Leitgedanke bei der Untersuchung der sprachlichen Hierarchie (vgl. Kap. 5) ist die Frage, inwieweit die einzelnen Beschreibungsebenen unabhängig voneinander arbeiten oder für ähnliche Probleme ähnliche Lösungen finden. Im Falle von ebenenübergreifenden Lösungen könnte man argumentieren, dass das System ein kohärentes Ganzes bildet. Dieser Frage wollen wir im vorliegenden Abschnitt nachgehen.

Wir haben in Kap. 6.4 eine Analyse der englischen Silbenstruktur durchgeführt, bei der sich die CVC-Silbe als rechtsverzweigt erwies. Dreigliedrige Einheiten gibt es allerdings nicht nur in der Phonologie. Die Morphologie kennt ebenfalls solche Einheiten, nämlich dreimorphemige Wörter. Auch bietet die morphologische Ebene die Möglichkeit, diese Wörter so auszuwählen, dass sie eine große strukturelle Ähnlichkeit mit der Silbe aufweisen. Die CVC-Silbe beginnt und endet mit derselben Phonemklasse: einem Konsonanten. Erst aufgrund dieser Gleichheit konnte die Frage nach der internen Struktur sinnvoll gestellt werden. Denn CV und VC konnten nur deswegen gut miteinander verglichen werden, weil sie aus denselben Phonemklassen bestehen. Würde die Silbe mit der undefinierten Klasse X beginnen, wäre eine strukturelle Analyse erheblich komplizierter, da jeder zu beobachtende Effekt auf die Unterschiedlichkeit von X und C zurückgeführt werden könnte, wobei diese Unterschiedlichkeit aber gar nicht Ziel der Analyse ist.

Die Forderung nach strukturell identischen Erst- und Drittelementen in dreimorphemigen Wörtern wird von Affix-Stamm-Affix-Gebilden am besten erfüllt. Die Affixe sind analog zu den Konsonanten und der Stamm analog zum Vokal in der Silbe zu sehen. Um die Vergleichbarkeit der links- und rechtsseitigen Affixe zu gewährleisten, wird zusätzlich die Bedingung aufgestellt, dass sowohl die Präfixe als auch die Suffixe funktional denselben Status haben sollen. Die Untersuchung wird daher auf dreimorphemige Wörter beschränkt, deren beide Affixe derivationalen Charakter haben. Damit bewegt sich die Analyse im Bereich der Wortbildung.

Präfix-Stamm-Suffix-Wörter

Wir werden im Folgenden Präfix-Stamm-Suffix-Wörter daraufhin untersuchen, ob sich das Präfix oder das Suffix stärker an den Stamm bindet oder die Bindung beider an den Stamm gleichstark ist. Wir haben mit anderen Worten in diesem Abschnitt zu klären, ob diese Gebilde flach, hierarchisch linksverzweigt oder hierarchisch rechtsverzweigt sind. Diese drei theoretischen Möglichkeiten sind in (20) geometrisch dargestellt. Die Abkürzung W steht für die Größeneinheit „Wort".

Verzweigungsrichtung

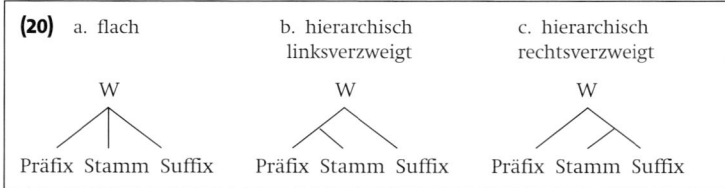

Im flachen Modell (20a) stehen das Präfix und das Suffix im gleichen Verhältnis zum Stamm. Die engere Verbindung zwischen Präfix und Stamm als zwischen Stamm und Suffix führt zu der linksverzweigten Struktur in (20b). Der spiegelbildliche Fall liegt im rechtsverzweigten Modell (20c) vor, bei dem die Stamm-Suffix-Verbindung eine strukturelle Einheit bildet.

Die drei Optionen in (20) treffen dieselben Vorhersagen wie bei der Analyse der Silbenstruktur. Allgemein gesagt erwarten wir eine stärkere Kohäsion zwischen Präfix und Stamm in (20b) und eine stärkere Kohäsion zwischen Stamm und Suffix in (20c). Kein Unterschied zwischen den beiden morphologischen Paaren wird von (20a) vorhergesagt. Eine Überprüfung dieser Vorhersagen soll eine Antwort auf die Frage liefern, welches dieser Modelle das beschreibungsadäquateste ist.

Trotz aller Parallelität zu der Analyse der Silbenstruktur können die Kriterien, mit denen die drei Modelle getestet werden, nicht dieselben wie in der Phonologie sein. Wir benötigen daher eine Reihe neuer Kriterien, die für die morphologische Struktur relevant sind. Einige dieser Kriterien (zwei phonologische, ein lexikalisches und ein semantisches) werden im Folgenden vorgestellt.

Zuvor ist noch daran zu erinnern, dass wir bei der Analyse der Binnenstruktur der CVC-Silben von der Annahme ausgegangen sind, dass die Entscheidung zwischen den drei Strukturmodellen einzelwortunabhängig gefällt werden kann. Dass dieselbe Annahme für die Untersuchung der Binnenstruktur morphologisch komplexer Wörter gilt, kann nicht einfach vorausgesetzt werden.

Das lexikalische Kriterium

7.4.1

Wir beginnen mit dem einfachsten Kriterium und fragen danach, ob die beiden morphologischen Paare Präfix-Stamm und Stamm-Suffix als selbständige Wörter existieren. Deshalb wird dieses Kriterium das lexikalische genannt. Das flache Modell sagt vorher, dass die Präfix-Stamm-Verbindung genauso häufig im englischen Wortschatz belegt ist wie die Stamm-Suffix-Verbindung. Das linksverzweigte Modell lässt einen höheren Lexikalisierungsgrad bei ersterer als bei letzterer erwarten. Die entgegengesetzte Prognose ergibt sich aus dem rechtsverzweigten Modell.

Lexikalisierungsgrad

Betrachten wir zunächst folgende dreigliedrige Verbände.

(21) a. untruthful b. untimely c. preschooler

Wenn wir *untruthful* (21a) zerlegen, entstehen die beiden Teile *untruth* und *truthful*. Beide sind Bestandteile des englischen Lexikons. Mit diesem Wort wird somit die Prognose des flachen Modells erfüllt. Anders sieht es bei *untimely* (21b) aus. Der Teil *timely* existiert, der Teil *untime* jedoch nicht. Diese Asymmetrie spricht für das rechtsverzweigte Modell. Zur gegenteiligen Aussage gelangt man bei *preschooler* (21c). Die Verbindung *preschool* ist lexikalisiert, die Verbindung *schooler* aber nicht. Eine solche Asymmetrie deckt sich mit der Vorhersage des linksverzweigten Modells.

Wir sehen also, dass das lexikalische Kriterium bei verschiedenen Wörtern zu unterschiedlichen Ergebnissen führt. Wir sollten daher nicht fragen, welche Ergebnisse überhaupt möglich sind, sondern vielmehr, ob die dreigliedrigen Wörter eine spezielle Verzweigungsrichtung bevorzugen. Deshalb lassen wir die Analyse von Einzelwörtern hinter uns und wenden uns dem Gesamtwortschatz, also allen dreimorphemigen Wörtern zu. Eine solche Analyse ergibt, dass Fälle wie *untimely* (21b) mehr als doppelt so häufig wie Fälle wie *preschooler* (21c) auftreten. Das lexikalische Kriterium gibt damit dem rechtsverzweigten Modell in (20c) den Vorzug. Es muss auch hier ausdrücklich darauf hingewiesen werden, dass es sich dabei um eine probabilistische Tendenz und nicht um ein deterministisches Gesetz handelt.

7.4.2 | Das segmentale Kriterium

Im einfachsten Fall bleibt bei einer Verknüpfung zweier Morpheme die phonologische Struktur der Einzelmorpheme unverändert. Wir haben aber bereits in Kap. 7.3.2 gesehen, dass dem nicht immer so ist. Diese Auswirkungen eines morphologischen Prozesses auf die phonologische Ebene können wir uns nun zur Bestimmung der Wortstruktur zunutze machen. Wir greifen auf die Aufteilung der Phonologie in einen segmentalen (= phonemischen) und einen suprasegmentalen Bereich zurück (vgl. Kap. 6) und leiten aus beiden Bereichen ein eigenes Kriterium ab. So wenden wir in diesem Abschnitt das segmentale und im darauf folgenden das suprasegmentale Kriterium an. Die Trennung in zwei eigenständige Kriterien ergibt sich aus der Tatsache, dass suprasegmentale Prozesse relativ unabhängig von segmentalen stattfinden.

Schauen wir uns zunächst die Vorhersagen der drei Modelle der Wortstruktur an. Wir konzentrieren uns dabei auf die Veränderungen, die eine Affigierung in der phonemischen Form des Stamms auslöst. Das flache Modell besagt, dass Präfigierungen und Suffigierungen in gleichem Maße zu Veränderungen im Stamm führen. Das linksverzweigte Modell lässt ein höheres Maß an Veränderungen im Stamm durch Präfigierungen als durch Suffigierungen erwarten. Im Gegensatz dazu ist im rechtsverzweigten Modell das Veränderungspotenzial der Suffixe größer als das der Präfixe. All dieses sind Aussagen über relative Häufigkeiten. Keines der drei Modelle trifft Aussagen über absolute Häufigkeiten.

phonologische Veränderungen im Stamm

In den folgenden Beispielen nehmen wir denselben Stamm und erweitern ihn zum einen durch ein Präfix und zum anderen durch ein Suffix. Auf diese Weise können wir die Effekte der Prä- und Suffigierung getrennt voneinander beobachten.

(22) a. sincere   **(23)** a. to divide
     b. insincere   b. to subdivide
     c. sincerity   c. division

Wir sehen in (22) und (23) die Unterschiedlichkeit von Präfixen und Suffixen. Während die Hinzufügung des Präfixes die phonemische Struktur weder des Adjektivs *sincere* noch die des Verbs *divide* verändert (22b, 23b), zieht die Hinzufügung des Suffixes formale Modifikationen des Stamms nach sich. In beiden Fällen wird der betonte Vokal verändert, indem aus einem Diphthong ein Monophthong wird. Zusätzlich dazu erfolgt in (23c) noch ein Konsonantenwechsel, bei dem das /d/ zu /ʒ/ wird.

Auf der Grundlage dieser beiden Beispiele lässt sich vermuten, dass Suffixe einen stärkeren Einfluss auf die Phonemstruktur des Stamms haben als Präfixe. Tatsächlich sind diese Beispiele typisch. Präfixe können nur in Ausnahmefällen auf Stämme einwirken; sie lassen sie fast immer unangetastet. Suffixe hingegen führen in nahezu jedem zweiten Fall – über die Gesamtheit der dreimorphemigen Wörter betrachtet – eine phonemische Veränderung im Stamm herbei. Der Unterschied zwischen Präfigierungen und Suffigierungen könnte also kaum deutlicher ausfallen.

Diese Asymmetrie im Verhalten der Präfixe und Suffixe ist nur mit dem rechtsverzweigten Modell der Wortstruktur vereinbar. Sie entsteht durch die strukturelle Einheit, die Stamm und Suffix, nicht aber Präfix und Stamm bilden. Dieser Stamm-Suffix-Knoten schafft einen „Kontakt" und damit die Möglichkeit, dass die beiden Morpheme aufeinander einwirken können. So kommt es zu den in (22c) und (23c) veranschaulichten morphophonologischen Prozessen. Zwischen dem Präfix und dem Stamm besteht hingegen im rechtsverzweigten Modell eine große Distanz, da sie keine strukturelle Einheit bilden. Folglich kann es hier nicht oder nur seltener zu morphophonologischen Effekten kommen als zwischen dem Stamm und dem Suffix.

Damit haben wir ein zweites Argument für die Rechtsverzweigung und gegen die Linksverzweigung bzw. Flachheit vorgelegt. Das lexikalische und das segmentale Kriterium stimmen also in ihren Kernaussagen überein. Es ist allerdings zu ergänzen, dass sich beide Kriterien in unterschiedlichem Maße für die Rechtsverzweigung aussprechen. Das segmentale Kriterium spricht viel deutlicher für eine rechtsverzweigte Wortstruktur als das lexikalische.

Das suprasegmentale Kriterium

Wir kommen nun zu dem suprasegmentalen Kriterium, das wir auf das Betonungsmuster, genauer gesagt die Hauptbetonung der morphologisch komplexen Wörter beschränken wollen. Der Argumentationsgang ist der gleiche wie im vorangegangenen Abschnitt, da es in beiden Fällen um morphologisch induzierte, phonologische Veränderungen im Stamm geht.

Wir erwarten im flachen Modell, dass die Präfigierung genauso häufig zu einer Verschiebung der Hauptbetonung des Stamms führt wie die Suffigierung. Das linksverzweigte Modell sagt voraus, **Betonungsveränderung** dass die Präfixe in stärkerem Maße die Betonung im Stamm verändern als die Suffixe. Die umgekehrte Prognose leitet sich aus dem rechtsverzweigten Modell ab. Die Logik dieser Vorhersagen dürfte nunmehr bekannt sein: Wenn zwei Morpheme von demselben Knoten dominiert werden, bilden sie eine Einheit. Innerhalb dieser Einheit ist mehr Beeinflussung möglich als zwischen Morphemen, die unterschiedlichen strukturellen Einheiten angehören. Folglich kann ein Affix auf die Betonung des Stamms leichter einwirken, wenn beide an denselben übergeordneten Knoten angebunden sind.

Die folgenden Beispiele sind etwas anders als die im vorherigen Abschnitt. Während Prä- und Suffigierung in (22) und (23) unabhängig voneinander stattfinden, sind sie in (24) und (25) geordnet. In (24) erfolgt die Präfigierung vor der Suffigierung, in (25) ist es umgekehrt.

(24)	a. to mystify	**(25)**	a. consequence
	b. to demystify		b. consequential
	c. demystification		c. inconsequential

Es zeigt sich genau wie beim segmentalen Kriterium, dass die Präfixe nicht die Kraft haben, die suprasegmentale Struktur des Stamms (24b) bzw. der Stamm-Suffix-Verbindung (25c) zu verändern. Ganz anders die Suffixe, die die Betonung sowohl in (24c) als auch in (25b) nach rechts verschieben. In *consequential* (25b) wandert die Betonung von der ersten auf die letzte Silbe des Stamms. In *demystification* (24c) hat die Hauptbetonung den Stamm ganz verlassen und ist auf dem Suffix selbst zu finden. Auf parallel stattfindende Veränderungen im segmentalen Bereich bei der Suffigierung (nicht aber bei der Präfigierung) brauchen wir hier nicht einzugehen.

Die Beispiele in (24) und (25) sind typisch für den englischen Wortschatz. Präfixe haben fast nie die Kraft, auf das Betonungsmuster des Stamms Einfluss zu nehmen. Wenn ihnen das doch gelingt, dann ziehen sie die Hauptbetonung auf sich selbst. Dieses ist aber keine Eigenschaft von bestimmten Präfixen, sondern kommt nur in lexikalischen Ausnahmefällen wie (26) vor.

(26) a. pious → impious
   b. potent → impotent

Suffixe hingegen zeigen eine vergleichsweise starke Neigung, das Betonungsmuster des Stamms zu verändern. Einige Suffixe wie *-ity* und *-ion* (27a) ziehen die Betonung überall dort nach rechts, wo die Hauptbetonung nicht auf der letzten Silbe des Stamms liegt, also noch weiter nach rechts verschoben werden kann. Andere Suffixe wie *-ee* (27b) und *-ese* sind sogar selbst immer betonungstragend, greifen also zwangsläufig in das Betonungsmuster des Stamms ein.

(27) a. to violate → violation
   b. to employ → employee

Daneben gibt es auch viele betonungsneutrale Suffixe wie *-ment* oder *-ness*, doch ändert das nichts an dem Befund, dass Suffixe insgesamt stärker auf die suprasegmentale Struktur des Stamms einwirken als Präfixe. Dieses Ergebnis steht wiederum im Einklang mit dem rechtsverzweigten Modell der Wortstruktur und erfüllt damit nicht die Prognosen des linksverzweigten und flachen Modells. Insofern reiht sich das suprasegmentale Kriterium nahtlos in die vorherigen Analysen ein.

Das semantische Kriterium | 7.4.4

Das Bedeutungskriterium ist das letzte Argument, das wir hier vorstellen wollen. Es fragt nach den semantischen Bezügen innerhalb eines morphologisch komplexen Wortes. Ganz allgemein gesehen trägt ein Affix eine (funktionale) Bedeutung und wendet diese Bedeutung auf seine direkte Nachbarschaft an. Mit der Wahl des Begriffs „Nachbarschaft" lassen wir bewusst offen, ob sich der semantische Effekt des Affixes auf ein einzelnes Morphem oder mehrere Morpheme gleichzeitig erstreckt. In einem dreimorphemigen Wort ergeben sich dabei folgende Möglichkeiten, die in (28) aus der Perspektive des Präfixes und in (29) aus der Perspektive des Suffixes dargestellt werden. Das Beispielwort bleibt unverändert.

semantischer Effekt des Affixes

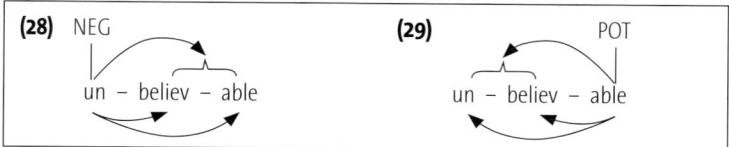

Das Präfix in *unbelievable* hat die Bedeutung der Verneinung (Negation = NEG), das Suffix die Bedeutung der Möglichkeit (Potenzial = POT). Die Frage ist also, was in *unbelievable* verneint wird. Theoretisch gibt es die drei in (28) aufgeführten Optionen: Das Präfix kann sich in seiner Bedeutung a) nur auf den Stamm, b) nur auf das Suffix oder c) auf Stamm und Suffix gemeinsam beziehen. Eine analoge Situation finden wir in (29) vor. Zu klären ist, welche Größeneinheit durch das Suffix „potenzialisiert" wird. Wiederum gibt es drei Möglichkeiten. Das Suffix modifiziert mit seiner Semantik a) nur den Stamm, b) nur das Präfix oder c) Präfix und Stamm gleichermaßen.

Die Klärung dieser Frage liefert uns ein weiteres Argument für die Bestimmung der Binnenstruktur komplexer Wörter. Wenn sich das Präfix in (28) auf *believe* und *-able* gleichermaßen beziehen würde, spräche das für eine Rechtsverzweigung. Andererseits würde das Ergebnis, wenn sich das Suffix in (29) auf *un-* und *believe* gleichermaßen bezieht, für eine Linksverzweigung sprechen. Die Argumentationslogik ist dabei folgende: Wenn sich das Präfix gleichzeitig auf Stamm und Suffix bezieht, betrachtet es Stamm und Suffix als Einheit. Es bezieht sich damit auf einen strukturellen Knoten, der nur im rechtsverzweigten Modell vorgesehen ist. Die Fähigkeit des Präfixes, Stamm und Suffix als Einheit zu betrachten, wäre damit ein Indiz dafür, dass Stamm und Suffix tatsächlich eine Einheit bilden.

Die drei Modelle der Wortstruktur erlauben klare Vorhersagen über die relative Häufigkeit der verschiedenen Bezugsmöglichkeiten. Das rechtsverzweigte Modell bevorzugt den Bezug des Präfixes auf Stamm und Suffix gleichermaßen, während das linksverzweigte Modell den Bezug des Suffixes auf Präfix und Stamm favorisiert. Das flache Modell kennt gar keine wortinternen Morphemverbindungen und sieht deshalb semantische Bezüge von Prä- und Suffix ausschließlich zum Stamm als benachbartem Element vor.

Jetzt können wir uns der semantischen Analyse von *unbelievable* zuwenden. Zwei der sechs möglichen Bezüge in (28) und (29) können wir von vornherein ausschließen. Ein Präfix kann sich genauso wenig auf ein Suffix beziehen wie sich ein Suffix auf ein Präfix beziehen kann. Es liegt in der Natur der Affixe, Stämme zu erweitern. Allerdings können Affixe auch an solche Größeneinheiten herantreten, die bereits morphologisch komplex sind, wobei eines der Morpheme selbständig sein muss. Über dieses erhält das ganze Gebilde seine Bedeutung. Verbindungen von ausschließlich Affixen sind sinnlos.

Zwei weitere Möglichkeiten kommen aufgrund der Tatsache nicht in Frage, dass es sich in (28) und (29) um dasselbe Wort handelt. Es ist von vornherein auszuschließen, dass sich das Präfix auf den Stamm und das Suffix und gleichzeitig sich das Suffix auf das Präfix und den Stamm bezieht. Ein solcher Bezug würde bedeuten, dass *unbelievable* gleichzeitig links- und rechtsverzweigt ist. Da die eine Struktur die andere ausschließt, scheidet diese Möglichkeit aus.

Übrig bleiben die beiden Lösungen, dass das Präfix an den Stamm und das Suffix an Präfix und Stamm bzw. das Suffix an den Stamm und das Präfix an Stamm und Suffix herantreten. Wir können es uns leicht machen und zur Entscheidung zwischen diesen beiden Lösungen das lexikalische Kriterium zur Hilfe nehmen. Da es *unbelieve* nicht gibt, muss das Präfix an die Stamm-Suffix-Verbindung und damit das Suffix an den Stamm angekoppelt werden. Wir wollen hier aber semantisch argumentieren. Das Suffix macht in seiner Potenzialität eine Aussage über eine geistige Aktivität. Die Aktivität des Glaubens wird im Rahmen der Potenzialität zu der Eigenschaft, „glaub-bar" (d.h. glaubhaft) zu sein. Diese spezifische Eigenschaft, glaubbar zu sein (nicht die Eigenschaft allein), wird durch das Präfix modifiziert, also negiert, so dass die Bedeutung von *unbelievable* mit „not believable" paraphrasierbar ist. Die semantische Analyse zeigt also, dass Stamm und Suffix eine Einheit bilden, da das Präfix auf diese Einheit semantisch Bezug nimmt. Damit weist *unbelievable* aus semantischer Sicht eine rechtsverzweigte Struktur auf. Dieser Befund wird durch die „Gegenprobe" bestätigt. Wäre *unbelievable* linksverzweigt, wäre die Wortbedeutung die Möglichkeit des Nicht-Glaubens. Das entspricht aber nicht der Bedeutung von *unbelievable*.

Da die Entscheidung zugunsten der Rechtsverzweigung von *unbelievable* durch das lexikalische Kriterium präjudiziert wurde, wollen wir noch kurz den Fall *immortality* beleuchten. Wie das Präfix *un-* bringt das *im-* Negation zum Ausdruck. Das Suffix *-ity* ist mit „Zustand" oder „Bedingung" paraphrasierbar. Wäre diese Derivation rechtsverzweigt wie *unbelievable*, würde das Präfix den Zustand des Sterblichseins verneinen, paraphrasierbar als „der Nicht-Zustand des Sterblichseins". Ein Zustand kann jedoch schlecht verneint werden; er bleibt immer ein Zustand. Vielmehr lässt sich die Bedeutung von *immortality* als der Zustand des Nicht-Sterblichseins beschreiben. Das komplexe Wort *immortality* ist demnach semantisch gesehen linksverzweigt.

Wenn wir das semantische Kriterium auf alle Präfix-Stamm-Suffix-Verbindungen anwenden, ergibt sich eine Dominanz der Rechtsverzweigung, zumindest wenn man sich auf die Wörter mit produktiven Präfixen beschränkt. Allerdings ist der Anteil der Linksverzweigung bei diesem Kriterium höher als bei den anderen. Trotz seiner schwächeren Neigung nach rechts geht das semantische Kriterium mit den zuvor behandelten Kriterien in der Aussage konform, dass Präfix-Stamm-Suffix-Verbindungen im Englischen dominant rechtsverzweigt sind. Es ist ein weiteres Mal hervorzuheben, dass es sich hierbei „nur" um eine Tendenz handelt. Da diese Neigung von Argumenten aus ganz unterschiedlichen Bereichen gestützt wird, darf sie als gesichert gelten. Gegenargumente sind bisher nicht bekannt.

7.4.5 | Zwischenbilanz

Vergleicht man den Aufbau von CVC-Silben und Präfix-Stamm-Suffix-Wörtern, sticht ihre ähnliche Struktur sofort ins Auge. Sowohl die phonologische als auch die morphologische Größeneinheit bevorzugen die Rechtsverzweigung gegenüber der Linksverzweigung. Hier drängt sich der Eindruck auf, dass diese strukturelle Parallelität möglicherweise kein Zufall ist. Man könnte also vermuten, dass die Entscheidung zugunsten einer bestimmten Binnenstruktur nicht auf jeder einzelnen Beschreibungsebene unabhängig getroffen wird, sondern eine ebenenübergreifende Entscheidung des Gesamtsystems ist. Wir werden diese vorläufigen Überlegungen im übernächsten Kapitel wieder aufgreifen.

ebenenübergreifende Entscheidung des Gesamtsystems

Zusammenfassung

Während auf der phonologischen Ebene Wörter in nicht-bedeutungstragende Einheiten zerlegt werden, erfolgt auf der morphologischen Ebene die Zerlegung in bedeutungstragende Einheiten, den Morphemen. Ansonsten zeichnen sich die Phonologie und die Morphologie durch eine strukturelle Parallelität aus. Die morphologische Analyse basiert auf den Prinzipien der Rekurrenz, der erschöpfenden Analyse und der Bedeutungshaltigkeit. Entsprechend ihrer unterschiedlichen Funktionen teilen sich die Morpheme in einen derivationalen und einen flektionalen Typ auf. Mit der Morphologie wird ein wesentlicher Bereich der Produktivität der Sprache erfasst. Verschiedene Techniken stehen zur Bildung neuer Wörter zur Verfügung. Die Analyse dreimorphemiger Wörter ergibt eine interne Asymmetrie, bei der sich das Suffix stärker an den Stamm bindet als das Präfix.

Testfragen

1. Weshalb könnte man auf die Idee kommen, *lad* und *lass* jeweils als zweimorphemige Wörter zu betrachten? Was spricht eindeutig gegen diese Lösung?

2. Bestehen die Wörter *neither, nor* und *none* aus einem oder zwei Morphemen?

3. Gegeben sei folgender Text:

   The odd-looking creature that appeared on the cover of the journal „Nature" last week was no joke. The animal is a crossbreed of two entirely different species, a goat and a sheep. Inevitably, it has been dubbed a „geep".

   Welcher Wortbildungsprozess kommt in *geep* zur Anwendung? Inwiefern besteht hier ein ungewöhnlich enger Zusammenhang zwischen der sprachlichen Bezeichnung und der außersprachlichen Wirklichkeit?

4. Stellen Sie sich jemanden vor, der besonders häufig Akronyme verwendet. Welche expressive Funktion könnte man den von dieser Person verwendeten Akronymen zuweisen?

5. Betrachten Sie die Überblendung *smog* unter dem phonologischen Aspekt, an welcher Stelle die beiden Wörter *smoke* und *fog* aufgespalten worden sind. Welches der drei Silbenstrukturmodelle aus Kap. 6.4 sagt genau diese Sollbruchstelle voraus?

6. Es wurde bei der Analyse von *braune Augen* in Kap. 5 am Rande erwähnt, dass das /n/ in *braun* bei der Hinzufügung des flektionalen Schwa in *braune Augen* von der Silbenend- in die Silbenanfangsposition rutscht. Dieser Prozess heißt Resilbifizierung. Prüfen Sie auf der Grundlage folgender Beispiele, ob durch die Präfigierung und die Suffigierung eine Resilbifizierung an der Morphemgrenze ausgelöst wird. Für welches Modell der Wortstruktur sprechen diese Daten aus welchem Grund?
   a) to agree → to disagree
   b) parent → parental
   c) able → to enable
   d) false → falsity

Lexikologie

Die Morphologie und die Lexikologie beschäftigen sich beide mit Wörtern – jedoch aus unterschiedlicher Perspektive: Während sich die Morphologie das „Innenleben" der Wörter ansieht, betrachtet die Lexikologie das Wort von außen, d.h. als Ganzes. So stehen die markanten Eigenschaften von ganzen Wörtern im Zentrum dieses Kapitels. Mit dem Schritt vom Morphem zum Wort erklimmen wir eine weitere Stufe auf der Hierarchie der Sprache.

Zur Definition des Wortes | 8.1

So eingängig, wie das Konzept des Wortes erscheinen mag, so schwer fällt seine Definition in der Linguistik. Während die Abgrenzung nach unten zum Morphem relativ unproblematisch ist, erweist sich die Abgrenzung des Wortes zu größeren Einheiten als nicht ganz einfach. Wollen wir beispielsweise den Sitz des amerikanischen Präsidenten, *(The) White House,* als ein Wort ansehen? Um zu einer nachvollziehbaren Entscheidung zu gelangen, benötigen wir Kriterien zur Bestimmung dessen, was als Wort gelten soll. Vier solche Kriterien werden im Folgenden eingeführt. Drei von ihnen sind formaler Art, das vierte ist ein semantisches. Die Analyse erfolgt auf der Grundlage eines Vergleichs der beiden Formen in (1).

Kriterien zur
Wortdefinition

(1)   a. a black bird   b. a blackbird

Die zentrale Frage lautet, ob es sich – lexikalisch gesehen – in (1) um Einteiler oder Zweiteiler handelt. Wir wollen dabei den unbestimmten Artikel *a* außer Acht lassen, da es nur um *black* und *bird* geht. Auch werden wir die Zusammen- bzw. Auseinanderschreibung in beiden Fällen ignorieren, da orthographische Regeln nur untergeordnete Argumente für die Analyse der gesprochenen Sprache liefern (s.u.).

Wir beginnen mit den formalen Kriterien. Wenn zwei Elemente als „Zweiheit" gelten, muss es möglich sein, etwas dazwischen zu schieben. Bilden sie hingegen eine Einheit, sollten sie nicht aufspaltbar sein. So heißt dieses Kriterium auch der „Dazwischenschiebbarkeits"- bzw. **Interkalationstest**. Wenn wir ihn auf die Beispiele in (1) anwenden, wird schnell deutlich, dass (1a) auftrennbar ist, (1b) jedoch nicht. Das Beispiel (1a) kann problemlos zu *a black predatory bird* erweitert werden. In (1b) hingegen gelingt die Interkalation nicht, ohne die Bedeutung von *blackbird* zu zerstören. Damit haben wir ein erstes Argument für die Behauptung, dass (1a) aus zwei Wörtern und (1b) aus einem Wort besteht.

Die Ein- bzw. Zweiteiligkeit der Beispiele in (1) lässt sich weiterhin darüber prüfen, inwieweit die beiden Bestandteile *black* und *bird* eine gewisse Unabhängigkeit voneinander aufweisen. Es ist leicht nachzuvollziehen, dass die Teile ein und desselben Worts weniger autonom agieren können als zwei eigenständige Wörter. Unter Autonomie wollen wir hier die Möglichkeit verstehen, dass nur der eine Teil ausgewählt werden kann. Betrachten wir dazu den ersten Teil und fragen, ob sich ein vorangehendes Wort nur auf das Adjektiv *black*, nicht aber auf *bird* beziehen kann. Ein solcher Bezug ist in (1a) möglich, in (1b) jedoch nicht. Wir können *a pitch black bird* sagen, *a pitch blackbird* aber nicht. Das liegt daran, dass im ersten Fall *pitch* das Adjektiv *black* allein modifizieren kann, im zweiten Fall allerdings nicht. Dieser Test rangiert unter dem Begriff der **Modifizierbarkeit der Einzelteile**. Er kommt wie der Interkalationstest zu dem Ergebnis, dass (1a) aus zwei Wörtern und (1b) aus einem Wort besteht.

Das dritte formale Kriterium ist ein suprasegmentales. Es fußt auf der Beobachtung, dass Wörter (in der Regel) nur eine Hauptbetonung tragen. Die Anwesenheit einer oder zwei Hauptbetonungen wird damit zu einem Indiz für die Ein- bzw. Zweiteiligkeit der Beispiele in (1). Die suprasegmentale Analyse ergibt, dass sowohl *black* als auch *bird* in (1a) eine Hauptbetonung tragen, in (1b) jedoch nur *black* hauptbetont ist. Damit spricht auch dieser Test wie die vorherigen dafür, *blackbird* als ein Wort und *black bird* als zwei Wörter zu werten.

Das semantische Kriterium stellt die Frage, ob eine Größeneinheit eine einheitliche Bedeutung trägt. Eine einheitliche Bedeutung spricht für ein einziges Wort, eine „zweiheitliche" Bedeutung für zwei Wörter. Die Schwierigkeit bei diesem Kriterium besteht in der Festlegung dessen, was eine einheitliche Bedeutung ausmacht. Diese lässt sich ähnlich wie beim zweiten Kriterium über die Autonomie

Interkalation

Modifizierbarkeit der Einzelteile

Anzahl der Hauptbetonungen

einheitliche Bedeutung

der Bedeutungskomponenten bestimmen. Betrachten wir dazu erneut (1a) und (1b). In *a black bird* ist die Farbe ein Attribut des Vogels. So wie der Vogel unabhängig von seiner Farbe existiert, ist die Farbe unabhängig von dem Vogel. Mit „schwarz" können auch andere Objekte beschrieben werden. Aus semantischer Sicht handelt es sich bei *(a) black bird* in (1a) also um zwei Wörter. Im Kontrast dazu steht *blackbird* in (1b). Hier weist das Adjektiv dem Nomen keine Eigenschaft zu, sondern identifiziert eine spezielle Vogelart. Dieses lässt sich sehr schön daran zeigen, dass die Weibchen unter den Amseln nicht einmal schwarz, sondern braun sind. Das Adjektiv hat also seine Funktion verändert und seine ursprüngliche Bedeutung zumindest teilweise eingebüßt. Von einer von *bird* unabhängigen Bedeutung kann also bei *black* nicht mehr die Rede sein. Deshalb muss *blackbird* auch als Kategorie mit einer einheitlichen Bedeutung angesehen werden. Das semantische Kriterium deckt sich also mit den formalen in der Aussage, dass *blackbird* aus einem Wort und *black bird* aus zwei Wörtern besteht.

Die vorangegangene Analyse mag einem unnötig erscheinen, weil man glauben könnte, dass dieses Ergebnis von vornherein feststand. Die Zusammen- bzw. Auseinanderschreibung in (1) kann leicht diesen Eindruck entstehen lassen. Die Einführung der vier genannten Kriterien der Wortdefinition war jedoch alles andere als überflüssig, da die Analyse nicht immer so eindeutig wie in (1) ist. Deshalb soll im Folgenden ein Fall zur Sprache kommen, bei dem die Kriterien zu widersprüchlichen Ergebnissen führen.

Zu diesem Zweck greifen wir das Beispiel *dead end* heraus. Aus semantischer Sicht handelt es sich hier zweifelsfrei um ein einziges Wort, denn die Bedeutung von *dead end* entspricht nicht den beiden autonomen Einzelbedeutungen von *dead* und *end*. Auch die formalen Kriterien scheinen für eine einheitliche Analyse von *dead end* zu sprechen. Weder lässt sich zwischen *dead* und *end* ein anderes Wort einfügen, noch ist das Adjektiv unabhängig vom Substantiv modifizierbar. Das suprasegmentale Kriterium führt jedoch zu einem anderen Ergebnis. Sowohl *dead* als auch *end* sind betonungstragend, wobei das Nomen noch stärker als das Adjektiv betont ist. Da dieses Betonungsmuster charakteristisch für Zwei-Wort-Verbindungen wie in (1a) ist, spricht das suprasegmentale Kriterium für eine „zweiheitliche" Analyse von *dead end*.

Damit erhalten wir ein Gesamtergebnis von 3:1 für die Hypothese, dass *dead end* ein Wort ist. Wir wollen uns hier nicht auf eine

Debatte einlassen, ob es erforderlich ist, die einzelnen Kriterien unterschiedlich zu gewichten. Vielmehr nehmen wir das Ergebnis so, wie es ist, und schließen daraus, dass dieser Fall nicht ganz eindeutig ist. Wir behaupten folglich, dass es Wörter gibt, die einworthafter sind und dass es andere Wörter gibt, die zweiworthafter sind. Das Beispiel *dead end* ist demzufolge zweiworthafter (aber immer noch relativ einworthaft) als das Beispiel *blackbird*. Wir verabschieden uns damit von der (naiven) Erwartung, dass sprachliche Größeneinheiten eindeutig sein müssen.

Orthographie

Der Fall *dead end* ist in einer weiteren Hinsicht bemerkenswert. Wir haben gerade dafür plädiert, ihn tendenziell als ein Wort zu betrachten. Dieses Ergebnis deckt sich nicht mit der Tatsache, dass *dead end* in zwei Wörter geschrieben wird. Dieses ist aber nur ein scheinbarer Widerspruch. Die Schreibung stellt einen Versuch dar, die gesprochene Sprache abzubilden. Da sie eigenen Gesetzmäßigkeiten folgt (beispielsweise sich historisch langsamer verändert als die Lautung), ist nicht davon auszugehen, dass der Versuch, die gesprochene Sprache adäquat abzubilden, immer von Erfolg gekrönt ist. Insofern kann die Orthographie nicht als zuverlässiges Kriterium zur Bestimmung der Worthaftigkeit angesehen werden. Andererseits ist dieses Gebot zur Vorsicht nicht dahingehend misszuverstehen, dass das orthographische Kriterium völlig wertlos ist. Es ist gewiss kein Zufall, dass das einteilige Wort *blackbird* zusammen- und die zwei Wörter *black bird* auseinander geschrieben werden.

8.2 | Das Prinzip der Lexikalisierung, Teil 1

Wir sind in Kap. 5.2 davon ausgegangen, dass das Universum der Ideen, die Menschen haben können (und versprachlichen wollen) prinzipiell unendlich ist. Diese Unendlichkeit stellt uns Sprachbenutzer vor ein großes Problem. Es gibt generell zwei Möglichkeiten der Versprachlichung. Versprachlichen können wir unsere Ideen entweder mit Hilfe von Einzelzeichen (die wir im vorliegenden Zusammenhang mit Wörtern gleichsetzen können) oder Zeichenfolgen (denen Sätze bzw. Texte entsprechen). Unterstellen wir einmal, mit diesen beiden Strategien sind prinzipiell alle Ideen zu versprachlichen. Wir müssen uns also entscheiden, auf welche Strategie der Versprachlichung wir wann zurückgreifen wollen. Beide Strategien haben ihre Vor- und Nachteile. Der große Vorteil der Wörter liegt darin, dass sie uns fertige Ideen liefern und damit ein bequemes Mittel sind, das leicht und schnell zur Verfügung steht. Hier liegt aber auch ihr Nachteil. Als Bestandteile des Lexikons tragen Wörter eine weitgehend festgelegte Bedeutung, die notwendigerweise schemenhaft (d.h. etwas unspezifisch) ist, damit sie in unterschiedlichen Kontexten flexibel verwendet werden können. So könnte man Wörter mit vorgefertigten Paketen vergleichen, auf deren Inhalt die einzelnen Mitglieder einer Sprachgemeinschaft kaum Einfluss haben. Wenn wir jedoch eine Idee kodieren wollen, die nicht in das Paket hineinpasst, werden wir unsere Idee entweder zurechtstutzen oder aber auf die Strategie der Versprachlichung mittels Zeichenfolgen zurückgreifen müssen. Hier sehen wir den Vorteil dieser alternativen Strategie: Sie ist viel „geschmeidiger" und flexibler als die Einzelwortstrategie, da sie für die Versprachlichung individueller, komplexerer und neuer Ideen geeignet ist. Dieser Vorteil hat aber auch seinen Preis. Die Satz- bzw. Textstrategie erfordert den spontanen Aufbau einer komplexen sprachlichen Form, die also erst kreiert werden muss, weil sie nicht von vornherein wie Einzelwörter zur Verfügung steht.

Wörter als Pakete

Wir kommen daher nicht umhin zu entscheiden, welche Idee mittels elementarer, vorgefertigter Bausteine und welche Idee mittels ad hoc generierter, komplexer Sprachstrukturen versprachlicht werden soll. Dieses Problem wird durch die Begrenztheit des menschlichen Gedächtnisses zusätzlich virulent. Nicht alle Ideen können (und sollen) durch Einzelzeichen festgeschrieben werden. Die Frage lautet daher: Welche Ideen werden in Wortformen „gepresst" und warum? Die Kodierung von Bedeutung mit Hilfe lexikalischer Mittel wird als **Lexikalisierung** bezeichnet. Da Sprache im Allgemeinen und Wörter im Besonderen einen Code darstellen, spricht man in diesem Zusammenhang auch von der **Kodifizierung** der Bedeutung. Bedeutung wird auf diese Weise sprachlich verankert und damit festgelegt.

Die Vermutung liegt nahe, dass genau diejenigen Ideen lexikalisiert werden, die von einer Sprachgemeinschaft für wichtig erachtet werden. Bei wichtigen Ideen lohnt eine Kodifizierung aus ökonomischen Gründen. Ein Ausdruck von Wichtigkeit ist Häufigkeit. Bei Ideen, die mit einer gewissen Häufigkeit nach Versprachlichung drängen, wissen Sprecher es zu schätzen, die Versprachlichung derselben nicht mit Hilfe neu zu bildender, komplexer Formen vornehmen zu müssen und statt dessen auf bereits vorhandene, abrufbereite Formen zurückgreifen zu können.

Häufigkeit

Was mag einer Sprachgemeinschaft wichtig erscheinen? Zur Beantwortung dieser Frage empfiehlt es sich in einem ersten Schritt, die natürliche Umwelt zu betrachten, in der eine Sprachgemeinschaft lebt. Ein Bergvolk im Kaukasus wird andere Dinge versprachlichen wollen als Eskimos im grönländischen Eis oder Nomaden in der Sahara. So steht zu erwarten, dass diese ökologischen Bedingungen Auswirkungen auf die Struktur des Wortschatzes haben. Darüber hinaus entwickeln verschiedene Sprachgemeinschaften unterschiedliche Kulturen in weltanschaulicher, künstlerischer, politischer, wirtschaftlicher usw. Hinsicht. Diese unterschiedlichen Ausrichtungen schlagen sich in den Konzepten nieder, die in einer Sprachgemeinschaft versprachlicht werden. So wird eine atheistische Sprachgemeinschaft mit einem geringeren Spektrum an religiösen Begriffen auskommen als eine theistische. Die Argumentationslogik ist dabei offenkundig: Menschen reden über das, was ihnen emotional und kognitiv wichtig ist, und das bewegt sich oft im Hier und Jetzt. Also muss die Sprache als „dienendes Instrument" diese Inhalte auch kodieren.

Zur Illustration greifen wir ein relativ einfaches Beispiel heraus und prüfen, ob die folgenden konkreten Ideen im Englischen lexikalisiert sind. (Nicht-sprachliche Ideen werden in Großbuchstaben geschrieben.)

(2) a. FEMALE HORSE = ?
b. FEMALE CROCODILE = ?
c. FEMALE BOVINE ANIMAL = ?
d. FEMALE FLY = ?

Während wir für (2a) *mare* und für (2c) *cow* finden, bleibt unsere Suche nach Lexikalisierungen für (2b) und (2d) erfolglos. Warum gibt es also Begriffe für weibliche Pferde und Rinder, nicht hingegen für weibliche Krokodile und Fliegen? Die Antwort auf diese Frage fällt nicht schwer. Uns ist das Geschlecht von Krokodilen und Fliegen ganz und gar gleichgültig. Krokodile sind – aus westeuropäischer Perspektive – weit weg. Fliegen sind uns nur lästig, und wir machen nicht die Erfahrung, dass es zwei Untergruppen von Fliegen gibt, eine lästige und eine, die uns in Ruhe lässt, denen wir dann auch noch ein unterschiedliches Geschlecht zuordnen könnten. Unser sprachlich realisiertes Konzept von Fliegen ist also ein geschlechtsloses. Folglich unterscheiden wir sprachlich nicht zwischen männlichen und weiblichen Fliegen. Gleiches gilt für Krokodile.

Ganz anders sieht es bei Pferden und Rindern aus. Beide Arten sind als Nutztiere traditionell für uns Menschen von großer Bedeutung. Und innerhalb dieser Arten spielt das Geschlecht für uns eine entscheidende Rolle. Bei den Pferden denken wir beispielsweise an die Züchtung und die Frage der Kastration. Noch klarer tritt die Bedeutung des Geschlechts bei Rindern zutage. Bekanntlich geben Kühe, aber nicht Bullen Milch. Da Kuhmilch ein weit verbreitetes Nahrungsmittel in Westeuropa ist, sind die geschlechtsbedingten unterschiedlichen Eigenschaften der Rinder für uns von zentraler Bedeutung. Insofern ist die sprachliche Differenzierung in *cow* und *bull* ein Ausdruck für die – aus anthropozentrischer Sicht – Bedeutsamkeit des Geschlechts bei Rindern.

Mit (2) haben wir ein Beispiel gewählt, bei dem sich die Idee aus den beiden Basiselementen FEMALE und ANIMAL zusammensetzt. In diesem Fall werden also zwei semantische Elemente in eine formale Einheit (ein Wort) integriert. Wir wollen im Folgenden diesen Prozess näher beleuchten und uns fragen, unter welchen Bedingungen eine Integration erfolgen kann. Dieses ist ein grundlegendes Problem der Lexikalisierung, da es in der Natur des menschlichen Geistes liegt, Ideen zu entwickeln, die intern strukturiert sind, sich also aus „kleineren Ideen" zusammensetzen. Die Behauptung ist, dass Lexikalisierung nur bei einer erfolgreichen Integration stattfinden kann. Wie wir uns diese Integration vorzustellen haben, soll an folgenden Fällen verdeutlicht werden. Wie lautet die Versprachlichung der Ideen in (3)?

Integration

(3)   a. (TO) WALK WITH DIFFICULTY = ?
        b. (TO) WALK THROUGH WATER = ?
        c. (TO) WALK AT ONE'S LEISURE = ?
        d. (TO) WALK ON A CLOUDY DAY = ?

Die ersten drei Ideen sind lexikalisiert, die letzte nicht. Die Antworten auf (3a), (3b) und (3c) lauten *to limp*, *to wade* und *to stroll*. Beginnen wir mit (3a). Die Tatsache, dass jemand ein nicht funktionstüchtiges Bein hat, schränkt seine Fortbewegungsmöglichkeiten mehr oder weniger massiv ein. Die Art der Fortbewegung ist also nicht dieselbe, wenn man ein verletztes Bein als wenn man zwei gesunde Beine hat. Das Konzept VERLETZTES BEIN hat also Auswirkungen auf das Konzept FORTBEWEGUNG. In (3b) ist es ähnlich, nur sind die Auswirkungen nicht ganz so stark. Wer jemals durch Wasser gewatet ist, weiß, dass der Widerstand des Wassers kein Vergleich zum Luftwiderstand ist. Das Vorankommen ist deutlich erschwert und verlangsamt und damit die Art der Fortbewegung empfundenermaßen eine andere. Im Gegensatz dazu lässt das Beispiel (3c) nicht auf eine Beeinträchtigung der Fortbewegung schließen. Trotzdem ist das Konzept der Fortbewegung durch AT ONE'S LEISURE verändert. Zum einen ist von einer Verlangsamung des Tempos auszugehen, zum anderen fehlt die Zielgerichtetheit, die oft mit *to walk* verbunden ist (*They walked to the station*). Allgemeiner gesagt ist die Motivation in *to walk* und *to stroll* eine andere. Während der Zweck in *to stroll* die Ziellosigkeit, sprich: die Entspannung ist, dürfte *to walk* zumeist zweckgebunden sein. In jedem Fall ist die Auswirkung der Entspannungsfunktion auf die Art der Fortbewegung geringer als in den zuvor besprochenen Beispielen. Überhaupt keine Auswirkungen auf die Fortbewegung hat in (3d) die Tatsache, dass der Himmel bewölkt ist.

Wir beobachten also in der Anordnung der Beispiele (3a) – (3d) eine graduelle Abnahme des Einflusses des einen Konzeptes auf das andere. In diesem Einfluss liegt der Schlüssel zum Verständnis der Integration und damit der Lexikalisierung. Ist kein solcher Einfluss vorhanden, können (und brauchen) die Konzepte nicht integriert werden, und so bleibt die Lexikalisierung aus. Ein derartiger Fall liegt in (3d) vor. Hat das eine Konzept hingegen Auswirkungen auf das andere, ist eine Integration möglich, durch die dann ein neues Konzept entsteht. Dieses neue Konzept kann schließlich auch lexikalisiert werden, wie in (3a) – (3c) zu erkennen ist.

Unser Resümee lautet, dass die Lexikalisierung von zwei Hauptfaktoren abhängig ist. Da Sprache im Dienst der Menschen steht oder besser gesagt, die Menschen die Sprache in ihren Dienst stellen, werden diejenigen Inhalte lexikalisiert, die eine gewisse Bedeutung für die Sprachbenutzer haben. Diese Relevanz führt zu einer relativen Häufigkeit, die es zu umständlich erscheinen lässt, den sprachlichen Ausdruck für eine Idee jedes Mal neu aufzubauen. Mit der Lexikalisierung kann dieser komplizierte Aufbau mit einem einfachen Griff in die mentale Bibliothek vermieden werden. Dieses ökonomische Prinzip hat allerdings seinen Preis. Es ist mit dem Nachteil verbunden, dass mit der Lexikalisierung die Versprachlichung einer Idee eine schematische ist und somit ein gewisser Grad an Undifferenziertheit in Kauf genommen werden muss.

Neben dem Aspekt, wie viel Lexikalisierung nötig oder vorteilhaft ist, muss auch gefragt werden, wann Lexikalisierung überhaupt möglich ist. Zunächst geht es um die Versprachlichung einzelner Ideen. Darüber hinaus hat Lexikalisierung aber auch die Integration zweier oder mehrerer Ideen zu einer neuen zum Ziel. Eine sinnlose Integration läge dann vor, wenn dadurch keine neue Idee entstehen würde. Nur unter dieser Bedingung kann die Integration erfolgreich sein und ein neues Zeichen entstehen. Und natürlich muss die Integration auch zu einem sinnvollen Zeichen führen.

Wörter als Perspektiven | 8.3

Wir setzen unsere Analyse der Lexikalisierung fort. Nachdem wir im vorherigen Abschnitt die Vorbedingungen für die Lexikalisierung geklärt haben, wollen wir in diesem Abschnitt den Prozess selbst in den Blick nehmen. Mit der Entscheidung zugunsten der Lexikalisierung stellt sich nämlich ein schwieriges Problem: Wie, d.h. mit welchen sprachlichen Mitteln soll eine Idee versprachlicht werden? Da das Problem an arbiträren einmorphemigen Wörtern nicht abzulesen ist – eine arbiträre Phonemsequenz (z.B. *tolp*) wäre genauso gut oder schlecht wie eine andere (z.B. *telp*) – müssen wir unsere Aufmerksamkeit auf semantisch unterscheidbare und damit besser motivierte sprachliche Zeichen richten. Hierzu eignen sich alle Mittel oberhalb der Ebene der einmorphemigen Wörter.

Das Problem, mit dem sich die Sprecher bei der Lexikalisierung konfrontiert sehen, besteht darin, dass aus der Idee selbst nicht direkt abgeleitet werden kann, wie sie zu versprachlichen ist. Diese Schwierigkeit ergibt sich aus einer Diskrepanz von Idee und Form: Während eine Idee tendenziell komplex ist, ist eine Form immer in dem Sinn simplex, dass sie grundsätzlich nur Facetten der Idee abbildet. Daher stellt eine Form gegenüber einer Idee immer eine Vereinfachung dar. Es gibt nun verschiedene Möglichkeiten der Vereinfachung und damit auch verschiedene Möglichkeiten der Versprachlichung, die zunächst einmal alle gleichwertig sind. Entscheiden wir uns dann für eine Form, heben wir eine Facette der Idee hervor und nehmen alle anderen aus unserem Blickfeld. Insofern

Vereinfachung

befinden wir uns bei der Lexikalisierung in einem Dilemma: Da wir unmöglich alle Aspekte einer Idee gleichzeitig in eine Form gießen können (die ja dann auch noch besonders ökonomisch, also nur ein (komplexes) Wort sein soll), ist die Entscheidung zu Gunsten einer vereinfachenden Lösung im Zuge der Lexikalisierung unumgänglich.

Es dürfte klar geworden sein, dass eine 1:1 Entsprechung zwischen Idee und Form und damit eine unmittelbare Abbildung der Idee auf die Form unmöglich ist. Die Einengung auf einen Aspekt einer Idee führt dazu, dass die Sprache im Allgemeinen und das Wort im Besonderen nicht umhin kommt, einen speziellen Standpunkt einzunehmen. Wörter werden somit zu Perspektiven auf Ideen. Wir könnten auch sagen, sie sind Interpretationen von Ideen. Diese Interpretationen sind zunächst einmal weder richtig noch verkehrt, auch wenn, wie wir gleich sehen werden, die Existenz von Wahlmöglichkeiten zum Missbrauch einlädt.

Ganz grob können wir die gegenständliche und die gedankliche Welt in eher statische und eher dynamische Phänomene aufteilen. Statische Phänomene veranschaulichen wir hier an konkreten nichtsprachlichen Objekten und abstrakten Gegebenheiten, dynamische Phänomene an Vorgängen und Aktivitäten. Erstere werden vorzugsweise durch Nomen, letztere durch Verben in der Sprache ausgedrückt. Unser Ansatz ist primär ein sprachvergleichender: Indem wir darlegen, wie ein und dieselbe Idee in verschiedenen Sprachen lexikalisiert ist, gewinnen wir einen Eindruck davon, was Perspektivierung konkret bedeutet.

Wir beginnen mit einem Beispiel für ein konkretes, von Menschenhand geschaffenes Objekt – dem Schraubenzieher, oder genauer gesagt, der Idee SCHRAUBENZIEHER. Wie in (4) festzustellen ist, heben verschiedene Sprachen unterschiedliche Aspekte hervor.

(4) a. Deutsch: Schraubenzieher

b. Englisch: screwdriver ‚Schraubentreiber'

c. Niederländisch: schroevendraaier ‚Schraubendreher'

Bei aller Ähnlichkeit in der Grundstruktur weichen die drei Sprachen in der Beschreibung der Aktivität voneinander ab. Niederländisch wählt eine neutrale Perspektive, indem es die Bewegung der Schrau-

(Marginalien:)
Wörter als Interpretationen von Ideen

Perspektivierung

be, also die Drehung, thematisiert. Im Englischen und Deutschen hingegen wird nicht die Bewegung als solche, sondern die Richtung der Bewegung hervorgehoben. Während im Englischen die Richtung von außen nach innen (zum Loch hin) im Fokus steht, wählt das Deutsche die umgekehrte Richtung von innen nach außen (vom Loch weg).

Wir sehen also bereits hier, wie viel Spielraum bei der Lexikalisierung vorhanden ist, den selbst nah verwandte Sprachen weidlich ausnutzen. Ebenso finden wir nun veranschaulicht, was zuvor noch abstrakt bleiben musste: Ein einfacher Vorgang wie der des Schraubenziehens kann auf unterschiedliche Weise sprachlich erfasst werden, weil immer nur Einzelaspekte versprachlicht und nicht alle Aspekte einer Idee gleichzeitig ausgewählt werden können. Die Einzelsprache kommt insofern nicht umhin, eine spezielle Perspektive einzunehmen.

Was für konkrete Objekte gilt, gilt umso mehr für abstrakte Sachverhalte. Ein eindrucksvolles Beispiel liefert die komplementäre Versprachlichung des Konzepts LEBENSGEFAHR im Deutschen und Französischen, vgl. (5).

(5)   a. Deutsch: Lebensgefahr
       b. Französisch: le danger de mort ,Todesgefahr'

Beide Sprachen nehmen eine unterschiedliche zeitliche Perspektive zur Versprachlichung der Warnung ein. Während das Deutsche von einer Gefährdung des Status quo (d.h. des Lebens) ausgeht und diesen bedroht sieht, nimmt das Französische einen zukünftigen Zustand vorweg und beschreibt eine mögliche Konsequenz der Gefahr (d.h. den Tod). Das Deutsche formuliert damit eher eine Warnung, das Französische eher eine Drohung. Wiederum erscheinen beide Formen gleichermaßen sinnvoll. Das Beispiel in (5) zeigt sehr deutlich, wie beide Sprachen dieselbe Situation unterschiedlich interpretieren. Ergänzend sei erwähnt, dass das Englische weder die französische noch die deutsche Perspektive einnimmt. Es unterscheidet gar nicht erst zwischen „Gefahr" und „Lebensgefahr".

Schließlich werfen wir einen Blick auf die dynamische Seite. Aufgrund ihrer Veränderungen in der Zeit übersteigen Handlungen und Vorgänge konkrete Objekte und abstrakte Sachverhalte noch an

Komplexität. Umso schwieriger ist es daher für die Sprache, solch komplexe Prozesse abzubilden. Zum einen kann man, wie oben ausgeführt, gar nicht alle Aspekte erfassen, zum anderen will man das manchmal auch gar nicht. Ein besonders anschauliches Beispiel dafür sind die Lexikalisierungen für GESCHLECHTSVERKEHR HABEN. Bei den Ausdrücken in (6) bleiben wir innerhalb des Englischen.

(6)   a. to go to bed with somebody
       b. to sleep with somebody
       c. to make love to somebody

Es ist überaus bemerkenswert – und doch alles andere als überraschend -, dass keines der Beispiele in (6) das sagt, was es meint. Alle drei Ausdrücke beleuchten unterschiedliche Aspekte der Idee GE-SCHLECHTSVERKEHR HABEN. Sowohl (6a) als auch (6b) unterstellen den Fall, dass diese Handlung im Bett vollzogen wird. In (6a) wird der Ort selbst versprachlicht, in (6b) die Aktivität, der man die meiste Zeit im Bett frönt: das Schlafen. Kurioserweise wird mit (6b) also in gewisser Hinsicht genau das Gegenteil von dem gesagt, was gemeint ist. Denn es geht ja um eine Handlung, bei der man normalerweise hellwach ist.

Bei aller Gemeinsamkeit in der örtlichen Verankerung entsteht der Unterschied zwischen (6a) und (6b) vor allem über die zeitliche Dimension. Während in (6a) der Beginn der Handlung fokussiert wird, steht in (6b) das Ende der Handlung im Vordergrund. In einem praktischen Sinn beginnt die Handlung damit, dass man sich zu dem Ort begibt, an dem sie vollzogen wird. In einem stereotypischen Sinn schläft man – oder der Mann? – nach dem Geschlechtsverkehr ein, und damit ist dann das geschlechtliche Beisammensein beendet.

Während (6a) und (6b) durch Raum und Zeit motiviert sind, steht bei (6c) eine Funktion der Handlung im Vordergrund. In einer wörtlichen Lesart erzeugt der Geschlechtsverkehr Liebe. Der Geschlechtsverkehr wird zur praktizierten Liebe. Etwas spekulativer ist die Deutung, dass (6c) eine Vorbedingung für den Vollzug der Handlung formuliert. Wäre keine Liebe im Spiel, würde es auch nicht zum Geschlechtsverkehr kommen.

In jedem Fall wird überdeutlich, wie hoch der interpretative Anteil bei der Lexikalisierung ist. Uns wird mit der jeweiligen Versprachlichung eine spezielle Sicht der Dinge automatisch mitgeliefert. Wir können hier an Kap. 3.4 anknüpfen, in dem wir die Sprache mit einer Brille verglichen haben, die uns eine bestimmte Weltsicht vorgibt. Da diese Perspektivierung unvermeidlich ist, sind wir Sprachbenutzer ihr im Prinzip ausgeliefert. Aufgrund der Tatsache, dass es zumeist alternative Versprachlichungen gibt, sind wir aber in der Regel nicht einzelnen Perspektivierungen ausgeliefert. Wir können durch eine bewusste Wahl der sprachlichen Muster gewisse Interpretationen vermeiden und anderen den Vorzug geben. Interpretationen bleiben sie aber letztlich allesamt.

Sprache als Weltsicht

Abschließend sei darauf hingewiesen, dass die Wahl zwischen alternativen Lexikalisierungen nicht nur der Vermeidung ungewünschter Interpretationen dient, sondern auch gewünschte Interpretationen propagiert. Die (mehr oder weniger) bewusste Wahl sprachlicher Mittel hat implizit eine meinungsbildende und damit manipulative Wirkung. Wer ein ausbleibendes Wachstum als *zero growth* bezeichnet, redet seinem Zuhörer etwas ein, das nicht vorhanden ist. Das deutsche Adjektiv *lebenslänglich* lässt eine lebenslange Haftstrafe erwarten, obwohl diese „nur" 15 Jahre dauert. Schlicht gesagt sehen wir hier, wie mit Sprache gelogen werden kann und auch gelogen wird. Manche Lügen sind daher Perspektivierungen in Extremform. Da jede sprachliche Darstellung einseitig (genauer: einaspektig) und dadurch verzerrend sein muss, kann aus diesem Prinzip auch Profit geschlagen werden, indem der Sprecher diejenige Versprachlichung auswählt, die dem Hörer die gewünschte Deutung „ins Ohr legt".

Manipulation

Die Zentralität des Wortes

8.4

So schwierig wie Wörter zu definieren sind, so groß ist ihre Rolle im Gesamtsystem einer Sprache wie des Englischen. Wörter sind so etwas wie der zentrale Knotenpunkt, an dem unterschiedliche Informationen zusammenlaufen und gespeichert werden. Hier treffen sich Informationen von vielen Ebenen bzw. werden von dieser Ebene zu vielen anderen Ebenen geschickt. Ein derartiger Knotenpunkt ist im sprachlichen System einmalig. Ein Ausschnitt aus der Repräsentation von Wörtern ist in (7) bildlich dargestellt.

Wörter als Drehscheiben

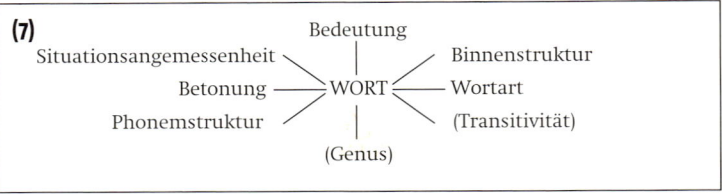

Eine vollständige Wortrepräsentation enthält semantische, pragmatische, phonologische, morphologische, lexikalische und syntaktische Information. All diese Informationen sind essenziell. Fehlt eine von ihnen, kann das Wort nicht adäquat verwendet werden. Diese Behauptung ist für die Bedeutung von Wörtern unmittelbar einsichtig. Wir gehen auf die Wortsemantik in Kap. 10 näher ein. Mit pragmatischer Information bezeichnen wir die Verwendungsbedingungen und damit die Situationsangemessenheit von Wörtern. Ein Großteil der Wörter ist nicht pragmatisch neutral, d.h., er unterliegt – und sei es nur in einem probabilistischen Sinn – gewissen Einschränkungen in den Verwendungsmöglichkeiten. Wir sprechen in diesem Zusammenhang davon, dass Wörter **markiert** sind. So neigen viele Wörter dazu, häufiger in der gesprochenen oder in der geschriebenen Sprache benutzt zu werden. Ein Beispiel sind die praktisch bedeutungsgleichen Verben *to start* und *to begin*. Während *to start* mehr in der mündlichen als in der schriftlichen Sprache auftritt, ist es bei *to begin* genau umgekehrt. Entfernt damit zusammen hängt die Frage des Sprachniveaus oder besser **Sprachregister** genannt. Wörter können in einem feierlichen, offiziellen, bürokratischen, familiären, intimen, vulgären usw. Kontext angemessen oder unangemessen sein. Die angemessene Verwendung von Wörtern ist eine hohe Kunst, die einen Abgleich zwischen der außersprachlichen Situation und der pragmatischen Information erfordert und weit über die Aktivierung der eigentlichen Wortbedeutung hinausgeht. Darüber hinaus können Wörter auch regional und sozial markiert sein. Im Englischen denken wir dabei gerne an den Unterschied zwischen britischem und amerikanischem Englisch (z.B. *mobile phone* vs. *cellphone*). Die soziale Markierung zeigt sich beispielsweise in dem Kontrast zwischen *police officer* und *cop*.

Was unter phonologischer Information zu verstehen ist, haben wir in Kap. 6 ausgeführt. Ein Wort kann nur korrekt verwendet werden, wenn seine Aussprache bekannt ist. Dazu zählen neben der

Markiertheit

Register

Kenntnis der Phonemkette und der allophonischen Regeln auch die Betonung und speziellere Informationen, z.B. wann man ein Wort wie kürzen kann (z.B. *I am -> I'm*).

Sofern ein Wort morphologisch komplex ist, muss seine Binnenstruktur auch Teil der lexikalischen Repräsentation sein. Dieses können wir beispielsweise daran erkennen, dass die morphologische Struktur Auswirkungen auf die Aussprache hat. So gilt im Englischen das Prinzip, dass an der Morphemgrenze von Komposita keine Resilbifizierung erfolgt. Ein Minimalpaar im Deutschen ist *Buddelei*. Als Derivat analog zu *Schweinerei* erscheint das /l/ resilbifiziert am Anfang der letzten Silbe. Wird hingegen *Buddelei* als Kompositum aus *Buddel* und *Ei* verstanden, bleibt das /l/ in seiner ursprünglichen Silbenendposition. Im Englischen finden wir vergleichbare Fälle wie *state-owned* und *stative*. Im Kompositum bleibt das mediale /t/ in silbenfinaler Position, im Derivat wechselt es in die Initialposition der zweiten Silbe.

Lexikalische Eigenschaften lassen sich in primäre und sekundäre aufteilen. Primär ist zweifelsfrei die Wortart eines Wortes. Ob ein Wort ein Nomen, eine Präposition oder ein Artikel ist, ist lexikalisch festgelegt. Wir erkennen diese Festlegung daran, dass trotz der relativen Freizügigkeit des Englischen in Hinblick auf Wortklassenwechsel (vgl. Kap. 7.3.3) nicht jedes Wort in jeder beliebigen Wortart verwendet werden kann. Zu den sekundären lexikalischen Eigenschaften sind wortartenspezifische Informationen zu zählen wie z.B. das Genus an deutschen Nomen und die Frage, welche Objekte ein Verb erfordert (Transitivität). (Da diese Informationen sprach- bzw. wortartenspezifisch sind, wurden sie in (7) in Klammern gesetzt.) Bei dem Problem der Transitivität der Verben überschreiten wir die Grenze zur Syntax (vgl. Kap. 9), da es hier um die Einbettung eines Wortes in einen Satzzusammenhang geht. Nichtsdestotrotz ist diese Information an das Einzelverb gebunden und deshalb lexikalischer Natur.

Schließlich ist zu betonen, dass die lexikalische Repräsentation in (7) keineswegs vollständig ist. Zu einer umfassenden psycholinguistischen Repräsentation gehört in jedem Fall die Häufigkeit, mit der ein Wort verwendet wird. Wir verfügen über die erstaunliche Fähigkeit, die Häufigkeit von Wörtern relativ zuverlässig einzuschätzen. Das ist ohne Rückgriff auf eine lexikalische Repräsentation derselben nur schwer vorstellbar. Auch hat die Häufigkeit Auswirkungen darauf, wie sich ein Wort historisch wandelt und wie stark es in der spontanen Sprache verschliffen werden kann. Nicht zuletzt bietet

Häufigkeit

die lexikalische Repräsentation auch noch Platz für die Abspeicherung subjektiver Information. Manchmal wissen wir, in welchem Kontext wir ein Wort erlernt haben oder wer ein bestimmtes Wort besonders häufig benutzt. Auch kann es sein, dass wir bestimmte Wörter lieben oder hassen und mit ihnen spezielle nicht-sprachliche Erlebnisse verbinden.

Wir sehen also, wie vielfältig und vielschichtig die lexikalische Repräsentation ist, wie viel am Wort „hängt". Darüber erklärt sich nicht nur die Zentralität des Wortes im sprachlichen System, sondern möglicherweise auch die eingangs erwähnte Beobachtung, dass uns das Konzept des Wortes intuitiv unmittelbar zugänglich ist.

8.5 | Eigenschaften des englischen Wortschatzes

Wir haben im vorherigen Abschnitt die Wortebene als Drehscheibe im sprachlichen System kennengelernt, an der Informationen von anderen Ebenen zusammenfließen und von der aus andere Ebenen mit Informationen versorgt werden. Die Lexikologie bietet insofern einen idealen Aussichtspunkt, von dem man andere Ebenen aus der Vogelperspektive betrachten kann. Wenn wir in diesem Abschnitt den englischen Wortschatz näher betrachten wollen, dann können wir das unter dem Aspekt der einen oder anderen Beschreibungsebene tun. Nehmen wir als Beispiel die Morphologie. Wir haben uns im vorangegangenen Kapitel die morphologische Struktur einzelner Wörter angesehen. Wir haben aber nicht vorrangig (abgesehen von Kap. 7.4) nach der morphologischen Struktur des Wortschatzes insgesamt gefragt. Das ist genau die Perspektive, die wir in diesem Kapitel einnehmen wollen. Wir werden im Folgenden den englischen Wortschatz in viererlei Hinsicht erkunden. Jeweils ein Unterabschnitt ist der Phonologie, der Morphologie, der Wortsyntax und der Etymologie gewidmet.

8.5.1 | Wortbetonung

Von den vielen phonologischen Aspekten, unter denen man den Wortschatz einer Sprache betrachten kann, greifen wir uns exemplarisch die Wortbetonung heraus. Als germanische Sprache zeigt das Englische eine Tendenz zur Anfangsbetonung, wobei hier die

Anfangsbetonung

Bezugsgröße nicht so sehr das Wort, sondern das freie Morphem ist. Es ist insofern hilfreich, zwischen ein- und mehrmorphemigen Wörtern zu unterscheiden. Einmorphemige Wörter, sofern sie germanischen Ursprungs sind, tragen in der Tat die Hauptbetonung generell auf der ersten Silbe, so in *window* und *honey*. Allerdings ist ein hoher Prozentsatz des englischen Wortschatzes nicht germanisch (vgl. Kap. 8.5.4). Für diese Wörter gilt die Regel der Erstsilbenbetonung nur eingeschränkt. Hier gesellt sich Erstsilbenbetonung (z.B. *verdict*) zu Endsilbenbetonung (z.B. *caress*). Für präfigierte Wörter gilt generell die Regel der Erstsilbenbetonung des Stamms, da Präfixe fast immer unbetont sind (z.B. *to prefabricate* und *to belittle*) (vgl. Kap. 7.4.3). Die Betonung interagiert auch mit der Wortklasse. Nomen und Adjektive neigen stärker zur Anfangsbetonung als Verben. So erhalten wir Kontraste wie *the rébel* vs. *to rebél* und *to undertáke* vs. *the úndertaker*. Dieser Unterschied ist in dem Sinne systematisch, dass, wenn es einen Betonungsunterschied zwischen einem Nomen und einem Verb aus derselben morphosemantischen Klasse gibt, dieser immer zur Erstsilbenbetonung im (zweisilbigen) Nomen und Endsilbenbetonung im (zweisilbigen) Verb führt. Germanische Suffixe sind betonungsneutral, während romanische Suffixe die Betonung Richtung Wortende verschieben können (vgl. Kap. 7.4.3). Komposita sind zum überwiegenden Teil insofern anfangsbetont, als die Hauptbetonung auf dem ersten Morphem, aber damit nicht zwingend auf der ersten Silbe liegt, da das Morphem ja nicht silbeninitialbetont sein muss, vgl. *súmmer holidays* vs. *trainée programme*. Schließlich sei erwähnt, dass mit zunehmender Länge des Wortes die Wahrscheinlichkeit der Anfangsbetonung abnimmt.

Zusammenfassend stellen wir fest, dass die Betonung englischer Wörter durch eine ganze Reihe von Faktoren wie Etymologie, morphologische Struktur, Wortart, Wortlänge (und andere mehr) beeinflusst wird. Die Wortbetonung ist derartig komplex, dass sie für den Einzelfall nicht mit Sicherheit vorhersagbar ist.

Analytizität | 8.5.2

Eine morphologische Eigenschaft des Wortschatzes einer Sprache ist die durchschnittliche Anzahl der Morpheme pro Wort. Sprachen, die relativ nah an dem Extremfall „1 Morphem pro Wort" heranreichen, werden als **analytisch** bezeichnet; Sprachen, deren Wörter tendenziell aus mindestens zwei Morphemen bestehen, gelten als **synthetisch**. (Letzterer Begriff ist darüber motiviert, dass Wörter wie Moleküle synthetisch sind, da sie mit Hilfe elementarer Einheiten (Morphem ≙ Atom) aufgebaut werden.) Analytizität und Synthetizität sind Endpunkte eines Kontinuums, Einzelsprachen sind also mehr oder weniger synthetisch.

Das Englische ist eine relativ analytische Sprache. Viele Wörter bestehen aus einem einzigen Morphem. In *a small step for man, a giant step for mankind* ist nur das Wort *mankind* mehrmorphemig. So tautologisch wie es auch klingen mag, englische Wörter sind wortbasiert, nicht stammbasiert, d.h., sie bilden ohne Zuhilfenahme von Flektionsmorphologie selbständige Einheiten. So hat das Wort *book* auch ohne Flektionssuffix Wortstatus. Damit hängt zusammen, dass die Anzahl der grammatischen Kategorien im Englischen recht klein ist. Unter **grammatischen Kategorien** verstehen wir allgemeine, in der Regel morphologisch ausgedrückte Zusatzinformationen, die ein Wort semantisch und syntaktisch näher spezifizieren. Wir denken hier beispielsweise an Kasus (Fall), Numerus (Zahl) und Genus (Geschlecht). Manche Wortklassen im Englischen vertragen nur eine einzige Kategorie, wie z.B. Numerus am Nomen (*book* vs. *books*) oder Steigerung am Adjektiv (*big* vs. *bigger*). Dazu kommt, dass Flektionsparadigmen (vgl. Kap. 5.3) unvollständig sein können wie bei der Konjugation der Verben, wo die 3. Person Singular Präsens mit -*s* kodiert wird, während die übrigen Personen keine Flektionsendung aufweisen. Auch sei in diesem Zusammenhang erwähnt, dass das Englische aufspaltbare Wortverbände bilden kann, in denen die sie ausmachenden Einheiten selbst Wortstatus haben. Nehmen wir die komplexen Verben *to bring on* oder *to take in*. Die Tatsache, dass das Objekt dieser Verben zwischen ihre Bestandteile treten kann (z.B. *Take me on*), lässt auf den Wortstatus der Einzelteile schließen.

Es ist zu wiederholen, dass mit dem Begriffspaar „analytisch" vs. „synthetisch" nur Tendenzen aufgezeigt werden können. Auch muss betont werden, dass Sprachen keine völlig homogenen Gebilde sind. So macht die Flektionsarmut das Englische stark analytisch, während die Derivation und die Komposition einen gewissen Grad an Synthetizität erzeugen.

Wortsyntax

| 8.5.3

Unter Wortsyntax verstehen wir die Möglichkeit unterschiedlicher Morphemreihenfolgen innerhalb eines Worts. Das Englische bietet hier einige interessante Alternativen, vgl. dazu die Beispiele in (8).

Morphemreihenfolgen

(8) a. to overtake – to take over
  b. the uptake – the take-up
  c. to make up – the make-up

Sowohl Verben (8a) als auch Nomen (8b) erlauben morphologisch komplexe Strukturen mit unterschiedlicher Reihenfolge. Das Verb nimmt in beiden Fällen die Initialstellung zur Rechten des Gedankenstrichs und die Finalstellung zur Linken des Gedankenstrichs ein. Mit der unterschiedlichen Reihenfolge geht zumeist ein Bedeutungsunterschied einher. Interessant an dem Kontrast in (8a, b) ist die unterschiedliche Produktivität der beiden Reihenfolgen. Das heutige Englisch bevorzugt bei diesen Gebilden eindeutig die Initialstellung des Verbs. Diese Tendenz zeigt sich in einer hohen Anzahl sog. Phrasalverben („phrasal verbs"), d.h. idiomatisierten Verb-Partikel-Verbindungen wie *to take after*. Ebenso bemerkenswert ist, dass die Verbinitialstellung weniger fest als die Verbfinalstellung ist. Reihenfolgen wie *to overtake* sind nicht auftrennbar, Reihenfolgen wie *to take over* jedoch schon (z.B. *She took it over*). Schließlich ist darauf hinzuweisen, dass bei der Konversion vom Verb zum Nomen (siehe Kap. 7.3.3) in der Regel die Morphemreihenfolge beibehalten wird, vgl. (8c).

Etymologische Heterogenität

| 8.5.4

Mit dem letzten Abschnitt in diesem Kapitel verlassen wir die strukturellen Ebenen und wenden uns dem englischen Wortschatz unter etymologischem Blickwinkel zu. Durch die Analyse der Herkunft der Wörter erfahren wir etwas über den Grad der „Reinheit" eines Wortschatzes, wie stark also die lexikalischen Einflüsse anderer Sprachen auf das Englische sind bzw. waren. Wir unterscheiden dazu zwischen dem **Erbwortschatz** und dem **Lehnwortschatz**. Der Erbwortschatz

Erbwortschatz und Lehnwortschatz

erfasst die heimischen Wörter, der Lehnwortschatz alle Entlehnungen aus anderen Sprachen.

Bei der Untersuchung der Etymologie wollen wir einen weiteren Faktor in den Blick nehmen: die Größe des Wortschatzes. Dazu betrachten wir drei Wortschätze unterschiedlicher Größenordnung: eine Wortliste der 2000 häufigsten Wörter plus eine ebenso große Zahl von Derivaten und Komposita (*A general service list of English words*, abgekürzt als GSL), das *Advanced Learner's Dictionary* (ALD) mit gut 27.000 Einträgen und das *Short Oxford English Dictionary* (SOED) mit gut 80.000 Einträgen. Diese drei Quellen sollen auf ihre Anteile an Erb- und Lehnwörtern geprüft werden. Es ist möglich, dass sich das Verhältnis zwischen Erb- und Lehnwortschatz mit der Wortschatzgröße verändert. Die Vermutung, dass mit zunehmender Wortschatzgröße der Anteil der Lehnwörter steigt, ist dabei wahrscheinlicher als der umgekehrte Fall, da zu erwarten ist, dass der Erbwortschatz den lexikalischen Kern einer Sprache ausmacht. Inwieweit diese Arbeitshypothese zutrifft, lässt sich mit den Daten aus folgender Tabelle beantworten.

▶ **Tabelle 1** | **Herkunft englischer Wörter in Abhängigkeit von der Wortschatzgröße (nach Scheler 1977)**

Quelle Etymologie	SOED (ca. 80.000 Wörter)	ALD (ca. 27.000 Wörter)	GSL (ca. 4.000 Wörter)
Erbwortschatz	**17.781** **22,2%**	**7.473** **27,4%**	**1.876** **47,1%**
Lehnwortschatz			
Germanisch gesamt	**3.266** **4,1%**	**1.197** **4,4%**	**152** **3,8%**
Altnordisch	1.729 2,2%	683 2,5%	124 3,1%
Niederländisch (+ Niederdeutsch)	1.136 1,4%	437 1,6%	28 0,7%
Hochdeutsch	401 0,5%	77 0,3%	– –

Romanisch gesamt	**24.216**	**10.213**	**1.522**
	30,3%	**37,5%**	**38,2%**
Französisch	22.724	9.777	1.514
	28,4%	35,9%	38,0%
andere romanische Sprachen	1.492	436	8
	1,9%	1,6%	0,2%
Latein	**22.658**	**6.008**	**382**
	28,3%	**22,1%**	**9,6%**
Griechisch	**4.262**	**433**	**10**
	5,3%	**1,6%**	**0,3%**
Keltisch	**344**	**78**	**1**
	0,4%	**0,3%**	**0,0%**
Andere europäische Sprachen	**103**	**30**	**–**
	0,1%	**0,1%**	**–**
Außereuropäische Sprachen	**1.599**	**306**	**2**
	2,0%	**1,1%**	**0,1%**
unklare Etymologie	**3.235**	**1.046**	**39**
	4,0%	**3,8%**	**1,0%**
Eigennamen	**2.632**	**457**	**–**
	3,3%	**2,0%**	**–**
Gesamt	**80.096**	**27.241**	**3.984**
	100%	**100%**	**100%**

Ein Blick auf die Tabelle 1 führt zu erstaunlichen Einsichten. Der höchste Anteil am Erbwortschatz beläuft sich auf nicht einmal 50%. D.h., mehr als jedes zweite Wort im Englischen ist ein Lehnwort. Hier zeigt sich, dass Englisch lexikalisch gesehen eine Mischsprache ist. Das Ausmaß der Sprachmischung ist dabei durchaus ungewöhnlich. Sprachen sind generell nie etymologisch rein; wir finden stets zumindest geringe Einflüsse aus anderen Sprachen. Dass das Englische einen so hohen Prozentsatz an Lehnwörtern aufweist, zeigt nicht nur, wie intensiv der Austausch mit anderen Sprachen gewesen sein muss, sondern auch, wie flexibel ein Wortschatz in seiner Zusammensetzung sein kann.

Englisch als Mischsprache

Die zweite bemerkenswerte Beobachtung ist, dass der Anteil des Romanischen und Latein so groß wie oder noch größer als der Erbwortschatz ist. Aus lexikalischer Sicht ist das heutige Englisch also kaum noch als germanische Sprache zu bezeichnen. Es stellt vielmehr eine Mischung aus einem germanischen und einem romanischen Wortschatz dar. Hier wird erkennbar, dass der Einfluss des Romanischen auf das Englische am bedeutendsten ist. Wenn wir den romanischen Einfluss in einzelsprachliche Einflüsse aufspalten, wird schnell erkennbar, dass das Französische den Hauptanteil trägt und mehr oder weniger dicht vom Latein gefolgt wird. Daneben verblassen die Einflüsse anderer Sprachen fast ganz. Nur das Nordgermanische mit einem Anteil von 2 – 3% verdient hier Erwähnung. Besonders unerwartet ist der ausgesprochen geringe Anteil des Keltischen, wenn man bedenkt, dass die Bevölkerung der britischen Inseln einst keltisch war.

In einem nächsten Schritt beziehen wir die Wortschatzgröße in die Häufigkeitsanalyse mit ein. Wie aus Tabelle 1 zu entnehmen ist, reagiert die Etymologie sehr stark auf die Lexikongröße. Der Anteil des Erbwortschatzes, der ja ohnehin relativ niedrig ist, nimmt bei zunehmender Lexikongröße rapide ab. Das größte Lexikon verzeichnet weniger als ein Viertel an nativen Wörtern im Gesamtwortschatz. Hier erscheint das Englische kurioserweise als seine eigene Fremdsprache. Komplementär zu diesem Trend steigt der Anteil der Wörter lateinischen Ursprungs mit zunehmender Lexikongröße von 10% auf 30% an. Diese Zahlen belegen den Status der lateinischen Wörter als Elemente, die eher „am Rande" des Wortschatzes zu finden sind. Diese „Randerscheinungen" sind aber keineswegs zu vernachlässigen, da die lateinischen Wörter vornehmlich Teil des Gelehrtenwortschatzes sind.

Etymologie und Wortschatzgröße

Das vielleicht überraschendste Ergebnis ist der Zusammenhang zwischen Etymologie und Wortschatzgröße in Bezug auf die Wörter französischen Ursprungs. Obwohl diese zum Lehnwortschatz gehören, nimmt ihr Einfluss mit abnehmender Lexikongröße zu (auch wenn dieser Anstieg nicht so stark wie im Erbwortschatz ist). Der französische Lehnwortschatz verhält sich also ähnlich wie der Erbwortschatz. Damit wird die Unterscheidung in Lehn- und Erbwortschatz aufgeweicht. Wir stellen also fest, dass das Französische so stark in das Englische eingedrungen ist, dass es selbst vor dem Kernwortschatz nicht halt gemacht hat. Da nicht davon auszugehen ist, dass der Kernwortschatz vor dem französischen Einfluss defizitär gewesen ist, müssen wir schlussfolgern, dass das Französische viele native Wörter verdrängt hat. Dieser Verdrängungsprozess erfolgte nicht nur in den Randbereichen, sondern selbst in den Kernbereichen des Wortschatzes, d.h., er erfasste die Wörter relativ unabhängig von ihrem lexikalischen Status und ihrer Häufigkeit. Insofern begegnen uns heute viele Wörter im englischen Grundwortschatz, die nicht germanischen Ursprungs sind (z.B. *table* und *air*).

Neben diesem Verdrängungsprozess hat es auch einen Hinzufügungsprozess gegeben. Das entlehnte Wort gesellte sich zu dem bereits vorhandenen aus dem Erbwortschatz. In der Folge bildete sich eine semantische und/oder stilistische Differenzierung heraus, vgl. (9).

(9)   a. freedom – liberty
      b. short – brief
      c. heaven – sky

In (9) erscheint das native Wort links und das Lehnwort rechts. Es gibt leichte Bedeutungsunterschiede zwischen beiden. So drückt in (9a) *freedom* eher eine persönliche und *liberty* eher eine allgemeine Freiheit an. In (9c) treffen wir eine Konkurrenz zwischen dem West- und dem Nordgermanischen an. Hier tritt das skandinavische Wort *sky* zum nativen Wort *heaven* dazu und erzeugt eine Differenzierung des Himmels in ein religiöses bzw. ein meteorologisches Konzept. Diese Formen werden lexikalische Dubletten genannt. Neben den Dubletten gibt es sogar Tripletten, die durch den separaten Einfluss des Französischen und des Latein zustande gekommen sind, vgl. (10).

Dubletten
Tripletten

(10)   a. to rise – to mount – to ascend
       b. fear – terror – trepidation

Das erste Verb in (10a) gehört zum Erbwortschatz, das zweite ist französischen und das dritte lateinischen Ursprungs. Die drei Verben in (10a) und die drei Nomen in (10b) sind semantisch eng verwandt; sie unterscheiden sich vor allen Dingen im Register. Die lateinische Form ist jeweils das förmlichste der drei. Damit hängt auch ihre

Etymologie und Wortart

unterschiedliche Gebrauchshäufigkeit zusammen. Je förmlicher ein Wort ist, desto seltener tritt es auf.

Die Etymologie korreliert auch mit der Wortart. Wir finden im englischen Lexikon eine ganze Reihe von Wortpaaren, bei denen das Nomen zum Erbwortschatz und das semantisch entsprechende Adjektiv zum Lehnwortschatz gehört, vgl. (11).

(11) a. sun – solar
b. moon – lunar
c. meat – carnal

Wie zuvor steht das germanische Wort links und das romanische rechts daneben. Den umgekehrten Fall, dass das Adjektiv nativ und das entsprechende Nomen nicht nativ ist, kennt das Englische nicht. Die Erklärung für diese Asymmetrie könnte darin liegen, dass die Nomen aufgrund ihrer größeren Häufigkeit stärker als die Adjektive im System verankert und deswegen verdrängungsresistenter sind. Hier schließt sich dann auch der Kreis zu den obigen Fällen in (9). Da dieser Verdrängungsprozess nur parziell erfolgte, stoßen wir auch auf adjektivische Dubletten wie in (9b).

reicher Wortschatz

Die Tatsache, dass das Englische eine Mischsprache ist, erklärt zu weiten Teilen seinen reichen Wortschatz. Der Kontakt mit anderen Sprachen hat eben nicht nur zur Ersetzung von Elementen des Erbwortschatzes, sondern auch in hohem Maße zu einer Erweiterung des Wortschatzes insgesamt geführt. Diese Wortschatzerweiterung bietet die Möglichkeit der Differenzierung und Nuancierung und damit des präziseren Ausdrucks der Sprecherabsicht.

Zusammenfassung

Das Wort ist die zentrale Größeneinheit der Lexikologie. Wir haben es in diesem Kapitel gegen Mehrwortgebilde mit Hilfe formaler und semantischer Kriterien abgegrenzt. Und wir haben Wörter mit Paketen verglichen, die den Sprachbenutzern vorgefertigte Inhalte liefern. Diese Inhalte ergeben sich daraus, was sich aus Sicht der Sprachgemeinschaft zu versprachlichen lohnt. Die Versprachlichung von Ideen führt unweigerlich zu einer Perspektivierung bzw. Interpretation der Welt. Vor diesem Hintergrund ist die manipulative Kraft der Sprache zu sehen. Das Wort nimmt eine zentrale Rolle im sprachlichen System ein, weil ganz unterschiedliche Informationen in ihm zusammenlaufen. Der englische Wortschatz zeichnet sich durch seine Größe, eine Tendenz zur Einmorphemigkeit und einen hohen Grad an Sprachmischung aus.

1. Handelt es sich bei folgenden Einheiten um ein Wort oder zwei Wörter?
   a) foot fungus
   b) polar bear
   c) nuclear energy
   d) (the) black sheep of the family

2. Gegeben seien folgende Ideen:

   (I) a. A MEAL IN THE MORNING
   b. A MEAL AT NOON
   c. A MEAL IN THE EVENING

   (II) a. A THUNDERSTORM IN THE MORNING
   b. A THUNDERSTORM AT NOON
   c. A THUNDERSTORM IN THE EVENING

   Prüfen Sie, welche dieser 6 Ideen im Englischen lexikalisiert sind und diskutieren Sie die Gründe dafür.

3. Betrachten Sie folgenden altenglischen Satz (mit wortwörtlicher Übersetzung):

sume	men	sæȝden	þæt	þær	nære	buton	twegen	dælas
some	men	said	that	there	not-were	but	two	parts

   Vergleichen Sie unter besonderer Berücksichtigung des *nære* das Altenglische mit dem heutigen Englisch unter dem Aspekt der Analytizität. Was stellen Sie fest?

Testfragen

4. Erklären Sie die Herkunft, die Wortart und den Bedeutungsunterschied in folgenden Wortpaaren.

   (III)   a. mouth – oral
           b. sunny – solar
           c. leaf – foliage

Syntax

Mit der Syntax verlassen wir weitgehend, aber nicht vollständig die Ebene der Wörter. Denn die Wörter bilden die untere Grenze der Syntax. Da die Obergrenze der Satz ist, beschäftigt sich die Syntax mit allem, was sich zwischen Satzebene und Wortebene befindet bzw. abspielt. Etwas genauer gesagt ist Syntax die Lehre der Beziehungen zwischen Wörtern innerhalb eines Satzes. So wie in der Phonologie die Binnenstruktur von Silben und in der Morphologie die Binnenstruktur von Wörtern untersucht wird, so steht in der Syntax die Binnenstruktur von Sätzen im Zentrum des Interesses.

Binnenstruktur von
Sätzen

Syntax zum Warmwerden

| 9.1

Wir beginnen mit der Frage, was eine syntaktische Analyse leisten kann bzw. soll. Dazu wollen wir uns vier Phänomene ansehen, die uns exemplarisch zeigen, mit welchen Problemen wir es in der Syntax zu tun haben.

Syntaktische Ambiguität

| 9.1.1

Das erste Phänomen kommt im Beispiel (1) zum Ausdruck.

(1) The old men and women were left behind in the village.

Die Frage ist, wer im Dorf zusammen mit den alten Männern zurückgelassen wurde: nur die alten Frauen oder Frauen jedweden Alters? Das Problem liegt somit im Adjektiv und seinen Bezügen. Bezieht es sich nur auf *men*, bleiben alle Frauen zurück; bezieht es sich hingegen auf *men* und *women* gleichermaßen, verlassen die jungen Frauen das Dorf. Theoretisch gibt es noch eine dritte Möglichkeit, wonach sich das Adjektiv auf *women* allein bezieht. Diese drei Möglichkeiten sind in (2) dargestellt.

Bezug

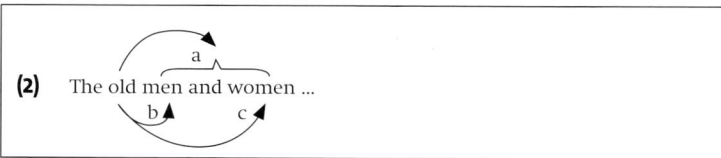

(2) The old men and women ...

Diese unterschiedlichen Bezüge des Adjektivs führen zu unterschiedlichen Strukturen im Satz. In der Lesart (2a) beschreibt das Adjektiv alle erwachsenen Dorfbewohner; sie bilden damit syntaktisch eine Einheit, die in (3a) durch die Klammern ausgedrückt wird. In der Lesart (2b) bezieht sich das Adjektiv nur auf die Männer, nicht auf die Frauen, so dass, wie in (3b) gezeigt, *old* und *men* eine Einheit bilden.

(3) a. The old (men and women)
b. The (old men) and women

Dieses Problem des unklaren Bezugs heißt syntaktische **Ambiguität** (Doppeldeutigkeit). Der Bezug des Adjektivs ist nicht eindeutig. Andererseits ist dieser Bezug bei Weitem nicht beliebig. Die Interpretation (2c), nach der nur alte Frauen, aber alle Männer zurückbleiben, ist nämlich von vornherein ausgeschlossen. Wir sind hier bereits im Herz der Syntax. Wir fragen daher, welche Bezüge innerhalb eines Satzes möglich sind, welche nicht und warum. Man beachte, dass nicht nur Sprachwissenschaftler, sondern gerade auch „naive" Sprachbenutzer vor genau diesen Fragen stehen, wenn sie Sätze wie in (1) hören oder lesen. Dass sich letztere diese Fragen selten oder gar nicht stellen, ändert ja nichts daran, dass sie auf einer unbewussten Ebene zu verstehen versuchen, was der Sprecher sagen will. Die syntaktische Analyse wird damit zur psychologischen Realität.

Aus dieser ersten Analyse von Beispielsatz (1) können wir bereits die beiden grundlegenden Prinzipien der Syntax ableiten. Das erste Linearität ist das Prinzip der **Linearität** bzw. hier im speziellen die **Proximität** Proximität (Nähe). Warum bezieht sich *old* auf *men*, aber nicht auf *women* alleine? Die Erklärung liegt offenbar darin, dass *old* und *men* benachbart sind, *old* und *women* jedoch nicht. Syntaktische Bezüge sind damit zunächst einmal Nachbarschaftsbezüge, d.h., Hörer und Leser schließen aus der Tatsache, dass Wörter nebeneinanderstehen, dass sie auch syntaktisch zusammengehören. Mit dem Prinzip der Proximität können wir uns also verständlich machen, weshalb die Deutung (2b) möglich, die Deutung (2c) hingegen ausgeschlossen ist.

Das zweite Prinzip steht in direktem Kontrast zum ersten. In der Lesart (2a) betrachtet das Adjektiv *old* die Wortfolge *men and women* als Einheit. Wir entdecken somit eine erste Ebene zwischen der Wort- und der Satzebene. Wie in den Kapiteln zuvor finden wir Hierarchie in der Hierarchie. Unser zweites Prinzip ist also die uns bereits bekannte hierarchische Struktur. Hierarchie

Beide Prinzipien zusammen erklären das Phänomen der Ambiguität. Die Ambiguität entsteht nämlich durch die Koexistenz dieser beiden Prinzipien. Die Linearität erzeugt die Lesart (2b), die Hierarchie die Lesart (2a). Es ist wichtig zu verstehen, dass die Konkurrenzsituation zwischen beiden Prinzipien nicht als Argument dafür dienen kann, dass nur eines von beiden vorhanden ist. Sprache ist beides: zum einen ein Akt des Sprechens, in dem Größeneinheiten serialisiert werden (vgl. Kap. 5.2.2) und darüber lineare Nachbarschaften und Nicht-Nachbarschaften entstehen; zum anderen ein hierarchisches Gebilde, das Sprachbenutzer in ihren Köpfen erschaffen. Zu bestimmen, wie linear bzw. wie hierarchisch die Struktur von Sätzen ist, zählt zu den vorrangigen Aufgaben der Syntax.

Segmentierung 9.1.2

Unser Ausgangspunkt für die Vorstellung des zweiten Phänomens sei das Beispielpaar in (4).

(4)   a. The boy blushed.
      b. The girl who kissed the boy blushed.

Wir finden die Wortfolge *the boy blushed* sowohl in (4a) als auch in (4b) vor. Trotzdem erkennen wir sofort, dass beide Wortfolgen nicht identisch sind. In (4a) erscheint uns *the boy blushed* als ununterbrochene Sequenz, in (4b) hingegen als unterbrochene Sequenz. In (4b) würden wir zwischen *boy* und *blushed* eine Trennungslinie ziehen, Trennungslinie die in (4a) nicht existiert. Wie kommen wir darauf? Immerhin ist diese Trennungslinie in der sprachlichen Äußerung nicht vorhanden. Wir wissen um diese Grenze, weil wir (unbewusst) eine syntaktische Analyse beim Lesen der beiden Sätze durchgeführt haben. In (4b) erkennen wir einen Satz im Satz; wir segmentieren den Satz wie in (4b') dargestellt. Daher nennt man dieses Phänomen auch **Segmentierung** (Zerlegung). Es existiert nicht nur in der Syntax, sondern prinzipiell auf allen linguistischen Beschreibungsebenen.

(4)   b'. The girl (who kissed the boy) blushed.

Woher wissen wir also, dass Satz (4b) wie in (4b') zu analysieren ist? Damit kehren wir wieder zu den Prinzipien der Linearität und Hierarchie zurück. In (4b) wird das Prinzip außer Kraft gesetzt, dass sich wie in (4a) benachbarte Elemente, nämlich *boy* und *blushed* aufeinander beziehen. Hier gewinnt also das Hierarchieprinzip, das durch das *who* ausgelöst wird. Dieses Wort markiert den Beginn des Satzes im Satz, während sein Ende darüber signalisiert wird, dass mit *the boy* der Satz im Satz vollständig ist, spätestens jedoch darüber, dass mit *blushed* ein weiteres konjugiertes Verb produziert wird. Denn da ein Satz nur ein konjugiertes Verb enthalten kann, muss das zweite konjugierte Verb zu einem anderen (Teil)Satz gehören.

Von besonderer Bedeutung ist hierbei die Erkenntnis, dass die syntaktischen Grenzen, wie sie in (4b') durch die Klammern zum Ausdruck gebracht werden, nicht (oder zumindest nicht notwendigerweise) in der phonetischen Repräsentation zu finden sind. Wir Sprachbenutzer ziehen diese Grenzen also selbst. Und Sprachlerner müssen sie erst lernen zu ziehen. Die Segmentierung ist demzufolge ein mentaler Prozess.

9.1.3 | **Kongruenz**

Das dritte syntaktische Problem, mit dem wir uns beschäftigen wollen, baut auf das Phänomen der Segmentierung auf. Insofern sind die Sätze in (5) denen in (4) auch recht ähnlich.

(5)   a. The clown was amused.
b. The boys who watched the clown were amused.

Wir wollen uns fragen, weshalb es in (5a) *was* und in (5b) *were* heißt, wo doch beiden Formen dieselben Wörter *the clown* vorausgehen. Wie wir aus der Analyse von (4) wissen, existiert eine syntaktische Grenze zwischen *clown* und *were* in (5b), die so zwischen *clown* und *was* in (5a) nicht besteht. Ob *was* oder *were* die richtige Form ist, entscheidet das Subjekt desselben Satzes. Damit ist das syntaktische Phänomen der **Kongruenz** umrissen. Die Kongruenz stellt im vorliegenden Fall eine Übereinstimmung von Subjekt und Verb in einem grammatischen Merkmal wie Numerus (Singular vs. Plural) her. Da *clown* aber weder das Subjekt noch Teil desselben Satzes wie *were* ist, spielt es in dem Prozess der Kongruentmachung auch keine Rolle. Wieder einmal unterliegt damit die Linearität der Hierarchie. Das Subjekt des Satzes, zu dem *were* gehört, ist also nicht unmittelbar links vom Verb zu finden. Um es zu identifizieren, muss eine syntaktische Struktur aufgebaut werden, in der der Satz im Satz erkannt und damit zum Zwecke der Kongruenz ignoriert werden kann. Damit ist der Weg für die Identifikation des *boys* als das Subjekt in (5b) frei. Da dieses Wort im Plural steht, muss die korrekte Form des Verbs *were* lauten.

> Übereinstimmung von Subjekt und Verb

Wir wollen die Analyse der Kongruenz einen Schritt weiter führen und dazu folgende Beispiele vergleichen. Mit dem Sternchen wird eine sprachlich falsche Form angekündigt, die sich Linguisten zu Demonstrationszwecken ausgedacht haben.

(6) a. This committee went down the drain.
     b. *These committee went down the drain.
(7) a. The committee has agreed to that.
     b. The committee have agreed to that.

Wir stellen ohne Verwunderung fest, dass *committee* als singularisches Nomen das singularische Pronomen *this* in (6a) erfordert und mit dem pluralischen *these* in (6b) nicht kompatibel ist. Das syntaktische Problem ist aber viel interessanter, als es die Eindeutigkeit in (6) vermuten lässt. Wie die Beispiele in (7) zeigen, ist *committee* trotz seiner singularischen Morphologie sowohl mit einem singularischen (7a) als auch mit einem pluralischen (7b) Verb kombinierbar. Wie können wir uns das unterschiedliche Kongruenzverhalten in (6) und (7) erklären? Der erste Schritt zu einer Lösung besteht in der

syntaktische Grenzen

Annahme, dass es unterschiedliche syntaktische Grenzen gibt. Die syntaktische Grenze zwischen dem Pronomen und *committee* in (6) ist nicht die gleiche wie die zwischen *committee* und dem darauffolgenden Verb in (7). Diese beiden Typen von Grenzen leisten Unterschiedliches. Während die Grenze in (6) eine strikte ist, erscheint die Grenze in (7) liberaler. So erlaubt die Grenze in (7) eine Diskrepanz im Numerus, die Grenze in (6) jedoch nicht.

Es ist insofern eine der Aufgaben der Syntax, unterschiedliche syntaktische Grenzen zu identifizieren und deren Eigenschaften zu ermitteln. Mit dieser Vorarbeit kommen wir dann unserem eigentlichen Ziel näher, syntaktische Phänomene besser zu verstehen.

9.1.4 | Kontraktion

Unter **Kontraktion** verstehen wir das in Kap. 8.4 kurz angesprochene phonologische Phänomen der Reduktion von Langformen wie *am* zu *'m* und *have* zu *'ve*. Die Entscheidung, welche Form wann zu wählen ist, ist keineswegs zufällig. Es geht daher um die Frage, unter welchen Bedingungen welche Form angebracht ist. Eine dieser Bedingungen ist eine syntaktische, und deshalb soll dieses Problem hier auf der Grundlage folgender Beispiele angeschnitten werden.

(8)   a. You will enjoy the kangaroo casserole.
          b. You'll enjoy the kangaroo casserole.
(9)   a. Anyone less resistant to novelty than you will enjoy the kangaroo casserole.
          b. *Anyone less resistant to novelty than you'll enjoy the kangaroo casserole.

In (8) sehen wir, wie die Langform *will* (8a) und die Kurzform *'ll* (8b) in demselben Kontext gleichermaßen möglich sind. In (9) hingegen ist die Kurzform ausgeschlossen, vgl. (9b). Die Erklärung für diese Unmöglichkeit ist in der Syntax zu finden. Im Gegensatz zu (8) ist das *you* in (9) nicht der Kopf des Subjekts des Satzes. Eine Kurzform kann aber nur an den Kopf des Subjekts angehängt werden. Insofern ist die Kurzform in (8b) möglich, in (9b) hingegen nicht.

Wir stoßen hier auf die syntaktische Bedingtheit eines phonologischen Phänomens und damit auf ein Wechselspiel zwischen Syntax und Phonologie. Wir haben hier ein neues Analysefeld aufgetan, nämlich die Frage nach den Beschreibungsebenen, mit denen die Syntax wie interagiert. Aus Sicht des sprachlichen Systems insgesamt heißt die zentrale Frage daher, durch wie viel Interaktivität bzw. Autonomie das Verhältnis der verschiedenen Ebenen zueinander bestimmt ist.

Wechselspiel zwischen Syntax und Phonologie

Die Binnenstruktur einfacher SVO-Sätze | 9.2

Nach dieser Einstimmung auf wesentliche Fragestellungen und Konzepte der Syntax beginnen wir mit der Untersuchung der Binnenstruktur von Sätzen. Wir fragen uns also, ob es zwischen Wort und Satz eine Zwischenwelt gibt, und wenn ja, wie diese aussieht. Wir gehen dabei analog zu den Analysen in der Phonologie (Kap. 6) und der Morphologie (Kap. 7) vor, als wir nach der Binnenstruktur der Silben und der Wörter gefragt haben. Wie in diesen vorangegangenen Kapiteln greifen wir den einfachsten Fall auf, bei dem eine strukturelle Entscheidung ansteht und der eine relativ hohe Gebrauchshäufigkeit aufweist. Auf der Ebene des ganzen Satzes werden diese beiden Kriterien ohne Zweifel von solchen dreiteiligen Einheiten erfüllt, die aus Subjekt (S), Verb (V) und Objekt (O) bestehen. Wir fragen daher, ob sich das Verb stärker an das Subjekt oder das Objekt oder an beide gleichermaßen bindet. Diese drei Möglichkeiten werden in (10) – (12) in gewohnter Manier graphisch dargestellt. Ein Beispielsatz erscheint darunter.

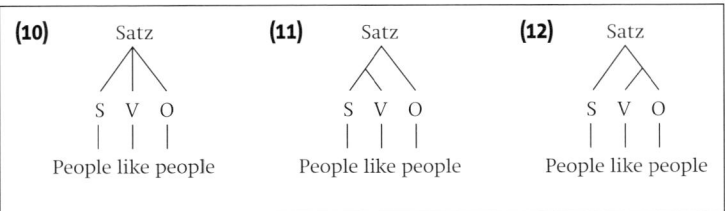

Die Diagramme (10) – (12) bilden die drei theoretischen Möglichkeiten der Satzstruktur ab. Wie bekannt nennt man (10) das flache, (11) das hierarchisch linksverzweigte und (12) das hierarchisch rechtsverzweigte Modell. In (10) finden wir keine Binnenstruktur vor, d.h., alle Wörter des Satzes werden unmittelbar vom Satzknoten dominiert und stehen insofern auch alle in der gleichen Beziehung zu diesem. Das hierarchisch linksverzweigte Modell in (11) sieht eine stärkere Verbindung zwischen dem Subjekt und dem Verb als zwischen dem Verb und dem Objekt vor. Diese Verbindung wird durch den gemeinsamen Knoten sichergestellt, der Subjekt und Verb dominiert. In (12) ist es genau umgekehrt. Hier gehen Verb und Objekt eine engere Verbindung als Subjekt und Verb ein. Diese kommt über den gemeinsamen Knoten auf der rechten Seite zustande.

Kriterien · Welches Modell die englische Satzstruktur adäquat abbildet, soll nun anhand fünf verschiedener Kriterien überprüft werden. Vier dieser fünf Kriterien sind syntaktischer Natur. Diese bilden nur einen Ausschnitt aus der Gesamtheit möglicher Kriterien. Wir gehen dabei davon aus, dass die Satzstruktur unabhängig von den Wörtern zu ermitteln ist, die in dem Satz stehen. Deshalb spielt es im Prinzip auch keine Rolle, mit welchen Wörtern wir den Beispielsatz versehen.

9.2.1 | Kongruenz

Die Kongruenz haben wir bereits in Kap. 9.1.3 als syntaktisches Phänomen kennengelernt. Sie charakterisiert das Verhältnis zwischen Subjekt und Verb und ist damit für die Analyse von SVO-Sätzen offenkundig relevant. Die Kongruenz weist uns auf eine bemerkenswerte Asymmetrie in der Syntax hin: Während sie zwischen Subjekt und Verb obligatorisch ist, erfolgt keine derartige Abstimmung zwischen Verb und Objekt. So ergibt sich folgender Kontrast:

(13) a. Trouble causes pain.
      b. Troubles cause pain.
(14) a. Trouble causes pains.
      b. Troubles cause pains.

Der Vergleich von (13) und (14) zeigt, dass der Numerus des Objekts (*pain* oder *pains*) bei der Auswahl der Verbform keine Rolle spielt. Ob *cause* oder *causes* richtig ist, entscheidet einzig und allein das Subjekt. Das Subjekt hat also einen Einfluss auf das Verb, den das Objekt nicht hat.

Diese Asymmetrie deutet auf eine stärkere Verbindung zwischen Subjekt und Verb als zwischen Verb und Objekt hin. Eine solche Verbindung ist nur in (11) vorgesehen. Unser erstes Kriterium spricht demnach für das hierarchisch linksverzweigte Modell der Satzstruktur.

Der Fragetest   9.2.2

Das zweite Kriterium prüft, welche Teile eines Satzes separat erfragt werden können. Diesem Kriterium liegt die Logik zugrunde, dass das, was für sich erfragbar ist, eine (syntaktische) Einheit bildet. Fragen sind „Herauslösungen", d.h., man löst mit einer Frage einen Aspekt aus einem größeren Zusammenhang heraus, und dieser Aspekt hat den Status einer Einheit, da man in der Regel nach einem einzigen Sachverhalt und nicht nach zwei unterschiedlichen Sachverhalten gleichzeitig fragt. Dieser Sachverhalt gilt dann als syntaktisch relevante Größe, da die Fragebildung selbst eine syntaktische Operation ist (vgl. *He is swimming -> Is he swimming*?)

Erfragen kann man in einem Satz zum Beispiel das Subjekt wie in (15).

(15)   a. She is having a baby.
     b. Who is having a baby?

Diese Ebene von Subjekt, Verb und Objekt ist jedoch für die Entscheidung zwischen den drei Modellen in (10) – (12) irrelevant, denn wir wollen ja nicht herausfinden, ob es Subjekte, Verben und Objekte gibt. Dieses setzen wir im vorliegenden Gedankengang voraus. Uns interessiert vielmehr die Zwischenwelt darüber. Können wir also nach zweien dieser Elemente gleichzeitig fragen und darüber ihren einheitlichen Status nachweisen? Das flache Modell verneint dieses, da es keine Zwischenwelt vorsieht. Das linksverzweigte Modell sagt voraus, dass wir gleichzeitig das Subjekt und das Verb erfragen können, nicht aber das Verb und das Objekt. Die umgekehrte Prognose ergibt sich aus dem rechtsverzweigten Modell.

Das Englische bietet tatsächlich die Möglichkeit, nach zwei Teilen gleichzeitig zu fragen. Wir kommen dazu auf unser Beispiel *People like people* in (10) – (12) zurück. Was also erfragen wir genau mit folgender Frage in (16a)?

(16) a. What do people do?
b. People like people.

In der Antwort (16b) greift das Subjekt *people* das Subjekt *people* aus der Frage (16a) aus Gründen der Kohärenz nur wieder auf. Die eigentliche Antwort liegt also in der Sequenz *like people*. Was wir in der Antwort (16b) erfahren (und vorher nicht wussten), ist, dass Menschen die Eigenschaft haben, Menschen zu mögen. Damit wird *like people* im Speziellen und Verb + Objekt im Allgemeinen zu einer erfragbaren und deshalb Erfragbarkeit syntaktischen Einheit. Wir haben somit einen syntaktischen Knoten identifiziert, der nur im rechtsverzweigten Modell (12) vorgesehen ist.

Ehe wir den Fragetest als ein Argument für die Rechtsverzweigung gelten lassen können, müssen wir den Nachweis erbringen, dass es im Englischen keine Möglichkeit gibt, gleichzeitig nach Subjekt und Verb zu fragen. Wenn dieses nämlich möglich wäre, kann zwischen dem links- und dem rechtsverzweigten Modell nicht unterschieden werden. Eine solche Situation würde nicht einmal für das flache Modell sprechen, da es ja überhaupt keine Fragemöglichkeiten oberhalb der S,V,O-Ebene erwarten lässt.

Bezeichnenderweise treten diese potenziellen Schwierigkeiten aber gar nicht auf. Das Englische bietet nämlich keine Möglichkeit, nach Subjekt und Verb gemeinsam zu fragen. Insofern besteht kein Zweifel, dass der Fragetest ein Argument für die Rechtsverzweigung darstellt. Dadurch sehen wir uns mit der Situation konfrontiert, dass das Kriterium der Kongruenz und das der Frage zu einem widersprüchlichen Ergebnis führen. Anstatt sich auf eine Diskussion dieses Widerspruchs einzulassen, erscheint es ratsam, weitere Kriterien anzuwenden, um auf der Grundlage einer breiteren Datenbasis besser beurteilen zu können, welchem Modell der Zuschlag gebührt.

9.2.3 Pronominalisierung

Das Kriterium der Pronominalisierung ist auf viele verschiedene Strukturen anwendbar. Es ist mit dem Fragetest verwandt, weil Fragewörter auch Pronomen sind. Beiden Tests liegt insofern auch eine ähnliche Logik zugrunde. Ein Pronomen ist ein „Ersetzungswort". So wird bei der Pronominalisierung oft eine Mehr-Wort-Sequenz durch ein einziges Wort, das Pronomen, ersetzt. Wenn ein einziges Wort, so das Argument, eine längere Wortsequenz ersetzen kann, ist diese längere Sequenz als Einheit zu werten. Da die Pronominalisierung ein syntaktischer Prozess ist – er findet oberhalb der Wortebene statt – ist diese Einheit als eine syntaktische anzusehen.

Ersetzbarkeit

Was lässt sich also in unserem Beispielsatz *People like people* oberhalb der Einzelwortebene ersetzen? Unsere drei Modelle treffen hier ganz unterschiedliche Vorhersagen. Das flache Modell prognostiziert keine derartige Ersetzungsmöglichkeit. Das rechtsverzweigte Modell sagt eine gleichzeitige Pronominalisierbarkeit von Verb und Objekt voraus, während das linksverzweigte eine Pronominalisierbarkeit von Subjekt und Verb erwarten lässt.

Bevor wir uns der Überprüfung dieser Vorhersagen zuwenden, ist der Hinweis angebracht, dass wir den Begriff des Pronomens nicht zu wörtlich nehmen sollten. Auch wenn in dem Wort „Pronomen" das Wort „Nomen" enthalten ist, können nicht nur Nomen ersetzt werden. Daher spricht man in der Linguistik auch lieber von Proformen als von Pronomen. Da sich der Terminus „Proforminalisierung" aber nicht durchgesetzt hat, verwenden wir den herkömmlichen Begriff in einem verallgemeinernden Sinn.

Schauen wir uns nun folgenden Satz an.

(17) He doesn't like people but I do.

Die entscheidende Frage in (17) betrifft die Funktion des *do*. Dieses Wort ist ein Pronomen. Es ersetzt, wie unschwer zu erkennen ist, *like people*, da man den Satz *I do* durch *I like people* „zurücksetzen" kann und damit die beabsichtigte Bedeutung trifft. Die Wortfolge *like people* ist genau diejenige Größe, die laut des rechtsverzweigten Modells pronominalisierbar sein sollte. Wir erhalten hier also ein weiteres Argument für die Rechtsverzweigung der SVO-Sätze. Gemäß dieses Modells sollte es keine Möglichkeit geben, das Subjekt und das Verb gleichzeitig zu ersetzen. Auch diese Vorhersage des rechtsverzweigten Modells wird bestätigt: Das Englische sieht eine solche Möglichkeit nicht vor. Damit ergibt sich eine Zwischenbilanz von einem Argument für die Linksverzweigung und zwei Argumenten für die Rechtsverzweigung.

9.2.4 | Subkategorisierung der Verben

In unseren drei Modellen der Satzstruktur wird das Verb implizit zur entscheidenden Instanz gemacht. Denn das Verb entscheidet, ob es sich stärker an das Subjekt zu seiner Linken oder das Objekt zu seiner Rechten bindet. In der Tat fällt dem Verb eine zentrale Rolle im Satz zu, denn es entscheidet darüber, welche Objekte in einem Satz Platz finden und welche nicht. Danach werden Verben kategorisiert, daher

Transitivität
Intransitivität

der Begriff der **Subkategorisierung**. So unterscheiden wir zwischen transitiven und intransitiven Verben. Ein transitives Verb fordert ein direktes Objekt, ein intransitives Verb kann kein direktes Objekt vertragen. Als Beispiel für den ersteren Fall sei *to like something*, als Beispiel für den letzteren Fall *to sleep* (*to sleep something/someone*) genannt. Die Entscheidung für oder gegen ein Objekt liegt beim einzelnen Verb. Wir erkennen hier also die Macht, die das Verb über die Auswahl der Objekte und damit der Satzstruktur hat.

Interessanterweise ist das Verhältnis zwischen Verb und Subjekt ein anderes. Im heutigen Englisch muss jeder Aussagesatz ein Subjekt haben. Damit regelt nicht das einzelne Verb die Frage des Subjekts, sondern eine allgemeinere Instanz, naheliegenderweise der Satzknoten selbst. Der Einfluss, den das Verb auf das Subjekt hat, ist somit geringer als der des Verbs auf das Objekt. Eine solche Asymmetrie ist gemäß des rechtsverzweigten Modells zu erwarten. Weder das flache noch das linksverzweigte Modell ist mit diesem Ergebnis vereinbar. Wir sind damit an einem Punkt angelangt, an dem sich die anfängliche Pattsituation zwischen Links- und Rechtsverzweigung in Richtung auf eine Dominanz der Rechtsverzweigung auflöst. Diese Tendenz wollen wir anhand eines letzten Kriteriums im nächsten Abschnitt überprüfen.

9.2.5 | Thema/Rhema

Dass wir sprechen und schreiben, um Neues zu kommunizieren, erscheint weitgehend trivial. Es wäre aber falsch zu glauben, dass wir ausschließlich Neues kommunizieren. Sprecher und Schreiber stellen nämlich eine Balance zwischen alter und neuer Information her. Damit ist die Aufgabe verbunden, alte und neue Information zu serialisieren. Die Frage, der wir hier nachgehen wollen, betrifft die syntaktischen Einheiten, die alte und neue Information ausdrücken. Damit ist unser fünftes Kriterium ein asyntaktisches. Wir fragen nach informationellen (pragmatischen) Einheiten und deren Korrelaten in der Syntax.

alte und neue Information

Kommen wir auf unseren obigen Beispielsatz *People like people* zurück und analysieren ihn aus der Perspektive des Informationsflusses. Warum sollte ein Sprecher einen solchen Satz äußern? Ein naheliegender Grund liegt in der Vermutung, dass er etwas (aus seiner Sicht) Neues sagen will. Das Neue ist die Aussage über das Alte. Die alte Information bezeichnet die Menschen, über die die Aussage gemacht wird, also das Subjekt *people*. Dieses Subjekt enthält deshalb keine neue Information, weil der Sprecher auf einen Wissensschatz Bezug nimmt, den er mit dem Hörer teilt. Ohne sich abgestimmt zu haben, wissen Sprecher und Hörer gleichermaßen, wer mit *people* gemeint ist. Das Neue wird in der Aussage kodiert, dass (die uns bekannten oder auch nur von uns vorgestellten) Menschen eine spezielle Eigenschaft aufweisen, nämlich andere Menschen zu mögen.

das Neue als Aussage über das Alte

Man beachte, dass der Begriff „neue Information" nicht mit „originell" zu verwechseln ist. Mit dem Adjektiv „neu" wird einfach nur der subjektive Grund bezeichnet, um dessentwillen eine Äußerung getätigt wird. Insofern ist „neu" auch mit „unbekannt" und „alt" mit „bekannt" wiederzugeben. Auch wird für die alte Information der Begriff **Thema** und für neue Information der Terminus **Rhema** verwendet.

Es ist unschwer zu erkennen, dass die Thema/Rhema-Unterscheidung einen einfachen Aussagesatz in das Subjekt einerseits und das Verb und Objekt andererseits aufteilt. Das Thema sind die Menschen im Subjektfall. Das Rhema ist die Behauptung, dass sie anthropophil sind. Die Eigenschaft, andere Menschen zu mögen, wird im Verb und im Objekt ausgedrückt. Diese Zerlegung erfolgt unabhängig davon, aus welchen Wörtern ein Satz besteht. Solange die SVO-Reihenfolge eingehalten wird, können wir davon ausgehen, dass die vorgeschlagene Thema/Rhema-Analyse für alle Sätze gilt. Wir stellen damit fest, dass auch das pragmatische Kriterium der Informationsstruktur für die Rechtsverzweigung des englischen SVO-Satzes spricht. Weder das flache noch das linksverzweigte Modell sagt die Trennung von Subjekt einerseits und Verb und Objekt andererseits vorher.

9.2.6 | Resümee

Die Analyse von fünf Kriterien zur Bestimmung der Binnenstruktur von SVO-Sätzen zeitigt ein Ergebnis von 4 zu 1 zugunsten der Rechtsverzweigung. Damit erhält die Kongruenz als einziges Argument für die Linksverzweigung den Status einer Ausnahme. Es ist bis heute nicht befriedigend geklärt, weshalb die Kongruenz aus der Reihe tanzt. Zu den eingeführten Kriterien kommen eine ganze Reihe weiterer, die für die Rechtsverzweigung plädieren. An der Korrektheit der Annahme einer rechtsverzweigten Satzstruktur besteht also kein Zweifel. Dieses Ergebnis ist aber immer mit der Einschränkung zu versehen, dass ein einziges Kriterium für die Linksverzweigung spricht.

Rechtsverzweigung

Wir haben jetzt eine neue Zwischenebene und damit einen neuen Knoten entdeckt. Es ist der Knoten in (12), der Verb und Objekt dominiert und zu einer syntaktischen Größe vereint. Mit den fünf Kriterien haben wir ein erstes Instrumentarium an der Hand, um weitere Einheiten und Knoten zu identifizieren. Dabei werden nicht alle Kriterien auf alle syntaktischen Einheiten anwendbar sein. Das ist aber auch nicht notwendig, solange es einige Kriterien gibt, die widerspruchsfrei anwendbar sind.

Unabhängigkeit der Kriterien

Abschließend ist darauf hinzuweisen, dass die genannten Kriterien nicht völlig unabhängig voneinander sind. Manchmal beleuchten sie eher unterschiedliche Aspekte desselben Phänomens. Aufgrund der Tatsache, dass ein Verb transitiv ist, also ein Objekt erfordert, ergibt sich mit hoher Wahrscheinlichkeit, dass die Tests, die wir zusätzlich zu der Subkategorisierung eingeführt haben, das Verb und das Objekt als syntaktische Einheit betrachten. Denn es ist beispielsweise unwahrscheinlich (wenn auch nicht unmöglich), dass bei einem transitiven Verb das Verb Rhema und das Objekt Thema ist. Diese relative Abhängigkeit einiger Kriterien voneinander ändert an der Rechtsverzweigung des englischen SVO-Satzes allerdings nichts.

9.3 | Rechtsverzweigung als Bauplan

Ehe wir mit der syntaktischen Analyse fortfahren, wollen wir das Ergebnis des vorangegangenen Abschnitts in einen größeren Zusammenhang stellen. Wir haben aus den drei zentralen Beschreibungsebenen der Phonologie, der Morphologie und der Syntax die jeweils relevanteste dreigliedrige Einheit ausgewählt und nach der Binnen-

struktur dieser Einheit gefragt. Für einen direkten Vergleich werden
die Resultate dieser Untersuchungen in (18) zusammengestellt. (PSS
= Präfix-Stamm-Suffix)

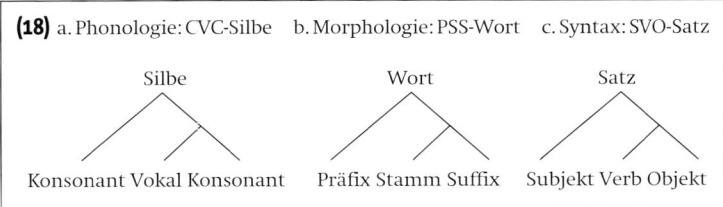

(18) a. Phonologie: CVC-Silbe   b. Morphologie: PSS-Wort   c. Syntax: SVO-Satz

Die strukturelle Parallelität der CVC-Silbe, des Präfix-Stamm-Suffix-
Worts und des SVO-Satzes springt unmittelbar ins Auge: Alle drei
Größeneinheiten sind rechtsverzweigt. Es fällt schwer, diese Übereinstimmung als bloßen Zufall abzutun. Wahrscheinlicher ist die
Annahme, dass es sich bei der Rechtsverzweigung um ein ebenen-
übergreifendes Bauprinzip handelt, das das sprachliche System in   *Rechtsverzweigung als*
einem allgemeineren Sinn charakterisiert. Das bedeutet, dass die   *Bauprinzip*
Entscheidung zugunsten einer speziellen Verzweigungsrichtung
nicht auf jeder Ebene erneut getroffen wird, sondern offenbar nur
einmal von einer übergeordneten Instanz für alle Ebenen. Es spricht
viel für die Hypothese, dass die einzelnen Ebenen nicht völlig autonom arbeiten und dass das sprachliche System nach Homogenität
strebt. Diese ebenenübergreifende Entscheidung können wir uns als
eine emergente „Gesamtlösung" in dem Sinne vorstellen, dass auf
den verschiedenen Ebenen ähnliche Probleme zu lösen sind und
insofern auch ähnliche Lösungen entwickelt werden. Diese Aus-
gangssituation führt dann zu der in (18) zu verzeichnenden Einheit-
lichkeit – und das selbst ohne eine übergeordnete Entscheidungsin-
stanz.

Diese Homogenität ist nicht in einem absoluten Sinn zu verste-
hen. Jede Beschreibungsebene verfügt über ein gewisses Maß an   *relative Homogenität*
Eigenständigkeit und wird in einem gewissen Umfang auch indivi-
duelle Lösungen entwickeln. Die Hypothese der Homogenität ist
insofern in zweierlei Hinsicht zu relativieren. Zum einen ist die
Neigung zur Rechtsverzweigung auf den einzelnen Ebenen unterschiedlich stark. So haben wir gesehen, dass die Silbe konsequenter
rechtsverzweigt ist als das Wort. Zum anderen gibt es neben den

untersuchten Einheiten auch noch andere auf derselben Beschreibungsebene, die linksverzweigt sein können. Die generelle Entscheidung für eine bestimmte Verzweigungsrichtung ist also nicht dahingehend zu verstehen, dass eine alternative Verzweigungsrichtung kategorisch ausgeschlossen ist.

Verarbeitungsleichtigkeit der Rechtsverzweigung

Die Gründe für die Bevorzugung der Rechtsverzweigung liegen mit hoher Wahrscheinlichkeit in der Psycholinguistik. Rechtsverzweigte Strukturen sind generell leichter zu verarbeiten als linksverzweigte. Es ist sinnvoll, bei der Analyse der Sprachproduktion ganz grob zwischen der Planung des Sprechens und der Ausführung des Sprechplans zu unterscheiden. Wir wissen, dass das Sprachproduktionssystem in hohem Maße parallel arbeitet und dass insofern die Erstellung des Plans X parallel zu der Ausführung des Plans Y erfolgen kann. Eine rechtsverzweigte Struktur setzt diese Parallelität besser um als eine linksverzweigte. In einer rechtsverzweigten Struktur kann nämlich das erste Element (z.B. der Anfangskonsonant einer Silbe) produziert werden, während zur gleichen Zeit der Reimknoten zur Vorbereitung der Folgeteile der Silbe aktiviert wird. Auf diese Weise werden Planung und Ausführung ideal miteinander verzahnt. In einem linksverzweigten Modell ist diese Verzahnung so jedoch nicht möglich. Durch den linksseitigen Strukturknoten wird die Produktion des Anfangskonsonanten „gebremst", da dieser Konsonant nicht direkt abgerufen werden kann, obwohl er als erster benötigt wird. Aus verarbeitungstechnischer Sicht ist die Linksverzweigung also eine suboptimale Strategie.

9.4 | **Strukturelle Erweiterungen im SVO-Satz**

Mit dem rechtsseitigen Knoten, der das Verb und das Objekt zu einer Einheit zusammenfasst, haben wir den ersten syntaktischen Knoten kennengelernt und seine Existenz mit Hilfe einer Reihe von Tests begründet. Damit haben wir einen wichtigen Schritt getan, stehen aber erst am Anfang der syntaktischen Analyse. Wir lassen nun die Dreigliedrigkeit hinter uns und erweitern den SVO-Satz allmählich. Wir erhöhen die Komplexität, indem wir das Subjekt, das Verb und das Objekt nicht wie bisher aus einem Wort, sondern aus zwei Wörtern bestehen lassen. Um das Verständnis zu erleichtern, erfolgt dieser Schritt getrennt für die drei Satzteile. Wir beginnen mit der

Erweiterung des Subjekts. Der im Vergleich zu (10) minimal veränderte Beispielsatz erscheint in (19).

(19) Nice people like people.

Die Struktur dieses Satzes wird aus folgendem Diagramm, auch
Strukturbaum genannt, ersichtlich.

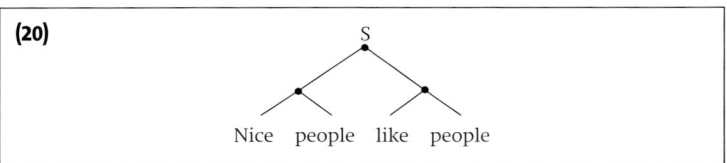

(20)

Der rechte Knoten ist der uns bekannte Knoten, der die Einheit von
Verb und Objekt zum Ausdruck bringt. Der linke Knoten ist neu. Er
verbindet das Adjektiv *nice* mit dem Nomen *people*. Diese beiden
Wörter gehören syntaktisch gesehen zusammen, weil sie auf den
Fragetest und die Pronominalisierung reagieren. Mit der Frage *Who
likes people?* wird man mit *nice people* antworten, und *nice people* kann
man durch das Pronomen *they* ersetzen. Wörter, die wie im vorliegenden Fall auf einen oder mehrere Tests anschlagen, bilden eine
syntaktische Einheit, die wir **Phrase** nennen.

Dadurch, dass wir in (20) die beiden Knoten auf gleiche Höhe gesetzt haben, entsteht der Eindruck einer symmetrischen Satzstruktur. Eine solche Symmetrie ist allerdings nicht vorhanden, da die
Beziehung zwischen *nice* und *people* ungleich der Beziehung zwischen
like und *people* ist. Immerhin spielt sich die Beziehung zwischen *nice*
und *people* **innerhalb** des Satzteils des Subjekts ab, während die Beziehung zwischen *like* und *people* eine Beziehung **zwischen** den Satz-
teilen des Verbs und des Objekts ist. Damit ist die Beziehung zwischen
nice und *people* tiefer in der Satzstruktur zu verorten als diejenige
zwischen *like* und *people*. Wir bringen diese unterschiedliche syntaktische Tiefe dadurch zum Ausdruck, dass wir den linken Knoten tiefer
als den rechten ansetzen, vgl. (21). Dadurch vermeiden wir den fälschlichen Eindruck der Symmetrie in dem Beispielsatz (19).

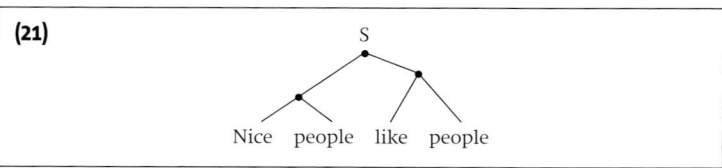

(21)

S

Nice people like people

Im nächsten Schritt erweitern wir das Objekt so, wie wir eben das Subjekt erweitert haben, vgl. (22).

(22) People like nice people.

Der dazugehörige Strukturbaum sieht wie folgt aus.

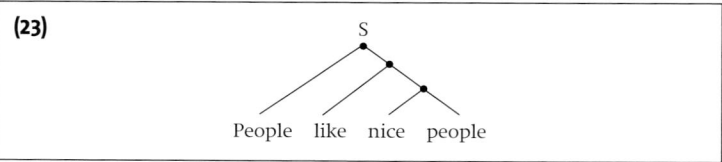

(23)

S

People like nice people

Dass *nice people* in (23) wie in (21) eine Phrase bildet, wird wiederum durch den Fragetest (*Who(m) do people like?*) und der Pronominalisierung (durch *them*) belegt. Wir sehen hier deutlich die unterschiedlichen Tiefen der Satzstruktur. Der neue Knoten für *nice people* liegt (notwendigerweise) unterhalb des bekannten Knotens für Verb und Objekt. Dieses ist als Bestätigung der Richtigkeit der Analyse in (21) zu werten, in der sich die unterschiedlichen Tiefen nicht zwingend aus der geometrischen Form ergeben haben.

Die Zwischenwelt von Satz und Wort, die in Abschnitt 9.2 noch aus einem einzigen Knoten bestand, haben wir damit deutlich erweitert. Diese besteht nun aus zwei Ebenen, die aufgrund ihrer hierarchischen Anordnung unterschiedliche Tiefen der Satzstruktur abbilden. Somit erkennen wir, wie mit einer Zunahme der Komplexität des Satzes nicht nur die Anzahl der Knoten, sondern auch die Anzahl der Analyseebenen zunimmt.

Wir kommen nun zum Verb, das in folgendem Satz aus zwei Teilen besteht.

Erweiterung des Verbs

(24) SUVs (Sport Utility Vehicles) eat up money.

Die Struktur dieses Satzes wird im folgenden Baum abgebildet.

(25)

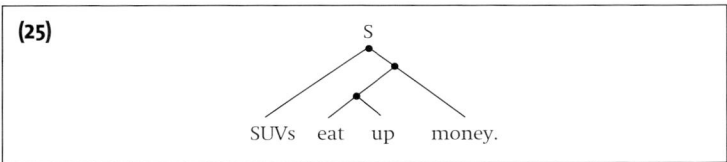

Die Strukturanalyse dieses Satzes stößt auf unerwartete Schwierigkeiten. Es kann kein Zweifel daran bestehen, dass es einen Knoten gibt, der *eat* und *up* zusammenfügt, da diese Bestandteile semantisch zusammengehören (und es keinen Grund zu der Annahme gibt, dass die semantische und die syntaktische Analyse zu widersprüchlichen Ergebnissen führt). Jedoch ist dieser Knoten mit Hilfe der herkömmlichen Tests nicht zu motivieren. Überraschenderweise können wir nicht nach dem Verb allein fragen und es auch nicht durch ein Pronomen ersetzen. Die Wörter *eat* und *up* bilden insofern im klassischen Sinn keine Phrase. Dieser Schluss gilt nicht nur für komplexe Verben wie *to eat up*, sondern auch für einfache Verben wie *to like*. Wir kehren zu diesem Problem zurück.

Damit haben wir die einfachen Erweiterungen innerhalb der Satzteile Subjekt, Verb und Objekt abgeschlossen. Als nächstes wollen wir über diese drei Satzteile hinausgehen und uns mit der Integration weiterer Elemente in die Satzstruktur beschäftigen. Dazu wählen wir folgenden Beispielsatz.

(26) She picked up some French at school.

Das Neue an (26) ist die Ortsangabe *at school*. Die anderen Teile können wir bereits in einen Strukturbaum zusammenfügen. Dass *at school* eine Phrase bildet, ist leicht über den Fragetest nachzuweisen (*Where did she pick up some French?*). Auch der Pronominalisierungstest schlägt hier an, denn wir können *at school* durch *there* ersetzen. Die entscheidende Frage in (26) betrifft die Einbindung der Ortsbestimmung in die Satzstruktur. An welchen Knoten sollte *at school* angebunden werden? Ein erster Vorschlag dazu erfolgt in (27).

(27)

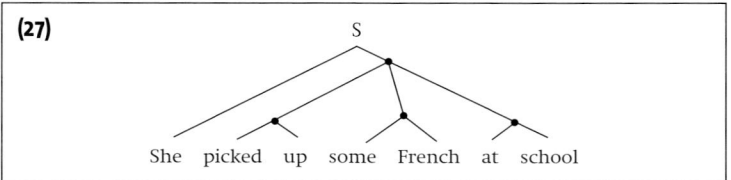

Im Baumdiagramm (27) wird die Ortsangabe an denjenigen Knoten angebunden, der das Verb und das Objekt zusammenfasst. Damit wird dieser Knoten dreifach verzweigt. Wir wollen uns anhand dieses Beispiels fragen, was wir mit einem solchen Baum für Aussagen über die Satzstruktur machen. Mit dieser Dreifachverzweigung stellen wir das Objekt *some French* und die Ortsbestimmung *at school* auf eine Stufe. Diese Behauptung ist jedoch fragwürdig. Während aufgrund des transitiven Verbs *to pick up* das direkte Objekt obligatorisch ist, ist die Ortsangabe optional. Beide Satzteile haben also nicht denselben syntaktischen Status. In Hinblick auf ihre Rolle im Satz ist die Ortsangabe als peripher, das Objekt als zentral anzusehen. Da Diagramm (27) diesen Unterschied nicht ausdrückt, stellt es keine adäquate Abbildung der Satzstruktur dar. Eine Möglichkeit, um den peripheren Status von *at school* zu erfassen, ist die Ausgliederung der Ortsbestimmung aus dem Satzkern. Wie aus (28) ersichtlich, erfolgt diese Ausgliederung durch die Hinzufügung einer weiteren Analyseebene.

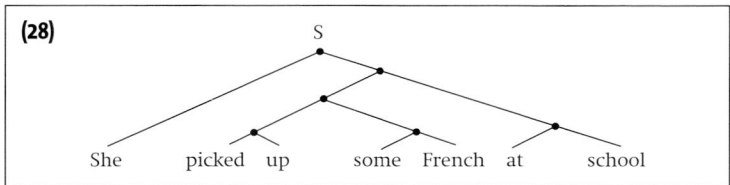

(28)

Was wäre, wenn die Ortsbestimmung aus drei Wörtern, wie z.B. *in the barn* oder *at the cafe* bestünde? Hier tritt uns einmal mehr das Problem der Verzweigungsrichtung entgegen. Wir stellen also dieselbe Frage, die wir in Bezug auf den SVO-Satz *People like people* formuliert haben: Ist die Binnenstruktur von *in the barn* flach, linksverzweigt oder rechtsverzweigt? Unsere Tests liefern darauf eine eindeutige Antwort. Während wir *in the* durch kein Pronomen ersetzen können, ist *the barn* problemlos durch *it* zu pronominalisieren. Das macht *in the barn* und alle vergleichbaren Fälle zu rechtsverzweigten Strukturen. Einmal mehr offenbart sich die Neigung des Englischen zur Rechtsverzweigung.

Lexikalische und phrasale Knoten | 9.5

Wie die beiden vorausgehenden Diagramme zeigen, expandiert die Zwischenwelt oberhalb des Wortes und unterhalb des Satzes schon bei kleineren Erweiterungen beträchtlich. Bisher gingen wir stillschweigend davon aus, dass Knoten generell unspezifiziert sind. Diese Annahme werden wir im Folgenden revidieren. Die bisherigen Diagramme sind als Grundgerüste zu verstehen, die durch Bezeichnungen für die Knoten vervollständigt werden müssen.

Die grundlegendste Unterscheidung trennt zwischen der Welt der Wörter und der Welt der Syntax. Letztere meint die in diesem Kapitel entwickelte Zwischenwelt, erstere stellt das untere Ende dieser Zwischenwelt dar, an dem die Zweige des Strukturbaums mit einzelnen Wörtern verbunden werden. Die Knoten der Zwischenwelt heißen – von einer Ausnahme abgesehen (s.u.) – phrasale Knoten, die Wortknoten werden lexikalische Knoten genannt.

Lexikalische Knoten bezeichnen die traditionellen Wortarten, manchmal mit etwas anderen Begriffen und Klassifizierungen. Vertraut sind wir mit Nomen (abgekürzt als N), Verben (V), Adjektiven

Wortarten

(ADJ), Adverbien (ADV), Pronomen (PRO) und Konjunktionen (CONJ). Artikel werden in der Regel als Determinierer (DET) gefasst, weil sie syntaktisch eine Klasse mit den Demonstrativpronomen bilden (vgl. die strukturelle Parallelität von *the class* und *this class*).

Die Namen der phrasalen Knoten haben die zweiteilige Struktur XP, wobei mit P die Behauptung ausgedrückt wird, dass der Knoten phrasal ist, d.h. eine syntaktische Einheit abbildet. Das X steht für eine beliebige Klasse von phrasalen Knoten. Wir müssen bei der Bestimmung der Knoten der Zwischenwelt also immer diese beiden Aspekte im Auge behalten.

Phrasalität eines Knotens Ob ein Knoten phrasal ist, hängt, wie zuvor gezeigt, davon ab, ob die vorgestellten Kriterien anschlagen. Ist das der Fall, kann also beispielsweise eine Wortfolge pronominalisiert werden, ist der Knoten phrasal. Ansonsten muss der Knoten anders bezeichnet werden, wie weiter unten ausgeführt wird.

Typisierung der Knoten Wenn also die Frage geklärt ist, ob ein Knoten phrasal ist, muss bestimmt werden, um was für einen phrasalen (oder nicht-phrasalen) Knoten es sich handelt. Zur Typisierung der Knoten kommen wir auf die Unterscheidung in Kopf und Modifikator zurück, die wir bei der Analyse von Stamm-Affix-Strukturen in Kap. 7.3.1 eingeführt haben. Das allgemeine Prinzip, das zur Benennung der Knoten verwendet wird, geht vom Primat der Köpfe aus und bezeichnet die phrasalen Knoten daher nach der Wortart des Kopfes. Zu klären ist daher, welches lexikalische Element in einer Phrase der Kopf ist.

Daraufhin wollen wir nun die bereits erarbeiteten Phrasen prüfen. Wir beginnen mit der ersten Phrase, die wir in diesem Kapitel kennengelernt haben: die Einheit von Verb und Objekt. Welcher von diesen beiden Teilen ist der Kopf, welcher der Modifizierer? Die Entscheidung fällt nicht schwer, wenn wir uns die Argumentation in Kap. 9.2.4 in Erinnerung rufen: Das Verb bestimmt, ob ein Objekt, und wenn ja, welches Objekt in einem Satz stehen darf. Diese Bestimmerqualitäten machen es daher zum Kopf. Die aus Verb und Objekt bestehende Phrase ist demnach eine Verbalphrase. Abgekürzt **Verbalphrase** heißt sie VP.

Nominalphrase Kommen wir zu *nice people*. Ist das Adjektiv oder das Nomen der Kopf? Die Entscheidung fällt zugunsten des Nomens aus, da das Adjektiv vom Nomen abhängig ist. Dazu kommt, dass sich in Sprachen, die stärker als das heutige Englisch flektieren, das Adjektiv in Fragen des Genus und Numerus an das Nomen anpasst und nicht umgekehrt. Die Phrase *nice people* ist also eine Nominalphrase (NP).

Wie steht es mit *the barn*? Ist das Nomen auch gegenüber dem Artikel (Determinierer) das bestimmende Element? Diese Frage ist zu bejahen. Das Englische macht deutlich, dass Eigenschaften des Nomens darüber entscheiden, ob ein Artikel ihm vorausgehen darf oder nicht. So vertragen abstrakte, nicht weiter spezifizierte Nomen keinen Artikel (z.B. *I like the music*), konkrete Nomen hingegen schon (z.B. *I like the film*). Auch *the barn* ist insofern eine NP.

Als nächstes bearbeiten wir *at school*. Die vorangegangene Analyse lässt erwarten, dass, da das Nomen Kopfstatus gegenüber Determinierern und Adjektiven hat, es sich auch gegenüber Präpositionen durchsetzt. Dem ist jedoch nicht so. Dass die Präposition der Kopf ist, zeigt sich daran, dass sie dem Nomen einen Kasus zuweisen kann. Im Standardenglischen erfordert beispielsweise die Präposition *for* ein Nomen im Objektfall (z.B. *for me*), nicht im Subjektfall (z.B. *for I*). Aus diesem Grund ist *at school* als Präpositionalphrase (PP) anzuse- Präpositionalphrase
hen.

Wenn wir die Ergebnisse der beiden Analysen von *at school* und *the barn* zusammenführen, sind wir in der Lage, den vollständigen Strukturbaum von *in the barn* zu zeichnen, vgl. (29).

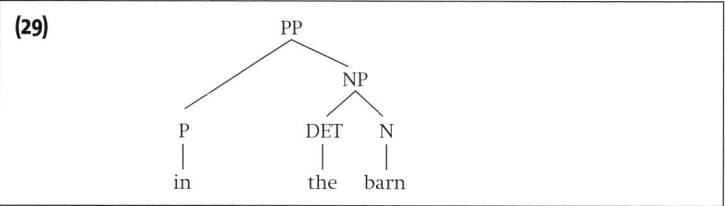

(29)

Damit haben wir alle zuvor eingeführten Phrasen klassifiziert. Es gibt aber noch weitere, wobei wir uns hier auf die Adjektivphrase und die Adverbphrase beschränken wollen. Betrachten wir zunächst die Wortfolge *happily married*. Ist hier das Adjektiv *married* oder das Adverb *happily* der Kopf? Das Adverb modifiziert das Adjektiv, und insofern ist das Adverb der Modifizierer und das Adjektiv der Kopf. Die Sequenz *happily married* ist daher eine Adjektivphrase (ADJP). Adjektivphrase

Schließlich wollen wir die Adverbphrase (ADVP) einführen. Dieser Adverbphrase
relativ seltene Fall entsteht, wenn zwei Adverbien miteinander kombiniert werden. Im Beispiel *so very happy* liegt eine Sequenz aus Adverb + Adverb + Adjektiv vor. Die beiden Adverbien bilden eine Ad-

verbphrase, in der *so* der Modifizierer und *very* der Kopf ist. Dass es sich bei *so very* um eine Phrase handelt, wird daraus ersichtlich, dass wir nach ihr mit *how happy?* fragen können. Die Unterscheidung in Kopf und Modifizierer ist nicht nur auf lexikalische, sondern auch auf phrasale Knoten anwendbar. So modifiziert die ADVP das Adjektiv in *so very happy*.

Damit haben wir uns einen ersten Eindruck von phrasalen Knoten verschafft. Dieses Wissen können wir nun nutzen, um die bisherigen Baumdiagramme zu vervollständigen. Wir kommen dazu auf den Satz *People like nice people* zurück, der sich folgendermaßen darstellen lässt.

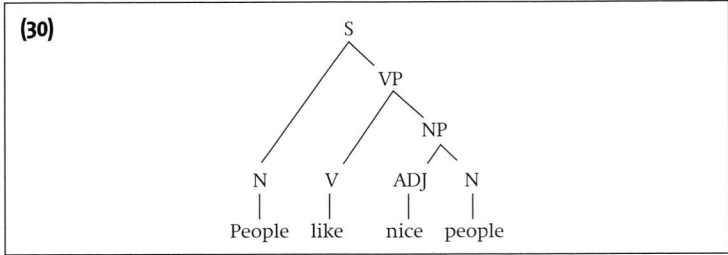

(30)

Neu sind im Vergleich zu Diagramm (23) die phrasalen Knoten VP und NP und die lexikalischen Knoten N, V und ADJ. Diese bedürfen nach den obigen Ausführungen keiner weiteren Erläuterung. Jedoch birgt Diagramm (30) noch ein Problem in sich. Darin wird das Objekt *nice people* als Phrase betrachtet, das Subjekt *people* aber nicht. Der Grund dafür liegt einfach in der Tatsache, dass das Objekt aus zwei Wörtern, das Subjekt jedoch nur aus einem einzigen Wort besteht. Damit tritt die implizit getroffene Annahme zum Vorschein, dass sich phrasale Knoten verzweigen müssen. Diese Annahme ist allerdings verkehrt. Um dieses zu erkennen, brauchen wir nur zu prüfen, ob das Subjekt *people* in (30) phrasalen Status hat. Die Antwort ist natürlich „ja", da wir *people* erfragen und durch ein Pronomen ersetzen können. Damit erkennen wir zweierlei: zum einen die strukturelle Parallelität von *people* und *nice people* – beide Einheiten können wir gleichermaßen erfragen und pronominalisieren –, zum anderen die Existenz von nicht-verzweigenden phrasalen Knoten. Die revidierte Fassung von (30) sieht daher folgendermaßen aus.

nicht-verzweigende
phrasale Knoten

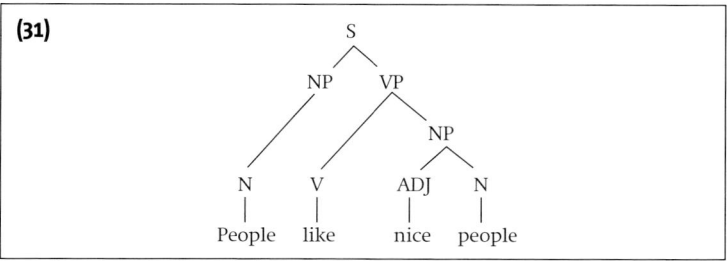

(31)

Zu guter Letzt müssen wir auf den Satz *SUVs eat up money* und das darin enthaltene komplexe Verb zurückkommen. Hier haben wir argumentiert, dass *eat* und *up* eine Einheit bilden; für diese fehlt uns jedoch noch eine adäquate Beschreibung. Das Problem ist, dass, wie oben ausgeführt, die herkömmlichen Konstituententests nicht anschlagen. Das komplexe Verb *to eat up* ist also keine Phrase – genausowenig wie das einfache Verb *to like* in (31). Um dieser Eigenschaft Rechnung zu tragen, muss eine weitere Klasse von Knoten eingeführt werden. Eine Möglichkeit ist die neutrale Bezeichnung „Gruppe", um die Einheit von *eat* und *up* zum Ausdruck zu bringen. Da das Verb in *to eat up* der Kopf ist, handelt es sich bei *eat up* also um eine Verbalgruppe, die als VG abgekürzt wird. Der obige Beispielsatz (24) sieht nun graphisch wie folgt aus. Die Abkürzung PART steht für die Wortklasse „Partikel", die als eine neutrale Oberkategorie von Adverb und Präposition im Zusammenhang mit Verben verstanden werden kann.

Verbalgruppe

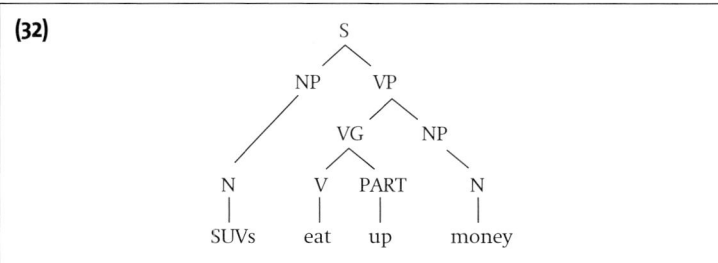

(32)

9.6 | Koordination und Subordination

Wir wollen unsere Analyse der englischen Syntax mit einem Blick auf die beiden wesentlichen Prinzipien der Satzerweiterung fortsetzen: die Koordination und die Subordination. Unter Koordination verstehen wir die Nebenordnung, unter Subordination die Unterordnung von sprachlichen Größeneinheiten. Durch die Nebenordnung entstehen flache, durch die Unterordnung hierarchische Strukturen. Auch wenn sie nicht unter diesen Bezeichnungen eingeführt wurden, sind Koordination und Subordination für uns keine Unbekannten. Wir sind ihnen bereits in Kap. 7.3.1 bei der Klassifikation der Komposita begegnet. So gibt es symmetrische Komposita wie *singersongwriter*, bei denen beide Charakterisierungen einander nebengeordnet sind und asymmetrische Komposita wie *bookshelf*, bei denen das erste Element dem zweiten untergeordnet ist.

Behandeln wir zunächst die Koordination, dessen Grundprinzip in der Aneinanderreihung gleichwertiger Elemente besteht. In der Syntax kann von Wörtern über Phrasen bis Sätzen so ziemlich jede Größeneinheit koordiniert werden. Nehmen wir den einfachen Fall der Aufzählung lexikalischer Einheiten wie in (33).

Aneinanderreihung gleichwertiger Elemente

(33)   apples and oranges

Wir haben es hier mit einer dreigliedrigen Sequenz zu tun, so dass sich wieder einmal die Frage nach der Adäquatheit des flachen, linksverzweigten und rechtsverzweigten Modells stellt (vgl. (10) – (12) in Kap. 9.2). Mit (33) begegnen wir zum ersten Mal einer flachen Struktur, die in (34) abgebildet wird.

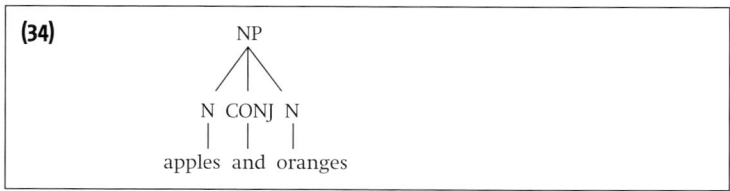

(34)

Der Grund für die Flachheit von (33) liegt in dem identischen Status   Flachheit
der beiden Nomen. Keines der beiden hat eine Vorrangstellung gegenüber dem jeweils anderen. Die Gleichwertigkeit beider Nomen
erzeugt die symmetrische Struktur. Beide werden durch eine Konjunktion miteinander verknüpft. Erwähnenswert ist, dass die Einzel-
nomen keinen Phrasenstatus haben: Eines der beiden kann weder
erfragt noch pronominalisiert werden.

Neben lexikalischen Einheiten können sowohl Phrasen (35) als
auch ganze Sätze (36) koordiniert werden.

(35)   (He) tidied up his room and cleaned the window panes.
(36)   Herb was fast asleep but Eve was still awake.

Die Strukturbäume von (35) und (36) ähneln dem von (33) und brauchen daher hier nicht vorgeführt zu werden.

Wir kommen als nächstes zur Subordination, d.h., eine Gruppe
von Elementen wird in eine andere eingebettet, so dass eine neue
Ebene und damit mehr Hierarchie entsteht. Das eingebettete Ele-   Hierarchie
ment ist dem einbettenden natürlich untergeordnet. Wir wollen das
Prinzip der Subordination am Beispiel von Relativsätzen illustrieren.
Gegeben sei der Satz in (37).

(37)   He is the man I am going to marry.

Satz (37) besteht aus einem Hauptsatz (*he is the man*) und einem Relativsatz (*I am going to marry*). Die zentrale Frage ist, wie der Neben-
satz an den Hauptsatz anzubinden ist. Entscheidend ist dabei, wor-
auf sich der Relativsatz bezieht. Im vorliegenden Beispiel ist das *the
man*. Desweiteren ist zu klären, ob das Bezugswort *the man* und der
Relativsatz eine Phrase bilden. Da der Fragetest anschlägt (*Who is he?*),
ist diese Frage zu bejahen. Daher müssen im Strukturbaum *the man*
und *I am going to marry* vom selben Knoten dominiert werden. Dieser
Strukturbaum sieht dann folgendermaßen aus.

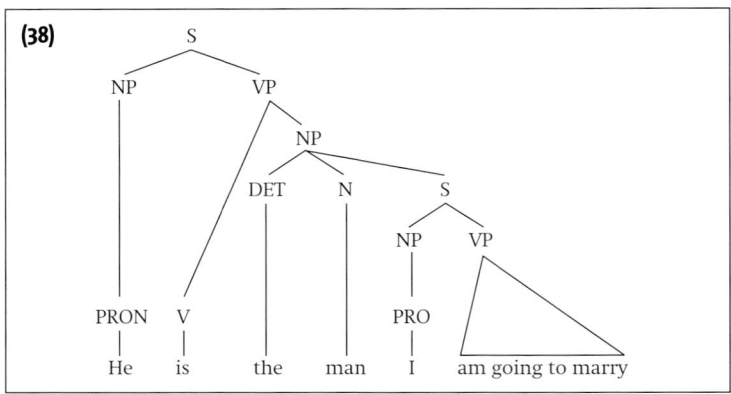

Neu an diesem Baum ist vor allem die dreigliedrige NP, in die der Relativsatz integriert ist. Die syntaktische Unterordnung kommt im Schaubild dadurch zum Ausdruck, dass das untergeordnete Element auf einer tieferen Ebene als das übergeordnete erscheint.

Damit sind wir einem Phänomen von erheblicher Tragweite auf die Spur gekommen. Sprachliche Strukturen arbeiten mit dem Prinzip der Wiederholung, d.h., auf unterschiedlichen Ebenen können dieselben Elemente wiederkehren. In Abbildung (38) sehen wir das beispielsweise am wiederholten Auftreten des Satzknotens S. Er tritt zunächst ganz oben im Diagramm hervor, da es sich bei dem zu beschreibenden Gebilde um einen ganzen Satz handelt. Da dieser Satz wiederum einen Satz, nämlich den Relativsatz, enthält, tritt der Satzknoten auf tieferer Ebene erneut auf. Dieses Prinzip nennt man **Rekursivität**. Es trägt zur Kreativität der Sprache bei (vgl. Kap. 5.1). Und es erklärt, wie wir mit alten Mitteln (der begrenzten Anzahl an unterschiedlichen Knoten) sogar neue Strukturen bilden können (d.h. solche, die uns nie zuvor begegnet sind).

Rekursivität

Unser zweites Beispiel für Subordination ist dem Relativsatz in struktureller Hinsicht nicht ganz unähnlich. Schauen wir uns folgenden Satz mit zwei PPs an.

(39) Kate lives in the house by the sea.

Die zweite PP ist der ersten untergeordnet, da mit *by the sea* die Lage des Hauses beschrieben wird. Folgender Strukturbaum verdeutlicht die Parallelität von (37) und (39).

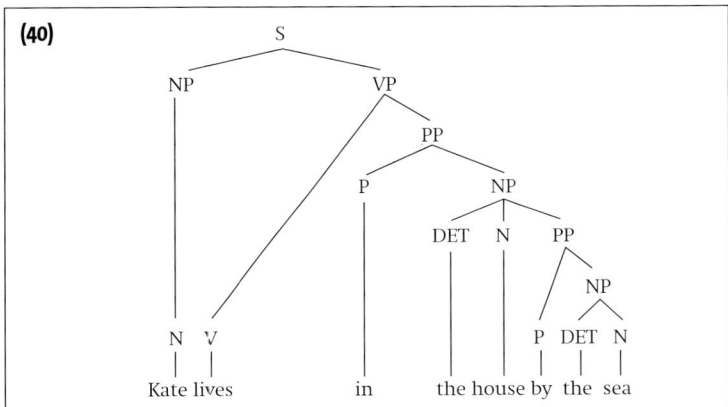

Es ist unschwer zu erkennen, dass die eine PP der anderen untergeordnet ist. Wie in (38) bedarf die dreigliedrige NP eines Kommentars. Diese NP verdankt ihre Existenz der Tatsache, dass *the house by the sea* eine Phrase ist. Der Pronominalisierungstest zeigt, dass alle 5 Wörter durch ein einziges Pronomen ersetzt werden können (*She lives in it*). Das *it* ersetzt also nicht *the house* allein (*She lives in it by the sea*), sondern *the house* plus PP.

Aus der Vielzahl der syntaktischen Strukturen konnte hier nur eine kleine Auswahl getroffen werden. Wir haben uns nur mit Aussagesätzen beschäftigt und Fragen und Aufforderungssätze gänzlich außer Acht gelassen. Trotzdem dürfte deutlich geworden sein, wie man Satzstrukturen transparent machen kann, wie Strukturbäume zu motivieren sind und wie mit Hilfe einer begrenzten Anzahl an syntaktischen Knotentypen verbunden mit dem lexikalischen Inventar eine unbegrenzte Anzahl an Sätzen produziert werden kann.

Zum Nutzen der Strukturbäume 9.7

Wir wollen dieses Kapitel mit der Frage nach dem Nutzen der Strukturbäume abschließen. Gewiss darf ihnen kein Selbstzweck zu-

grunde liegen. Wie am Ende des vorausgehenden Abschnitts angesprochen, liegt der Sinn dieser Diagramme zunächst in einer

Sichtbarmachung der Binnenstruktur von Sätzen

Sichtbarmachung der Binnenstruktur von Sätzen als vielschichti-
gen Gebilden. Aber auch diese Sichtbarmachung ist nur ein erster
Schritt. Sie stellt ein Verfahren bereit, um die syntaktischen Möglichkeiten (und Unmöglichkeiten) einer Sprache zu beschreiben,
und sie ist Voraussetzung für die Erklärung vieler syntaktischer
Phänomene. Wir wollen die Leistungsfähigkeit der Strukturbäume
anhand zweier Probleme illustrieren, mit denen wir dieses Kapitel
eröffnet haben. So können wir überprüfen, inwieweit wir der Lösung dieser Probleme näher gekommen sind, als wir es zu Beginn
dieses Kapitels waren.

Kongruenz

Das erste Problem ist das der Kongruenz. Wir hatten aufgrund
von (6) und (7) festgestellt, dass eine Diskrepanz im Numerus bei
Subjekt-Verb-Folgen möglich ist, bei Determinierer-Nomen-Folgen
hingegen nicht. Um unsere obigen Beispiele wieder aufzugreifen:
Das Wort *committee* kann von *is* oder *are* gefolgt werden, *committee*
selbst kann aber nur der Determinierer *this*, nicht jedoch *these* vorausgehen. Mithilfe der Strukturbäume können wir nun diesen Unterschied in der Toleranz der Numerusdiskrepanz erklären. Dazu
betrachten wir (41).

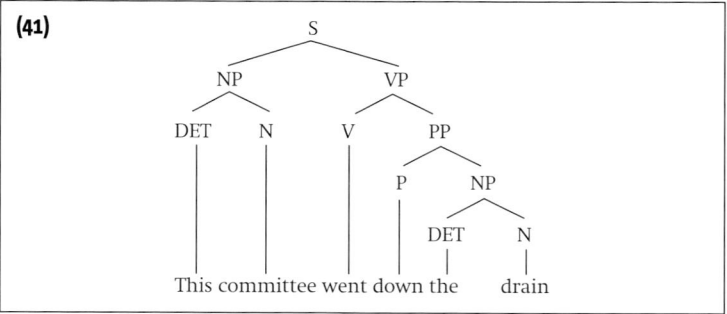

(41)

syntaktische Grenzen

Wenn wir uns die syntaktischen Grenzen in (41) anschauen, wird
sofort ersichtlich, dass die Grenze zwischen *this* und *committee* eine
andere ist als die zwischen *committee* und *went*. Erstere Grenze ist
phrasenintern, letztere ist eine Phrasengrenze, mehr noch: *committee*
und *went* trennt die tiefste Kluft, die der Satz zu bieten hat.

Was hat dieser Unterschied für Konsequenzen für die Bedingungen der Kongruenz? Es gibt einen Zusammenhang zwischen der Tiefe der Kluft zwischen zwei Wörtern und ihren Möglichkeiten, aufeinander einzuwirken: Je tiefer die Kluft, desto unüberbrückbarer ist sie, d.h., desto weniger kann das eine Wort das andere „erreichen". Im Fall von *this committee* ist diese Kluft denkbar gering, da beide Wörter zur selben Phrase gehören. Deshalb kann das singularische *committee* auch verhindern, dass ihm der pluralische Determinierer *these* vorausgeht. Die Sequenz *committee is* ist jedoch anders gestrickt. Durch die tiefe Kluft zwischen beiden Wörtern ist die Beeinflussungsmöglichkeit gering. Das bedeutet, dass *committee* weniger Kontrolle über die Verbform hat und daher die Pluralform *are* nicht verhindern kann. Wir sehen hier also, wie der Strukturbaum als Ausgangspunkt für eine Erklärung der Kongruenz dient.

Das zweite Problem ist das phonologische Phänomen der Kontraktion, dessen Auftreten, wie in Kap. 9.1.4 gezeigt wurde, von gewissen syntaktischen Bedingungen abhängig ist. Gefordert ist also eine syntaktische Erklärung für das Vorkommen eines phonologischen Phänomens. Anders als oben soll hier nicht das Modalverb *will*, sondern die Möglichkeit der Kontraktion der Konjunktion *and* anhand des folgenden Beispiels erörtert werden.

(42) a. How much is one hundred and twenty-five?
       b. One hundred and twenty-five.

Während die Konjunktion in (42a) nicht phonologisch reduzierbar ist, kann sie in (42b) zu [n] vereinfacht und im Extremfall sogar ganz weggelassen werden. Weshalb ist das so? In beiden Fällen handelt es sich um koordinierte Zahlwörter, in (42a) jedoch um zwei Zahlen (100 und 25), in (42b) hingegen um eine (125). Dieser Unterschied lässt sich im Baumdiagramm folgendermaßen ausdrücken. Diagramm (43) bildet die Addition 100 + 25, Diagramm (44) die Zahl 125 ab. Mit NUM kürzen wir Numeral (Zahlwort) ab.

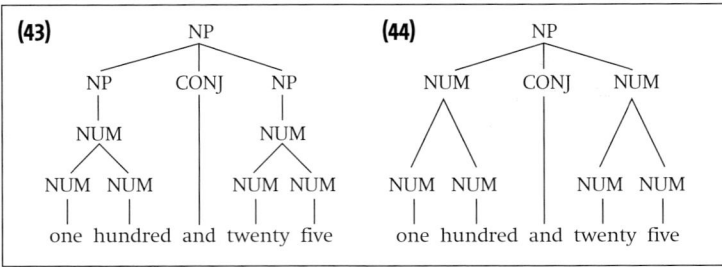

In der Addition 100 + 25 werden laut (43) zwei NPs koordiniert, während die Zahl 125 syntaktisch gesehen eine einzige NP ist, in der Zahlwörter koordiniert werden. Wie bei dem Problem der Kongruenz (vgl. (41)) geht es um Prozesse innerhalb von Phrasen und solchen

Phrasengrenzen über Phrasengrenzen hinweg. Innerhalb einer Phrase ist die Verbindung zwischen den Wörtern stärker, und so können die Wörter enger aneinanderrücken, was dadurch geschieht, dass die Konjunktion kontrahiert wird. Außerhalb von Phrasen ist diese Verbindung schwächer, so dass die Konjunktion als Bindeglied zwischen den einzelnen Phrasen in seiner Vollform erhalten bleiben muss.

Wir verstehen jetzt das Erklärungspotenzial und damit den Sinn der Baumdiagramme besser. Die korrekte Identifikation der Knoten ist Voraussetzung für das Verständnis der Kontraktion. Unterschiedliche Knoten haben unterschiedliche syntaktische Eigenschaften und damit auch unterschiedliche Konsequenzen. Zwei (koordinierte) Phrasen bilden eine weniger feste Einheit als die Wörter innerhalb einer Phrase. Diese syntaktische Bedingung macht sich die Phonologie zunutze. So können phonologische Prozesse, die einen starken Zusammenhalt erfordern, in (42b) stattfinden, in (42a) aber nicht.

Zusammenfassung

Die Hauptaufgabe der Syntax besteht in der Analyse der Binnenstruktur von Sätzen. Dazu werden Sätze in Phrasen aufgeteilt, die in ihrer Zusammenfügung eine (hierarchische) Baumstruktur ergeben. Phrasen werden durch Konstituententests ermittelt, wobei nicht jede Konstituente eine Phrase ist. Je nachdem, welcher Wortklasse der Kopf einer Phrase zugehörig ist, unterscheidet man verschiedene Typen von Phrasen (NP, VP usw.). Der englische SVO-Satz ist rechtsverzweigt. So erweist sich die Rechtsverzweigung als grundlegender Bauplan für die Silbe, das (komplexe) Wort und den Satz und somit für die englische Sprache schlechthin. Mit den Prinzipien der Koordination und Subordination lassen sich einfache Sätze zu komplexen ausbauen. Die Baumdiagramme ermöglichen es uns, verschiedene syntaktische Phänomene zu verstehen und zu erklären.

1. Stellen Sie die Ambiguität in *the old men and women* durch zwei Baumdiagramme dar.

2. Wie wir in Kap. 5 gesehen haben, können unterschiedliche sprachliche Größeneinheiten idiomatisiert sein. Hierzu zählen Komposita wie *honeymoon* genauso wie ganze Sätze wie *Haste makes waste*. Formulieren Sie Vorhersagen bzgl. der relativen Häufigkeit von Idiomen wie *(to) kick the bucket* gegenüber *The sun sets (at 8 o'clock)*. Klären Sie zunächst, um welche syntaktischen Strukturen es sich bei diesen Idiomen handelt und erläutern Sie dann ihre Vorhersagen.

3. Bestimmen und begründen Sie die syntaktische Struktur von *five years ago*. Welche Erwartungen hinsichtlich der Häufigkeit dieser Struktur lässt sich weshalb formulieren?

4. Haben die beiden folgenden Sätze eine identische oder eine unterschiedliche syntaktische Struktur? Begründen Sie Ihre Antwort.
   A) *The jogger ran down the hill.*
   B) *The executive ran down the company.*

5. Zeichnen Sie das vollständige Baumdiagramm zu folgendem Satz:
   The car he lent me belongs to his father.

6. Erklären Sie vor dem Hintergrund der Diskussion in Kap. 9.7, weshalb die Kontraktion von *will* in (9a) möglich ist, in (9b) jedoch nicht.

Semantik

Mit diesem abschließenden Kapitel bewegen wir uns auf den eigentlichen Sinn und Zweck der Sprache zu: Bedeutung vom Sprecher zum Hörer zu übertragen. Da wir Menschen über keine (ausreichenden) telepathischen Fähigkeiten verfügen, haben wir die Sprache als Mittel der Kommunikation hervorgebracht. Sie ist unsere Antwort auf den Wunsch, dass unsere Mitmenschen unsere Gedanken und Gefühle erfahren sollen – und das in der Regel möglichst unverfälscht. Die Kluft zwischen der Innenwelt des Sprechers und der des Hörers wird dadurch überwunden, dass Bedeutung transportabel gemacht wird, d.h., der Sprecher versprachlicht sie, und der Hörer „entsprachlicht" sie. In letzter Konsequenz geht es bei der Sprache immer darum, Bedeutung zu ver- bzw. entschlüsseln.

Bedeutungsverschlüsselung und -entschlüsselung

Was ist Bedeutung?

| 10.1

Mit dieser Überschrift stellen wir die schwierigste Frage dieses Buches, mit der sich vor allem die Philosophen auseinandergesetzt haben. Die Beantwortung dieser Frage erfolgt in zwei Teilen, einem scheinbar statischen, gedächtnisbasierten und einem dynamischen, kommunikationsorientierten. Wenn wir beide Teile zusammenführen, bekommen wir eine erste Ahnung davon, was Bedeutung sein könnte.

Wir beginnen mit dem gedächtnisbasierten Teil. Aus diesem Blickwinkel ist Bedeutung die Summe unserer Erfahrungen in und mit der Welt inklusive uns selbst. Die Welt wird von uns nicht objektiv erfahren, sondern subjektiv interpretiert. Insofern ist Bedeutung nicht so sehr gemachte wie interpretierte Erfahrung. Diese Erfahrung landet über allerlei Sinneseindrücke in unserem Gedächtnis. Zwei Eigenschaften des menschlichen Gedächtnisses sind im vorliegenden Zusammenhang von besonderer Bedeutung: Zum einen speichert unser Gedächtnis mehr oder weniger alles ab – wenn auch in sehr unterschiedlicher Stärke. (Dass wir uns nicht an alles erinnern, liegt also nicht daran, dass wir es nicht gespeichert oder wirklich vergessen haben, sondern daran, dass die Gedächtnisspur zu schwach ist, um

Gedächtnis

den Inhalt abzurufen.) Die Konsequenz hieraus ist, dass es gerechtfertigt ist, wie oben geschehen, von der **Summe** unserer Erfahrungen
zu sprechen. Zum anderen ist das Gedächtnis kein passiver Aufbe-
wahrungsort, sondern ein aktiver Konstrukteur, der seine Inhalte
permanent verändert. Dieses hat zur Folge, dass die Inhalte – und
damit die Bedeutung – nicht konstant sind. Diese Schlussfolgerung
ist schwindelerregend. Sie besagt, dass ein und dieselbe Erfahrung
für uns heute die eine und morgen die andere Bedeutung haben kann.

Betrachten wir ein konkretes Beispiel. Was ist die Bedeutung des
Worts *coffee*? Nach den bisherigen Ausführungen ist es die Summe
der Erfahrungen, die wir mit diesem Produkt gemacht haben. Dazu
zählt, ob uns Kaffee schmeckt, wie er schmeckt, wie er riecht, zu
welchen Gelegenheiten wir ihn trinken, wo und wann wir ihn trinken, ob wir ihn alleine oder in Gemeinschaft trinken, was uns einmal
Schlimmes oder Schönes passiert ist, als wir gerade Kaffee tranken
usw. usw. An dieser unvollständigen Aufzählung wird zweierlei
deutlich: Erstens muss diese Aufzählung unvollständig bleiben, da
es ja um die Summe unserer Erfahrungen geht und unser Erfah-
rungsschatz zumeist sehr groß ist. Zweitens sind unsere Erfahrungen subjektiv. Jeder Mensch macht andere Erfahrungen. Insofern
sind auch Bedeutungen subjektiv. Jeder versteht unter *coffee* etwas
anderes. Dass es trotzdem möglich ist, dass wir, wenn wir von Kaffee
sprechen, von unseren Hörern verstanden werden, liegt daran, dass
unsere jeweiligen Erfahrungen mit Kaffee natürlich nicht ohne Über-
schneidung sind. Aber identisch sind sie damit noch lange nicht.

Die Summe unserer interpretierten Erfahrungen mit einem Gegenstand wie Kaffee nennen wir ein **Konzept**. Wenn dieses Konzept
mit einer phonologischen Form assoziiert wird, entsteht ein Zeichen
(vgl. Kap. 3). Dann entspricht das Konzept dem in Kap. 3.1 eingeführten „signifié". Ein Konzept muss also nicht notwendigerweise versprachlicht sein. Es kann auch ohne sprachliche Verankerung existieren. Allerdings wird die Bildung von Konzepten durch die Sprache
gesteuert und begünstigt. Im Spracherwerb lernen wir, die Konzepte
zu bilden, die uns durch die Sprachgemeinschaft vorgelebt werden.

Im kommunikationsorientierten Ansatz erscheint die Erfassung
der Bedeutung recht einfach. Bedeutung ist das, was der Sprecher
meint, und das, was der Hörer versteht. Die Äquivalenz von Gemeintem und Verstandenem ist dabei keineswegs vorauszusetzen. So
wird auf einer allgemeinen Ebene verständlich, wie es zu Missverständnissen kommt.

Marginalien (linke Spalte):

Summe unserer
Erfahrungen

Variabilität der
Bedeutung

Subjektivität der
Erfahrung

Konzept

Bedeutung als das, was
der Sprecher meint und
der Hörer versteht

Schauen wir uns die Sprecher- und die Hörerseite etwas genauer an. Sprecher sind in doppelter Weise begrenzt. Zum einen sind sie notwendigerweise egozentrisch (vgl. Kap. 1). Sie haben einen direkteren Draht zu sich selbst als zu anderen; sie sehen die Welt durch ihre eigene Brille, nicht durch die der anderen. Folglich kennen sie ihre eigenen Konzepte besser als die der anderen. Das bedeutet, dass sie bei der Versprachlichung ihrer Ideen nur sehr bedingt die Konzepte ihrer Gegenüber mit einbeziehen können. Die Folge dieser Beschränkung ist, dass die Äußerungen der Sprecher „halbblind" erfolgen und damit im Sinne des Kommunikationserfolgs nicht optimal sein können. Zum anderen sind Sprecher durch ihre eigenen sprachlichen Möglichkeiten und die Sprache im Allgemeinen eingeschränkt. Bedeutung – wie einmalig sie auch immer sein mag – muss in einen weitgehend vorgegebenen Rahmen gepresst werden. Es ist unvermeidlich, dass bei dieser Verschlüsselung Bedeutung verlorengeht: diese wird schematischer, allgemeiner, sozialer (vgl. Kap. 8.2). Bei der Versprachlichung von Ideen stoßen wir also unweigerlich an die Grenzen der Sprache. So erklärt sich das subjektive Gefühl von Sprechern, sich nicht genau so ausdrücken zu können, wie man es gerne wollte.

schematische Natur der Bedeutung

Wir kommen zum Hörer. Dieser hat den Schall, der an seine Ohren dringt, zu entschlüsseln, d.h. in eine semantische Repräsentation zu überführen. Wie macht er das? Wie wir bereits in Kap. 3 ausgeführt haben, trägt der Schall (als Form) selbst keine Bedeutung. Der Hörer muss deshalb die Bedeutung auf der Grundlage des akustischen Signals konstruieren bzw. rekonstruieren. Um diesen Vorgang besser zu verstehen, empfiehlt es sich, zwischen explizit Gesagtem und implizit Gemeintem zu unterscheiden.

Die Information, die explizit im Signal kodiert wird, ist fast immer nur ein Bruchteil dessen, was der Sprecher meint. Die Botschaft ist daher dramatisch unterspezifiziert. Nehmen wir folgende Einladung als Beispiel.

Unterspezifizierung des Signals

(1) How about a cup of coffee?

Wir können mit Sicherheit davon ausgehen, dass es dem Sprecher nicht primär um Kaffee geht. Wenn der Adressat einwilligt und im Café nicht Kaffee, sondern Tee bestellt, würde der Sprecher diese

Entscheidung nicht als verspätete Zurückweisung der Einladung auffassen. Was auch immer den Sprecher zu diesem Vorschlag bewogen haben mag, die Botschaft enthält zum einen nicht explizit die gemeinte Information und zum anderen weit weniger Information als im Kopf des Sprechers vorhanden ist. Die Botschaft ist damit sowohl qualitativ wie auch quantitativ defizitär. Wir müssen sie daher primär als Stimulus begreifen, also eine Art Fingerzeig, der bestimmte Wissensbestände im Hörer „anstößt".

Botschaft als Stimulus

Damit sind wir bei der Bedeutungskonstruktion angelangt. Der Hörer greift den unterspezifizierten Stimulus auf und setzt ihn zu seiner Vorerfahrung und der gegenwärtigen Kommunikationssituation in Beziehung. In einem aktiven Verstehensprozess erstellt er eine Synthese aus allen drei Faktoren. Diese Synthese ist das, was letztendlich Bedeutung ausmacht. Wenn keine Synthese erfolgt, bleibt die Botschaft letztlich bedeutungslos. Im Idealfall stimmt diese Synthese exakt mit dem überein, was der Sprecher meinte. Doch kann Bedeutung auf unendlich viele Arten und Weisen konstruiert werden. Bedeutung ist damit nie statisch, nie festgelegt, sondern immer im Entstehen, immer in Bewegung und in letzter Konsequenz auch immer einzigartig. Ein weiteres Beispiel möge diesen Punkt veranschaulichen. Was ist die Bedeutung von (2)?

Bedeutungskonstruktion

(2) I love you.

Sofern wir die Wahrhaftigkeit dieser Aussage unterstellen, enthält die Botschaft oberflächlich gesehen einen positiven Gefühlsausdruck seitens des Sprechers gegenüber dem Hörer. Damit ist grob der unterspezifizierte Stimulus charakterisiert. Nicht erfasst wird damit die Tatsache, dass die Gefühle des Sprechers nie genau gleich sind und er insofern in diese Aussage bei jeder Äußerung von (2) eine etwas andere Bedeutung „hineinlegt". Auf Hörerseite gibt es nicht weniger Variation. Auch Hörer haben eine Tagesform und nehmen in Abhängigkeit von ihrer momentanen Gefühlslage diese Äußerung unterschiedlich auf. So wird ein Hörer in einem Zustand gedämpfter Gefühle für den Sprecher dieser Äußerung im wahrsten Sinne des Wortes weniger Bedeutung beimessen als in einem Zustand überschwänglicher Gefühle. Der Hörer wird also auf der Grundlage des gleichen Stimulus zu unterschiedlichen Gelegenheiten unterschiedliche Bedeutungen konstruieren. Seine Interpretation ist somit nicht exakt durch den Sprecher kalkulierbar.

Neben dieser stimmungsbedingten Variation in der Bedeutungs-konstruktion ist die gesamte Prägung des Hörers zu berücksichtigen. Wie ein Hörer eine Äußerung wie (2) interpretiert, hängt in entschei-dendem Maße davon ab, welche Vorerfahrung er mit ihr im Beson-deren und der Liebe im Allgemeinen gemacht hat. Ein Hörer, der von der Liebe enttäuscht ist, wird einer solchen Äußerung mit sehr viel mehr Skepsis begegnen – und ihr insofern eine andere Bedeutung beimessen – als ein Hörer, der mit der Liebe positive Erfahrungen gemacht hat. Oder ein Hörer, der besonders sehnsüchtig ist, wird in diese Äußerung erheblich mehr hineinlegen als jemand, der in die-ser Hinsicht weniger erwartungsvoll ist.

Prägung des Hörers

Diese interpretative Vielfalt ließe sich beliebig fortführen. Sie zeigt uns, wie schwer Bedeutung zu fassen ist, wie sehr sie kon-textabhängig ist und wie sehr sie durch die Individualität von Spre-cher und Adressat und das spezifische Verhältnis zwischen beiden bestimmt wird. Die Sprachwissenschaft steht damit vor einer schier unlösbaren Aufgabe: Wie kann bei so viel Variation die Bedeutung **als Konstante** beschrieben werden? In einer extremen Sichtweise gibt es Bedeutung als konstante Größe gar nicht. Dann wäre es auch müßig, sie als solche wissenschaftlich zu untersuchen. Diese extre-me Sicht wird der sprachlichen Wirklichkeit allerdings nicht ge-recht, da sie eine Beliebigkeit suggeriert, die in der Form-Inhalts-Beziehung nicht gegeben ist. Es ist daher davon auszugehen, dass die Form-Inhalts-Beziehung **ansatzweise** eine Konstante ist, die das Bedeutungsfeld eingrenzt, aber nichtsdestotrotz einen erheblichen Interpretationsspielraum zulässt. Unter dieser Prämisse ist eine Ana-lyse der Bedeutung sinnvoll.

In dem Bemühen, sich von der Komplexität dieses Phänomens nicht abschrecken zu lassen, haben Sprachwissenschaftler zwei An-sätze verfolgt, die wir den kontextfreien, semantischen und den kontextgebundenen, pragmatischen Ansatz nennen. Der erstere geht von der o.g. Annahme aus, dass es etwas Konstantes in der Form-Inhalts-Beziehung gibt, das unabhängig von dem Verwen-dungszusammenhang bzw. der Kommunikationssituation existiert und deshalb eine kontextunabhängige Untersuchung der Bedeutung möglich ist. Der letztere Ansatz variiert in seiner Beurteilung der kontextfreien semantischen Analyse. Die Einschätzungen reichen von „unzulänglich, aber im Prinzip sinnvoll" bis zu „am Kern des

kontextfreie und kontextabhängige Semantik

Problems vorbeigehend und damit höchst fragwürdig". Wir werden uns in diesem Kapitel auf den ersteren Ansatz in der Überzeugung konzentrieren, dass dieser zwar tatsächlich unzureichend ist, aber einen unverzichtbaren Ausgangspunkt für weiterführende, stärker pragmatisch ausgerichtete Bedeutungsanalysen darstellt.

In einem solchen dekontextualisierten Ansatz kommen wir auf die hierarchische Sprachstruktur zurück. Wir können Bedeutung prinzipiell auf allen strukturellen Beschreibungsebenen erfassen, auf denen die jeweiligen Einheiten Bedeutung tragen. Dieses sind die Größeneinheiten Morphem, Wort, Satz und Text. Folglich gibt es eine Wortsemantik, eine Satzsemantik und eine Textsemantik. (Zwischen Morphem- und Wortsemantik wird in der Sprachwissenschaft nicht streng unterschieden. Die Morphemsemantik ist in gewisser Hinsicht Teil der Morphologie.)

Diese drei Ebenen der Semantik sind unterschiedlich weit von der sprachlichen Wirklichkeit entfernt. Sprache tritt uns normalerweise als Diskurs oder Text entgegen. Dass nur ein einzelner Satz produziert wird, kommt natürlich in einem Dialog auch vor. Seltener sind hingegen Einzelwörter als Äußerungen. Diese kann man sich als elliptische Antworten auf Fragen vorstellen; sie setzen dann aber bereits ein größeres syntaktisches Gefüge voraus.

Vor diesem Hintergrund erscheint aus Sicht der Kommunikation eine Textsemantik am sinnvollsten, eine Satzsemantik weniger und eine Wortsemantik am wenigsten sinnvoll. Andererseits sind die Wörter bzw. die Morpheme die elementaren semantischen Bausteine, also diejenigen Einheiten, aus denen sich alles zusammensetzt. Ohne Wortbedeutung kann es keine Satzbedeutung und ohne Satzbedeutung keine Textbedeutung geben. Aus diesem Grund wird die Wortbedeutung als der elementare Untersuchungsgegenstand der Semantik angesehen. Ihr gebührt daher trotz ihrer unbestrittenen Distanz zur realen Sprachverwendung im Folgenden unsere Aufmerksamkeit.

10.2 | Der analytische Weg zur Bedeutung

Wir haben die sprachliche Form als ein Gebilde kennengelernt, in dem größere Einheiten (z.B. Phoneme) in kleinere (z.B. distinktive Merkmale) zerlegt werden können. In der strukturellen Semantik geht man analog vor und versucht, Bedeutung im Allgemeinen und

Wortbedeutung im Speziellen in elementare Einheiten zu zerlegen. Diesen Ansatz nennt man **Komponentenanalyse**. Ihm liegt die Annahme zugrunde, dass Bedeutung nichts (nur) Holistisches, sondern (auch) etwas Analytisches ist. Bedeutung hat demnach genau wie die Form eine hierarchische Struktur. Auf einer höheren Ebene ist die Gesamtbedeutung und auf einer tieferen Ebene sind die Bedeutungskomponenten verortet. Die elementaren Bedeutungseinheiten heißen – analog zu den distinktiven Merkmalen in der Phonologie – semantische Merkmale oder **Seme**.

Komponentenanalyse

Sem

Zur Veranschaulichung führen wir eine Komponentenanalyse von *ball* durch. Die Bedeutung dieses Wortes lässt sich in folgende Bestandteile zerlegen. Mit den eckigen Klammern bezeichnen wir Seme.

(3)   ball = [round], [object], [used for playing]

Solche semantischen Analysen sind uns durchaus vertraut. Sie sind gängige lexikographische Praxis: Die Erläuterung der Bedeutung in einsprachigen Lexika folgt zumeist diesem Ansatz.

Was haben wir in (3) gemacht? Wir haben den Begriff des Balls in eine Oberkategorie der (konkreten) Objekte eingeordnet und seine Form (rund) und seine Funktion (zum Spielen) skizziert. Diese Beschreibung ist minimalistisch – ähnlich wie die der phonologischen Merkmale. Die Logik dahinter beruft sich auf das Kontrastprinzip, nach dem eine semantische Spezifizierung nur soweit erfolgt, wie es nötig ist, um das betreffende Wort von allen anderen zu unterscheiden.

Die Natur der Seme ist durch eine bisher nicht aufgelöste Widersprüchlichkeit gekennzeichnet. Auf der einen Seite ist ihr ontologischer Status ungeklärt. Es gibt sowohl in theoretischer wie in methodischer Hinsicht extreme Vorbehalte gegen sie. Auf der anderen Seite gibt es deutliche Hinweise darauf, dass sie sowohl eine linguistische als auch eine psycholinguistische Realität beschreiben. Dieses erklärt wahrscheinlich, weshalb sich Sprachwissenschaftler trotz aller Skepsis schwer damit tun, auf das Konzept des semantischen Merkmals ganz zu verzichten.

Wir wollen beide Seiten dieses Widerspruchs etwas genauer darstellen und mit den Zweifeln beginnen. Es ist völlig unklar, wie man

Problematik der Seme

in quasi-objektiver Weise die Seme bestimmen kann. Weder über ihre Qualität noch ihre Quantität herrscht Einigkeit. Auch ist der theoretische Status der Seme völlig ungeklärt. In welcher Sprache sind die Seme zu fassen? Ist es legitim, sie mithilfe anderer Wörter, die ja auch wieder in Seme zerlegbar sind, zu beschreiben? Haben alle Seme den gleichen Status? Sind sie definitorisch in dem Sinne, dass ohne ein bestimmtes Sem das Bedeutungskonzept zusammenbrechen würde? Nehmen wir das Sem [round] in (3). Was ist mit Rugby, wo das Wurf- bzw. Schussobjekt nicht rund, sondern oval ist? Ist das kein Ball? Da dieses Objekt im Englischen auch als *ball* bezeichnet wird, steht das Sem [round] in Frage. Sollten wir deshalb darauf verzichten? Zu dieser Entscheidung kann man sich schwerlich durchringen, da mit ihm eine wesentliche, hervorstechende Eigenschaft der allermeisten Bälle beschrieben wird. Der Verzicht auf dieses Merkmal scheint also mehr Verlust als Gewinn einzubringen. Hier wird das Dilemma der Komponentenanalyse exemplarisch deutlich.

Die Alternative wäre, die Bedeutung nicht zu zerlegen und auf Seme ganz zu verzichten. Dagegen spricht aber eine Reihe von Argumenten, die zeigen, dass Seme eine wichtige Rolle spielen und man deshalb in der Sprachbeschreibung kaum ohne sie auskommt. Wir wollen hier nur zwei Datenquellen, eine linguistische und eine psycholinguistische vorstellen. Beginnen wir mit ersterer.

Das Englische kennt zwei Möglichkeiten, eine Possessivrelation auszudrücken, den *s*-Genitiv (4) und die *of*-Konstruktion (5).

(4) a. Laura's bike b. Germany's pension scheme c. last year's championship

(5) a. the nose of my mother b. the beauty of the tundra c. the championship of last year

Manche Fälle (z.B. (4c) und (5c)) erlauben beide Konstruktionsmöglichkeiten, andere (wie z.B. (4a)) nur eine. Die Frage lautet daher, wann welche Konstruktion gewählt wird. Die wichtigste Variable ist dabei die Belebtheit des Besitzers. Ist dieser belebt (wie in (4a)), wird der *s*-Genitiv bevorzugt; ist er hingegen unbelebt, wird die *of*-Konstruktion bevorzugt. Dieses ist – mal wieder – ein probabilistischer Effekt, kein absolutes Gesetz, denn wir finden auch Fälle wie (5a), die dieser Tendenz nicht folgen.

Das Wesentliche im vorliegenden Zusammenhang ist, dass die Syntax bei der Wahl zwischen den beiden Alternativen auf das Merkmal [belebt] anspricht. Diese Tatsache liefert uns ein starkes Argument dafür, dass Wörter nach diesem Kriterium klassifiziert werden. Das ist im Grunde nichts anderes, als in der Komponentenanalyse behauptet wird. Die Variable der Belebtheit erhält somit den Status eines semantischen Merkmals.

Die Variation zwischen -s und of macht den Nutzen der Seme offenkundig. Ohne das Merkmal der Belebtheit wären die unterschiedlichen Verwendungsbedingungen des s-Genitivs und der of-Konstruktion schlechter oder gar nicht zu erfassen. Das Sprachsystem im Allgemeinen und die Syntax im Besonderen sprechen somit für die Existenz von Semen.

Die psycholinguistischen Daten legen denselben Schluss nahe und bescheinigen darüber hinaus den Semen eine psychologische Realität. Wir kommen dazu auf die Versprecher zurück, denen wir als Datenquelle bereits in Kapitel 5.3 und 6.4.2 begegnet sind. In Kap. 5.3 haben wir eine syntagmatische Wortsubstitution (Reihenfolgestörung) kennengelernt. In (6) und (7) finden wir paradigmatische Wortsubstitutionen vor.

psychologische Realität der Seme

(6) Don't burn your fingers. statt: Don't burn your toes.

(7) my boss's wife. statt: my boss's husband.

Der Grund für die Ersetzung des beabsichtigten Wortes durch das unbeabsichtigte wird in der Relation zwischen beiden Wörtern ersichtlich. Sowohl fingers und toes in (6) als auch wife und husband in (7) sind semantische Nachbarn. Bildlich gesprochen liegen sie im Kopf nebeneinander. Deshalb können sie auch relativ leicht versprochen werden. Die Wörter fingers und toes verbinden die Merkmale [body part] und [extremities], die Wörter wife und husband der Oberbegriff [spouse]. Die Beschreibung dieser Versprecher greift also ganz natürlich auf Seme zurück. Ohne sie würde die Versprecheranalyse in große Schwierigkeiten geraten. Dabei geht es nicht um das genaue psycholinguistische Korrelat der Seme, sondern darum, dass die semantische Repräsentation auf semantischer Ähnlichkeit beruht und eine einfache Möglichkeit, diese Ähnlichkeit auszudrücken, der Rückgriff auf semantische Merkmale ist.

Wir müssen in unserem Fazit ambivalent bleiben: Wie problematisch das Konzept der Seme auch immer sein mag, es erscheint gleichsam unverzichtbar. Mit dem Sem erfolgt eine Atomisierung der Bedeutung, die der Bedeutung im Kern offenbar nicht gerecht werden kann. Die Seme sollten daher als so etwas wie ein linguistisches Hilfskonstrukt, ein heuristisches Verfahren verstanden werden, mit dem semantische Zusammenhänge und Strukturen ein Stück weit aufgedeckt werden können – nicht mehr, aber auch nicht weniger.

10.3 | Das Prinzip der Lexikalisierung, Teil 2

Wir haben in Kap. 8.2 die Lexikalisierung als eine grundlegende Entscheidung zu Gunsten der Versprachlichung einer (nicht-sprachlichen) Idee kennengelernt. Damit ist das Problem aber noch nicht gelöst. Denn mit dem Entschluss, dass eine Lexikalisierung erfolgen soll, stehen wir ja erst am Anfang des Entscheidungsprozesses. Sobald das „Ob" bejaht wird, ist zu klären, wie lexikalisiert werden soll. Wie viel Inhalt soll mit einer Form verbunden werden? Wie vage oder wie präzise soll die Bedeutung sein? Wann sollte eine Idee eher auf zwei Formen verteilt werden, wann ist eine einzige angemessener?

Bevor wir diese schwierigen Fragen in Angriff nehmen können, müssen wir uns aus Kap. 5 in Erinnerung rufen, dass die Anzahl der möglichen Ideen unendlich ist, die Anzahl der tatsächlichen Wörter einer Sprache aus praktischen und mnemonischen Gründen aber begrenzt sein muss. Damit stehen die Sprachbenutzer in einem Interessenkonflikt: Möglichst viele Ideen sollen mit möglichst wenigen Wortformen ausgedrückt werden können. Wie soll das gehen? Eine Möglichkeit wäre, wenn die Sprache einfach verschiedene Inhalte mit derselben Form belegen würde, um so die Anzahl der Formen begrenzt zu halten. Tatsächlich machen Sprachen von dieser Möglichkeit Gebrauch. Sie wird unter dem Begriff der **Homonymie** gefasst. Wir denken dabei an Beispiele wie *ball* als das Spielobjekt oder aber das Tanzvergnügen ebenso wie *lap* als den Schoß oder die Runde beim Laufen oder Motorsport. Wörter wie *ball* und *lap* heißen daher Homonyme.

Homonymie

Der Nachteil der Homonymie liegt auf der Hand. Ohne weitere Information kann der Hörer nicht wissen, ob der Sprecher bei der Verwendung von *ball* das Spielobjekt oder das Tanzvergnügen meint.

Damit wäre die Kommunikation, hier verstanden als die zuverlässige Übertragung von Information gefährdet. Die Problematik der Homonymie liegt in der Verletzung des **Kontrastprinzips**: ein Unterschied in der Bedeutung sollte einem Unterschied in der Form entsprechen und umgekehrt. Eine spezifische Form hat somit immer eine spezifische Bedeutung – und umgekehrt. Dieses Prinzip schafft eine der Voraussetzungen für eine erfolgreiche Kommunikation. Vor diesem Hintergrund kann es nicht überraschen, dass Homonymie nur in beschränktem Umfang in der Sprache toleriert wird. Sie stellt insofern keine Lösung des Lexikalisierungsproblems dar.

Kontrastprinzip

Wir können das Problem der Homonymie auch aus dem Blickwinkel der Beziehung zwischen den beiden Bedeutungen des betreffenden Wortes darstellen. Der Hörer hat nämlich keine Chance, beim Hören von *ball* von der Bedeutung SPIELOBJEKT auf die Bedeutung TANZVERGNÜGEN (oder umgekehrt) zu schließen. Diese beiden Bedeutungen sind so grundverschieden, dass kein semantischer Weg sie miteinander verbinden könnte. Angenommen, ein solcher semantischer Weg wäre möglich, dann wäre das Problem der Homonymie gelöst. Denn dann könnten die Hörer gegebenenfalls von der falschen Fährte (die Bedeutung, die der Sprecher nicht gemeint hat) immer zur richtigen gelangen. Genau hier liegt die Lösung des Problems. Sprachbenutzer können, um die Anzahl der Wortformen nicht ausufern zu lassen, mehr als eine Bedeutung mit nur einer Form assoziieren – das allerdings nur unter der Bedingung, dass die verschiedenen Bedeutungen auseinander ableitbar sind. Dann können die Hörer (weitgehend) zuverlässig im spontanen Sprechakt entscheiden, welche Bedeutung der Sprecher gemeint haben könnte.

Diese Lösung ist nicht kostenlos. Sie erfordert einen hohen kognitiven Aufwand seitens des Hörers. Sie setzt voraus, dass Hörer über Techniken des Schlussfolgerns verfügen, die es ihnen ermöglichen, verschiedene Bedeutungsaspekte zu entwickeln, die Wahrscheinlichkeit, dass ein gewisser Aspekt gemeint ist, zu bemessen und sich dann für die beste Deutung zu entscheiden. Solche Prozesse des Schlussfolgerns werden **Inferenz** genannt. Hörer inferieren also (die richtige) Bedeutung. Inferenz gelingt vor allem dann, wenn ein enger semantischer Zusammenhang vorliegt. Dieser führt uns zu dem Prinzip der Ähnlichkeit, das wir aus formalem Blickwinkel ausführlich in Kap. 6.1.1 behandelt haben.

Inferenz

Die Ähnlichkeit liefert also die Lösung des Lexikalisierungsproblems. Wenn zwei (oder mehr) Bedeutungen so ähnlich sind, dass

Polysemie

Hörer von der einen auf die andere schließen können, können diese Bedeutungen in einer Wortform „untergebracht" werden. Dieses Prinzip nennt man **Polysemie**. Wir bezeichnen damit die Tatsache, dass ein und dieselbe Wortform mehrere Bedeutungen hat, die miteinander verwandt sind. Solche Wörter sind polysem. Als Beispiel greifen wir das Wort *bank* in (8) heraus.

(8) a. I passed by the bank on my way home.
b. Banks lend money.

Auf den ersten Blick erscheint *bank* in (8a) und in (8b) gleichbedeutend. Der Eindruck täuscht jedoch. Denn in (8a) ist das Gebäude, in (8b) die Finanzinstitution gemeint. Beides ist nicht dasselbe, aber – und das ist hier der entscheidende Punkt – das eine ist aus dem anderen ableitbar. Wir verfügen über das Wissen, dass Institutionen ein materielles Zuhause brauchen und dass die Arbeit, die eine Institution leistet, in einem Gebäude verrichtet wird. Gebäude und Institution sind also eng miteinander verknüpft. Insofern stellt es für Hörer keine Schwierigkeit dar, von dem einen auf das andere zu schließen und die jeweils kontextuell angemessene Bedeutung auszuwählen. Damit sind die Voraussetzungen gegeben, um beide Bedeutungen in einer Wortform zu bündeln.

Polysemie ist ein weitverbreitetes Phänomen in der Sprache, und wir verstehen jetzt auch, warum. Sie liefert eine Lösung für das Problem, ein Maximum an Ideen mit einem Minimum an Formen auszudrücken. Nur solche Bedeutungen können in dieselbe Form „gegossen" werden, die einander ähnlich sind, damit Hörer die vom Sprecher beabsichtigte Bedeutung auch erschließen können. Dazu müssen die Hörer allerdings einen beträchtlichen Verarbeitungsaufwand leisten.

Nun ist es möglich, die eingangs gestellten Fragen zumindest ansatzweise zu beantworten. Wenn Ähnlichkeit das entscheidende Kategorisierungsprinzip ist, bestimmt sie, wie viel Bedeutung mit einer Wortform assoziiert werden kann und ab wann sie besser auf

Verteilung von Bedeutung

zwei (oder mehr) Wortformen zu verteilen ist. Das generelle Prinzip ist demzufolge, dass Form-Bedeutungs-Assoziationen so erfolgen, dass ein Maximum an ähnlichen Bedeutungen in einem Zeichen vereint und ein Maximum an unähnlichen Bedeutungen auf zwei unterschiedliche Zeichen verteilt wird. Dadurch wird die Abgrenzung zwischen den Wörtern gewährleistet. Dieses Ordnungsprinzip ist eher als Richtschnur denn als Gesetz zu verstehen. Denn es gibt natürlich Wörter, die semantisch dicht nebeneinanderliegen (siehe dazu den nächsten Abschnitt). Dabei spielen dann soziolinguistische Faktoren wie Prestige und Gruppenidentität eine Rolle, auf die wir hier nicht näher eingehen können.

Wie vage oder wie explizit eine Wortbedeutung sein soll, ist pauschal kaum zu beantworten. Generell gilt, dass Bedeutung sehr abstrakt ist, so dass Wörter relativ breit und allgemein eingesetzt werden können. Am praktischsten ist ein Kompromiss in Form eines mittleren Grades an Explizitheit. Je expliziter die Wortbedeutung, desto genauer kann die Welt bezeichnet werden. Der Umfang der zu bezeichnenden Objekte und Sachverhalte wird dadurch aber erheblich eingeschränkt; das Wort hat weniger Anwendungsmöglichkeiten. Der umgekehrte Fall gilt für die Vagheit. Deshalb macht es Sinn, dass die gängigsten Wörter ein mittleres Maß an Explizitheit aufweisen, die Sprache aber darüber hinaus auch die Möglichkeit bereitstellt, sowohl allgemeinere als auch ganz spezifische Bedeutungen auszudrücken.

mittlerer Abstraktionsgrad

Wir haben in diesem Abschnitt die Ähnlichkeit als ein entscheidendes Prinzip der Lexikalisierung kennengelernt. Dabei haben wir das Konzept der Ähnlichkeit sehr undifferenziert gelassen. Es ist nun notwendig, die semantische Ähnlichkeit näher aufzuschlüsseln, um besser zu verstehen, was die einzelnen Wörter einer Sprache semantisch zusammenhält. Wir können die Frage auch anders stellen: Wie kommt Polysemie zustande? Dieses geschieht mithilfe von semantischen Prozessen, auf die wir im nächsten Abschnitt eingehen wollen.

Semantische Prozesse | 10.4

Wir verstehen jetzt, weshalb es weder notwendig noch sinnvoll ist, für jede neue Bedeutungsnuance ein neues Zeichen zu kreieren. Sprachbenutzer sind flexibel genug, um als Sprecher die konventionelle Bedeutung in einem gewissen Rahmen zu verändern und als Hörer die beabsichtigte Bedeutung zu erschließen. Wie machen sie das? Über allem steht zunächst das Prinzip der **Sinnkonstanz**. Es besagt, dass Hörer davon ausgehen, dass die Äußerung des Sprechers sinnvoll ist und sie deshalb nach derjenigen Deutung suchen, die im

Sinnkonstanz

Kontext einer gegebenen Kommunikationssituation am meisten Sinn ergibt. Um diese beste aller Deutungen zu finden, steht ihnen ein Repertoire an Strategien zur Verfügung, mit dem Bedeutung erweitert und verändert werden kann. Diese Strategien können, müssen aber nicht zu einer dauerhaften Bedeutungsveränderung führen.

Wir wollen im Folgenden die semantischen Strategien in zwei große Gruppen einteilen: die polysemieerzeugenden und die mono-

polysemieerzeugende und monosemie-bewahrende Prozesse

semiebewahrenden. Dabei ist der Begriff der Monosemiebewahrung etwas irreführend. Es ist nämlich nicht damit gemeint, dass die betreffenden Wörter nur eine Bedeutung haben dürfen. Vielmehr geht es darum, dass die Anzahl der Bedeutungen gleich bleibt. Treffender wäre es insofern, von „semiebewahrenden Prozessen" zu sprechen. Der wesentliche Unterschied zwischen diesen beiden Gruppen wird aus ihrer Bezeichnung ersichtlich: Die polysemieerzeugenden Prozesse schaffen eine neue Wortbedeutung, wobei die ursprüngliche Bedeutung erhalten bleibt. Im Gegensatz dazu geht bei den monosemiebewahrenden Prozessen durch die Schaffung der neuen Wortbedeutung die alte verloren. Man darf sich diese beiden Gruppen aber nicht sauber voneinander getrennt vorstellen. In einer Übergangsphase existieren bei den monosemiebewahrenden Prozessen die alte und die neue Bedeutung nebeneinander. Dann liegt eine zeitlich begrenzte Polysemie vor. Und in typischerweise polysemieerzeugenden Prozessen muss die alte Wortbedeutung auch nicht in jedem Einzelfall bewahrt bleiben. Wir kommen auf die Unterschiedlichkeit beider Gruppen weiter unten zurück.

10.4.1 | Polysemieerzeugende Prozesse

Die beiden wichtigsten polysemieerzeugenden Prozesse sind die **Metaphorisierung** und die **Metonymisierung**. Diese machen einen Großteil der semantischen Kreativität einer Sprache aus. Beide Prozesse erweitern den Bedeutungsumfang eines Wortes temporär oder dauerhaft, ohne dabei die ursprüngliche Bedeutung in Frage zu stellen. Wir beginnen mit der Metaphorisierung auf der Grundlage des folgenden Beispiels.

(9)　a. His mouth was wide open.

　　　b. the mouth of the river Thames

Das Beispiel (9b) zeigt uns eine metaphorische Verwendung des Körperteils *mouth*. Der Mund stellt eine Öffnung dar, durch die im Wesentlichen Luft, Worte und Nahrung gelangen. Mit der Mündung einer Flusses ist es nicht viel anders. Auch sie stellt eine Art Öffnung dar, durch die sich ein Fluss ins Meer ergießt. Die Konzepte MUND und MÜNDUNG weisen also gewisse Ähnlichkeiten auf. Das Prinzip, auf dem die Metapher basiert, ist also das der Ähnlichkeit. Dabei ist der Grad der Ähnlichkeit durchaus variabel.

Terminologisch unterscheiden wir bei der Metapher zwischen dem Ursprungs- und dem Zielbereich. Der Ursprungsbereich im Beispiel (9) ist der menschliche Körper, der Zielbereich ein geographisches Gebilde. Damit haben wir die Definition der Metapher vorbereitet. Wir können die Metapher als Darstellung eines Sachverhalts in einem anderen Rahmen verstehen. Durch diesen neuen Rahmen erhält der betreffende Sachverhalt eine neue Deutung: Dem Fluss werden Eigenschaften des menschlichen Körpers zugesprochen.

Ursprungs- und Zielbereich

Darstellung in einem anderen Rahmen

Die Metapher erfüllt im Großen und Ganzen zwei Funktionen, eine mehr oder weniger aus der Not geborene und eine eher fakultative. Die erste Funktion ergibt sich aus der Tatsache, dass unsere Welt einem ständigen Wandel unterliegt und wir vor der Aufgabe stehen, die sich verändernde Welt sprachlich zu erfassen. Was können wir machen, wenn uns zur Beschreibung der neuen Welt zwangsläufig nur die alten sprachlichen Mittel zur Verfügung stehen? Es bleibt uns nicht viel anderes übrig, als die alten sprachlichen Mittel semantisch „hinzubiegen". Eine wesentliche Frage ist dabei, auf welche alten Mittel wir zum Zwecke der Bezeichnung der veränderten Welt zurückgreifen. Hier ist wieder die Ähnlichkeit der entscheidende Faktor. Wir vergleichen implizit das Neue mit dem Alten, dem es am meisten ähnelt. Damit verstehen wir das Neue im Rahmen des Alten. Ein klassisches Beispiel dafür ist die Luft- und Raumfahrt. Mit dem Vorstoß des Menschen in die Luft und später ins All erwuchs die Notwendigkeit, Konzepte wie beispielsweise FLUGHAFEN und RAUMFÄHRE zu benennen. Dazu bot sich der Bereich der Nautik und damit der Vergleich mit Schiffen an. Letztlich wird damit das Medium „Luft" (bzw. das Vakuum des Alls) mit dem Medium „Wasser" verglichen, in dem sich ein Gefährt fortbewegt. So können wir Begriffe wie *airport* und *spaceship* als Produkt von Metaphorisierungen begreifen.

Die zweite Funktion der Metapher ergibt sich aus dem Wunsch des Sprechers, seine Ideen so getreu und ökonomisch wie möglich sprachlich umzusetzen. Metaphern weisen eine hohe Informationsdichte auf. Sie stellen insofern eine besonders ökonomische Form der Sprachverwendung dar. Bleiben wir zur Illustration im Bereich der Nautik und betrachten die Metapher *sea steed* als Bezeichnung für ein Schiff. Nehmen wir einmal an, dass diese Bezeichnung durch den Kapitän erfolgte. Es steht außer Frage, dass ein großer Unterschied zwischen den Begriffen *ship* und *sea steed* besteht. Mit der Wahl des Ursprungsbereichs „Tierwelt" vergleicht sich der Kapitän mit einem Reiter und sein Schiff mit einem Ross. Das Schiff wird somit in der Vorstellung des Kapitäns zu einem Lebewesen („animalisiert"). Da Menschen dazu neigen, zu Lebewesen Beziehungen aufzubauen (vgl. Kap. 1), geht es bei dieser Metapher im Kern um die Darstellung des Verhältnisses des Kapitäns zu seinem Schiff. Er will es wie ein wildes Pferd zähmen, d.h. die Kontrolle über es bei einem möglichen Unwetter bewahren. Der implizite Vergleich mit einem Ross weist dem Schiff positive Eigenschaften wie Stärke und Schnelligkeit zu, vor denen der Reiter aber auch Respekt hat. Wir können in letzter Konsequenz aus dieser Metapher eine emotionale Bindung des Kapitäns an sein Schiff ableiten. Unabhängig davon, welche dieser Interpretationen im Einzelfall zutreffen mögen, es dürfte deutlich geworden sein, wie blass der Begriff *ship* gegenüber der Metapher *sea steed* erscheinen muss.

Die obigen Beispiele sollten nicht zu eng verstanden werden. Metaphern sind weder auf die Poetik (wie im Fall von *sea steed*) noch auf die Versprachlichung technologischer Neuerungen beschränkt. Vielmehr durchziehen sie den alltäglichen Sprachgebrauch mit seinen alltäglichen Gesprächsthemen. Auch in diesen Kommunikationssituationen empfindet der Sprecher oft genug eine Diskrepanz zwischen den vorhandenen (etablierten) Ausdrucksmöglichkeiten und seiner kreativen Redeabsicht. Wenn seine Redeabsichten differenzierter als seine Ausdrucksmittel sind, besteht bei ihm Bedarf nach Anpassung der letzteren an erstere. Diese Anpassung erfolgt häufig mithilfe der Metaphorisierung. Die Bezeichnung eines Mannes als *lady killer* und einer Frau als *girl* liefert nur zwei Beispiele, die auf das unerschöpfliche Potenzial der Metaphorisierung hinweisen und keinen Zweifel daran lassen, dass die Metapher in die Alltagssprache gehört.

Wir fassen zusammen: Die Hauptgründe für die Verwendung von Metaphern liegen in ihrer Fähigkeit, Redeabsichten relativ getreu abzubilden und einen für den Hörer nachvollziehbaren Bezug zwischen alten sprachlichen Mitteln und neuen zu versprachlichenden Gegenständen und Sachverhalten herzustellen. Dabei basiert die Metapher auf dem Prinzip der beobachteten oder konstruierten Ähnlichkeit.

Wir kommen nun zur Metonymisierung, die auf der Grundlage folgender Beispiele vorgestellt wird.

Metonymisierung

(10)   a. Watch your mouth.

       b. Shut up, you loudmouth.

Mit der Aufforderung in (10a) ist natürlich nicht gemeint, dass der Adressat auf seinen Mund achtgeben soll. Vielmehr soll er die Kontrolle darüber bewahren, was aus seinem Mund an Worten herauskommt. Der Mund steht also für das, was er produziert: er steht metonymisch für die Sprache. Zwischen Mund und Sprache besteht keine Ähnlichkeitsrelation. Der Zusammenhang zwischen beiden ergibt sich aufgrund gewisser anatomischer Gegebenheiten, vor allen Dingen aus der Tatsache, dass der Mund – grob beschrieben – eine bewegliche Öffnung darstellt, an der die unsichtbare Sprache sichtbar wird. Für den sehenden Hörer sind Mund und Sprache also assoziiert. Diese Assoziation ergibt sich aus einem anatomisch bedingten Zusammentreffen von Mund und Sprache. Dieses Zusammentreffen nennen wir **Kontiguität**. Die Metonymie gründet sich insofern auf eine Kontiguitätsrelation.

Kontiguität

Das Kompositum *loudmouth* in (10b) bezeichnet keinen lauten Mund, sondern eine Person mit einem Mund, aus dem sprachlich gesehen viel Quantität, aber vergleichsweise wenig Qualität strömt. Ein Adressat wird hier also über eine markante oder in einer konkreten Kommunikationssituation relevante Eigenschaft identifiziert. Wie in (10a) besteht keine Ähnlichkeit zwischen dem Mund und der Geschwätzigkeit des Adressaten. Diese beiden Aspekte treffen in diesem Menschen zusammen, indem der Mund die Geschwätzigkeit zum Ausdruck bringt. Da der Adressat über seinen Mund identifiziert wird und der Mund ein Teil des Adressaten ist, haben wir es hier mit einer Teil-Ganzes-Relation („pars pro toto") zu tun.

Diese tritt in Metonymien häufig zu Tage. Wir wollen in der Analyse der Metonymien in (10) noch einen Schritt weitergehen. Ähnlich wie bei der Metapher erreicht der Sprachbenutzer mit der Wahl einer Metonymie eine hohe Treffgenauigkeit im Ausdruck seiner Redeintention. Für den Sprecher in (10b) ist nicht der Mensch in seiner ganzen Persönlichkeit im Moment der Äußerung bedeutsam, sondern eine Verhaltensweise seines Gegenübers, die ihm auf die Nerven geht. Er reduziert damit den Adressaten auf eine für ihn relevante Eigenschaft, macht somit seiner Verärgerung Luft und erzielt darüber möglicherweise einen größeren rhetorischen Effekt. In Hinblick auf (10a) sei angemerkt, dass mit der Metonymie eine Konkretisierung erfolgt. Da gesprochene Sprache unsichtbar (und der Höreindruck flüchtig) ist, erscheint uns der konkrete Mund greifbarer als die abstrakte Sprache. In dieser Konkretheit liegt auch ein Grund für diese Metonymie.

Metonymie als Konkretisierung

Ähnlich wie die Metaphorisierung ist die Metonymisierung ein ausgesprochen kreativer und unerschöpflicher Prozess. Wir können Ähnlichkeiten und Kontiguitäten zwischen allen möglichen und unmöglichen Dingen erkennen und erfinden. Unsere kognitive Fähigkeit, Assoziationen zwischen unterschiedlichen Dingen herzustellen, ermöglicht es uns also, mit den vorhandenen sprachlichen Mitteln auszukommen und verhindert somit eine Wortschatzexplosion. Allerdings sind Metonymien in ihren Verwendungsmöglichkeiten eingeschränkter als Metaphern. Während die Anzahl der metonymischen Relationen begrenzt ist, ist die Bandbreite an metaphorischen Ähnlichkeitsbeziehungen nahezu unendlich.

10.4.2 | Monosemiebewahrende Prozesse

Neben der Metaphorisierung und der Metonymisierung gibt es semantische Prozesse, die mehr zu einer Bedeutungsveränderung als zu einer Bedeutungsausdehnung führen. Vier dieser bedeutungsverändernden Prozesse sind die Amelioration, die Pejoration, die Erweiterung und die Verengung. Diese vier Prozesse bilden zwei Paare, deren Elemente auf derselben Skala verortet sind und in die entgegengesetzte Richtung weisen. Wir können daraus schließen, dass die Bedeutungsveränderung in den zur Diskussion stehenden Fällen potenziell bidirektional ist.

Ein häufiger Bestandteil von Wortbedeutungen ist die Evaluation. Verben wie *to praise* und *to deprecate* sind inhärent bewertend. Dieser Bedeutungsaspekt kann sich verändern. Sprachbenutzer können Wörter auf- und abwerten. Dabei kann die Veränderung auf der Bedeutungsskala ziemlich radikal sein. Ein eindrucksvolles Beispiel für Amelioration (Aufwertung) ist das Wort *nice*, das im Mittelenglischen noch die negative Bedeutung DUMM, TÖRICHT hatte, sich aber im Laufe der Zeit zu einem Wort mit positiver Bedeutung (*nice people*) entwickelt hat. Nur am Rande sei erwähnt, dass Amelioration nur wenig mit dem Euphemismus zu tun hat. Im letzteren Fall wird ein Wort durch ein anderes ersetzt (z.B. *to kill* durch *to put to sleep*), im ersteren verändert sich die Bedeutung ein und desselben Wortes. Die Entwicklung des Wortes *silly* ist ein Beispiel für Pejoration (Abwertung). Während es im Altenglischen eine positive Wertung mit der Bedeutung SELIG, GLÜCKLICH trug, ist es heute eindeutig negativ.

    Wörter haben einen gewissen Bedeutungsumfang, d.h., sie beziehen sich auf eine kleinere oder größere Gruppe von Objekten oder Sachverhalten. Dieser Bedeutungsumfang kann sich in zwei Richtungen verändern: Er kann weiter oder enger werden. Ein Fall von Bedeutungserweiterung ist das Verb *to arrive*, dessen ursprüngliche Bedeutung auf AN EINEM UFER ANKOMMEN begrenzt war, mit der Zeit jedoch zu IRGENDWO ANKOMMEN verallgemeinert worden ist. Ein Beispiel für Bedeutungsverengung ist das Nomen *fowl*, das sich zunächst auf alle Vögel bezog, dann aber in seiner Bedeutung auf GEFLÜGEL eingegrenzt wurde.

    Man fragt sich, wie es zu solchen Bedeutungsveränderungen kommen kann. Insbesondere der Wandel in die entgegengesetzte Richtung bei den evaluativen Wörtern erscheint schwer vorstellbar. Wir müssen hier zumindest zwei Aspekte berücksichtigen: ein Prinzip des Sprachgebrauchs und die Polysemie selbst. Eine unvermeidliche Konsequenz des Sprachgebrauchs ist die Inflation. Wörter nutzen sich mit ihren Bedeutungen ab. Je häufiger sie verwendet werden, desto mehr verlieren sie ihre Wirkung. Wenn uns jemand einen Gefallen getan hat, sagen wir zu ihm *thank you*. Wenn uns jemand nacheinander 10 Wünsche erfüllt, gibt es zwei Möglichkeiten. Entweder wir haben nach der Erfüllung des dritten Wunsches die Lust verloren, uns zu bedanken und entscheiden uns gegen eine Danksagung, oder wir verwenden 10 mal dasselbe Wort und haben schon bei der dritten Verwendung das Gefühl, dass das Wort seinen „Wert" allmählich verliert oder bereits verloren hat. Dieser inflationäre Ef-

Amelioration

Pejoration

Bedeutungserweiterung

Bedeutungsverengung

Inflation

fekt gilt insbesondere für evaluative Wörter. D.h., die evaluative Kraft kann durch die häufige Verwendung eines Wortes schwinden.

Darüber hinaus ist zu bedenken, dass die Wörter, die in der Bedeutungsveränderung die Anzahl ihrer Bedeutungen nicht verändern, selbst polysem sein können. Oft liegt der Keim für den Bedeutungswandel nämlich in der Polysemie. Kommen wir zur Illustration dieses Phänomens auf das obige Beispiel *silly* zurück. Im Mittelenglischen hatte es auch die Bedeutung AUSSERGEWÖHNLICH. Diese Bedeutung verträgt sich einerseits gut mit der o.g. positiven Bedeutung, stellt aber andererseits auch eine Verbindung mit der heutigen negativen Bedeutung her: Etwas Außergewöhnliches kann nämlich sowohl in einem positiven als auch in einem negativen Sinn außergewöhnlich sein. Mit dieser Bedeutung wird der Weg zur heutigen Bedeutung bereitet.

Wir wollen abschließend einen Vergleich zwischen den polysemieerzeugenden und den monosemiebewahrenden Prozessen anstellen. Zunächst ist die Unterscheidung in die beiden Prozesstypen selbst wieder aufzugreifen. Es gilt noch zu klären, weshalb in monosemiebewahrenden Prozessen die ursprüngliche Bedeutung durch eine neue abgelöst wird, während bei den polysemieerzeugenden Prozessen die ursprüngliche Bedeutung nicht verlorengeht. Dieser Unterschied hängt damit zusammen, dass die Beziehung zwischen der alten und der neuen Bedeutung in beiden Fällen unterschiedlich ist. Bei den monosemiebewahrenden Prozessen schließen sich die alte und die neue Bedeutung aufgrund ihrer Verortung auf derselben Skala gegenseitig aus. Eine Bewertung ist entweder positiv oder negativ, aber nicht beides gleichzeitig. Eine solche Inkompatibilität existiert bei den polysemieerzeugenden Prozessen nicht. So stellt die Metaphorisierung die wortwörtliche Bedeutung nicht in Frage.

Aus diesem grundlegenden Unterschied ergibt sich ein weiterer Unterschied zwischen den beiden semantischen Prozesstypen. Polysemieerzeugende Prozesse sind bei weitem produktiver als monosemiebewahrende. Diese unterschiedliche Produktivität hängt damit zusammen, dass sich Bedeutung nicht so leicht verändern lässt; Bedeutung zu erweitern, ohne dabei die ursprüngliche Bedeutung zu verändern, stellt dagegen für Sprecher und Hörer einen leichteren Eingriff in die Sprache dar.

Produktivität

Die Struktur des semantischen Lexikons: Semantische Relationen

Wir haben in vorigen Abschnitt das Verhältnis von zwei Bedeutungen von ein und demselben Wort (zum gleichen Zeitpunkt oder zu unterschiedlichen Zeitpunkten) beleuchtet. Natürlich kann man auch die semantischen Relationen zwischen verschiedenen Wörtern untersuchen. Damit ist unsere Aufgabe in diesem Abschnitt umrissen. Wir werden versuchen zu zeigen, dass die Bedeutungen innerhalb von Wörtern und die Bedeutungen unterschiedlicher Wörter miteinander zusammenhängen. Genauer gesagt können semantische Relationen eine Folge von semantischen Prozessen sein.

Die Analyse semantischer Relationen soll uns Aufschluss über die Struktur des semantischen Lexikons geben. Wir können hier an die Darstellung des Phonemsystems in Kap. 6.3 anknüpfen, das nach dem Prinzip der Ähnlichkeit (mithilfe phonologischer Merkmale) organisiert ist. Es käme daher nicht überraschend, wenn das semantische System auch nach dem Ähnlichkeitsprinzip aufgebaut wäre, nur eben nicht nach phonologischer, sondern nach semantischer Ähnlichkeit. Was also ist semantische Ähnlichkeit? Wir werden sie im Folgenden anhand von semantischen Relationen beschreiben, wobei die verschiedenen Relationen unterschiedliche Ähnlichkeitsgrade abbilden. Die vier Relationen, die wir betrachten wollen, sind die Synonymie, die Antonymie, die Hyponymie und die Meronymie.

semantische Ähnlichkeit

Die **Synonymie** ist die wohl bekannteste semantische Relation. Zwei Wörter sind synonym, wenn sie die gleiche Bedeutung tragen. Typische Beispiele sind *nearly – almost* und *adult – grown-up*. An dieser Stelle drängen sich sofort einige Fragen auf: Was genau ist Synonymie? Heißt Synonymie, dass die Bedeutungen der betreffenden Wörter völlig identisch sind? Wenn ja, weshalb leistet sich dann eine Sprache einen derartigen Luxus? Bei der Formulierung dieser Fragen haben wir eine statische Konzeption von Bedeutung zugrunde gelegt. Wie zu Beginn dieses Kapitels gezeigt, wird Bedeutung aber nicht passiv aufgerufen, sondern aktiv konstruiert. Bedeutung entsteht in einem komplexen Zusammenspiel von sprachlichen Stimuli, dem kommunikativen Kontext und den Eigenschaften von Sprechern und Hörern. In einem solchen dynamischen Ansatz ist uneingeschränkte Synonymie undenkbar, da zwei Wörter nicht in allen Kontexten austauschbar sind, ohne auch nur den geringsten

Synonymie

Bedeutungsunterschied hervorzurufen. Synonymie ist also eher ein Extremfall, bei dem zwei Wörter sehr ähnliche semantische Impulse geben können. Dieses kann im Einzelfall durchaus zur Austauschbarkeit ohne Bedeutungsveränderung führen. Synonymie ist also weniger als eine statische Relation zwischen Lexikoneinträgen, sondern vielmehr als eine im konkreten Sprechakt erfolgende Bedingung zu verstehen, bei der zwei Lexikoneinheiten die Redeintention des Sprechers gleichadäquat wiedergeben können.

Antonymie

Die **Antonymie** beschreibt eine Relation zwischen Gegensatzpaaren wie *early – late* und *to pass – to fail (an exam)*. Während die semantische Ähnlichkeit bei Synonymie quasi definitorisch ist, ist sie bei der Antonymie nicht von vornherein klar. Wie ähnlich sind sich also Antonyme? Auf den ersten Blick erscheinen sie recht unähnlich, da sie ja Gegensätze formulieren. Was kann einen größeren Kontrast zu *early* als *late* ausdrücken? Die semantische Analyse ergibt, dass der Gegensatz in Antonymen vor dem Hintergrund ihrer Gemeinsamkeiten zu verstehen ist. Sowohl *early* als auch *late* beziehen sich auf die Zeit, genauer gesagt, auf eine zeitliche Norm, von der abgewichen wird. Der einzige Unterschied zwischen beiden Adjektiven besteht darin, dass *early* „nach links" in die Vorzeitigkeit und *late* „nach rechts" in die Nachzeitigkeit abweicht. Dieser Unterschied sticht zwar besonders hervor, setzt aber ein erhebliches Maß an Übereinstimmung voraus. Antonymie impliziert insofern einen relativ hohen Grad an Ähnlichkeit, wenn auch weniger Ähnlichkeit als bei der Synonymie.

Hyponymie

Hyperonymie

Mit der **Hyponymie** kehren wir zum Konzept der Hierarchie zurück, das sich als sehr fruchtbar bei der Analyse der Formseite des sprachlichen Zeichens erwiesen hat. Dieses Konzept lässt sich auch auf die Beschreibung von Bedeutung anwenden. Wörter können in ihrer Bedeutung einander über- oder untergeordnet sein. Im ersten Fall sprechen wir von Hyponymie, im zweiten von **Hyperonymie**. Zu nennen wären hier Beispiele wie *animal – bird* und *musical instrument – trombone*. Der Unterschied zwischen der Hyponymie und der Hyperonymie ist also nur eine Frage der Blickrichtung. Das Wort *trombone* ist ein Hyponym zu *musical instrument*, während *musical instrument* das Hyperonym zu *trombone* ist. Die hierarchischen Relationen sind nicht auf zwei Ebenen begrenzt. Das Beispiel *animal – bird* ließe sich um die höhere Ebene *living being* und die tiefere Ebene *nightingale* erweitern. Solche hierarchischen Systeme werden auch Taxonomien genannt. Die Ähnlichkeit zwischen hierarchisch organisierten

Elementen ist daran zu erkennen, dass die Bedeutung des Hyperonyms zumindest teilweise in der Bedeutung des Hyponyms enthalten ist.

Die **Meronymie** ist entfernt mit der Hierarchie verwandt. Hier steht die Teil-Ganzes-Relation wie in *bicycle – wheel* und *wheel – spoke* im Vordergrund. Obwohl diese Begriffe hierarchisch angeordnet werden könnten, ist ihre Bedeutungsrelation nicht hierarchisch. Eine hierarchische Relation ist eine „Ist-Relation": ein Vogel **ist** ein Tier. Aber ein Rad ist kein Fahrrad. Insofern ist die Bedeutung von *bicycle* auch nicht in *wheel* enthalten, so wie die Bedeutung von *animal* in *bird* enthalten ist. Wir können bei der Meronymie also von einer relativ schwachen semantischen Ähnlichkeit zwischen den betreffenden Wörtern ausgehen.

Die vier vorgestellten semantischen Relationen lassen sich somit auf einer Ähnlichkeitsskala anordnen. Von links nach rechts nimmt die semantische Ähnlichkeit der jeweiligen Wortpaare ab: Synonymie > Antonymie > Hyponymie/Hyperonymie > Meronymie.

Es besteht ein bemerkenswerter Zusammenhang zwischen semantischen Relationen und Wortarten. Die verschiedenen Wortarten bevorzugen für ihre interne Organisation unterschiedliche Relationen. Die Antonymie ist vor allen Dingen bei Adjektiven anzutreffen (z.B. *deep – shallow*), während die Hyponymie bzw. Hyperonymie charakteristisch für Nomen ist (z.B. *tree – fir*). Verben weisen kein dominantes Ordnungsprinzip auf. Sie kennen zwar sowohl die Antonymie (z.B. *to begin – to end*) als auch die Hyponymie (z.B. *to kill – to massacre*), beide Relationen strukturieren aber nur einen vergleichsweise geringen Teil des Verblexikons.

Wie kommen semantische Relationen im Allgemeinen und in Hinblick auf einzelne Wortarten zustande? Wir wollen drei mögliche Wege kurz skizzieren: kognitive Organisation, Sprachkontakt und semantische Prozesse. Der erste Weg ist der wichtigste. Die Struktur des semantischen Lexikons ist eine Folge unserer kognitiven Struktur, d.h., wie wir unsere Umwelt wahrnehmen, verarbeiten und mental repräsentieren. Adjektive drücken bekanntlich Eigenschaften aus. Eigenschaften verstehen wir entweder als vorhanden bzw. nicht vorhanden oder als plus bzw. minus (d.h. als Gegensatzpaare). Insofern ist es naheliegend, dass Adjektive antonymisch organisiert sind. Nomen hingegen bezeichnen vor allem (konkrete und abstrakte) Dinge. Diese werden von uns vorzugsweise in unterschiedlichen Allgemeinheitsgraden kategorisiert. Mit einer Skala, die von mehr

Meronymie

Wortarten

kognitive Organisation

zu weniger allgemein reicht, führen wir Hierarchie ein. Wir entscheiden uns abhängig von dem gewünschten oder erforderlichen Allgemeinheitsgrad mal für *tree* und mal für *fir*. So entsteht die semantische Relation der Hyponymie bzw. Hyperonymie.

Der zweite Weg ist der Sprachkontakt. Manchmal werden Wörter aus einer Gebersprache entlehnt, die in der Empfängersprache mit einer ganz ähnlichen Bedeutung bereits vorhanden sind. Die deutsche Sprache zu Beginn des 21. Jahrhunderts kennt dieses Phänomen gut (vgl. *Arbeit* und *Job*). Aus dem Englischen sei das Paar *ache* und *pain* wie in *headache* und *back pain* genannt, wobei *ache* zum Erbwortschatz gehört und *pain* französischen Ursprungs ist. Wir sehen hier also, wie durch Sprachkontakt Synonymie zustande kommt.

Mit dem dritten Weg stellen wir die Verbindung zwischen diesem und dem vorherigen Abschnitt her. Wie einleitend erwähnt, können durch semantische Prozesse semantische Relationen entstehen. So besteht ein Zusammenhang zwischen der Metaphorisierung/Metonymisierung und der Synonymie. Viele idiomatische Wendungen und „phrasal verbs" (vgl. Kap. 8) sind metaphorische Verwendungen von ursprünglich wortwörtlich zu verstehenden Einheiten. Die Teilsynonymie von *to accommodate* und *to put someone up* in der Bedeutung BEI JEMANDEM WOHNEN kommt dadurch zustande, dass Übernachtungsgäste früher auf dem Dachboden untergebracht wurden, deshalb die Partikel *up*. Heutzutage muss die Schlafstätte nicht mehr unter dem Dach sein; jeder andere Schlafplatz rechtfertigt die Verwendung von *to put up*.

Wie haben wir uns nun die Struktur des semantischen Lexikons vorzustellen? In Kap. 6.3 haben wir die Struktur des phonologischen Lexikons ausschnittsweise kennengelernt und festgestellt, dass die Ähnlichkeit zwischen Phonemen über ihren Zugriff auf dasselbe phonologische Merkmal zustande kommt. Genau dasselbe Organisationsprinzip charakterisiert das semantische Lexikon. Semantisch ähnliche Wörter greifen auf dasselbe semantische Merkmal zu und stehen über dieses in Verbindung. Wir wollen dieses Prinzip an den Beispielen *sparrow*, *ostrich* und *penguin* veranschaulichen. Das Schaubild in (11) stellt natürlich nur einen kleinen Ausschnitt der Relationen zwischen Wörtern und ihren semantischen Merkmalen dar. Es sei darauf hingewiesen, dass eine semantische Struktur wie in (11) nicht für alle Mitglieder einer Sprachgemeinschaft identisch sein muss. Hier ist durchaus mit individueller Variation zu rechnen.

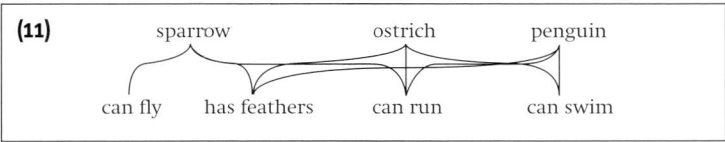

Abschließend fragen wir nach der psychologischen Realität einer solchen Netzwerkstruktur. Wenn das semantische Lexikon nach dem Ähnlichkeitsprinzip aufgebaut ist, sollten psycholinguistische Daten dieses Prinzip befolgen. Genauer gesagt, wenn Sprecher bei der Auswahl semantischer Einheiten aus dem Lexikon danebengreifen, sollten sie bevorzugt solche Elemente auswählen, die in einem Ähnlichkeitsverhältnis zu dem beabsichtigten Wort stehen. Wir wollen diese Vorhersage an zwei unterschiedlichen Sprechergruppen überprüfen: zum einen gesunde Sprecher und zum anderen erwachsene Sprecher, die eine Sprachstörung (Aphasie) aufweisen. Die Beispiele in (12) stammen von Sprachgesunden, die Beispiele in (13) von Aphatikern.

psychologische Realität des semantischen Lexikons

(12) a. Irvine's quite clear. statt: close / near
   b. My dissertation is too short. statt: too long.
   c. The picture on the front was the whale from Jaws. statt: the shark from Jaws.
   d. finger. statt: hand
(13) a. freedom. statt: liberty.
   b. thick. statt: thin
   c. potatoes. statt: vegetables.
   d. fingers. statt: knuckles

Die semantischen Relationen, die sich in diesen Fehlern zeigen, sind uns alle bekannt. Synonymie liegt in (12a) und (13a) vor, Antonymie in (12b) und (13b), Hyponymie in (13c) und Meronymie in (12d) und (13d). In (12c) interagieren Elemente auf derselben hierarchischen Stufe aus demselben semantischen Feld. Daher werden diese Elemente Kohyponyme genannt.

Kohyponymie

   Bei den Fehlern der Sprachgesunden offenbart sich ein interessanter Zusammenhang von Versprechertyp und semantischer Rela-

tion. Synonymie führt zu Überblendungen (vgl. (12a), ein Versprechertyp, bei dem zwei Elemente zu einem zusammengefügt werden
und dessen Schwester wir als Wortbildungsprinzip in Kap. 7.3.8 kennengelernt haben). Demgegenüber führen die anderen semantischen Relationen zu Ersetzungen von ganzen Wörtern, wie die anderen Fehlleistungen belegen.

Die Beispiele in (12) und (13) sind in dem Sinne repräsentativ, dass
die überwiegende Zahl der Fehler durch eine der genannten semantischen Relationen motiviert ist. Semantisch unmotivierte Ersetzungen wie z.B. *telephone* durch *fingernail* sind sehr selten. Wir können
daraus den Schluss ziehen, dass die semantischen Relationen psychologisch real sind und das semantische Lexikon nach dem Prinzip
der Ähnlichkeit aufgebaut ist.

Zusammenfassung

Mit der Frage nach dem Wesen der Bedeutung haben wir uns der
wohl größten Herausforderung der Sprachwissenschaft gestellt. Wir
haben in diesem Kapitel die Bedeutung als die Summe unserer interpretierten Erfahrungen mit der Welt definiert. Bedeutung ist
nicht in der Sprache vorhanden, sondern wird vom Sprecher erzeugt
und vom Hörer (re)konstruiert. Sie setzt sich aus den drei Komponenten des sprachlichen Stimulus, des kommunikativen Kontexts
und den persönlichen Bedingungen von Sprecher und Hörer (und
ihrem Verhältnis zueinander) zusammen. In der strukturellen Semantik wird Bedeutung als zerlegbar betrachtet, d.h., die Bedeutung
von Wörtern ist mit Hilfe semantischer Merkmale zu beschreiben.
Charakteristisch für das semantische Lexikon ist ein relativ hoher
Grad an Polysemie, wodurch die Größe des Wortschatzes begrenzt
wird. Die Struktur des Lexikons lässt sich vor allem durch Synonymie, Antonymie und Hierarchie beschreiben. Die semantische Kreativität wird durch die Metaphorisierung und die Metonymisierung
gewährleistet.

1. Welches Konzept von *man* tragen Sie als Frau, welches Konzept von *woman* tragen Sie als Mann mit sich herum? Vergleichen Sie es mit Ihrem Nachbarn auf etwaige Gemeinsamkeiten und Unterschiede.

2. Welches Verhältnis besteht zwischen Polysemie und Homonymie? Was muss in einem Sprachwandelprozess passieren, damit aus Polysemie Homonymie wird?

3. Durch welche polysemieerzeugenden Prozesse sind folgende (unterstrichenen) Beispiele zu erklären? Erläutern Sie die Funktion, d.h. den Grund für die Wahl dieser sprachlichen Mittel.

   a) The **buses** are on strike.
   b) She is at the **height** of her career.
   Vergleichen Sie weiterhin c) mit seiner deutschen Entsprechung d).
   c) The service terminates here.
   d) Der Zug endet hier.

4. Welche Bedeutungsveränderung haben die folgenden Wörter erfahren?

   a) cool
   b) awesome
   c) gay
   d) Bless you.

5. Welche semantischen Relationen werden in folgenden Verbversprechern veranschaulicht?
   a) It sounds just thin and cheap afterwards. statt: It tastes ...
   b) O.K. I'll withract that remark. (withdraw x retract)
   c) One of the papers was rejected without any revisions at all. statt: was accepted ...

6. Betrachten Sie die Bezeichnung auf der Verpackung einer Tasse

   My pretty ugly cup.

   Wie ist es möglich, dass trotz der scheinbar widersprüchlichen Wortwahl Leser dieser Beschreibung eine Bedeutung zuordnen können? Diskutieren Sie auch in diesem Zusammenhang die Semantik von Oxymora wie *feather of lead*, *bright smoke*, *cold fire*, *sick health* (Shakespeare: Romeo and Juliet, Act 1, Scene 2, line 177) oder *Was sie (die Einsamkeit) will, du weißt es nicht, weil ja nur ihr Schweigen spricht* (Udo Jürgens: Deine Einsamkeit).

Literatur

Die folgenden Quellenangaben nennen im Wesentlichen die Literatur, die mich und mein Bild von Sprache auf die eine oder andere Weise geprägt hat und/oder die direkt oder indirekt in dieses Buch eingeflossen ist. Wie im Vorwort erwähnt, wurde im Text nicht explizit auf sie verwiesen. Diese Liste ist daher auch nicht als weiterführende Literatur zu verstehen.

Berg, Thomas (2012): Structure in language. A dynamic perspective. New York: Routledge.

Bond, Zinny S. & Randall R. Robey (1983): The phonetic structure of errors in the perception of fluent speech. In: Roger Lass (ed.): Speech and language. Vol. 9 (pp. 249-283). New York: Academic Press.

Booij, Geert (1993): Against split morphology. In: Geert Booij & Jaap van Marle (eds.): Yearbook of morphology 6, 27-49.

Brown, Penelope & Stephen C. Levinson (1987): Politeness: Some universals in language use. Cambridge: Cambridge University Press.

Burton-Roberts, Noel (1986): Analysing sentences. An introduction to English syntax. London: Longman.

Bühler, Karl (1934/1982): Sprachtheorie. Stuttgart: Gustav Fischer.

Bybee, Joan L. (1985): Morphology: A study of the relation between meaning and form. Amsterdam: John Benjamins.

Chandler, Daniel (2007): Semiotics. The basics. London: Routledge.

Comrie, Bernard & Martin Haspelmath (2001): Die Bibliothek von Babel. Berlin: Walter de Gruyter.

Coulmas, Florian (1989): The writing systems of the world. Oxford: Blackwell.

de Saussure, Ferdinand (1978): Cours de linguistique générale. Paris: Payot.

Derwing, Bruce L. (1973): Transformational grammar as a theory of language acquisition. Cambridge: Cambridge University Press.

Dressler, Wolfgang U. (1989): Prototypical differences between inflection and derivation. In: Zeitschrift für Phonetik, Sprachwissenschaft und Kommunikationsforschung 42, 3-10.

Frawley, William (1992): Linguistic semantics. Hillsdale, N.J.: Lawrence Erlbaum.

Fromkin, Victoria (1973): Appendix. In: Victoria A. Fromkin (ed.): Speech errors as linguistic evidence (pp. 243-269). The Hague: Mouton.

Gimson, Alfred C. (1980): An introduction to the pronunciation of English. London: Arnold.

Haspelmath, Martin, Matthew S. Dryer, David Gil & Bernard Comrie (2005): The world atlas of language structures. Oxford: Oxford University Press.

Hörmann, Hans (1976): Meinen und Verstehen. Grundzüge einer psychologischen Semantik. Franfurt a. M.: Suhrkamp.

Jäkel, Olaf (2005): First language awareness: evidence from language acquisition. In: Elzbjeta Górska & Günter Radden (eds.): Metonymy-metaphor collage (pp. 255-272). Warsaw: Warsaw University Press.

Literatur

Jakobson, Roman (1981): Linguistics and poetics. In: Roman Jakobson: Selected writings. Vol. 3 (pp. 18-51). The Hague: Mouton.

Keller, Rudi (1994): Sprachwandel. Tübingen: Francke.

Kessler, Brett & Rebecca Treiman (1997): Syllable structure and the distribution of phonemes in English syllables. In: Journal of Memory and Language 37, 295-311.

Lakoff, George & Mark Johnson (1980): Metaphors we live by. Chicago: Chicago University Press.

Laver, John (1975): Communicative functions of phatic communion. In: Adam Kendon, Richard M. Harris & Mary Ritchie Key (eds.): Organization of behavior in face-to-face interaction (pp. 215-238). The Hague: Mouton.

Leisi, Ernst (1973): Praxis der englischen Semantik. Heidelberg: Winter.

Leisi, Ernst (1974): Das heutige Englisch. Heidelberg: Winter.

Miller, George A. & Christiane Fellbaum (1991): Semantic networks of English. In: Cognition 41, 197-229.

Ogden, Charles K. & Ivor A. Richards (1923): The meaning of meaning. London: Routledge.

Pederson, Eric, Eve Danziger, David Wilkens, Stephen Levinson, Sotaro Kita & Gunter Senft (1998): Semantic typology and spatial conceptualization. In: Language 74, 557-589.

Popper, Karl R. (1963): Conjectures and refutations: the growth of scientific knowledge. London: Routledge.

Radden, Günter & Klaus-Uwe Panther (2004): Introduction: Reflections on motivation. In: Günter Radden & Klaus-Uwe Panther (eds.): Studies in linguistic motivation (pp. 1-46). Berlin: Mouton de Gruyter.

Scheler, Manfred (1977): Der englische Wortschatz. Berlin: Erich Schmidt.

Scherer, Günther & Alfred Wollmann (1986): Englische Phonetik und Phonologie. Berlin: Erich Schmidt.

Taylor, John R. (1989): Linguistic categorization. Prototypes in linguistic theory. Oxford: Clarendon.

Wells, Rulon (1947): Immediate constituents. In: Language 23, 81-117.

Wiese, Richard (2003): The unity and variation of (German) /r/. In: Zeitschrift für Dialektologie und Linguistik 70, 25-43.

Zwicky, Arnold M. (1978): Arguing for constituents. In: Donca Farkas, Wesley M. Jacobsen & Karol W. Todrys (eds.): Papers from the 18th regional meeting of the Chicago Linguistic Society (pp. 503-512). Chicago: Chicago Linguistic Society.

Zweisprachiger Index